サービス産業の生産性分析
ミクロデータによる実証

Morikawa
Masayuki 森川正之 著

日本評論社

はじめに

　日本経済が長期低迷に陥って約20年になる。世界経済の回復や大胆な金融緩和をはじめとする経済政策により停滞からの脱却に向けた動きも見られるが、生産性向上なくして持続的な経済成長は実現できない。そして日本経済の中で7割のウエイトを占めるサービス産業の生産性向上は、中長期的な経済成長を実現するためのカギである。こうした中、政府や企業において様々な取り組みが行われてきているが、サービス産業の生産性向上の実現に有効な政策を企画・立案するためには、実証分析を通じた基礎的なエビデンスの蓄積が大前提となる。ことに近年の経済理論及び実証研究では「企業の異質性」が強調されており、産業レベルに集計された「平均値」のデータの観察から得られる知見には多くの限界があることが、生産性研究の専門家の間では共通認識となっている。したがって、サービス産業についても企業・事業所レベルのミクロデータを用いた実証分析が不可欠だが、「工業統計」をはじめ基礎統計が整備されている製造業と異なり、サービス産業を対象とした生産性研究は、日本だけでなく海外の主要国でも大きく遅れている。

　こうした状況の下、筆者は経済産業研究所（RIETI: Research Institute of Economy, Trade and Industry）において「企業活動基本調査」、「特定サービス産業実態調査」をはじめとする企業・事業所レベルのミクロデータを用いて日本のサービス産業の実証研究を行い、論文として公表してきた。それらのうちいくつかは、上述のような事情もあっておそらく世界的にも新規性の高い研究成果である。本書は、これらを総括し、サービス産業の企業・事業所レベルでの生産性の分布や動態、また、規模の経済、需要密度・需要変動、企業統治・労使関係、非正規雇用といった生産性に影響する諸要因についてこれまでにわかってきたことを整理し、それら実証的事実の政策的インプリケーションを考察するものである。本書が、サービス産業を対象とした研究の進展につながると同時に、経済政策やサービス産業の経営実務に携わる方々の参考になることを期待している。

　典型的なサービス産業は「生産と消費の同時性」という製造業とは大きく違っ

た性質を持っている。このため、需要の地理的な分布や時間的な変動がそのパフォーマンスに強く影響する。また、同時性の結果として国際競争を含めた市場競争圧力が弱いため、コーポレート・ガバナンス等の内部的規律の相対的な重要性が高い。本書の実証分析を通じて、サービス企業・事業所の生産性の分布や生産性を規定する要因が製造業とはしばしば異なることが明らかになってきた。例えば、サービス産業の生産性が製造業や諸外国に比べて低いかどうかは比較に用いる指標や計測方法に依存すること、サービス産業において企業間・事業所間での生産性格差が大きいこと、経済活動の地理的な集積や日次及び季節的な需要変動がサービス事業所の生産性に対して大きく影響すること、参入・退出や企業間のシェア変動を通じた新陳代謝が産業全体の生産性を高める機能が十分に働いていない可能性があること、単にIT投資を行えば生産性が高まるわけではなく背後にある「経営力」が本質的なこと、コーポレート・ガバナンスの仕組みや労働者のマネジメントが生産性に重要な関わりを持っていることなど多くの知見が得られた。これらの結果は、都市計画・土地利用規制、労働市場制度、企業法制等の基幹的な経済制度・政策が、サービス産業の生産性を向上させる上で重要な役割を果たしうることを示唆している。ただし、サービス産業は依然として利用可能な統計データが限られており、分析結果やその政策的含意には様々な留保が必要である。逆に言えばこの分野の研究には更なる発展の余地も大きい。

　なお、本書のうち意見にわたる部分は全て筆者の個人的見解であり、筆者が所属する経済産業研究所の見解ではないことを念のため記しておきたい。

2014年1月

　　　　　　　　　　　　　　　　　　　　　　　　　　　　森川正之

目　次

はじめに　iii

第Ⅰ部　サービス経済化と生産性

第 1 章　サービス産業の生産性
問題の所在と本書の概観 ———————————— 3

1　サービス生産性問題の背景と経緯　3
2　産業集計データから見たサービス産業の生産性　7
3　本書の構成と各章の概要　13

第 2 章　サービス産業の生産性は低いのか？
企業データによる生産性の分布・動態の分析 ———————————— 21

1　序論　21
2　先行研究　23
3　データ及び変数の作成　28
4　生産性の企業間格差とその要因分解　35
5　企業間資源配分の効率性　47
6　結論　52

第Ⅱ部　生産と消費の同時性

第 3 章　密度の経済性とサービス業の生産性
事業所データによる対個人サービス業の分析 ———————————— 57

1　序論　57
2　データ及び分析方法　61

3　分析結果　　69
　　　4　結論　　82

第 4 章　サービス産業のエネルギー効率性 ──── 85
　　　1　序論　　85
　　　2　先行研究　　88
　　　3　データ及び分析方法　　90
　　　4　推計結果　　94
　　　5　結論　　98

第 5 章　都市密度・人的資本と生産性 ──── 101
　　　1　序論　　101
　　　2　先行研究　　104
　　　3　データ及び分析方法　　109
　　　4　推計結果　　112
　　　5　結論　　120

第 6 章　サービス業における需要変動と生産性 ──── 123
　　　1　序論　　123
　　　2　データ及び分析方法　　126
　　　3　推計結果　　128
　　　4　結論　　133

第 7 章　企業業績の不安定性と非正規雇用・生産性 ──── 135
　　　1　序論　　135
　　　2　先行研究　　139
　　　3　データ及び分析方法　　143
　　　4　分析結果　　147
　　　5　結論　　153

第Ⅲ部　企業特性と生産性

第 8 章　生産性が高いのはどのような企業か？
ＩＴ・外資・企業年齢 ———————————————— 159

1　序論　159
2　データ及び分析方法　164
3　分析結果　167
4　結論　177

第 9 章　同族企業の生産性 ———————————————— 179

1　序論　179
2　先行研究　180
3　データ及び分析方法　184
4　分析結果　187
5　結論　198

第10章　労働組合と生産性 ———————————————— 201

1　序論　201
2　先行研究　203
3　データ及び分析方法　207
4　分析結果　209
5　結論　217

第11章　ストックオプションと生産性 ———————————————— 221

1　序論　221
2　先行研究　224
3　データ及び分析方法　227
4　分析結果　230
5　結論　236

第Ⅳ部 サービス生産性分析の課題

第12章 パートタイム労働時間と生産性
労働時間の多様性と生産性計測の精度 ———————————— 241

1　序論　241
2　データ及び分析方法　245
3　分析結果　247
4　結論　253

第13章 サービス生産性計測の課題とデータ整備 ———————————— 257

1　サービス生産性計測をめぐる課題　257
2　基礎データの問題　266
3　結論　273

おわりに　275
初出一覧　279
参照文献　281
索　引　309

第Ⅰ部

サービス経済化と生産性

第 1 章

サービス産業の生産性
―問題の所在と本書の概観―*

1 サービス生産性問題の背景と経緯

　少子高齢化が進行し人口が減少する中、日本経済の長期的な成長を実現するため、サービス産業の生産性向上への期待が高い。サービス産業を広義に捉えると、第三次産業がGDP（国内総生産）に占めるシェアは1970年代には約5割だったが、現在では既に7割を超えており、狭義のサービス業に限って見てもそのGDPシェアは製造業を上回っている（**表1-1**）[1]。サービス産業の生産性上昇が経済全体に及ぼすインパクトは、GDPシェアで2割強に過ぎない製造業よりもはるかに大きい。

　サービス産業の生産性向上は日本でも実は古くからの政策的イシューであり、「知識集約化」の推進を提唱したことで知られる『70年代の通商産業政策』（産業構造審議会，1971）でも既にサービス産業の生産性上昇が具体的な政策課題として挙げられていた。『80年代の通産政策ビジョン』（産業構造審議会，1980）にも「サービス経済化の進展」という一節があり、サービス・セクターの生産性及び質の向上が施策の重点分野の筆頭に挙げられていた。さらに遡れば、1960年代に論じられた「生産性格差インフレーション」は、製造業・大企業と非製造業や中小企業との生産性格差に焦点を当てた議論だった。

　高度成長の時代、産業構造政策の柱は「重化学工業化」で、政府は政策金融・

＊本章のうち第1節及び第2節は、森川（2008，2009）の一部をもとに再構成・加筆修正したものである。
1） 本書において「サービス産業」は、特に断らない限り、卸売・小売業、運輸・通信業、金融・保険業等を含む広義のサービス産業（第三次産業）、「サービス業」は狭義サービス業で、現在の産業分類で言うと、学術研究、専門・技術サービス業、宿泊、飲食サービス業、生活関連サービス業、娯楽業、教育・学習支援業、医療・福祉、複合サービス事業、サービス業（他に分類されないもの）である。

第Ⅰ部　サービス経済化と生産性

表1-1　日本の産業構造

	1960	1970	1980	1990	2000	2010
製造業	33.4%	34.4%	28.7%	27.2%	23.0%	22.2%
第三次産業	44.8%	50.0%	57.3%	59.7%	67.6%	70.2%
サービス業	9.6%	12.1%	15.1%	17.0%	21.9%	24.9%

(注)「国民経済計算」より作成。「産業」部門の中での構成比であり、政府サービスは含まない。

　税制をはじめ多くの政策手段を動員してその育成・成長を図った。重化学工業は、①生産性上昇率基準、②所得弾力性基準の二つの基準を満たすセクターという理由で選択された（産業構造調査会答申，1963）。鉄鋼、石油化学、電気機械、輸送機械をはじめとする重化学工業は、当時、生産性上昇率が非常に高く、同時に所得弾力性が高い──したがって国民の所得水準が高くなるほど需要が高まっていく──という望ましい性格を持つ産業群だった。消費財ではいわゆる「三種の神器」（TV、洗濯機、冷蔵庫）や「3C」（カー、クーラー、カラーTV）といった耐久消費財がその典型だった。製造業の生産性上昇率は現在でも比較的高いが、一方の所得弾力性は所得水準の高まりとともに低下しており、現在では第三次産業と同程度で、狭義サービス業の所得弾性値を下回っている（**表1-2**）。一方、サービス産業の多くは所得水準の上昇や人口高齢化に伴って需要が増加しているが、機械系の製造業に比べて生産性上昇率が低い傾向がある。近年、上の二つの基準を同時に満たすセクターとしてIT関連の製造部門が挙げられるが、そのGDPに占めるシェアは意外に小さい[2]。

　産業構造の研究では「ボーモル病（Baumol's disease）」という有力な仮説が存在する（Baumol, 1967）。これは、生産性上昇率が高いセクター（典型的には製造業）と低いセクター（サービス産業）が存在する経済において、所得水準の上昇に伴って生産性上昇率が相対的に低いサービス産業のウエイトが次第に上昇していくため、（製造業の製品に対する需要の所得弾力性が極端に高くない限り）生産性上昇率の低いサービスの相対価格（コスト）上昇とサービス部門の労働力シェアの上昇が続き、結果として経済全体の成長率が鈍化していくという考え方である[3]。　例えば、Nordhaus（2006）は、こうした低生産性セクターのウ

---

2) 国民経済計算の2011年の名目総生産に占める電気機械製造業のシェアは2.5%。
3) Ngai and Pissarides（2007）は、Baumolモデルを発展させた多部門モデルによりTFP上昇率の低いセクターの雇用シェアが拡大することを示している。

表1-2 製造業・サービス産業の所得弾力性

	1955-1973	1973-1990	1990-2009
製造業	1.3	1.2	1.3
第三次産業	1.0	1.2	1.2
サービス業	0.8	1.0	1.8

(注)「国民経済計算」より計算。実質GDPに対する各産業の実質付加価値額の弾性値。

表1-3 産業別労働生産性上昇率（年率％）

	1955-1973	1973-1990	1990-2009	全期間
製造業	8.4	4.2	3.0	5.3
第三次産業	5.3	2.2	0.2	2.6
サービス業	3.5	0.1	-0.3	1.2

(注)「国民経済計算」より計算。労働生産性は労働者1人当たり実質付加価値額。

エイト上昇という産業構造変化は、戦後を通じた米国経済の生産性上昇率を年率0.5％以上低下させるマグニチュードを持ってきたと試算している。前述の通り、日本でもサービス産業のGDPシェアは一貫して増加傾向を辿っている。一方、労働生産性（就業者当たり実質付加価値額）の上昇率を産業別に見ると（**表1-3**）、過去50年近くの平均で製造業5.3％に対して第三次産業2.6％、狭義サービス業1.2％であり、「ボーモル病」仮説を支持する数字である。また、先進諸国のほとんどでサービス経済化が進行しており、サービス産業の生産性上昇率は製造業の生産性上昇率を下回っていることから、この仮説は普遍的な妥当性を持つように見える。

しかし、1990年代半ば以降、米国ではサービス産業でも生産性上昇率の加速が顕著になり（**表1-4**）、「ボーモル病」は治癒したという見方も現れた（Triplett and Bosworth, 2003）。また、従来、米国でも産業構造の変化は経済全体の生産性を引き下げる方向に作用してきたが、最近の計測によると、2000年以降、経済全体及びサービス産業内での産業構造変化（再配分効果）のマイナス寄与が消失ないし大幅に縮小しているという指摘もされている（Bosworth and Triplett, 2007）。1990年代後半以降、少なくともリーマン・ショックまでの米国において製造業とともにサービス産業の生産性上昇が経済成長を支える「双発エンジン」として機能するようになったことは事実である。日本においても、所得水準の上昇とともに需要が増加するサービス産業の生産性をいかに向上させていくかが、「ボーモル病」を克服し、マクロ経済の好循環を生み出すための産業構造政策と

第Ⅰ部　サービス経済化と生産性

表1-4　米国におけるサービス産業の生産性「加速」（年率%）

A. 労働生産性	1987-1995	1995-2000	2000-2005
全産業（除く農業）	1.4	2.5	2.5
財部門	2.4	3.0	2.9
サービス部門	1.1	2.3	2.4
B. TFP	1987-1995	1995-2000	2000-2005
全産業（除く農業）	0.9	1.6	1.7
財部門	1.8	2.3	1.9
サービス部門	0.5	1.3	1.5

（出典）Bosworth and Triplett（2007）。

して極めて重要になっている。また、米国の経験はそれが決して不可能ではないことを示している。

　サービス産業の生産性向上が再び大きな政策課題として取り上げられる契機となったのは、2006年の『新経済成長戦略』（経済産業省）と『経済成長戦略大綱』（財政・経済一体改革会議）だった。我が国の人口が減少に転じる中、その後毎年のように策定されている成長戦略のさきがけとなった『新経済成長戦略』は、政策分野別の成長寄与度を示しており、筆頭に挙げられたのが「サービス産業の生産性向上」であった。2007年に入り、『経済財政改革の基本方針2007（骨太2007）』では、労働生産性（マンアワー・ベース）の伸びを5年間で5割増にすることを目標に、「サービス革新戦略」が重要課題として明記された。そこでは「サービス産業生産性協議会」を活用してサービス・イノベーションを促進することとされた。これを受けて2007年に「サービス産業生産性協議会（SPRING: Service Productivity and Innovation for Growth）」が発足し、科学的・工学的手法のサービス産業への適用拡大、優良なサービス企業の発掘、サービス産業の人材育成、サービスの品質向上とその可視化（「顧客満足度指数（CSI: Customer Satisfaction Index）」の開発）、サービス産業のグローバル展開といった生産性向上運動が進められた。

　2008年秋以降の世界的な景気後退に伴って短期の景気対策への関心が高まり、生産性向上への関心はいったん後退したが、少子高齢化が進み人口減少局面に入った日本経済にとって、経済全体の中で大きな部分を占めるサービス産業の生産性向上が重要な政策課題であることに変わりはない。政府の『日本再興戦略』（2013年）では、医療・介護、コンテンツ、観光といったサービス分野が戦略市場として取り上げられている。

2 産業集計データから見たサービス産業の生産性

生産性の比較には、産業間比較と国際比較、「水準」比較と「伸び率」比較、労働生産性と全要素生産性（TFP: total factor productivity）など多くの異なる側面があるが、しばしばこれらが区別されることなく、日本のサービス産業の生産性は低いというのが通念となっている。近年、「産業生産性（JIP: Japan Industrial Productivity）データベース」（経済産業研究所）の整備により、生産性上昇率を「国民経済計算」（GDP 統計）よりも細かい分類で産業別に比較できるようになった。また、EU が中心になって作成した EUKLEMS データベースでは、産業別の生産性を国際比較することが可能になった[4]。同データベースの日本の数字は JIP データベースを基礎としている。これらは産業別生産性比較の実証研究や政策実務で幅広く利用されるようになっており、貴重な知的インフラとして評価されている[5]。本節では、これら産業集計レベルのデータ及び既存の成長会計分析の結果に基づいてサービス産業の生産性に関する観察事実を整理しておきたい[6]。

2.1 生産性上昇率

最初に、日本の GDP 統計で製造業とサービス産業の労働生産性上昇率の長期的な傾向を見ておきたい。連続的な産業分類での比較が可能な1955年～2009年の期間を対象に、製造業、第三次産業、狭義サービス業の労働生産性（実質・年率換算、政府部門を除く）上昇率を計算すると、製造業5.3％、第三次産業2.6％、狭義サービス業1.2％である（前出表1-3）[7]。第三次産業で2.7％ポイント、狭

---

4) EUKLEMS は、EU（欧州連合）の資金で作成された欧州・米国・日本・韓国等に関する生産性データベース。KLEMS とは生産性計測の際のインプットである資本（K）、労働力（L）、エネルギー（E）、中間投入財（M）、中間投入サービス（S）の頭文字である。
5) JIP データベースについては、深尾・宮川 (2008)、EUKLEMS の概要については O'Mahony and Timmer (2009) 参照。現在、ラテンアメリカ、インド、中国等をカバーする World KLEMS の作成に向けた取組みが行われている。
6) Fukao (2010) は、これらのデータベースからの観察事実を含めて日本のサービス産業の生産性の実態について概観している。
7)「国民経済計算」の遡及データを使用しており、1990年以降は連鎖方式の実質値だが、それ以前は基準年固定方式の実質値である。

義サービス業は4.1％ポイント製造業よりも労働生産性上昇率が低い。

2009年までの約40年間をカバーする「JIPデータベース2012」で労働及び資本の質の向上分を含めたTFPの伸び率（年率）を見ると、1970～2009年という長期で見て製造業3.0％、非製造業1.2％であり、製造業の方がかなり高い[8]。他方、資本投入増加（質の向上分を除く）の寄与は非製造業の方が製造業よりもやや大きい（製造業0.9％、非製造業1.2％）。このため、労働生産性で見ると製造業3.9％、非製造業2.3％と両セクターの差はTFPで比較した数字に比べてわずかに小さくなるものの、上述のGDP統計から計算した数字と似たパタンである。

次に、EUKLEMSデータベース（2008年版）に基づいてセクター別の生産性上昇率を国際比較してみる。EUKLEMSは産業を六つに大別しており、広義のサービス産業は「流通・物流サービス」、「金融・事業サービス」、「個人・社会サービス」の3つに区分されている（通信業は「電子機械・通信業」という製造業を含むITセクターに分類される）。比較可能な1980～2005年という長期で主要国の労働生産性及びTFPを比較すると、日本の生産性上昇率はITセクターにおいて他国よりも高く、電子機器を除く製造業はTFPで主要国と同程度、労働生産性ではむしろ低い（**表1-5**）。サービス産業の中では、「流通・物流サービス」及び「金融・事業サービス」は主要国よりも高く、個人サービスは労働生産性で同程度、TFPでは低い。米国の生産性上昇が顕著だった1995～2005年の10年間に限って見ると、総じて米国の生産性上昇率が高く、日本の生産性上昇率は主要国の中で中程度ないし下位に位置づけられる。しかし、これはサービス産業に限ったことではなく、むしろ製造業において日本の生産性パフォーマンスの低さが目立つ（**表1-6**）。

以上の観察事実を虚心に要約すれば、長期の時系列で見てサービス産業の「計測される」生産性上昇率が製造業に比べて低いことはほぼ間違いない（サービスの質の計測に関する技術的な問題点は第13章で詳述する）。他方、国際比較から見ると日本のサービス産業の生産性上昇率が欧米主要国に比べて低いとは言えず、「流通・物流サービス」や「金融・事業サービス」はむしろ高目の生産性上昇率である。比較的最近の期間に限って見ると、日本経済全体の生産性パフォーマン

8）付加価値ベースのTFP。サービス産業は市場経済のみ、「住宅・分類不明」を除く数字。なお、JIPデータベースは経済産業研究所のウェブサイトからダウンロード可能である（http://www.rieti.go.jp/jp/database/JIP2012/index.html）。

第1章　サービス産業の生産性

表1-5　主要国のセクター別生産性上昇率（1980～2005年）

1980～2005		電子機器・通信	製造業（除く電子機器）	流通・物流サービス	金融・事業サービス	個人・社会サービス
A. 労働生産性	日本	6.4	0.6	2.2	0.3	-1.3
	米国	6.2	1.4	1.6	-0.0	-0.1
	英国	3.9	2.0	1.7	-0.0	-0.8
	ドイツ	3.1	1.2	1.5	-1.6	-0.4
	フランス	4.3	1.5	1.7	-0.8	-0.5
	EU	3.2	1.3	1.1	-0.9	-1.0
B. TFP	日本	9.5	2.2	2.9	3.4	0.3
	米国	8.2	2.1	2.9	1.8	0.6
	英国	6.0	2.4	2.9	1.8	0.7
	ドイツ	4.2	1.7	2.3	1.7	0.3
	フランス	4.9	2.2	2.3	0.5	0.1
	EU	4.9	1.9	2.0	1.2	-0.1

（出典）EUKLEMS（2008年版）。数字は年率（％）。

表1-6　主要国のセクター別生産性上昇率（1995～2005年）

1995～2005		電子機器・通信	製造業（除く電子機器）	流通・物流サービス	金融・事業サービス	個人・社会サービス
A. 労働生産性	日本	5.4	-0.7	0.9	-0.1	-0.1
	米国	8.7	2.2	2.1	0.4	0.0
	英国	3.7	0.8	1.1	1.1	-0.7
	ドイツ	4.7	1.3	1.5	-3.3	-0.7
	フランス	5.9	1.8	0.4	-0.8	0.9
	EU	4.1	0.7	0.6	-0.8	-0.8
B. TFP	日本	7.9	0.6	1.2	2.1	0.5
	米国	10.9	2.8	3.5	2.4	0.9
	英国	6.4	1.2	2.6	3.8	0.5
	ドイツ	5.0	1.6	2.2	-0.1	-0.2
	フランス	6.6	2.2	1.3	0.9	1.5
	EU	5.9	1.3	1.7	1.4	0.2

（出典）EUKLEMS（2008年版）。数字は年率（％）。

スは米国に比べて劣るが、製造業を含めてほぼ全てのセクターで米国の生産性上昇率は日本及び欧州に比べて高かった。また、各国ともITセクターの生産性上昇率が著しく高く、対個人サービス業の生産性上昇率は低い。すなわち、どの国でもサービス産業の生産性上昇率は相対的に低く、国際比較から見て日本のサービス産業だけが際立って低い生産性上昇率というわけではない。もちろん、日本のサービス産業の生産性に何ら問題がなく、放置しておけば良いという意味ではない。次章以降で論じる通り生産性を引き上げる余地は十分あると考えられるか

2.2 生産性の水準比較

　日本のサービス産業の生産性の「水準」も製造業に比べて、あるいは米国等に比べて低いというのが通念となっている。ただし、生産性の水準比較には多くの技術的な問題があることに注意が必要である。当然のことながら、同一時点での水準比較は価格変動の調整をしない名目ベースで行う必要がある。実質値は基準年の取り方次第で全く違った結果になるからである。まず、「国民経済計算」のデータで製造業とサービス産業の労働生産性（マンアワー当たり付加価値額）の水準（2011年）を比較すると[9]、製造業4,462円／人・時間、第三次産業4,278円／人・時間で比較的小さな違いである。ただし、第三次産業の中には労働生産性が製造業の2倍を超える電力・ガス・水道業、6倍を超える不動産業が含まれるため、これらを除くと3,473円／人・時間であり、製造業よりも約22％低い。しかし、こうした労働生産性「水準」の産業間比較は、資本装備率の産業による違いが大きく影響するためあまり意味がない。一方、TFPは、資本装備率の違いによる影響がないため労働生産性に比べれば産業間比較の意味があるが、サービス産業と製造業の間でTFPの「水準」比較が行われることは稀である。生産技術（生産関数）が異なる産業間で生産性の水準を比較することはできないという考え方もある[10]。

　日本のサービス産業の生産性（水準）は米国の約6割と言われることがある。ここで、労働生産性の場合、分子は付加価値額だからこれをどういうレートで換算するか（currency conversion factor）が大きな問題になる。同一国内・同一時点の比較であればこの問題は生じないが、国際比較の際には避けられない問題であり、統計技術的には異時点間での「実質化」の問題と類似している。

　まず、為替レートで換算した日米の製造業、第三次産業、うち流通業の労働生産性（従業者当たり付加価値額）を比較してみると、製造業とサービス産業の違いは小さく、いずれも為替レートに連動する形で上下する。円高局面だった1992

---

[9] 労働時間は「国民経済計算」の雇用者の年間労働時間を使用しており、自営業者等も雇用者と同じ労働時間を仮定している。
[10] 中島（2001）参照。例外として、Bernard and Jones（1996）は、OECD主要国の産業レベルのTFPの「水準」と「伸び」を計測、比較している。

第1章 サービス産業の生産性

表1-7　OECDのPPP等を用いた労働生産性水準の日米比較（米国＝1.00）

製造業（OECD PPP）	0.71
非製造業（OECD PPP）	0.64
非製造業（内外価格差調査）	0.77

（注）日米SNA統計、OECD購買力平価（PPP）、内外価格差調査（内閣府、総務省、経済産業省等）のデータを用いて計算。

～1996年は日本の第三次産業の労働生産性水準は米国よりも高かったことになる。日米の生産性の水準の比率が現実に大きく振幅することは考えにくく、為替レートは生産性を国際比較する際の換算比率として適当とは言い難い。

OECDは加盟国の購買力平価（PPP: purchasing power parity）を毎年発表しており、一般に公表されているのは工業製品、サービス等を含めた経済全体の数字である。このOECDのPPPを用いて国民経済計算（SNA: System of National Accounts）ベースの労働生産性（2005年）を換算・比較すると、日本の製造業の労働生産性は米国の約71％、非製造業の労働生産性は約64％の水準である（**表1-7**）。日本のサービス産業の生産性は米国の約6割という俗説に近い数字だが、製造業もさほど違わない数字である。ただし、Sorensen（2001）が指摘した通り、産業別の生産性の国際比較においてマクロ集計レベルのPPPを用いるのは不適当であり、本来は細分化された産業別のPPPを用いる必要がある。

日本では過去10数年以上にわたり各省庁が「内外価格差調査」を実施してきた[11]。これらの調査は全てのサービスをカバーしてはいないが、可能な限り同じスペックのサービス価格を比較したもので貴重なデータである。これらの調査結果に基づき所要の時点修正を行った上でサービス産業平均のPPPを算出して労働生産性（2005年）の日米比較を行うと、日本のサービス産業は米国の77％という結果になる（表1-7下段）。米国に比べて労働生産性の水準が低いことに変わりはないが、OECDのPPPで見たのとはかなり違った印象になる。

次に、EUKLEMSデータベース（2008年版）の生産性及び産業別PPPに基づいて日米の労働生産性水準（2005年）を比較すると、卸売業、小売業、飲食・宿泊業、通信業の生産性は米国の40～50％と非常に低い。しかし、製造業も47％で

---

[11] いわゆる「内外価格差」問題が話題になった円高局面からこうした調査が活発化し、電話・インターネット等の通信サービスは総務省、航空・鉄道・タクシー等の運輸サービスは国土交通省、ソフトウエア・市場調査・ビル警備・通訳料といった対事業所サービスは経済産業省、宿泊料・理髪料・クリーニング料等の対個人サービスは内閣府が行った調査がある。

第Ⅰ部　サービス経済化と生産性

表1-8　EUKLEMS の PPP に基づく
日米労働生産性水準の比較(米国=1.00)

製造業	0.47
電力・ガス	1.17
建設業	0.95
卸売業	0.44
小売業	0.41
飲食・宿泊	0.48
運輸業	0.88
通信業	0.40
金融・保険	0.98
対個人サービス	0.91

(注)　日米 SNA 統計、EUKLEMS の PPP データを用いて計算。

あり、これらサービス産業とあまり違わない。他方、運輸業、金融・保険業、対個人サービス業は米国の90％前後ないしそれ以上であり、製造業に比べて米国との格差は小さい（**表1-8**）[12]。

産業別の TFP「水準」を国際比較した例は少ないが、野村（2004）は、1990年時点の産業別 TFP の日米比較を行っている。それによれば、国全体での TFP ギャップ（全資産ベース）は、米国を1として日本は0.836であり、非製造業の中では金融保険（1.081）、通信（1.042）は日本の TFP の方が高く、運輸（0.917）、その他サービス（0.869）は国全体のギャップよりも小さい。他方、電力（0.587）、ガス（0.619）が一国全体のギャップに比べて大きな TFP 格差という結果になっている。時点がかなり古いが、サービス産業の生産性が一律に低いとは言えないことを示唆している。

以上を要約すると、サービス産業の生産性の「水準」を国内の製造業や米国のサービス産業と比較することは不可能ではないがかなり難しく、計算された数字は相当大きな幅をもって理解する必要がある。国内の製造業に比べてサービス産業の生産性の水準が低いと断定する根拠は乏しい。日本のいくつかのサービス産業の生産性水準が米国に比べて低いことを示唆する事実はあるものの、製造業も同程度に低い。また、サービス産業の中でも細分化すると業種によって大きな違

---

12) EUKLEMS は1997年の PPP のみ公表していることから、日米それぞれの産業別 GDP デフレーター（付加価値デフレーター）を用いて2005年の産業別 PPP を算出し、これに基づいて米国を100とした日本の産業別の生産性水準を計算した。

いがある。「水準」に関しては、サービス産業の生産性が低いという通念には十分な根拠がない。さらに、第2章以降で見る通り、同じ業種の中でも企業や事業所によって生産性の水準には大きなばらつきが存在する。

3　本書の構成と各章の概要

　以上が産業集計データに基づく観察事実だが、生産性向上のために有効な方策を検討するためには、企業・事業所のミクロ（個票）データを用いた実証分析が不可欠である。特に、近年の経済理論・実証分析では「企業の異質性（heterogeneity）」が強調されており、平均値を見るだけではなく、生産性の分布すなわち企業間・事業所間のばらつき（dispersion）を観察するとともに、産業特性だけでなく企業・事業所特性に着目した実証分析が不可欠になっている。「工業統計」をはじめ基礎統計が整備されている製造業については多くの精緻な分析が積み重ねられてきているが、ミクロデータを用いたサービス産業の生産性分析は国内・海外を問わず大きく遅れている。こうした中、次章以降の各章は、筆者が「企業活動基本調査」、「特定サービス産業実態調査」をはじめとする企業・事業所レベルのミクロデータを用いて行った様々な分析である。サービス産業のみを対象とした分析だけでなく、サービス産業の企業・事業所をカバーする全産業での分析も含んでいるが、そこでは製造業とサービス産業の違いに注目しつつ分析する。なお、実証研究ではしばしば統計的有意性に焦点が当てられがちだが、本書では、分析結果の量的なマグニチュードを明示し、サービス産業の生産性に対する各種要因の現実的な重要度を明らかにするように努める。

　全体の見通しを良くするため、本書の構成と各章の概要を述べておきたい（**図1-1**）。上述の通り、最近の経済分析では、同じ国・同じ産業の中でも企業や事業所によって生産性に大きな違いがあるという「企業の異質性」が注目されている。このことは、生産性の実態を正確に捉えるためには単に平均値だけを見るのではなく、分布を観察することが重要になっていることを意味している。そこで、第2章では「企業活動基本調査」のミクロデータに基づいて個別企業レベルでの生産性の分布を明らかにする。サービス産業の企業レベルでの生産性の計測にはデータの制約があるが、ここでの分析結果によれば（狭義）サービス業は生産性

第Ⅰ部　サービス経済化と生産性

図1-1　本書の構成

〈Ⅰ. 企業レベルの生産性の実態〉
- 集計データでの概観（第1章）
- 生産性の企業間格差・新陳代謝（第2章）

〈Ⅱ. サービス生産・消費の「同時性」〉
- 空間的同時性：経済密度と生産性（第3章～第5章）
- 時間的同時性：需要変動と生産性（第6章、第7章）

〈Ⅲ. 企業特性と生産性〉
- IT・外資・企業年齢（第8章）
- 同族企業（第9章）
- 労働組合（第10章）
- ストックオプション（第11章）

〈Ⅳ. サービス生産性の計測〉
- 生産性計測の課題とデータ整備（第12章、第13章）

の企業間格差（分散）が大きく、サービス業の中にも高い生産性の企業が多数存在する。生産性の企業間格差が大きいとすれば、優れた新規企業の参入、非効率な企業の退出、生産性の高い企業のシェア拡大といった「新陳代謝」を通じて産業全体の生産性を高める余地も大きい。1990年代後半以降にITの普及と並行して生産性上昇率が加速した米国小売業では、こうした新陳代謝が生産性上昇のほぼ全てを説明するという実証研究がある。しかし、日本の小売業やサービス業では新陳代謝の生産性効果はこれまでのところ限定的である。

　第Ⅱ部（第3章～第7章）は、サービス産業の製造業と顕著に異なる特徴である「生産と消費の同時性」に着目した分析を紹介する。

　「生産と消費の同時性」の結果、多くのサービス産業では在庫が存在せず、輸送費用が禁止的に高い。この特徴は、サービス産業の生産性に対して需要側の要因が大きく影響することを意味している。「生産と消費の同時性」には、①空間的・地理的な同時性と②時間的な同時性という二つの側面がある。第3章では、このうち空間的な同時性に関して、「特定サービス産業実態調査」に含まれる対個人サービス業10業種の事業所データを使用し、事業所が立地する市区町村の人口密度と生産性の関係を分析する。分析に際しては、実証研究で通常使用される金銭ベースの生産性指標（TFPR）だけでなく、価格の影響を受けない数量ベースのTFP（TFPQ）を併用した点に大きな特長がある。分析結果によれば、人口密度が2倍になると（狭義）サービス業事業所の生産性は7％～15％前後高

くなる。小売業でも製造業に比べて比較的大きな密度弾性値が計測される。この結果は、人口減少が進行する日本経済において、コンパクト・シティの形成等を通じた空間的な「選択と集中」が、サービス業ひいては日本経済全体の生産性向上に寄与することを示唆している。

地球環境問題に加えて原子力発電所の稼働停止、エネルギー輸入の増加等を背景にエネルギー消費効率の向上が日本経済にとって大きな課題となっている。製造業を中心とした産業部門の省エネは着実に進んでいるが、サービス産業の事業所を中心とした業務部門ではエネルギー消費増加が著しい。そこで、第4章では、サービス事業所のエネルギー効率性について、「エネルギー消費統計」のミクロデータを用いて分析を行う。分析結果によれば、人口密度が高い地域ほどサービス事業所のエネルギー効率が高い傾向がある。量的には、事業所が立地する都市の人口密度が2倍だとエネルギー効率が12％前後高い。この結果は、土地利用規制の緩和や大都市中心部のインフラ整備が環境と成長の両立に寄与する可能性、また、コンパクト・シティの普及がCO_2排出抑制にも有効な政策となる可能性を示唆している。

近年の諸外国の研究は、都市規模と労働者のスキル水準の間に正の関係があること、また、スキルの高い大都市ほど集積の経済効果が大きいことを明らかにしている。言うまでもなく大都市ではサービス産業が大きな位置を占めている。そこで第5章では、労働者の生産性の指標である賃金のデータを使用して、都市の経済活動密度と賃金の関係を定量的に分析する。「賃金構造基本調査」の労働者レベルのミクロデータを用いた賃金関数の推計結果によれば、賃金に対する集積の経済効果の存在が確認され、この効果は卸売業や小売業で大きい。また、人口集積地において、就労経験を通じた学習が速いこと、労働市場での企業と労働者のマッチングの質が高いことが示される。人口が減少するとともにサービス経済化が進む日本経済にとって、労働者の地理的な移動を円滑化し、人口稠密な地域を維持・形成していくことが、労働者の賃金上昇とともに経済全体の生産性向上に対して大きな効果を持つことを示唆している。

以上は「空間的同時性」に着目した分析である。一方、「時間的同時性」については、第6章においてサービス業の事業所レベルでの需要変動と生産性の関係を「特定サービス産業実態調査」のミクロデータを用いて分析する。例えば、観光業で週末や特定の季節に需要が集中する傾向があることは良く知られている。

こうした需要変動を平準化することができれば、稼働率の上昇等を通じて生産性に正の効果を持つことが予想される。対個人サービス業6業種を対象とした分析結果によれば、同じ業種内でも、週末に需要が集中している事業所ほど、また、一年間の需要の季節変動が大きい事業所ほど生産性が低いことが確認される。これらは事業所による価格差の影響を受けない数量ベースの生産性指標（TFPQ）を用いても頑健である。この結果は、フレックスタイムの普及や休暇の分散化が対個人サービス業の生産性に対して正の効果を持つ可能性を示唆している。

　総じてサービス産業はパートタイム労働者をはじめとする非正規労働者の比率が高い。非正規雇用の増加には、女性の労働参加率上昇をはじめとする労働供給側の要因とともに、企業業績の不安定性に起因する労働需要側の要因が関わっていると考えられる。生産物（サービス）に対する需要変動が大きくても生産要素の投入量を柔軟に変化させることができれば生産性に影響は生じないが、現実には労働投入量（特に正規雇用）を瞬時に変えることは難しい。そこで第7章では、企業の売上高のヴォラティリティ、非正規雇用、生産性の間の関係について分析する。「企業活動基本調査」のミクロデータを用いた分析結果によれば、非正規労働者の雇用調整速度は特に短期的には正規労働者に比べて速く、また、ヴォラティリティの高い企業は非正規労働者を活用しているほど生産性が高い傾向がある。この結果は、非正規労働者に対してセーフティネットや人的資本投資の機会を確保しつつ、企業の労働投入量の柔軟な調整を可能にすることが、経済全体にとって望ましいポリシーミックスであることを示唆している。

　第Ⅲ部（第8章～第11章）では、株式所有構造、労使関係といった企業特性と生産性の関係についての分析を報告する。これら企業特性と生産性の関係は製造業にも関連があり、各章とも製造業・サービス産業をカバーした分析である。グローバルな競争圧力に晒される製造業に比べて、サービス産業はコーポレート・ガバナンス等の内部的な規律機能がより重要な役割を果たすかも知れないというのが問題意識である。

　生産性の企業間格差（異質性）が大きいということは、どのような企業特性を持つ企業の生産性が高いのかを明らかにすることを通じて、優れた経営ノウハウの普及による低生産性企業の底上げが可能になることを示唆する。第8章では、「企業活動基本調査」で利用可能な企業特性、特に情報ネットワークの利用、外

資（対内直接投資）、企業年齢に着目して、生産性との関連を分析する。IT投資は1990年代半ば以降の米国における生産性上昇率の加速をもたらした原動力になったと言われてきた。しかし、日本企業を対象としたここでの分析によれば、日本企業のIT活用とTFPの間にクロスセクションでは正の関係が見られる――ITの高度利用を行っている企業ほどTFPが高い――ものの、企業固定効果をコントロールしたパネル分析によるとIT利用度は生産性と明瞭な関係を持っていない。また、対内直接投資は海外の優れたノウハウの導入やその国内企業へのスピルオーバーを通じて生産性上昇に寄与すると言われているが、サービス産業における外資比率とTFPの関係についても、企業固定効果を考慮すると正の関係は確認されない。この結果は、通常の統計データでは観測されない企業特性（「経営力」ないし「経営の質」）が、企業レベルの生産性格差の背後にある重要なファクターであることを示唆している。

　次の課題は、「経営力」の源泉に関するコーポレート・ガバナンスや労使関係といった視点からの突っ込んだ分析である。まず、第9章では、企業の株式所有構造と生産性の関係について分析する。「企業活動基本調査」のミクロデータと中小企業庁が実施した企業に対するサーベイを企業レベルでリンクさせたデータセットを使用する。分析の結果、メインバンクを含む金融機関の株式所有は企業の生産性に対して有意な影響を持っていないが、経営者やその家族が多数の株式を所有している同族企業の生産性上昇率が低いことが確認される。同族企業は経営目標として「企業の存続」を重視する傾向が強く、事実、同族企業は生産性上昇率が低い一方で存続確率が高い。これらの結果は製造業、サービス産業共通に観察されるが、サービス産業に同族企業が多いことを考慮すると、サービス産業の生産性向上との関連は強い。経営目標と経営成果が一致している以上、それ自体は政策的に関与すべき問題ではないとの議論もありうるが、日本経済全体の生産性という観点から言えば、企業所有権の移転や廃業を円滑化することが、新陳代謝を通じた生産性引き上げに寄与することを示唆している。

　良好な労使関係、労働者の高いモチベーションは企業の生産性に大きく影響するはずである。特に、サービス産業は資本集約度の高いものづくり産業と比較して労働者の能力や意欲に依存する度合いが強い可能性がある。そこで第10章では、いわゆる「日本的経営」の重要な特徴の一つとされてきた企業別労働組合と生産性の関係を分析する。分析に使用するデータセットは、第9章と同じものである。

日本の労働組合と生産性の関係についてはいくつか先行研究があるものの、確定的な結論は得られていない。サービス産業を含む多数の企業をサンプルに用いた同章の分析結果によれば、米国とは異なり日本の労働組合は、賃金だけでなく企業の生産性とも強い正の関係を持っている。この結果は、生産性に対する労使関係や人的資源マネジメントの重要性を示唆している。労働組合の生産性効果は製造業とサービス産業（非製造業）で同程度の大きさだが、サービス産業は労働組合組織率が製造業に比べて低いこと、非正規雇用への依存度が高いことを考慮すると、労働者の声を集約して労使間の協力を促す何らかのメカニズムを工夫する余地が大きい。

　ストックオプションは、所有と経営の分離に起因するエージェンシー問題の軽減、経営者のリスクテーキングの増進、役員・従業員のインセンティブ向上といった様々な効果を持つことが期待され、日本では商法改正により1997年から本格的に利用が可能になった。ストックオプション採用企業は2000年代半ばまで増加を続けたが、株価低迷の影響もあってその後は横ばいで推移している。しかし、日本企業の経営者や役員が過度にリスク回避的だとすれば、ハイリスク・ハイリターンの投資を促すような報酬体系の採用が望ましい効果を持つ可能性がある。そこで第11章では、ストックオプションの採用と生産性及び企業のリスクテーキングの関係を実証的に分析する。分析結果によれば、ストックオプション採用後に研究開発投資及び生産性が高まる傾向が確認される。サービス産業におけるストックオプションの生産性に対する正の効果は製造業と同程度ないしいくぶん大きい。ストックオプション制度に係る規制緩和は、前向きのリスク投資を促し生産性を向上させるインセンティブとして一定の役割を果たしたと評価できる。

　第Ⅳ部（第12章、第13章）では、サービス産業の生産性を正確に測定するための課題を、統計データの問題を含めて整理する。

　サービス産業の生産性分析が遅れている大きな理由の一つは、「工業統計」をはじめ基礎統計が充実している製造業と違ってサービス統計が十分でないことである。こうした事情は日本だけではなく他の先進諸国でも同様である。特に労働投入量（マンアワー）の計測に当たっては、非正規労働者や短時間労働者が増加する中、企業レベルでの労働時間の正確な把握が従来以上に難しくなっている。そこで第12章では、企業レベルでの労働時間の捕捉が生産性の計測の精度に及ぼ

す効果について、パートタイム労働を対象に検証する。その結果によると、全産業ではパートタイム労働者の労働時間データが利用可能でないことに伴うTFPの計測誤差は平均±4％程度だが、パートタイム労働者比率の高い小売業やサービス業ではこのバイアスはずっと大きい。サービス産業の生産性分析において、精度の高い労働時間データが大きな意味を持つことが確認される。

最後に、第13章でサービス産業の生産性を計測する上での諸問題と統計整備上の課題について概観する。具体的には、統計のカバレッジ拡大、パネルデータの整備、アウトプット及びインプットに関する調査事項の拡充の必要性等を指摘する。特に、サービスの生産性を正確に計測・比較するためには、サービス価格データにおける品質調整が重要であることが強調される。

以上を通じて、サービス産業の中でも生産性の高い企業・事業所が多数存在し、「サービス産業の生産性は低い」という通念の妥当性には議論の余地があること、サービス産業は「生産と消費の同時性」に象徴されるように製造業とは異なる特徴があるため、土地利用・時間配分・企業統治等に関連する経済制度や社会的慣行を変えていくことを通じて日本のサービス産業の生産性を高める余地は大きいこと、サービス統計の整備・充実とそれを活用した実証分析の一層の蓄積が必要であることを指摘する。

第2章

サービス産業の生産性は低いのか？
―企業データによる生産性の分布・動態の分析―*

1 序論

　サービス産業の生産性向上は、人口減少が進む日本経済で持続的な経済成長を図る上で最重要課題の一つであり、これまでの政府の経済成長戦略でも大きな論点の一つとなってきた。2007年には「サービス産業生産性協議会」が設立され、サービス産業の生産性向上を具体化するための活動を展開してきている。日本のサービス産業の生産性は、製造業や米国に比べて低いと言われており、確かに産業レベルで見る限り1990年代半ば以降広範なサービス産業で生産性上昇率の加速が見られた米国と比べて見劣りする。しかし、近年の経済理論・実証研究では企業の異質性が注目されており、同じ産業の中でも企業・事業所によって生産性には大きなばらつきがあることが明らかにされてきている。サービス産業の生産性向上を実現する上で有効な処方箋を書くためには、産業レベルに集計された「平均値」のデータを観察するだけでなく、企業・事業所のミクロデータによる「分布」を考慮に入れた実証分析が必要である。

　しかし、ミクロデータを用いたサービス産業の生産性の実態分析は、統計上の制約もあって「工業統計」をはじめ充実したデータが存在する製造業に比べて大幅に遅れている。こうした事情は海外でも同様であり、それまで製造業を対象に行われていた各種の分析が、近年ようやく流通業やサービス業に拡がりつつある段階である。次節で述べるように、それら最近の研究の結果、サービス産業の生産性の分布や動態がしばしば製造業とは異なることが明らかになり始めている[1]。

　「企業活動基本調査」（経済産業省）は、1992年に開始された企業レベルの大規

＊本章は、森川（2007a）をもとに大幅な加筆修正を行ったものである。「企業活動基本調査」の個票データの目的外利用に関し、経済産業省の関係者に謝意を表したい。

模なパネル調査であり、既に経済産業研究所（RIETI）を中心にこの個票データを用いた様々な分析が行われてきた。しかし、同調査の当初の対象業種は製造業、卸売・小売業に限られ、その後サービス業にも調査対象が少しずつ拡げられてきたものの、パネルデータとして分析するほどにはデータの蓄積がなく、同調査を用いたこれまでの研究の多くは製造業及び流通業に対象を絞っている[2]。しかし、2001年度（2002年調査）以降、同調査のサービス業のカバレッジが大幅に拡大した。この結果、未だサービス産業全体をカバーするには至っていないものの、比較的広い範囲のサービス産業を含むパネル分析が可能な状況になってきた。

　本章では、同調査の2001～10年度の10年間のミクロデータを接続したパネルデータを作成し、企業レベルの生産性分布（企業間格差）、生産性のダイナミクス（新陳代謝を通じた産業全体の生産性向上）等について、産業別に比較しつつ実態を明らかにする。本章では大分類産業として、製造業、卸売業、小売業、情報通信業、（狭義）サービス業の5産業に区分して分析を行う。また、サービス産業全体を包括的に見るため第三次産業（電力・ガス・水道・熱供給業を除く）という括りでも観察・比較する。生産性の指標としては労働生産性（LP: labor productivity）及び全要素生産性（TFP）を使用し、生産性の「水準」と「変化」の両方を考慮する。

　基本的な問題意識は、日本のサービス産業に属する企業の生産性（水準／上昇率）は低いのか、低いとすれば何故なのかという基本的なことである。本章の分析は、次章以降の分析の前段階として、記述統計を中心に基礎的な観察事実を整理することを主な目的としている。

　分析結果の要点を予め整理すると次の通りであり、サービス産業と製造業の生産性の分布や動態には多くの違いが見られる。第一に、同じ産業の中でも企業による生産性「水準」の分散（企業間格差）は非常に大きい。産業別に見ると、労働生産性、TFPのいずれでも（狭義）サービス業で企業間格差が顕著だが、卸売業や情報通信業もTFP水準の企業間格差が製造業に比べて大きい。したがっ

1）前章でも述べたが、本書を通じて「サービス産業」は卸売業・小売業、運輸業・通信業等を含む第三次産業、「サービス業」は生活関連サービス業、専門・技術サービス業等の狭義サービス業の意味で用いる。
2）「企業活動基本調査」のミクロデータを用いた分析を含むRIETIの生産性研究については、森川（2013）が包括的にサーベイしている。

て、低生産性企業の「底上げ」によって産業全体の生産性を大きく向上させる余地があり、この潜在的効果は小売業やサービス業で大きい。第二に、生産性「上昇率」の分布を見ても同一産業内での企業間格差は大きく、(狭義)サービス業をはじめサービス・セクターの多くの業種で平均的な製造業企業よりも生産性上昇率の高い企業が多数存在する。第三に、同一時点のクロスセクションでは生産性の高い企業ほど市場シェアが高いという自然な関係がすべての業種で観察される。しかし、生産性のダイナミクスを見ると、小売業や(狭義)サービス業では企業間での市場シェアの再配分や参入・退出(新陳代謝)の産業全体の生産性上昇への貢献が非常に小さく、マイナスとなっている場合もある。

　本章の構成は以下の通りである。第2節では、企業・事業所の生産性分布や生産性変化の要因分解に関する内外の先行研究をサーベイする。第3節では、本章の分析で使用するデータ及び変数の作成方法について解説する。第4節は主に記述統計的な分析で、生産性の企業間格差を産業別に計測するとともに、それを「産業内格差要因」、「産業間格差要因」に分解し、サービス産業と製造業との違いに留意しつつ解釈を加える。第5節では、生産性の異なる企業間での市場シェア配分の効率性に関して、いくつかの要因分解手法を利用して分析・評価する。第6節は結論及び若干の政策的含意とともに、分析の限界や今後の課題を述べる。

2　先行研究

2.1　生産性の分布

　生産性の企業間又は事業所間での分布(生産性格差)は、市場の競争度との関係で古くから関心を持たれており、主として製造業を対象にミクロデータを用いた分析が少なからず存在する。特に、最近は企業の異質性に着目した経済理論の進展、大規模なパネルデータの利用可能性の高まりを背景に、実証研究は一段と活発になっている。それらの研究は、企業間での生産性のばらつきが非常に大きいこと、市場の競争圧力は企業間の生産性のばらつきを小さくする効果があることなどを指摘している(代表的なサーベイ論文としてBartelsman and Doms, 2000; Syverson, 2011)。

　例えば、Bartelsman and Dhrymes (1998) は、米国製造業3業種(1972～86年)の工場レベルのTFPの分布やその時間的な継続性(persistence)を分析し、

集計レベルの生産性と個々の工場レベルの生産性の間には大きなギャップがあり、「代表的工場」という平均値に基づく議論は問題があると述べている。Oulton（1998）は、製造業だけでなく流通業・運輸業・金融業等を含む英国企業のミクロデータ（1989～93年）を使用し、企業間での労働生産性の分散とその変化を計測している。それによれば、①生産性の企業間での分散は大きく、分散のうち4分の3は同一産業内での企業間の違いに起因するものであること、②分散のうち一部は一時的なものであって平均回帰の傾向が見られること、③競争圧力の強さが低生産性企業の生産性を高める効果を持ち、製造業における分散の小ささは国際競争が強いためだと考えられること等を指摘している。Haskel and Martin（2002）は、英国製造業工場のパネルデータ（1980～2000年）を使用し、生産性（労働生産性、TFP）の企業間格差を計測している。分析の結果、生産性格差は（特に労働生産性で）大きいこと、競争（輸入浸透度、参入障壁の低さ、上位集中度の低さ）はTFP格差を小さくすること、仮に低生産性の工場の生産性を中位水準まで引き上げるとすれば製造業全体の労働生産性は8～10％高まりうることを指摘している。Dunne et al.（2004）は、米国の製造業工場のデータ（1977年、1992年）により事業所間の労働生産性及び賃金のばらつき（dispersion）が全体として、また、同一産業内において拡大していることを示し、IT採用の違いが生産性格差拡大に関わっていると論じている。Syverson（2004a）は、製品の「代替可能性」（substitutability）と産業内の生産性のばらつきの関係に着目し、製品の代替性が高い産業では生産性のばらつきが小さく生産性の水準が高いという仮説を、米国製造業4ケタ産業（443業種）の事業所データを用いて検証している。その結果によれば、製品の代替可能性を表す各種指標は、産業内の生産性（労働生産性及びTFP）のばらつきと負の相関を持っており、仮説を支持する結果となっている。そして、生産性のばらつきに対して、従来焦点が当てられてきた供給側の技術的要因だけでなく、需要側の影響も重要であると論じている。また、Balasubramanian and Sivadasan（2009）は、米国製造業4ケタ産業別に生産性の分布を分析し、資本の再販売可能性が高い（投資のサンク性が低い）業種ほど、生産性の分散が小さく、生産性の平均値・中央値が高いという結果を示している。

　これらの先行研究は、財市場や生産要素市場での競争が、非効率な企業の効率化・淘汰を通じて生産性格差を縮小させる効果を持つことを明らかにしている。

しかし、これらのほとんどは製造業を対象としており、技術や競争条件が製造業とは異なるサービス産業を対象とした分析は非常に少ない。ただし、いくつかの研究は例外的にサービス産業を対象とした分析を行っている。Kremp and Mairesse（1992）は、フランスの飲食、宿泊、法務サービス、会計サービス、ビル清掃サービス等九つのサービス業を対象に、企業レベルのデータ（1984～87年）で労働生産性の分布を計測している。産業内での企業の生産性のばらつきは非常に大きいこと、産業間の生産性の違いは同一産業内での企業間での違いに比べて小さいことを指摘している。上述のOulton（1998）は、英国企業では非製造業における労働生産性の分散が製造業に比べて2倍程度大きいことを指摘している。しかし、これらが扱っているのは労働者1人当たりの労働生産性であってTFPは計測しておらず、労働時間やパートタイム労働も考慮されていない。Faggio et al.（2010）は、非製造業をカバーする英国企業のパネルデータ（1984～2001年）を使用して企業レベルでの生産性（労働生産性、TFP）及び賃金の格差を分析した興味深い先行研究である。そして、①企業間での生産性格差が拡大傾向にあること、②生産性の企業間格差拡大は主としてサービス産業（非製造業）で生じていること、③労働生産性格差の拡大は、資本装備率の格差拡大ではなくTFPの格差拡大によることを示し、過去の多くの実証研究は経済におけるシェアが低下している製造業を対象として分析しているため、生産性格差の拡大を過小評価していると指摘している[3),4)]。

　日本では、経済産業省（2006）をはじめ政府の報告書が、特定のサービス産業（医療・保健衛生業、運送業）を例に生産性の企業間でのばらつきが大きいことを示し、生産性向上の余地があると指摘している。ただし、非製造業を含む実証分析は、本章のもとになった森川（2007a）やIto and Lechevalier（2009）が数少ない例である。できるだけ包括的で質の高いデータを用いて我が国製造業と

---

3) 本文で言及したもののほか、Fox and Smeets（2011）は、デンマークの製造業及びサービス業の計8業種を対象にTFPの企業間格差を計測し、観察される生産性格差のうちどの程度が労働者の質の違いで説明できるかを分析している。人的資本をコントロールすると生産性格差は縮小するものの、依然として大きな生産性格差が残るとしている。Chandra et al.（2013）は、米国医療サービス業を対象に生産性のばらつきを計測し、狭く定義された製造業と同程度であるとの結果を示している。
4) 運輸業、通信業、金融業といった個別の規制産業を対象とした生産性の計測例は比較的多い。日本では中島（2001）が鉄道業、損害保険業等を対象に生産性の計測を行っている。

サービス産業の生産性の分布の違い、サービス産業の中での業種による違い、生産性のばらつきの要因を分析することが必要である。

2.2 生産性のダイナミクス：参入・退出・再配分

生産性の企業による異質性が大きいとすると、産業全体の生産性向上には、個々の企業や事業所の生産性向上だけでなく、生産性の高い企業・事業所の参入、相対的に生産性の低い企業・事業所の市場からの退出、相対的に生産性の高い企業・事業所の市場シェア拡大（再配分）といった新陳代謝が重要な役割を果たす。製造業では既に多くの実証研究があり、産業全体の生産性上昇に対する参入・退出・再配分の寄与が明らかにされてきている（Baily et al., 1992; Griliches and Regev, 1995; Foster et al., 2001; Disney et al., 2003; Petrin et al., 2011 等）。この過程で産業内での生産性のダイナミクスを解明するための様々な要因分解手法が開発されてきた（具体的な手法は第5節で解説する）。多くの研究は産出・投入の金額データをもとに価格変動を物価指数等の集計データでデフレートして計測された金額ベースの実質生産性を分析しているが、Foster et al.（2008）は、数量と価格のデータがともに存在する同質的製品を対象に工場レベルのデータを使用して生産性のダイナミクスを分析し、金額ベースの生産性（TFPR）と数量ベースの生産性（TFPQ）の間には大きな違いがあり、その結果、TFPQを用いると参入による生産性への効果が大きくなると指摘している。

我が国の製造業に関しては、Fukao and Kwon（2006）が「企業活動基本調査」の製造業企業のパネルデータを用いて分析を行い、1994〜2001年の間、非効率な企業から効率的な企業へのシェア再配分が小さかったことが製造業のTFP成長の停滞に結びついたと論じている。Griffin and Odaki（2009）は、日本の製造業大企業の長期データ（1969〜96年）を使用してTFP成長率の要因分解を行い、全期間を通じて存続企業間のシェア再配分がTFPに対して負の影響を持っていたと論じている。Kawakami et al.（2011）は、「工業統計」データを用いてFoster et al.（2008）と同様にTFPRとTFPQを計測している。米国の結果と同様、TFPQを使った生産性変動の要因分解において純参入効果が大きくなることを示し、日本の製造業の生産性向上における創造的破壊の重要性を指摘している。Kneller et al.（2012）は、「企業活動基本調査」と「工業統計」のミクロデータ（1994〜2005年）を使用し、「失われた十年」における製造業の工場の退出

と生産性（TFP）上昇率の関係を分析している。TFP上昇のうち82％は生産性の低い工場から高い工場への再配分による効果で、既存工場の生産性上昇（内部効果）や参入・退出の寄与は非常に小さいという結果である。大企業のサンプルを用いたGriffin and Odaki（2009）とは全く異なる結果となっている。以上の通り、製造業を対象とした研究でも、サンプル、分析対象期間、分析手法によって結果にはかなり違いがある。

　内外を問わず過去の研究対象は製造業が多く、これらの研究をサーベイしたBartelsman and Doms（2000）は、製造業以外への拡張を今後の研究課題の一つとして指摘している。非製造業を対象とした研究としては、高い生産性上昇率を示した1990年代の米国小売業を対象としたFoster et al.（2006）が重要な先行研究として挙げられる。この時期の小売業ではスキャナー、高速クレジットカード処理等の先進ITの広範な採用により小売業全体の生産性は大幅に上昇したが、製造業と異なり、10年間の小売業全体の生産性上昇のほぼ100％は生産性の高い事業所の参入、生産性の低い事業所の退出で説明されるとしている。特に生産性の低い単独小売店の廃業、生産性の高い大規模なナショナル・チェーンの小売店の拡大が集計的な生産性上昇に大きく寄与している。カナダの製造業と小売業を対象としたBaldwin and Gu（2011）も、製造業は内部効果の寄与が大きいが、小売業では参入・退出効果や再配分効果の生産性上昇への寄与度が非常に高いという同様の結果を示している。

　日本では、総じて開業率・廃業率が米国に比べて低いことが指摘されてきたが、業種別に見るとサービス業の開業率・廃業率は製造業に比べて高く、参入・退出の生産性上昇に対する潜在的な重要性を示唆している。小売業について「商業統計」の事業所レベルのミクロデータを用いて参入・退出の労働生産性への寄与を計測したMatsuura and Motohashi（2005）は、参入・退出と生産性の高い事業所への雇用再配分が小売業全体の生産性上昇に正の寄与をしていることを示している。また、権・金（2008）も、「企業活動基本調査」の商業に属する企業を対象に生産性の動態分析を行い、日本の商業では生産性が低い企業が退出することにより産業全体のTFPが上昇する正の退出効果の存在を確認している。

　日本における新陳代謝の機能不全を最初に指摘したNishimura et al.（2005）は、「企業活動基本調査」のパネルデータ（1994～98年）を使用し、非製造業を含めて企業の参入・生存・退出とTFPの関係を分析し、1990年代後半の金融危

機の時期に TFP から見て効率的な企業が退出している一方、非効率な企業が存続していたと論じている。ただし、この時期の「企業活動基本調査」は製造業のほか商業・飲食店は広く調査対象となっているものの、サービス産業のカバレッジは低いため非製造業に関する分析結果の解釈には注意が必要である。金他（2007）は、広範な非製造業を対象として含む実証分析であり、財務情報に関する三つのデータを基礎に独自に作成した企業レベルのデータセットを使用して労働生産性の動態を分析している。非製造業でも業種によって生産性のダイナミクスには大きな違いがあり、通信業、小売業、卸売業では生産性上昇に対する新陳代謝の寄与が大きいが、建設業や運輸業では再配分効果が負であったことなどを見出している。ただし、データの制約から非製造業の生産性は TFP ではなく労働生産性が用いられている。

以上を総括すると、産業全体の生産性上昇に対して参入・退出や企業間のシェア再配分が寄与しており、いくつかの研究は製造業に比べて小売業でこうした新陳代謝の役割が大きいことを示している。しかし、データの制約もあって小売業以外のサービス産業を対象とした研究、特に生産性の指標として TFP を用いた研究は内外を問わず限られており、確定的な結論を導く状況には至っていない。

3　データ及び変数の作成

3.1　データ

本章で使用するデータは、「企業活動基本調査」（経済産業省）の2001年度から2010年度まで10年分のミクロデータである（2002年調査から2011年調査）。「企業活動基本調査」は1992年に開始された指定統計調査（現：基幹統計調査）であり、当初は鉱業、製造業、卸売業、小売業を行う企業（本業が他業種であっても、これら4業種の事業を行っていれば調査対象）が対象だったが、次第に範囲が拡大され、1997年から飲食店が追加された後、サービス業のカバレッジを徐々に拡げてきた。特に、2001年からは経済産業省が所管するサービス業の大部分をカバーし、現在に至っている。本章の分析上の関心はサービス・セクターなので、広範なサービス業をカバーしている2001〜10年の10年間のデータを使用する[5]。

同調査は企業毎に「永久企業番号」を付しているため、異時点のデータを接続したパネルデータの作成が比較的容易に可能である。本章の分析では、この永久

企業番号を使用して10年間の非バランス・パネルデータを作成した。「企業活動基本調査」は、日本標準産業分類の改定等に伴って何度か産業分類が変更されているため、産業分類のコンバーターを使用して10年間の産業分類を統一した。

　「企業活動基本調査」の対象企業は従業者50人以上かつ資本金又は出資金3,000万円以上の企業であり、特に動態分析を行う際には、ある年にこの裾切りを下回った場合にはサンプルから外れ（見かけ上の「退出」）、裾切りを上回った場合にはサンプルに加わる（見かけ上の「参入」）ことに注意が必要である。また、「企業活動基本調査」の対象は鉱業、製造業、電気・ガス業、卸売・小売業は一定規模以上の企業は全て調査対象だが、情報通信業、宿泊業・飲食サービス業、生活関連サービス業・娯楽業、サービス業（他に分類されないもの）は、経済産業省の所管する業を中心に産業細分類で特定された業に属する事業所を有する企業のみが対象である。したがって、これらの事業を行っている企業であれば農林水産業、建設業、運輸業、通信業等が「本業」の企業であっても調査対象であり、建設業や運輸業に産業格付けされた企業が少なからず含まれている。他方、宿泊業、医療・福祉サービス等を「専業」とする企業は調査対象外である。このため、例えば運輸業が「本業」で卸売業も行っていた企業が、卸売業から撤退した場合にはサンプルから落ちることに注意が必要である。以上のような事情から、本章の分析における「参入」、「退出」は、あくまでもこうした前提のものであり、純粋の新設や廃業とは異なることに留意する必要がある。

　サンプル企業数は各年25,000〜30,000社程度、出入りがあるため10年間のサンプル企業数は約45,000社である。ちなみに、2010年を例にとると、「企業活動基本調査」対象企業の売上高合計は約651兆円で、「法人企業統計」の売上高合計（約1,381兆円）の約47％を占めており、経済的には日本の法人企業部門の半分弱をカバーしている。上述のような調査設計上の特徴のため、カバー率は、製造業約69％、卸売業・小売業約53％、情報通信業49.5％、（狭義）サービス業約27％となっており、サービス業のカバレッジがやや低いが、それでもサービス業の企業部門の売上高の4分の1強をカバーしている。

　本章の主な関心は製造業とサービス産業の比較なので、全産業での分析のほか、

5）「企業活動基本調査」は、売上高等のフロー計数は年度、従業者数等のストック計数は年度末の数字を調査しているが、簡略化のため本書では適宜「年」と表記する。

製造業、卸売業、小売業、情報通信業、（狭義）サービス業という五つの産業大分類別に分析を行う[6]。また、サービス産業全体をカバーする分類として第三次産業（電力・ガス等を除く）を対象に計測・比較を行う[7]。

3.2 変数の作成及び生産性の計測方法

本章の生産性分析では、労働生産性及び TFP を生産性指標として併用する。これら生産性指標の作成に当たっては、付加価値額、労働投入（マンアワー）、資本ストック、労働・資本のコストシェア（分配率）等のデータが必要となる。これら変数の作成方法は以下の通りである。

〈付加価値額〉

付加価値額は、「企業活動基本調査」の報告書で採用されている、付加価値額＝営業利益＋賃借料＋給与総額＋減価償却費＋租税公課、を用いる。このうち営業利益は、営業利益＝売上高－営業費用（売上原価＋一般管理費）と定義されている。

〈労働投入〉

労働投入量は労働者数ではなくマンアワーを用いる。労働者数は「企業活動基本調査」の常時従業者数（フルタイム労働者、パートタイム労働者）を使用する。問題は同調査の調査事項となっていない労働時間データである。近年、パートタイム労働者の割合が増加しており、結果としてフルタイムとパートタイムを含む平均労働時間は短縮傾向にある。例えば「毎月勤労統計」（厚生労働省）によると、30人以上規模の事業所のパートタイム労働者比率は2001年の17.7％から2010年には23.4％へと上昇している。特に卸売・小売業では33.0％から45.2％へと大幅に上昇している。また、産業によってパートタイム労働者比率には大きな違いがあり、2010年の時点で製造業では11.3％に過ぎないが、卸売・小売業では上記の通り45.2％、飲食店・宿泊業では65.3％となっている。本章のサンプル企業を

6）全産業には、これら5業種のほか電力・ガス、建設業、金融業等が含まれる。
7）例えば、代表的な産業生産性国際比較データベースである EUKLEMS は、電力・ガス・水道業を "goods producing industries" に分類し、サービス産業とは異なる業種として扱っている。

対象にパートタイム労働者比率を計算してみると、2010年において全産業で19.7％、製造業では14.0％に過ぎないが、小売業では37.8％、サービス業では32.3％となっている。特に小売業では2001年から2010年の間にパートタイム労働者比率は8.2％ポイント上昇している。このため、一般労働者とパートタイム労働者を区別しないと、生産性の水準及び伸び率に大きなバイアスを生むことになりかねず、特に産業間での比較を行う際には深刻な影響を及ぼすおそれがある。「企業活動基本調査」には常時従事者数の内数としてパートタイム従業者の数字が存在するため、「毎月勤労統計」（従業者30人以上事業所）の一般労働者とパートタイム労働者それぞれの総実労働時間の産業別の数字を各企業の一般従業者とパートタイム従業者の数字に乗じることで全体としての労働投入量（マンアワー）を算出することができる。すなわち、労働投入＝（常時従業者数－パートタイム従業者数）×一般労働者の総実労働時間＋パートタイム従業者数×パートタイム労働者の総実労働時間、である。パートタイム労働時間と生産性の計測誤差の関係については、本書第12章で詳述するが、産業集計レベルの労働時間データを使用せざるを得ない場合には、このようにフルタイムの労働時間とパートタイムの労働時間を区別して処理することで計測誤差が小さくなる。

　なお、「企業活動基本調査」には常時従事者数の外数として「臨時・日雇労働者」、「派遣労働者」の数字が存在する。しかし、同調査において「給与総額」は「常時従業者に係る給与総額」を回答することとされており、生産性の計測に使用する付加価値額及び労働コストシェアにはこれら労働者への支払いは含まれていない（中間投入サービスに係る費用として扱われる）。また、これら労働者の産業別労働時間データは利用可能でないため、マンアワーの計算は不可能である。このため、以下の分析においてこれら労働者は労働投入に算入しない[8]。

〈資本ストック〉
　資本ストックは、「企業活動基本調査」の有形固定資産総額の数字を使用する。「企業活動基本調査」の有形固定資産総額は、機械装置だけでなく土地・建物を含んでいる。資本投入の計測に際しては稼働率の調整を行うことが望ましく、製

8）「企業活動基本調査」のサンプルにおいて「臨時・日雇労働者」と「派遣労働者」の常時従業者に対する比率（全産業）は、それぞれ1.9％、4.8％（2001～10年の累計）である。

造業のみを対象とした生産性分析では「鉱工業生産指数」の業種別の稼働率指数を使用する例がある。しかし、非製造業については一般に稼働率のデータが存在しないため、以下の分析では資本ストックの稼働率調整は行わない。この点は複数年のデータを使用する際に問題となりうるため、複数年のデータをプールして分析する際には年ダミーを使用するなどによって景気循環の影響を除去する。

〈コストシェア〉

　TFPの計測に際してはインプットのコストシェアのデータが必要である。労働コストシェアの分子に当たる労働コストは「企業活動基本調査」の給与総額を使用する。一方、企業の資本コストを計算するためには資本サービス価格（金利＋減価償却率）が必要である。「企業活動基本調査」には減価償却費のデータが存在するため、企業毎の減価償却率を計算することが可能だが、先行研究では企業毎の減価償却率に異常値が多いことから産業別の減価償却率をあてはめている例がある。しかし、その場合、企業毎の償却率の違いという情報を捨てることとなる。本章では、原則として企業毎に減価償却率（減価償却費÷有形固定資産額）を計算してそれを使用するが、減価償却率が100%を超えるサンプルに限り当該産業の減価償却率平均をもって代用する。その上で、資本サービス価格は全国銀行貸出約定平均金利と企業毎の減価償却率を加えたものとし、有形固定資産総額に資本サービス価格を乗じ、さらに賃借料を加えて資本コストとする。すなわち、資本コスト＝有形固定資産額×（全国銀行貸出約定平均金利＋減価償却率）＋賃借料、である。労働コストシェア及び資本コストシェアの分母は、給与総額と資本コストの合計を使用する。

〈労働生産性及びTFP〉

　労働生産性（LP）の計算はシンプルで、上で定義した付加価値額（千円単位に変換）を労働投入量（マンアワー）で除した数字であり、TFPと同様に自然対数を用いる。下記の通りTFPの計算では「代表的企業」を参照基準としたインデックス・ナンバー方式の計測を行うが、労働生産性の場合にはインプットが労働のみであり、「代表的企業」を基準として用いる実益はない。労働生産性は資本というインプットを考慮していないため、生産性指標としては不完全なものである。例えば電力会社の労働生産性は他産業に比べて極めて高いが、この産業

の効率性が高いことを意味するわけではなく資本装備率が高いことが最大の理由である。他方、政策実務者の間でも幅広く使用されている平易な指標であること、容易に利用可能なデータのみでシンプルに計算できるため計測誤差が生じにくく、また、関数形の選択に依存しない等の利点もある。このため、本書全体の中で序論的な位置づけにある本章では、TFPだけでなく労働生産性も生産性指標として併用する。

TFPの計測には様々な方法があり、コブ・ダグラス型に代表される生産関数を推計した上で、その残差をTFPとする方法が古くから用いられてきた。しかし、近年の生産性分析では、ノンパラメトリックに計測するインデックス・ナンバー方式が頻繁に採用されるようになっている。具体的には、TFPの計測において基準年（期首年）のコストシェアを全企業の算術平均、インプットとアウトプットを全企業の幾何平均（対数値の算術平均）として計算される「代表的企業」を基準とした相対値が使用される（Nishimura et al., 2005; Fukao and Kwon, 2006等）。TFPの場合、複数のインプットが存在するため、インプットの加重平均値が各インプットの計測単位（人、時間、万円、等々）によって影響を受けるのを避けるとともに、計測されるTFP指標が循環性（circularity）をはじめ指数としての望ましい性質を持つようにするためである。本章もこれらの先行研究に従い、「代表的企業」を基準としたインデックス・ナンバー方式での計測を行う。具体的には、Yを付加価値、X^iを各インプット（資本K及び労働L）、s^iを各インプットのコストシェア、太字アッパーバーをサンプル平均（「代表的企業」）のそれとすると、各企業（e）の基準年（本章では2001年）のTFPは、

$$lnTFP_{e0} = (lnY_{e0} - \overline{\bm{lnY_0}}) - (1/2) \sum_i (s_{e0}^i + \overline{\bm{s_0^i}})(lnX_{e0}^i - \overline{\bm{lnX_0^i}}) \quad (1)$$

比較年（t年：2002〜10年）のTFPは、

$$\begin{aligned}lnTFP_{et} = &(lnY_{et} - \overline{\bm{lnY_t}}) - (1/2) \sum_i (s_{et}^i + \overline{\bm{s_t^i}})(lnX_{et}^i - \overline{\bm{lnX_t^i}}) \\ &+ (\overline{\bm{lnY_t}} - \overline{\bm{lnY_0}}) - (1/2) \sum_i (\overline{\bm{s_t^i}} + \overline{\bm{s_0^i}})(\overline{\bm{lnX_t^i}} - \overline{\bm{lnX_0^i}})\end{aligned} \quad (2)$$

である。「代表的企業」の基準年における生産性をゼロとして、それよりも生産性の高い企業は正値、低い企業は負値となる。

「代表的企業」としては、当該企業が属する産業のインプット及びアウトプットの平均値が基準として用いられる場合が多いが、何を基準とするのが適当かは

分析の目的に依存する。本書では、生産性の水準やその分布の産業間比較にも関心があるため、原則として期首（2001年）の全サンプル平均値を基準として使用する[9]。ただし、産業の違いの影響を避ける必要がある場合には、個々の分析で必要に応じて3ケタの産業ダミーをコントロール変数として使用する。

〈実質化〉

　生産性を測る際にはデフレーターを用いて価格変化の影響を除去した実質値が用いられることが多い。ただし、名目と実質のいずれを用いるのが適当かは分析の目的に依存する。生産性の「伸び率」を計測する際には実質化することが適当だが、ある時点での生産性「水準」を比較する際には名目値を用いるのが望ましい。実質値は基準年の選択によって影響を受けるからである。この点は、Baumol and Wolff（1984）が明快に論じている。本章では、例えば、同一産業内での企業間での生産性「水準」の分布（ばらつき）を分析する場合には原則として名目値を用いる。他方、生産性の「変化」を計測したり、それを要因分解したりする場合には、実質化した生産性を用いるのが原則となる。

　ただし、例えば企業間の生産性とシェア再配分の関係——生産性の高い企業が市場シェアを拡大しているかどうか——をもって市場メカニズムが適切に機能しているかどうかを判断する場合には、実質値だけでなく名目値もあわせて解釈する必要がある。日本の先行研究は、実質化した生産性での要因分解結果をもって「自然淘汰機能」ないし「新陳代謝機能」を評価している（Nishimura et al., 2005; Fukao and Kwon, 2006等）。分析対象を均一な財・サービスを供給するごく狭く定義された産業に限定し、製品差別化等による企業間での価格差及びその変化率の差が全く存在しない教科書的な状況では、実質で評価しても名目で評価しても同じ結果になるはずである。しかし、現実には実質では再配分効果がマイナス寄与でも名目ではプラス寄与となる可能性があり、その場合、市場メカニズムは正常に機能していることになる。例えば、高齢者の増加に伴ってある種の介護サービスに対する需要が伸びた場合、介護サービス供給の「実質」生産性が上昇しなくても価格上昇を通じて名目値は伸び、当該サービスを提供する企業の市

---

9) 念のため3ケタ産業分類の業種毎に「代表的企業」を設定した計測も行ったが、対数分散をはじめとする生産性分布の計測結果にはほとんど違いが生じなかった。

場シェアが増大する可能性がある。逆に、実質生産性上昇率が高い財であっても需要の弾性値が低ければ、結果的にシェアは低下しうる。例えば、Foster et al. (2008) は、米国製造業の狭く定義された業種別のデータを用いて金額ベースの生産性 (TFPR) と物的な生産性 (TFPQ) を計測・比較する中で、企業・事業所の選別のメカニズムは生産性ではなく収益性によって生じることに注意が必要であると指摘している。上で述べたのと類似の趣旨である。こうした事情から、本章では労働生産性及びTFPを使用した分析を行う際、分析の目的によって名目値と実質値を使い分ける。なお、実質化に当たっては、付加価値額は「国民経済計算」の総生産（付加価値）デフレーターを、資本ストックは設備デフレーターを使用する[10]。

4 生産性の企業間格差とその要因分解

4.1 分析方法

前述の通り、我が国政府の報告書ではサービス産業において生産性の企業間格差が大きいと論じられており、また、海外のいくつかの研究もサービス産業（非製造業）の生産性のばらつきが製造業に比べて大きいと指摘している (Oulton, 1998; Faggio et al., 2010)。この節では、企業間での生産性分布に焦点を当てて、記述統計を中心に実態を概観する。最初に労働生産性 (LP) 及びTFPの水準及び変化率について、産業レベルの平均値及び産業内の企業間格差（ばらつき）を計測・観察する。生産性の企業間格差の指標としては、①対数分散、②生産性分布の90パーセンタイル値と10パーセンタイル値の差（p90-p10格差）の二種類を併用する。対数分散は分布全体をカバーする代表的な指標であるだけでなく様々な要因分解が可能であるという利点がある一方、異常値の影響を受けることがあるため、p90-p10格差を観察することで結果の頑健性を確認できる。なお、産業間の生産性格差の影響を除去するため、必要に応じて3ケタ産業（及び年次）をコントロールした上での残差を計測に使用する[11]。

---

10) SNAの付加価値デフレーターは産業大分類レベルの数字が存在するが、設備デフレーターは各産業共通の数字である。
11) この場合、生産性指標（LP、TFP）を3ケタの業種（及び年ダミー）で説明する回帰分析を行い、推計後の残差を用いて対数分散やp90-p10格差を計算する。

第Ⅰ部　サービス経済化と生産性

　次に、生産性の企業間格差が狭く定義された同一産業内での格差なのか、細分類業種間の格差なのかを明らかにするため、生産性の対数分散を「産業内格差要因」（細分類業種内での企業間の生産性格差）と「産業間格差要因」（細分類業種間での平均生産性の格差）とに要因分解する。具体的には、t 年における i 産業の企業数シェア（対全産業）を s_{it}、i 産業内の生産性の対数分散を σ_{it}^2、i 産業の平均生産性（対数）を P_{it} とすると、企業レベルでの生産性（p_{it}）のばらつき（対数分散）は、

$$Var\, p_{it} = \sum_i s_{it} * \sigma_{it}^2 + \{\sum_i s_{it} * P_{it}^2 - (\sum_i s_{it} * P_{it})^2\} \tag{3}$$

と分解することができる[12]。第一項は同一業種内での企業間での生産性の格差に起因する部分（「産業内格差」要因）、第二項は細分化した業種間での平均生産性の格差に起因する部分（「産業間格差」要因）である。生産性の「水準」のほか、生産性「上昇率」についても同様の分析を行う。全産業のほか、産業大分類5業種、第三次産業（電力・ガス・熱供給・水道業を除く）を対象に要因分解を行う[13]。

　産業間格差が支配的な場合、そもそも計測される企業間格差の大きさは産業分類に起因する見かけ上の部分が大きいことになる。サービス産業には性質の異なる多様な業種が含まれており一律に論じられないと言われるが、製造業も食品加工、素材産業、機械工業等々多様である。生産性の企業間格差において製造業とサービス産業とでどの程度「産業間格差」要因の寄与が異なるのかは定量的に確認しておく必要がある。また、この分析は単なる知的関心にとどまらず政策的にも重要な意味がある。これら二つの要因はいずれも経済全体あるいは産業全体（製造業、サービス産業）の生産性のばらつきに影響を与えるが、そのいずれが支配的なのかによって政策的な含意は大きく異なるからである。産業内格差要因が重要だとすれば、個々の業種を対象とした産業組織政策（規制緩和、競争政策）上の問題だが、逆に産業間格差要因が重要だとすれば政策的には産業構造政策（資本・労働の産業間移動の障害の除去等）の問題となる。

---

12) このような要因分解は、個人間や世帯間の所得・消費格差の分析で頻繁に用いられている（Ohtake and Saito, 1998等）。
13) 「企業活動基本調査」の業種細分類（3ケタ分類）は年によって若干の違いがあるものの約140業種に分かれており、うち製造業約60業種、残りが非製造業である。

次に、生産性格差の「持続性（persistence）」を計測する。つまり、もともと（期首の）生産性の高い企業がその後（期末）も生産性が高く、もともと生産性の低い企業はその後も生産性が低いという傾向がどの程度強いのかを観察する。ある時点で生産性格差が存在したとしても、生産性の低い企業が数年後に高い生産性となるなど企業間の序列が大きく変化しているとすれば、分散自体は変わっていなくても市場機能が働いていると評価できる。これに対して、生産性の低い企業がずっと低いまま存続しているとすれば、市場機能に何らかの問題がある可能性が高い。例えば、低生産性企業と高生産性企業の市場が、政府規制、取引慣行、地理的な理由等で分離されていることが考えられる。

ところで、生産性の「上昇率」は各国間、産業間、企業間など様々なレベルでの比較が行われる。労働生産性は単純な比率なので、その水準を産業間比較することに理論的な異論の余地は少ないが、資本装備率の違いに強く規定されるという難点がある。一方、TFP「水準」については、マクロ経済全体の数字を国際比較したり、特定の産業の中での企業間又は事業所間の比較が行われたりすることがあるものの、異なる産業間で「水準」比較が行われることは少ない[14]。これは、異なる産業では生産技術（生産関数）が異なる可能性が高く、同じ生産技術の下での企業間での効率性比較とは異なると考えられているためである。また、生産物（サービス）が異質なため、物的生産性の比較がそもそも不可能であるという点も理由として挙げられる。しかし、サービス産業の生産性が製造業等と比較して高いのか低いのかということへの実務的な関心は高く、また、限られたインプットを用いてより多くの付加価値（マクロ的にはGDP）を生み出す上でどういう産業、企業に資源配分が行われるのが効果的かということは重要な政策的関心事である。そもそも製造業の狭く定義された業種内でも、企業のプロダクト・ミックスには相当な違いがある。例えば、鉄鋼業でも冷延鋼鈑、溶融亜鉛メッキ鋼鈑、H形鋼、棒鋼など生産物によって重量当たりの価値は全く異なる。したがって、「同一産業」と言っても厳密には同じアクティビティではない場合が

---

14) 中島（2001）参照。例外的に Bernard and Jones（1996）は、OECD 主要国の産業レベルの TFP の「水準」と「伸び」を集計レベルのデータで計測・比較している。Baily and Solow（2001）は、主要先進国の労働生産性及び TFP の水準について、米国を基準として産業間・各国間比較を行い、日本はサービス産業の生産性が低い二重構造の経済であると論じている。

大半である。さらに、本章のように多角化した大企業を多数含む企業レベルの分析では、各企業の産業格付けは最大売上高で決定される「本業」に基づくものであり、そもそも異質なアクティビティを営む主体間の比較とならざるを得ない。この点、アクティビティ・ベースに近い、ごく狭く定義された産業の事業所データを用いた実証分析とは性格が異なる。

　前節で述べた方法によるTFPの計測は、特定の関数型を前提にすることなく、複数のインプットを用いてどれだけの付加価値を生み出すかの効率性を比較しようとするものであり、産業間比較の上では穏当な方法である。Van Biesebroeck (2007) は、生産性の計測に広く使用されている各種手法のセンシティビティをシミュレーションで比較している。その結果によれば、本章で採用しているインデックス・ナンバーによるTFP水準の計測は、企業の生産技術が異なる場合に包絡分析法（DEA: data envelopment analysis）と並んで頑健な方法である。

　ただし、計測されたTFPは技術水準や生産要素使用の効率性だけでなく、不完全競争に伴うレントや相対価格の歪み、規模の経済性その他様々な要素を反映したものであることに注意が必要である。労働生産性についても言えることだが、例えば参入規制、貿易制限、不完全競争によって企業にレントが発生している場合には計測される生産性は高くなるが、それが社会的に望ましいとは必ずしも言えない。

4.2　分析結果Ⅰ：生産性「水準」

　最初に、産業大分類別に見た生産性（労働生産性、TFP）水準を見ておきたい。産業区分は、製造業、卸売業、小売業、情報通信業、（狭義）サービス業の5業種及び大括りの第三次産業（電力・ガスを除く）である。2010年の労働生産性の「水準」を比較した数字が**表2-1**(1)、TFP「水準」の数字が**表2-2**(1)である。同一時点の産業間比較なのでいずれも名目値での計測結果を示している。これらの数字は売上高シェア等でウエイト付けしていない各産業に属する企業の単純平均値である。前述の通りTFPはインデックス・ナンバー方式での計測なので負値の場合がある。こうした機械的な計算の結果によると（狭義）サービス業の労働生産性の平均値は製造業よりも低いが、TFPは同程度又はやや高い。卸売業、情報通信業の生産性の平均値は労働生産性、TFPのいずれで見ても製造業に比べて高い。

第2章　サービス産業の生産性は低いのか？

表2-1　労働生産性（LP）水準とそのばらつき・産業大分類別

	2010年			2001〜2010年プール	
	(1)平均	(2)対数分散	(3)p90-p10	(4)対数分散	(5)p90-p10
製造業	1.202	0.254	1.136	0.239	1.107
卸売業	1.273	0.225	1.081	0.219	1.050
小売業	1.022	0.162	0.900	0.176	0.909
情報通信業	1.290	0.292	1.098	0.289	1.117
サービス業	1.113	0.339	1.272	0.362	1.230
全産業	1.195	0.252	1.108	0.245	1.082
第三次産業	1.166	0.244	1.078	0.243	1.051

（注）「企業活動基本調査」（経済産業省）のパネルデータ（2001〜10年）に基づき計算（以下同様）。(2)、(3)は3ケタ業種をコントロールした後の労働生産性、(4)、(5)は3ケタ業種及び年ダミーをコントロールした後の労働生産性に基づき計算。「第三次産業」は、電力・ガス・熱供給・水道業を除く（以下同様）。

表2-2　TFP水準とそのばらつき・産業大分類別

	2010年			2001〜2010年プール	
	(1)平均	(2)対数分散	(3)p90-p10	(4)対数分散	(5)p90-p10
製造業	-0.201	0.224	1.027	0.207	0.984
卸売業	-0.012	0.286	1.265	0.266	1.186
小売業	-0.208	0.205	1.116	0.210	1.080
情報通信業	0.342	0.266	1.111	0.285	1.170
サービス業	-0.145	0.315	1.226	0.299	1.228
全産業	-0.126	0.249	1.117	0.235	1.074
第三次産業	-0.105	0.273	1.206	0.259	1.164

（注）(2)、(3)は3ケタ業種をコントロールした後のTFP、(4)、(5)は3ケタ業種及び年ダミーをコントロールした後のTFPに基づき計算。

　しかし、本章の関心は生産性の平均値よりもその産業内での分布（ばらつき）にある。2010年における労働生産性の企業間格差を産業大分類別に計算した結果が表2-1(2)〜(5)、TFPは表2-2(2)〜(5)である。それぞれ(2)、(4)は各産業の生産性分布の対数分散、(3)、(5)はp90-p10格差である。後述する通り、産業大分類内での生産性格差のうちの一部は産業細分類レベルでの産業間格差によるものなので、この影響を除去するため(2)、(3)は3ケタ業種間の生産性水準の違いをコントロールした残差の2010年の企業間格差、(4)、(5)は、2001〜10年をプールしたデータで3ケタ業種及び年次をコントロールした残差の企業間格差を計測している。つまり、いずれも狭く定義された業種内での企業間格差を意味している。例えば、2010年の全産業のp90-p10格差を見ると、労働生産性は1.108（表2-1(3)）、TFPは1.117（表2-2(3)）であり、いずれの生産性指標で見ても、生産性分布の90パーセンタイルの企業は10パーセンタイルの企業よりも2倍以上生

39

産性が高いことになる。

　産業別に見ると、(狭義) サービス業は労働生産性やTFPのばらつきが製造業に比べてかなり大きい。2010年のTFPの対数分散を見ると (表2-2(2))、製造業0.224に対してサービス業0.315であり、サービス業の方が約9対数ポイント大きい。p90-p10格差を見ても製造業1.027、サービス業1.226であり、サービス業は企業間の生産性格差が製造業よりも約20対数ポイント大きい。卸売業や情報通信業も製造業に比べてTFPの企業間格差が大きい。これらのパタンは、2001〜10年をプールした計算結果を見てもおおむね同様である (表2-2(4)、(5))。小売業のTFP分布は、対数分散では製造業に比べて大きいとは言えないが、p90-p10格差は製造業よりも大きい数字である。第三次産業という広い括りで計算すると、表2-1、表2-2の最下段に示す通りで、労働生産性の企業間格差は製造業よりも小さいか同程度だが、TFPの企業間格差は対数分散でもp90-p10格差でも製造業に比べて大きい。

　生産性の分布を直観的に見るため、TFP「水準」の密度分布 (kernel density) を描いたのが図2-1である。ここでは、2010年の製造業、(狭義) サービス業の生産性分布を比較している。サービス業の生産性分布は、ピークが製造業に比べて低く、全体として製造業に比べてばらついていることが見て取れる。分布のピークはサービス業の方が製造業よりも少し左にあるが、分布の右側の裾野が厚めであり、機械的に計算すると、2010年のサービス業の企業のうち53%の企業のTFPは、製造業企業のTFP中央値よりも高いことになる[15]。

　企業間で大きな生産性格差が存在するとすれば、低生産性企業のキャッチアップを通じた格差縮小によって産業全体の生産性が上昇する余地がある。例えばSyverson (2004a, b) は、製品市場の競争度が高いと生産性分布の下位が切断 (淘汰) され、生産性の分散が小さく、平均が高くなると論じている。その量的なマグニチュードについて、各産業のTFPの企業間格差が縮小 (分布の下位が切断) した場合に産業全体の生産性にどの程度の変化が生じるかを産業別に仮定計算した。具体的には、生産性が中央値未満の企業の生産性が中央値並みまで「底上げ」された場合、産業集計レベルの生産性がどの程度嵩上げされるかを試

---

15) 労働生産性の分布で同様の計算を行うと、2010年においてサービス企業の38%が製造業企業の中央値を上回っている。

第2章 サービス産業の生産性は低いのか？

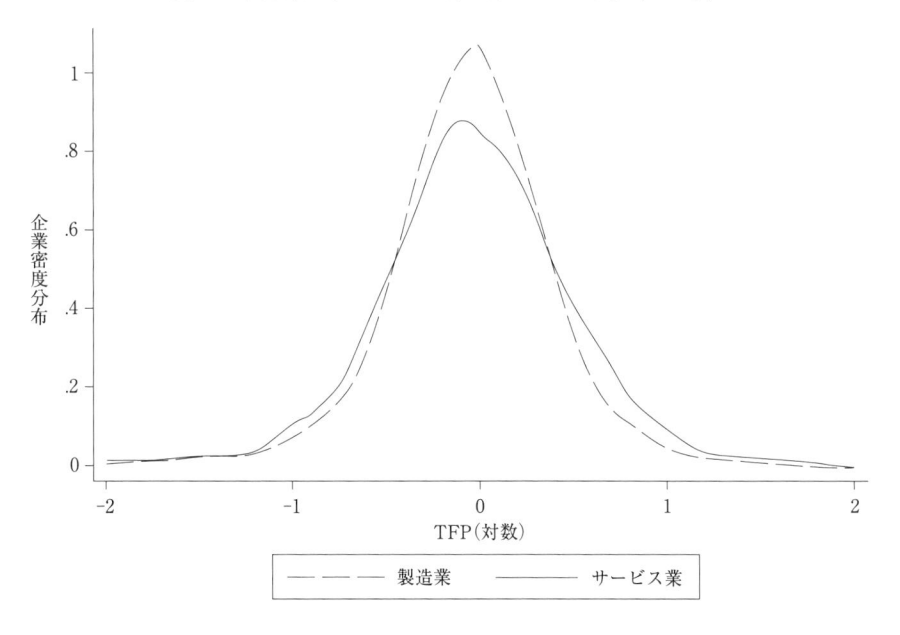

図2-1 製造業企業とサービス業企業のTFP分布（2010年）

(縦軸：企業密度分布、横軸：TFP（対数）、破線：製造業、実線：サービス業)

算した。**表2-3**(1)が労働生産性、(2)がTFPの試算結果をパーセント換算したものである。ここでの計算は、企業の売上高をウエイトとして産業集計レベルの生産性を計算しており、生産性の分布とともに売上高規模の分布が結果を規定する。例えば、生産性分布自体は同じでも、分布の下位に売上高ウエイトが大きい企業が多数存在する場合には、計算される数字は大きくなる。TFPについての結果を見ると、特に小売業及びサービス業において産業全体のTFP水準が大きく高まる。小売業で+13.3%、サービス業では+11.6%のTFP引き上げ効果である（表2-3(2)）。第三次産業全体で計算してもTFPを+10.2%引き上げる効果であり、比較的大きい数字である。一方、製造業のTFPでは+7.5%とサービス産業に比べると小さい数字である。ただし、英国製造業の工場レベルの労働生産性について同様の仮定計算を行ったHaskel and Martin（2002）は、製造業の生産性が8%～10%高まると試算しており、それとほぼ同じ数字である。以上はあくまでも仮定計算に過ぎないが、サービス産業のいくつかの業種において生産性ギャップ縮小による潜在的な効果が量的に見てかなり大きいことが確認される。

第Ⅰ部　サービス経済化と生産性

表2-3　生産性の企業間格差縮小の潜在的効果

	(1)LP	(2)TFP
製造業	5.2%	7.5%
卸売業	6.3%	7.2%
小売業	9.9%	13.3%
情報通信業	5.5%	9.2%
サービス業	13.5%	11.6%
全産業	7.1%	8.9%
第三次産業	8.8%	10.2%

(注) 2010年のデータを使用し、各産業の生産性が中央値未満の企業の生産性が中央値になったと仮定した場合の産業集計レベルでの生産性に対する効果をパーセント換算して表示。産業レベルの生産性の計算は、各企業の売上高シェアを使用。

　次に、2010年におけるTFP「水準」の企業間格差を、(3)式に基づいて「産業内格差」要因と「産業間格差」要因に分解した。表2-4(1)は労働生産性、(2)はTFPの分解結果であり、産業間格差要因の寄与率をパーセント表示している。全産業で見ると、企業間の生産性格差全体のうち細分類「産業間」格差は労働生産性、TFPのいずれも17～18％程度であり、残りの80％以上は同一細分類「業種内」の企業間格差である。製造業と第三次産業（電力・ガス等を除く）を比較すると、第三次産業で産業間格差の寄与率がいくぶん大きいが、いずれも産業内格差要因が8割以上を占めている。絶対値を比較すると、第三次産業は製造業に比べて産業間格差要因が大きい数字だが、産業内格差要因に限って見ても労働生産性で製造業と同程度、TFPでは製造業よりもかなり大きい。なお、産業5分類で比較すると、（狭義）サービス業で産業間格差要因が比較的大きいが、労働生産性、TFPのいずれで見ても産業内格差も製造業に比べてずっと大きい。当然のことながら3ケタ業種コントロール後の対数分散を計測した表2-1、表2-2の結果とも整合的である。以上の結果は、サービス産業における生産性格差のうち一部は業種の多様性（産業構造要因）に起因するものだが、多様な業種が含まれているという影響を除去しても産業内での企業間格差が大きいという結論は変わらないことを意味する。その理由はこの分析だけからは明らかでないが、Oulton（1998）が指摘したように市場の競争圧力が製造業に比べて小さいことが一つの理由として考えられる。

　生産性格差の「持続性」について、期首（2001年）と期末（2010年）及び連続する2年間（2001年と2002年、2002年と2003年、…、2009年と2010年をプール）

表2-4 企業間生産性格差（対数分散）の要因分解

	(1) LP (2010年)		(2) TFP (2010年)	
	産業内格差	産業間格差(寄与率)	産業内格差	産業間格差(寄与率)
製造業	0.253	0.044 (14.8%)	0.223	0.026 (10.3%)
卸売業	0.224	0.017 (7.2%)	0.286	0.020 (6.5%)
小売業	0.161	0.027 (14.5%)	0.203	0.026 (11.5%)
情報通信業	0.293	0.023 (7.4%)	0.266	0.009 (3.1%)
サービス業	0.334	0.080 (19.4%)	0.314	0.120 (27.7%)
全産業	0.250	0.052 (17.3%)	0.248	0.055 (18.2%)
第三次産業	0.241	0.056 (18.9%)	0.272	0.060 (17.9%)

表2-5 生産性格差の「持続性」

	2001〜2010年		対前年（プール）	
	(1) LP	(2) TFP	(3) LP	(4) TFP
製造業	0.611	0.493	0.787	0.732
卸売業	0.597	0.625	0.787	0.820
小売業	0.576	0.612	0.775	0.814
情報通信業	0.582	0.543	0.782	0.787
サービス業	0.691	0.713	0.826	0.836
全産業	0.626	0.593	0.803	0.796
第三次産業	0.633	0.658	0.812	0.831

（注）数字は生産性の期首・期末の間の相関係数。

の生産性の相関係数を産業別に計算した結果が**表2-5**である。TFPの2001年と2010年（9年間のインターバル）の相関係数を見ると（表2-5(2)）、卸売業0.625、小売業0.612、サービス業0.713等であり、製造業（0.493）に比べてサービス産業で生産性格差の持続性がかなり高い。前年との相関係数を見ると（表2-5(3)、(4)）、全産業の数字は労働生産性、TFPともに約0.8だが、産業別に見ると、（狭義）サービス業のTFPの持続性（0.836）が製造業（0.732）に比べて高いことが特徴である。第三次産業という括りで計算しても0.831であり、やはり製造業よりもかなり大きい[16]。すなわち、サービス業は製造業に比べて生産性「水準」の企業間格差が大きいだけでなく、生産性格差の固定性が強いと見られる。

---

16) Oulton (1998) によれば、英国企業における労働生産性の4年前との間の相関係数は0.7強である。比較のために本章のデータを用いて4年間のインターバルでの相関係数を計算したところ、労働生産性で0.69、TFPで0.66（いずれも全産業）であり、英国の結果に非常に近い数字である。

第Ⅰ部　サービス経済化と生産性

表2-6　労働生産性上昇率とそのばらつき・産業大分類別

	LPG(2001～2010年)			LPG(対前年プール)	
	(1)平均	(2)対数分散	(3)p90-p10	(4)対数分散	(5)p90-p10
製造業	0.171	0.197	0.921	0.119	0.582
卸売業	-0.084	0.156	0.790	0.093	0.490
小売業	-0.033	0.136	0.762	0.084	0.487
情報通信業	0.183	0.166	0.806	0.120	0.513
サービス業	-0.063	0.274	1.050	0.170	0.604
全産業	0.067	0.186	0.881	0.114	0.547
第三次産業	-0.065	0.175	0.824	0.108	0.512

(注) LPG、TFPGは、それぞれ労働生産性、TFPの変化率。(2)、(3)は3ケタ業種をコントロールした後の労働生産性上昇率、(4)、(5)は3ケタ業種及び年ダミーをコントロールした後の労働生産性上昇率に基づき計算。

4.3　分析結果Ⅱ：生産性上昇率

　次に生産性の変化率とその企業間格差を産業別に計測・比較する。**表2-6**(1)が2001～10年の間の労働生産性（実質）の変化率（各産業に属する企業の単純平均値）であり、分散に関する数字と平仄を合わせるため対数のまま表示している。この数字を年率のパーセントに換算すると、平均的に見て製造業（＋1.9％）に比べて卸売業（同▲0.9％）、小売業（同▲0.4％）、サービス業（▲0.7％）の労働生産性上昇率が低い。第三次産業という括りで見てもマイナス（▲0.7％）となっている。**表2-7**(1)は（実質）TFP伸び率であり、やはり製造業（同＋1.7％）に比べて卸売業（同▲1.0％）、小売業（同▲0.4％）、サービス業（同▲0.3％）のTFP伸び率は低い。第三次産業計でも年率▲0.7％である。これらの数字は、サービス産業の生産性上昇率は低いという一般的な見方と整合的である。ただし、第三次産業の中でも情報通信業だけは労働生産性、TFPともに製造業を上回る高い伸び率となっている。

　表2-6(2)、(3)は、3ケタ業種をコントロールした上で、2001～10年の9年間の労働生産性変化率（実質）の企業間格差の指標（対数分散、p90-p10格差）を計算した結果である。卸売業、小売業は製造業よりもばらつきが小さいが、（狭義）サービス業は生産性の伸び率で見ても企業間格差が相対的に大きい。表2-6(4)、(5)は前年比の労働生産性の変化率を9年分プールして同様の計算を行ったものである。ここでは3ケタ業種に加えて年ダミーをコントロールした後の残差を用いている。1年間の変化率なので全体として数字は小さめになっているが、産業間のパタンは9年間の変化率とおおむね同様であり、サービス業は製造業と

表2-7 TFP上昇率とそのばらつき・産業大分類別

	TFPG(2001〜2010年)			TFPG(対前年プール)	
	(1)平均	(2)対数分散	(3)p90-p10	(4)対数分散	(5)p90-p10
製造業	0.151	0.201	0.934	0.121	0.585
卸売業	-0.092	0.170	0.842	0.092	0.501
小売業	-0.038	0.144	0.836	0.081	0.483
情報通信業	0.183	0.181	0.922	0.114	0.540
サービス業	-0.024	0.227	1.050	0.144	0.580
全産業	0.056	0.188	0.905	0.111	0.549
第三次産業	-0.063	0.174	0.872	0.101	0.513

(注) LPG、TFPGは、それぞれ労働生産性、TFPの変化率。(2)、(3)は3ケタ業種をコントロールした後のTFP上昇率、(4)、(5)は3ケタ業種及び年ダミーをコントロールした後のTFP上昇率に基づき計算。

同程度ないしやや大きな企業間格差がある[17]。TFP上昇率の分布についての計算結果は表2-7(2)〜(5)であり、基本的なパタンは労働生産性とほぼ同様である。第三次産業全体で見ると、労働生産性でもTFPでも生産性変化率の企業間格差は製造業よりもやや小さい。生産性変化率の企業間格差が製造業に比べて大きいと言えるのは（狭義）サービス業に限られる。

図2-2は製造業と（狭義）サービス業の2001〜10年の9年間のTFP上昇率の分布を示したものである。TFP水準のグラフ（前出図2-1）ほど顕著ではないが、サービス業は製造業に比べて分布のピークが低く、企業間のばらつきが大きいことが確認できる。ピークの位置は製造業の方が少し右にあるが、サービス業の中に高いTFP伸び率の企業が一定程度存在することも観察できる。2001年と2010年ともに存在するサービス業の企業のうち38％は、実質TFP伸び率が製造業企業の中央値を上回っている[18]。つまりサービス業の中にも平均的な製造業企業より生産性上昇率の高い企業が多数存在する。

労働生産性及びTFPの伸び率について、(3)式に基づいて「産業内格差」要因、「産業間格差」要因に分解した結果が表2-8である。労働生産性でもTFPでも製造業では産業内格差要因と産業間格差要因の寄与度が拮抗しているが、第三次産業では生産性上昇率の企業間格差の大部分は産業内格差要因である。産業大分類別には、卸売業、小売業、（狭義）サービス業では産業間格差要因はごくわずかである。要すれば、製造業では細分類業種間での生産性上昇率の違いが重要だが、

---

17) 生産性の「伸び率」は企業毎に計算されるものであり、ここでの数字は参入や退出を含まない存続企業のみの数字である。
18) 労働生産性ではサービス業企業の35％が製造業の中央値を上回る上昇率となっている。

第Ⅰ部　サービス経済化と生産性

図2-2　製造業企業とサービス業企業の TFP 伸び率分布（2001〜10年）

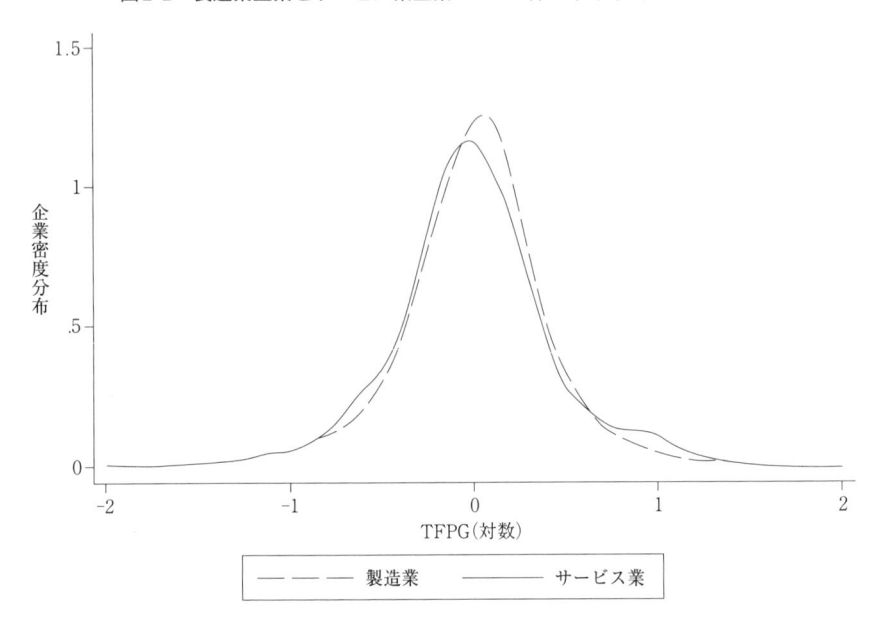

表2-8　企業間生産性上昇率格差の要因分解

	(1)LPG(2001〜2010年)		(2)TFPG(2001〜2010年)	
	産業内格差	産業間格差(寄与率)	産業内格差	産業間格差(寄与率)
製造業	0.198	0.167 (45.6%)	0.202	0.176 (46.6%)
卸売業	0.157	0.004 (2.4%)	0.171	0.003 (1.7%)
小売業	0.136	0.004 (3.0%)	0.145	0.004 (2.7%)
情報通信業	0.171	0.023 (12.0%)	0.185	0.021 (10.3%)
サービス業	0.283	0.016 (5.5%)	0.233	0.013 (5.2%)
全産業	0.188	0.105 (35.7%)	0.190	0.107 (36.1%)
第三次産業	0.178	0.007 (4.0%)	0.176	0.006 (3.4%)

（注）LPG、TFPG は、それぞれ労働生産性、TFP の変化率。

　サービス産業における生産性上昇率の企業間格差は業種の多様性によるものではなく、大部分が狭く定義された同一産業内での企業間格差である。

5 企業間資源配分の効率性

5.1 分析方法

　この節では、2001年〜10年の間の生産性の動向を、異質な企業間のシェア配分の効率性という観点から分析する。同一産業内で大きな企業間生産性格差があるとすれば、①静学的には生産性の高い企業が大きなシェアを有するほど、②動学的には生産性の高い企業がシェアを拡大し、生産性の低い企業が縮小・退出するほど、産業集計レベルの生産性は高くなるはずであり、そうしたメカニズムがどの程度機能しているのかを検証することが目的である。最初に、Olley and Pakes（1996）の要因分解を援用して、企業間での生産性分布の静学的な効率性を評価する[19]。具体的には、企業eのt年の生産性をp_{et}、市場（売上高）シェアをs_{et}とすると、集計レベルの生産性は、以下のように分解できる。

$$\text{集計レベルの生産性}：\Sigma_e \, p_{et} \, s_{et} = \boldsymbol{P}_t + \Sigma_e \, (p_{et} - \boldsymbol{P}_t)(s_{et} - \boldsymbol{s}_t) \quad (4)$$

ただし、太字は売上高シェアでウエイト付けしない単純平均値である。つまり、第一項は各企業の生産性水準の単純平均値であり、前出の表2-1(1)、表2-2(1)の平均値はこれに当たる。第二項（「OP共分散項」）は、各企業の生産性の単純平均値からの乖離に各企業の売上高シェアの単純平均値からの乖離を乗じたものを合計したものであり、平均以上の生産性の企業が平均以上のシェアを有している程度を集計したものである。すなわち、第二項は、企業規模の分布が生産性に関わらずランダムに配分されていた場合にゼロとなる一方、生産性（水準）の高い企業ほど大きな市場シェアを持っていると大きな数字となる。資源配分の効率性を評価する定量的な指標として先行研究でも使用されている（Olley and Pakes, 1996; Bartelsman et al., 2013）。分析対象とする産業が製造業、卸売業、小売業といった大分類別なので、3ケタ業種をコントロールした残差としての生産性指標を用いた分解も行い、細分類業種間での違いによる影響を補正する。なお、企業別のシェア（s_{et}）の計算は「企業活動基本調査」の売上高データに基づ

---

19) Olley and Pakes（1996）は、米国の通信機器産業の生産性に対する規制緩和の影響に関する研究だが、そこで提示されたクロスセクションでの生産性の要因分解は、その後の実証研究で頻繁に利用されている。Melitz and Polanec（2012）は、これを参入・退出を含む動学的な要因分解に拡張する手法を提案している。

き、産業別の売上高合計で個別企業の売上高を除して計算する[20]。

上の分析はあくまでも一時点での静学的効率性を評価するもので、異時点間でのシェア変動等のダイナミクスを解明するものではない。そこで次に、参入・退出も明示的に考慮し、産業レベルの生産性（水準）の変化を「内部効果」、企業間の「再配分効果」、参入と退出の効果（「純参入効果」）に分解する。第2節で述べた通り、この種の要因分解は既に製造業を中心に多数の先行研究があり、要因分解の手法自体は確立したものである。本節では、これを日本のサービス産業に適用し、製造業と比較する[21]。要因分解の方法にはいくつかのバリエーションがあるが、ここではシンプルな Griliches and Regev (1995)（GR 型）の分解方法を使用する。各種の要因分解の方法とその利害得失については、Foster et al. (2001) が丁寧に解説しており、それによるとこの方法はアウトプットやインプットの計測誤差に対してセンシティブでないという利点がある。具体的には、各企業の生産性（労働生産性又は TFP）を p_e（産業全体の生産性は P_i）、企業のシェア（売上高割合）を s_e とすると、以下の式に示す通りである（添字の e は企業、i は産業、0 は期首、t は期末。C は存続企業、N は参入企業、X は退出企業）[22]。

$$\Delta P_{it} = \sum_{e \in C} s_e \Delta p_{et} + \sum_{e \in C} (p_e - P_i) \Delta s_{et} + \sum_{e \in N} s_{et}(p_{et} - P_i) - \sum_{e \in X} s_{e0}(p_{e0} - P_i) \quad (5)$$

太字は期首と期末の平均値を意味する（したがって添字 t がない）。第一項は「内部効果」（市場シェア一定の場合の存続企業の生産性上昇の効果）、第二項が存続

---

20) この分析では「企業活動基本調査」の対象企業のみがシェア計算の分母となっており、従業員50名未満の企業は含まれない。しかし、この分析の目的はサンプル企業間での相対的な生産性とシェアの関係を明らかにすることなので、調査対象外の中小企業等が分母に含まれないことは深刻な影響を持たない。
21) 既述の通り、「企業活動基本調査」の対象企業の裾切りは従業者50人規模であり、「参入効果」は全く新規に事業を開始した企業の寄与だけでなく、新たにその規模に至った企業の寄与を含む。「退出効果」も同様である。
22) 同様にしばしば使用される Baily et al. (1992) 型の要因分解は、存続企業のシェア変化と生産性変化の交差項（「交差効果」）を含む点が GR 型の分解方法と異なり、交差効果を含めて企業間再配分機能を評価する必要がある。最近、Petrin and Levinsohn (2012) は、集計的な生産性上昇（APG）を技術的効率と再配分要因に分解する新たな方法を提案している。

第2章 サービス産業の生産性は低いのか？

表2-9 生産性のOP分解結果

業種コントロール	LP(2010年) (1)なし	LP(2010年) (2)あり	TFP(2010年) (3)なし	TFP(2010年) (4)あり
製造業	0.526	0.449	0.304	0.242
卸売業	0.357	0.325	0.243	0.237
小売業	0.216	0.238	0.071	0.078
情報通信業	0.936	0.858	0.262	0.291
サービス業	0.574	0.407	0.368	0.245
全産業	0.510	0.400	0.254	0.211
第三次産業	0.377	0.267	0.229	0.172

(注) 数字は Olley and Pakes (1996) の要因分解の第二項 (OP共分散項) を表示。業種コントロール「あり」は生産性を3ケタ産業ダミーで回帰した結果の残差を使用。

企業間でのシェア変動に伴う「再配分効果」、第三項が「参入効果」、第四項が「退出効果」である。本章のサンプル期間は2001〜10年なので、産業毎にこの9年間の生産性の変化を要因分解する。ただし、前述の通り「企業活動基本調査」のデータは従業員50人という裾切りがあることなどの理由から、参入や退出の効果を正確に取り扱うのは無理がある[23]。このため、以下では参入効果と退出効果を合わせて「純参入効果」として整理する。

5.2 分析結果

まず上述の(4)式に示した Olley and Pakes (1996) の方法で2010年の生産性水準の要因分解を行った。**表2-9**(1)、(3)は労働生産性、TFPをシンプルに用いた結果、表2-9(2)、(4)は、3ケタ業種コントロール後の生産性（残差）を使用した分解結果である。ここで関心があるのは資源配分の効率性を示すOP共分散項なので、その数字のみを表示している。前述の通り、この数字が大きいほど静学的な資源配分の効率性が高いことを意味する[24]。

業種コントロール後の結果に基づいて解釈を加えると、全ての産業でOP共分散項は正値であり、生産性の高い企業ほど市場シェアが大きいという自然な関係がある（表2-9(2)、(4)）。産業間で比較すると、情報通信業は比較的大きな数字であり、小売業は小さい。情報通信業は、他産業に比べて生産性水準の高い企業が相対的に大きなシェアを持つ傾向が強い。逆に小売業は比較的生産性の低い

---

23) 分析期間中の調査対象業種の範囲変更の影響も混入する可能性がある。
24) 欧米諸国の製造業企業を対象に生産性のOP共分散項を計測した Bartelsman et al. (2013) は、米国約0.5、欧州主要国0.2〜0.3程度、中東欧ではゼロ近傍という結果を示している。

第Ⅰ部　サービス経済化と生産性

表2-10　TFP 上昇（2001～10年）の要因分解（GR 分解）

	(1)内部効果	(2)再配分効果	(3)純参入効果
製造業	0.156	0.000	0.035
卸売業	-0.022	0.023	-0.008
小売業	-0.024	0.023	0.001
情報通信業	0.083	-0.004	0.100
サービス業	-0.003	-0.002	-0.041
全産業	0.049	0.007	0.015
第三次産業	-0.017	0.015	0.023

(注) Griliches and Regev（1995）の要因分解。「純参入効果」は参入効果と退出効果の合計。数字は対数ポイント。

企業もある程度のシェアを確保している傾向があることになる。製造業、卸売業、(狭義)サービス業の数字は同程度であり、卸売業やサービス業の資源配分効率が製造業に比べて顕著に低いことは示唆されない。ただし、第三次産業全体で見ると、小売業等の影響もあってか、労働生産性、TFP いずれでも OP 共分散項は製造業よりも小さい数字である。これらの分析結果から、サービス産業が全体として非効率な企業規模分布になっているという強い結論を引き出すことはできないが、小売業については比較的生産性の低い企業が相対的に大きなシェアを持っていると言える[25]。

以上の分析は静学的効率性の評価であり、参入・退出や異時点間のシェア変動を明示的に考慮した分析ではない。そこで次に、全業種及び産業大分類別に GR 型の要因分解（前出(5)式）を行った結果を報告する。労働生産性についても同様の分析が可能だが、以下では TFP を用いた結果を示す。生産性上昇率の要因分解なので、まずは実質ベースの結果を報告する（**表 2-10**）。2001～10年の間の生産性変動を要因分解すると、全産業での結果は、内部効果が比較的大きなプラス寄与、再配分効果と純参入効果が若干のプラス寄与となっている（それぞれ年率で＋0.5％、＋0.1％、＋0.2％の寄与度）。生産性の高い企業ほどシェアを拡大する、効率性の高い企業が新規参入し、非効率な企業が退出するというメカニズムが働いているとすれば、再配分効果、純参入効果がプラスというのは自然な結果である。製造業もほぼ同様で、存続企業のシェア変動による再配分効果はゼロ

---

25) 2010年以外の年次について同様の分析を行っても、小売業だけは OP 共分散項が他産業に比べて小さい。

第2章　サービス産業の生産性は低いのか？

表2-11　名目 TFP 上昇（2001〜10年）の要因分解（GR 分解）

	(1)内部効果	(2)再配分効果	(3)純参入効果
製造業	-0.033	0.009	-0.005
卸売業	-0.029	0.023	0.001
小売業	-0.051	0.023	-0.010
情報通信業	-0.028	0.006	0.037
サービス業	-0.030	-0.001	-0.058
全産業	-0.041	0.013	-0.006
第三次産業	-0.029	0.015	-0.009

(注) Griliches and Regev（1995）の要因分解。「純参入効果」は参入効果と退出効果の合計。数字は対数ポイント。

だが、内部効果（年率＋1.7％）、純参入効果（同＋0.4％）が製造業全体の TFP 上昇にプラス寄与をしている。一方、非製造業の結果は産業によってまちまちだが、第三次産業全体で見ると内部効果はマイナス（年率▲0.2％）となっているものの、再配分効果（同＋0.2％）、純参入効果（同＋0.3％）はプラス寄与であり、サービス産業全体としては異常なダイナミクスは観察されない。しかし、情報通信業、サービス業の2業種は小さいながら再配分効果がマイナス、卸売業、サービス業は純参入効果が比較的大きなマイナスとなっている。小売業の純参入効果はマイナスではないもののゼロ近傍であり、小売業において新陳代謝の役割が非常に大きいことを示す海外の先行研究（Foster et al., 2006; Baldwin and Gu, 2011）の結果と大きく異なる。

しかし、第3節で述べた通りシェア変動や参入・退出といった「新陳代謝」機能を評価するためには、名目ベースでも確認しておく必要がある。そこで、名目の TFP を用いて要因分解を行った結果が**表2-11**である。名目生産性での分解結果は、2000年代を通じてデフレが続いてきたことを反映し、内部効果が全ての産業でマイナスである。この期間の生産性上昇が価格低下に伴う実質アウトプットの嵩上げによって生じていたことを示している。他方、再配分効果はサービス業でゼロに近い負値である以外は全てプラスとなっており、全体として見れば生産性の高い企業ほどシェアを拡大してきたことになる。しかし、小売業、サービス業、あるいは第三次産業全体で見ると、純参入効果がマイナスであり、特にサービス業は比較的大きな数字である。「企業活動基本調査」の調査対象範囲の影響もあり得るため断定は避けたいが、サービス業において優れた新規企業が参入・成長して産業全体の生産性を高めるというメカニズムが十分に働いてこなか

った可能性を示唆している。

　以上を総括すれば、生産性の高い企業ほど市場シェアが大きい傾向があるという意味での静学的効率性は卸売業、（狭義）サービス業をはじめ多くのサービス産業で明瞭に確認され、その程度は製造業に比べても遜色がない。しかし、生産性の高い企業が市場シェアを拡大し、あるいは参入・退出を通じた新陳代謝が産業全体の生産性を高めるという意味での動学的効率性については、サービス業や小売業では有効に機能してこなかった可能性がある。具体的な理由の特定は本章の範囲を超えるが、地理的な競争が限られていること、消費者や顧客企業との取引関係の固定性等が理由として考えられる。

6　結論

　本章では、「企業活動基本調査」の2001～10年度の10年のミクロデータを接続し、生産性の分布（企業間格差）、その産業内格差要因／産業間格差要因への分解、静学的な資源配分の効率性、新陳代謝の産業全体の生産性上昇への寄与等について、製造業とサービス産業を比較しつつ分析してきた。主な分析結果を要約すると以下の通りである。

① 　産業内での企業による生産性「水準」の企業間格差は非常に大きく、生産性分布の90パーセンタイルの企業は10パーセンタイルの企業に比べて2倍以上の生産性となっている。産業別に見ると、労働生産性、TFPのいずれでも（狭義）サービス業で企業間格差が顕著である。卸売業や情報通信業もTFP水準の企業間格差が製造業に比べて大きい。サービス産業の中にも平均的な製造業に比べて生産性の高い企業が多数存在する。低生産性企業の「底上げ」によって産業全体の生産性は大きく向上する余地があり、この潜在的効果は特に小売業や（狭義）サービス業で大きい。

② 　生産性「上昇率」の分布を見ても同一の産業内で企業間格差は大きい。（狭義）サービス業は製造業に比べて生産性上昇率の企業間格差が大きく、サービス業の企業のうち38％は製造業企業の中央値よりもTFP上昇率が高い。

③ 　生産性の企業間格差の大きな部分は「産業内格差」であり、「産業間格差」ではない。多様な業種が含まれているという理由をもってサービス業の

企業間生産性格差が大きいことを説明することはできない。
④ 生産性の高い企業ほど市場シェアが高いという関係がすべての業種で観察されるが、小売業ではこの関係が弱い。生産性のダイナミクスを見ると、特に（狭義）サービス業では企業間のシェア再配分効果や参入・退出の寄与度がマイナスである。また、小売業は海外の研究結果と比較して新陳代謝の効果が小さい。

　サービス産業の中にも生産性の高い優良企業が非常に多く存在する一方、狭く定義された業種内で生産性のばらつきが大きいということは、サービス産業全体の生産性を高める潜在的な可能性があることを意味している。しかし、生産性の高い企業の市場シェア拡大、優れた企業の新規参入・成長、効率性の低い企業の市場からの退出を通じて、産業全体としての生産性が高まるというメカニズムが現実に十分働いていないということは、何らかの政策対応の必要があることを示唆している。
　本章で用いた「企業活動基本調査」は、サービス業のカバレッジがかなり拡大したとはいえ、依然として医療サービス、運輸業、金融・保険業等は（兼業の場合を除き）対象となっていないという限界がある。また、対象企業は従業員50人以上の中堅企業や大企業であり、小規模企業は対象となっていない。このため、小規模企業や自営業の生産性がサービス産業全体の平均を引き下げているかどうかは本章の分析からは確認できない。
　また、本章は企業レベルのデータを用いた分析だが、企業はしばしば多数の事業を兼営している。このため、純粋にサービス業を営んでいる主体である事業所レベルでのミクロデータを用いた分析を行うことも課題である。この点については、第3章及び第6章で「特定サービス産業実態調査」の事業所データを用いて生産性分析を行う。
　本章の分析はあくまでも企業レベルでの生産性の実態把握であり、第一段階に過ぎない。ここでの分析結果を踏まえつつ、サービス産業の生産性格差をもたらす要因、生産性の高いサービス企業の属性等を解明していく必要がある。そのためには、企業・事業所レベルのデータを活用して、個々の企業の生産性に影響を及ぼす諸要因（市場競争、IT投資、対内直接投資、コーポレート・ガバナンス等）の影響の有無やその量的なマグニチュードを明らかにしていく必要がある。

これらの点について次章以降で順次取り扱う。

第Ⅱ部

生産と消費の同時性

第3章

密度の経済性とサービス業の生産性
―事業所データによる対個人サービス業の分析―*

1 序論

　本章は、サービス産業の中でも「生産と消費の同時性」が顕著な対個人サービス業を対象に、日本の事業所レベルのミクロデータを用いて生産関数を推計し、規模の経済性、範囲の経済性、密度の経済性といった生産構造の基本的な事実を明らかにすることを目的としている。本研究の特長は、①これまで分析の俎上に上ることが少なかったサービス業を対象に事業所レベルのミクロデータを用いて生産性を計測したこと、②伝統的な金額ベースの生産性(TFPR)だけでなく価格の影響を受けない数量ベースの生産性(TFPQ)で分析を行ったこと、③その上で経済集積がサービス業の生産性に及ぼす影響を定量的に分析したことである。

　近年、サービス産業の生産性が国全体の経済成長を規定するという認識が高まっており、産業別のデータを用いて生産性を国際比較した研究は、各国間での生産性格差の主因がサービス産業の生産性格差であると論じている（van Ark et al., 2008; Inklaar et al., 2008a）。Jorgenson and Timmer（2011）は、EUKLEMSデータベース（1980〜2005年）を使用して日米欧の産業別の生産性を分析し、1980年以降、先進国経済の中でサービス産業が支配的な位置を占めており、サービス産業の生産性上昇が先進国経済全体にとって重要であること、サービス産業の中でも業種による違いが大きく、サービス産業が全て製造業に比べて停滞した産業だと捉えるのは誤りであることを指摘している。

　製造業では古くから生産関数や費用関数の推計が多数行われ、政策を立案する際の参考とされてきた。しかし、サービス産業では、データの制約が厳しいため、

＊本章は、Morikawa（2011a）をもとに加筆修正を行ったものである。「特定サービス産業実態調査」の個票データを使用するに当たり、経済産業省の助力を得たことに感謝する。

電力業、運輸業、通信業など一部の規制業種を除き、企業又は事業所レベルのデータを用いた実証分析は非常に少ない。このため、規模の経済性、範囲の経済性といった生産構造の基本的な事実すら明らかではなく、サービス産業政策の議論は、主に産業レベルの集計データに基づく生産性の国際比較や個別企業のケーススタディに依存してきた。

サービスのモノと異なる顕著な特徴として、「生産と消費の同時性」という点が指摘されている。理美容サービス、医療・介護サービス、飲食サービスなどがわかりやすい例であり、運輸業、電力業も同様である。このことは、製造業と異なり、在庫をバッファーとすることによって計画的な生産を行うことができないことを意味し、サービス供給における大きな技術的制約となっている。ソフトウエアのように生産と消費が分離可能なサービスもあるが例外的である。また、CDやDVD（もともとはライブ演奏）、マッサージ機（按摩）、レトルト食品（飲食店）等の技術進歩により、サービスをモノに代替することを通じて同時性が克服された例があるが、結果的にこれらはサービス産業ではなくなる。生産と消費が同時であるということは、立派な店舗を構えて優秀な従業員を配置していても、客が来店しなければ付加価値はゼロであり、したがって生産性が需要の動向によって大きく影響されることを意味する。ここで需要側の要素としては、①需要の時系列的な変動、②需要密度の空間的・地理的な違いという二つの側面がある。

①について言うと、多くのサービス業は一日の中での時間帯、週日と週末、季節によって需要が大きく変動する。他方、生産要素の投入量は、短期的な調整に限界があることから、サービス業の生産性が需要の動向によって大きく影響されることになる。この点、在庫が存在し計画的な生産量の調整が可能な製造業に比べて、サービス業では需要変動の生産性へのインパクトがより大きい可能性が高い。この問題については第6章で分析する。

②に関しては、「集積の経済性」に関する多数の研究が潜在的に本研究と関連している。集積の経済性の実証分析に関する代表的なサーベイ論文であるRosenthal and Strange（2004）は、一般に都市規模が2倍になると生産性は3％〜8％高くなると総括している。ただし、これらの研究の多くは、知識・技術の局地的なスピルオーバー、労働力をはじめとする生産要素の利用における大都市の優位性といった供給側の技術的な要因に着目している[1]。実証分析は、州、都市圏、都道府県、市区町村といった地域単位での集計データを用いるもの

(Ciccone and Hall, 1996; Kanemoto et al., 1996; Davis and Weinstein, 2005等）のほか、産業別のデータを用いた実証研究は大多数が製造業を対象としている。製造業のデータを用いて集積の経済性を実証した米国の代表的な例としては、Henderson et al.（1995）、Henderson（2003）が挙げられる。日本における代表的な先行研究である Nakamura（1985）は、1979年の製造業２ケタ分類・市毎のデータを使用して生産関数を推計し、都市人口が２倍になると生産性は平均3.4％高くなるとの結果を示している。Tabuchi（1986）は、やはり製造業・市毎のクロスセクション・データで労働生産性を説明する回帰を行い、人口密度が２倍だと労働生産性は４％〜８％高いという関係があるとしている。他方、非製造業が分析対象とされたケースは非常に少なく、狭義サービス業の事業所レベルのデータを用いた例は皆無に近い。こうした中、集積の経済分析に関する比較的最近のサーベイ論文である Glaeser and Gottlieb（2009）は、サービス産業における規模の経済性等の分析は今後の重要な研究課題だと指摘している。

　ミクロデータを用いた分析ではないがサービス産業を視野に入れた分析として、古くは Mera（1973）が、日本の９地域ブロック10年間のデータを用いて第一次産業、第二次産業、第三次産業別に生産関数を推計し、第三次産業において生産性と空間的密度の関係が強いと論じている。Dekle（2002）は、日本の都道府県レベルの産業別時系列データを使用し、金融業、サービス業、卸売業、小売業において当該産業の集積度が高い地域ほど TFP 伸び率が高い一方、製造業ではそうした関係は見られないという結果を示している。海外では、Moomaw（1981）が、米国の産業別に都市規模に対する生産性の弾力性を計測し、大都市の生産性の優位性は非製造業の方が製造業よりも大きいと指摘している。Graham（2009）は、英国の企業レベルのデータを使用して製造業及びサービス産業（計27産業）を対象に生産関数を推計し、局地化（localization）の経済性、都市化（urbanization）の経済性による TFP への効果を定量的に分析している。製造業で局地化の経済性が強いのに対してサービス産業では都市化の経済性が大きいという結果を示しており、データや分析方法の点で本章に近い研究である。また、Maré and Graham（2013）は、ニュージーランドの企業パネルデータを使用し

1）「集積の経済性」という用語は、供給側に着目した研究で用いられることが多いため、本章において都市規模等の効果を一般的に表現する際には、原則として「密度の経済性」という表現を用いることとした。

て集積と生産性の関係を分析し、集積の経済性は産業によって異なり、事業サービス、通信サービス、金融・保険、教育で大きいとの結果を報告している。Combes et al.（2012）は、主に製造業を対象としているが対事業所サービスを一部含んだフランスの事業所レベルのパネルデータを使用し、対事業所サービス業で密度の生産性効果が高いという結果を報告している。このほか、Kolko（2010）は、米国の産業細分類での地理的分布データを使用して製造業とサービス業とでは集積や共集積（co-agglomeration）のパタンやその決定要因が異なることを示し、サービス業ではごく近接した距離での集積の価値が高く、都市化の利益が大きいと論じている。Melo et al.（2009）は、集積の経済効果（生産性や賃金の都市集積に対する弾性値）に関する過去の実証研究の「メタ分析」である。その結果によると、都市化の経済効果はサービス産業において製造業よりも顕著に大きい。ただし、サービス産業を対象とした研究は少なく、今後、サービス産業に焦点を当てた集積の実証分析が重要だと指摘している。

　サービス産業を対象にした分析ではないが、Syverson（2004b）は米国の生コン産業の工場レベルのデータを使用し、需要密度と生産性の関係を分析している。その結果によると、需要密度が高い地域では工場密度も高く、需用者が購入先をスイッチするのが容易なため競争が激しい。したがって、最も生産性の低い工場であっても生産性（TFP）水準が相対的に高く、結果として地域全体での生産性の平均値が高くなるとともに生産性のばらつきが小さくなることを示している。生コン産業は、産業分類上は製造業だが輸送コストが高く市場の地理的範囲が限定されているという点でサービス業と似た性格を持っている。対象が対個人サービス業ではなく生コン産業なので、需要密度は面積当たり建設労働者数が使用されている。量的には、需要密度が1標準偏差高いと平均TFPが約2.3％高く、下位10％の事業所のTFPが9.4％高いという結果である。この結果について、地域内での競争が激しい市場では、非効率な事業所は淘汰され、相対的に生産性の高い事業所のみが生き残るためと解釈している。さらに、Syverson（2007）は、同様の生コン工場のデータを使用して需要密度の高い地域では価格のばらつきも小さいことを示した上で、空間的競争の影響は、サービス業、小売業等でより重要な可能性が高いと論じている。対象は製造業の特定業種だが、これらは本章の問題意識に最も近い先行研究である。

　この問題は、政策的には地域間格差への対応や地域経済活性化のあり方とも密

接に関わっている。製造業（特に素材や耐久財製造業）のような貿易財産業の場合、需要の地理的範囲が限定されないため、人口集積が小さい地域であっても技術力や創意工夫でカバーすることが可能である。国内市場にとどまらず、グローバルな市場を対象に販売できるからである。しかし、現在ではごく一部の例外を除いてほぼ全ての地域でサービス産業が過半のウエイトを占めている。したがって、地域間の生産性や賃金の格差の大きな部分はサービス産業の生産性格差で規定される。

　以上のような状況を踏まえ、本章では、対個人サービス事業所10業種のミクロデータを用いて、生産性に影響を及ぼす可能性のある諸要因を、特に空間的「同時性」の問題に重点を置いて分析する。

　予め主な分析結果を述べると次の通りである。第一に、分析対象としたほぼ全てのサービス業種において「事業所規模の経済性」、「企業規模の経済性」、「範囲の経済性」が存在する。第二に、全てのサービス業種で顕著な（需要）密度の経済性が観察され、市区町村の人口密度が２倍だと生産性は７％〜15％高い。この関係は、需要が地理的範囲に制約されにくい製造業と比較してずっと大きい。第三に、これらの結果は、アウトプット指標として、金額ベースの生産性指標（TFPR）だけでなく、都市間・事業所間の価格差から影響を受けない数量ベースの生産性指標（TFPQ）を用いても頑健である。

　以下、第２節では、分析に使用する「特定サービス産業実態調査」のデータの概略及び分析方法を説明する。第３節では、生産関数の推計結果を示すとともに結果について解釈を加える。第４節では分析結果を要約するとともに、政策的含意を述べる。

2　データ及び分析方法

2.1　データ

　本章の分析に使用するデータは、「特定サービス産業実態調査」（経済産業省）の対象業種のうち対個人サービス10業種のミクロデータである。同調査は、1973年に開始された指定統計調査（現在の基幹統計調査）で、物品賃貸業、情報サービス業、広告業、デザイン業、コンサルタント業の５つの対事業所サービスを対象に始まった。1975年から映画館、ゴルフ場という対個人サービス業が調査対象

に加わり、その後、テニス場、ボウリング場、葬儀業、フィットネスクラブなどに順次対象が拡大されてきた。ただし、物品賃貸業、情報サービス業の２業種以外は必ずしも毎年調査ではなく、３〜４年に一度の調査となっていた場合が多い。事業所単位の調査が原則だが、一部の業種は企業単位の調査となっている。調査項目は多岐にわたるが業種によって異なり、また、比較的頻繁に調査票が変更されている。なお、2005年調査までは業界団体名簿を母集団名簿として使用していたが、2006年調査から「事業所・企業統計」名簿（2009年以降は「経済センサス基礎調査」名簿）に変更された。「事業所・企業統計」名簿をベースとした調査に移行したことにより、残念ながら2006年調査以降は主業が当該サービスではない事業所は調査対象外となるケースがある。また、2008年調査までは全数調査だったが、2009年以降は全業種（28業種）が原則として毎年調査になる一方で一部の業種を除いて標本調査に移行した。

　本章では、この統計調査のうち事業所を単位とした対個人サービス業の2002年〜05年のミクロデータを使用する。具体的には、映画館、ゴルフ場、テニス場、ボウリング場、フィットネスクラブ、ゴルフ練習場、カルチャーセンター、劇場、結婚式場業、エステティック業の10業種である[2]。これら業種は日本経済全体の中でマイナーな産業に見えるかも知れないが、決してそうではない。これら業種の市場規模（産業全体の売上高）、就業者数を集計データによって見ると、**表3-1**の通りで、売上高の大きい方から、ゴルフ場（9,758億円）、結婚式場業（8,911億円）、フィットネスクラブ（3,858億円）などとなっている。比較のためにいくつかの４ケタ分類製造業（2005年）の出荷額を例示すると、セメント製造業（3,904億円）、産業用ロボット製造業（5,883億円）、航空機製造業（852億円）、写真機・同付属品製造業（2,425億円）などであり、これらと同程度ないし上回る産業規模である。また、第一次産業のうち林業は4,168億円、漁業は１兆6,007億円であり（2005年）、ゴルフ場と結婚式場業を合わせると漁業全体の産出額よりも大きい。

2）遊園地・テーマパーク、外国語会話教室、新聞・出版、クレジットカード業は、企業単位の調査のため分析対象から除外した。また、葬儀業は事業所単位の調査だが、TFPの計測に必要な資本ストックの代理変数が存在しないため対象外とした。

表3-1 業種別の事業所数、売上高、就業者数

産業	年	(1)事業所数	(2)年間売上高(億円)	(3)就業者数(人)
映画館	2004	2,464	2,286	16,292
ゴルフ場	2004	2,026	9,758	132,570
テニス場	2004	1,531	552	14,516
ボウリング場	2004	948	1,303	16,348
フィットネスクラブ	2005	1,881	3,858	67,874
ゴルフ練習場	2004	2,707	1,675	27,670
カルチャーセンター	2005	698	573	55,271
劇場	2004	698	1,973	12,262
結婚式場業	2005	2,826	8,911	98,668
エステティック業	2002	5,877	2,343	23,944

(出典)「特定サービス産業実態調査」(経済産業省)。

2.2 生産関数による生産性の計測

本章では、業種毎にコブ・ダグラス型の生産関数を推計する。具体的には、①付加価値額又は②数量ベースのアウトプット(対数表示:lnY)を被説明変数とする以下のような推計式である。

$$lnY = \beta_0 + \beta_1 lnK + \beta_2 lnL + \beta_3 \text{本業比率} + \beta_4 \text{複数事業所ダミー} \\ + \beta_5 \text{市区町村人口密度} + \beta_6 \text{市区町村内事業所数} + \varepsilon \quad (1)$$

金額ベースの被説明変数である付加価値額は、付加価値額=売上高-営業費用+給与支給総額+賃借料、により計算する。賃借料は土地・建物、機械・装置のそれぞれの数字を合計したものである[3]。「特定サービス産業実態調査」には減価償却費のデータが存在しないため、ここでの付加価値は減価償却費を含まない「純付加価値額」である。

最近、製造業を対象とした生産性の実証分析において、従来一般に行われてきた金額ベースでの生産性(TFPR)ではなく数量ベースの生産性(TFPQ)を計測し、両者を比較する例が見られる。嚆矢となったのが Foster et al. (2008) であり、米国における同質的な製品を生産する製造業のいくつかの狭く定義された業種(ガソリン、合板、砂糖等)を対象に、TFPRとTFPQのいずれを用いる

---

[3] 資本コスト(利払費等)を考慮することが望ましいが、支払利息のデータは存在せず、前述の通り有形固定資産額のデータもないことから推計も困難である。

かで生産性の分析結果にかなりの違いが生じること、金額ベースのTFPRは製品価格と正相関を持つことを示している[4]。こうした研究の進展も踏まえ、本章では、サービス業における数量ベースの生産性を計測する。分析対象業種の多くで「延べ入場者数・利用者数」（映画館、ゴルフ場、フィットネスクラブ等）、「年間ゲーム数」（ボウリング場）など、数量ベースのアウトプット指標が存在する。これらの量的指標はかなり粗いものではあるが、数量ベースの生産性を用いることで事業所間でのサービス価格の違いによる影響を受けないという大きなメリットがある。特に、地理的要因に関連する分析を行う際には、金額ベースの生産性指標は都市によるサービス物価の違いが混入する可能性があるため、金額ベースでの分析結果の頑健性を確認することができる。

　説明変数のうち労働投入（L）は、パート・アルバイト及び臨時雇用者を含む従業者数である。労働時間に関する情報はないため、マンアワーではなく人数である。一方、資本ストック（K）については、残念ながら「特定サービス産業実態調査」は有形固定資産（ストック）額が調査事項に含まれていない。フローの設備投資額は調査されているものの、毎年調査でないことから恒久棚卸法で資本ストック額を推計することもほぼ不可能である。しかし、対個人サービス業種は、有形固定資産額そのものではないが資本ストックの良好な代理変数がアベイラブルな業種が多い。例えばテニス場であればコート面数、ボウリング場であればレーン数、ゴルフ練習場では打席数などである。もちろん、現実の資本ストックには建物、機械・機器など様々なものがあり、上に挙げた代理変数はその一部をとらえているに過ぎない。しかし、各業種のサービス生産において最も重要な資本ストックを体現する変数と見ることができる。また、実物単位であることから、価格変動をどうデフレートするかという問題が生じないし、地域間の価格差の影響も排除できる。さらに、これらは「土地」というサービス生産において重要なインプットの物的な数量を反映しているという利点がある。具体的な資本ストック（K）の変数は、映画館（床面積）、ゴルフ場（ホール数）、テニス場（コート面数）、ボウリング場（レーン数）、フィットネスクラブ（床面積）、ゴルフ練習場（打席数）、カルチャーセンター（床面積）、劇場（座席数）、結婚式場（床面

---

[4] Kawakami et al.（2011）は、Foster et al.（2008）にならい、日本の製造業を対象に数量ベースの生産性（TFPQ）を計測したものであり、事業所間の生産性格差は、伝統的な金額ベースのTFP（TFPR）よりもTFPQの方が大きいこと等の結果を報告している。

積)、エステティック業(ベッド数)である。例えばゴルフ練習場の場合、打席数と言っても、ネットの距離、ナイター設備の有無など、現実には設備の質が異なるが、ここではそうした違いは考慮していない。

資本(K)と労働(L)の係数の合計($d = \beta_1 + \beta_2$)が規模弾性値であり、これが1を上回る場合には事業所レベルでの「規模の経済性」があることになる。ただし、資本や労働の稼働率は調整していないため、ここで計測される規模弾性は純粋に技術的な意味での規模の経済性ではなく、需給両側の諸要因を含むものである。

本業比率は、当該サービス部門売上高÷事業所の総売上高であり、「範囲の経済性」を表す変数である[5]。ここで分析対象とするサービス業は、飲食店や売店を併設していたり、他のサービスを同時に提供していたりすることが少なくない。これら各事業は共通のインプットをシェアし、あるいは集客効果を強めるなどのシナジー効果を持つ可能性があり、その効果を検証することが目的である。範囲の経済性が存在する場合、本業比率の係数(β_3)は負値となる。

複数事業所ダミーは、「支社、支店、営業所などを持っている本社、本店」及び「支社」の場合に1、「単独事業所」の場合に0のダミー変数である。この変数は、事業所規模とは別に「企業規模の経済性」があるかどうかを評価するものである。例えば、あるサービス企業が全国各地に多店舗展開している場合、管理業務の共通化、一括仕入れ、ノウハウの社内共有等を通じて事業所の生産性を高めることが可能かも知れない。その場合、この係数(β_4)は有意な正値となる。

人口密度は、本章の分析で最も注目する変数で、サービス事業所が存在する市区町村の人口密度である。「国勢調査」のデータが利用可能な2005年の数字を使用している。このため、2004年など調査年次が異なる業種の場合には、市区町村の合併等に伴う境界変更により欠損値となる場合がある。この変数は、先行研究と同様に弾性値として解釈できるよう、推計の際には対数を使用する。対個人サービス業において人口密度は需要密度そのものであり、「密度の経済性」の度合いを示す変数である。当然のことながら、密度の経済性が存在する場合にはこの係数(β_5)は正値となる。

---

5)「本業比率」と表現しているが、「特定サービス産業実態調査」は、当該事業を行っている事業所が対象であり、別の事業が「本業」で、当該サービス事業を兼営している事業所もある。

以上のほか、地域（市区町村）内の同業事業所数を含めた推計を追加的に行う。これは、各地域内の競争度を表すと同時に、多数の事業所が集積することに伴う知識のスピルオーバー、インプットの共有をはじめ「集積の経済性」に関する先行研究が伝統的に重視してきた供給側の諸要因を代表するものである。この変数自体の係数（β_6）もさることながら、この変数を追加することによって人口密度等の係数がどの程度影響を受けるかにも関心がある。

サービス業において需要密度・集積の利益や市場での競争をどのような地理的範囲で考えるべきかは、現実には業種によって異なる。例えば市区町村の範囲を越えてゴルフ練習場やフィットネスクラブに出かける消費者は多くないと考えられるが、ゴルフ場や結婚式場の場合には、県境を越える場合もないとは言えない。本章では、市区町村単位で分析を行うが、現実には業種によって「商圏」が異なる可能性があることに留意する必要がある。例えば、米国製造業については、州レベル、カウンティ・レベル、ZIPコード・レベルなど地理的範囲を変えた計測や、距離による集積効果の逓減度合いなどが分析されている[6]。この点を見るため、補足的に都道府県人口密度も説明変数に追加した分析を行う。

必要に応じて「商業統計」の小売業の事業所データ、「工業統計」の製造業事業所のデータを用いた同様の推計結果と比較し、狭義サービス業と流通業や製造業との違いを確認する[7]。

可能であれば複数年の個票データを事業所レベルで接続して生産性の「変化」の計測やパネル分析を行うのが望ましいが、調査票の内容がかなり頻繁に変更されていること、欠落サンプルがかなりあること、事業所番号が永久番号ではないため同一の事業所と思われる事業所が接続しないケースがあるなど、パネルデータとして取り扱うには無理があり、本章では上述のようなクロスセクション分析

---

6) 例えばEllison and Glaeser (1997)、Rosenthal and Strange (2001, 2003)。また、Kolko (2010) は、サービス業は製造業と比較して集積の経済性の地理的範囲が非常に狭いことを指摘している。

7) 小売業、製造業は、それぞれ「商業統計」（2004年）、「工業統計」（2004年）のデータから別途計算した数字であり、サービス業とほぼ同様の定式化をしているが、原データが異なるため、若干の違いがある。具体的には、小売業の推計は被説明変数が付加価値額ではなく売上高であり、説明変数はセルフ店ダミー、2ケタの業種ダミーを追加している。製造業（有形固定資産額がアベイラブルな30人以上の事業所のサンプルを使用）は、説明変数に本業比率を含んでおらず、2ケタの業種ダミーを加えている。

を行うこととした[8]。

2.3 　計測上の諸問題

　密度（集積）の経済性の推計に際しては、様々な計測上の問題点に留意する必要がある。具体的には、都市による価格差の影響、アウトプット及びインプット（特に労働力）の質の違い、内生性バイアスの可能性等である[9]。このほか、生産関数の推計一般について、関数形の選択の問題がある。

　付加価値（金額）ベースでの生産性の推計は、都市による価格差の影響を排除できない。仮に大都市ほど企業間の競争が激しいためにマークアップ（付加価値）率が低いとすれば、人口密度の係数を小さくする方向に作用するはずである。すなわち、この場合には、付加価値生産関数の推計における人口密度の係数は下方バイアスを持つ。逆に、大都市ほどサービス価格が高いとすれば、人口密度の係数は過大評価となる可能性がある[10]。　本章で用いるデータは各事業所のサービス価格の情報を含んでいないため、価格差の影響を直接に検証することはできない。日本の主要都市（県庁所在地）別の消費者物価指数のデータ（2006年）を用いて都市の人口密度と物価水準の関係を見ると、人口密度が高い都市ほど物価水準が高い傾向がある[11]。他方、数量ベースのアウトプット指標を用いた生産関数の推計は、都市による価格差の影響を受けないという大きな利点がある。後述の通り、ほぼ全ての業種で数量ベースのアウトプットを用いた場合にも人口密度の係数は高い有意水準の正値である。付加価値ベースの推計と物的な推計での係数の違いは、都市による価格差に起因するバイアスを示すとも解釈できる。付加価値を用いた方が係数の大きい業種では大都市ほどサービス価格が高いことの影

---

8) 　3年前のデータが利用可能な業種については、2年次のデータ（例えば2002年と2005年）をプールした推計も行ってみたが、結果に大きな違いはなく、本章では最新年のクロスセクション・データを用いた分析結果のみを報告する。

9) 　これら推計上の留意点については Combes, Mayer, and Thisse（2008），Ch.11が有用なサーベイを提供している。

10) 　要素価格（賃金等）の都市による違いは、サービス価格の都市による違いと逆の方向のバイアスを生む可能性がある。しかし、本章の推計で使用する資本、労働はいずれも物的単位のデータなので、要素価格の影響は受けない。

11) 　ただし、物価の人口密度に対する弾性値は0.013であり、この統計で見る限り日本において都市による物価水準の差は大きくない。

響が、物的な推計の方が大きい係数となる場合には競争によるマークアップ低下の影響が混入している可能性がある。ただし、後述の通りサービス価格の都市間格差は結論に本質的な違いを及ぼさない。

アウトプットの質の違いに関しては、人口密度の高い地域の事業所ほど質の高い差別化されたサービスを提供している可能性が問題となる。本章のデータでこの点を直接に検証することはできないが、仮に大都市ほどサービスの質が高いとすれば、大都市の真の生産性は本章で計測される数字よりも相対的に高いことになり、サービス業において密度の経済性が存在するという本章の結論はより強められる。

インプット、特に労働力の質の都市による違いも重要な論点である。この点に関して近年の研究は、内生性バイアス、逆の因果関係の可能性を強調している。労働者の質が内生性を持つ理由としては、労働者の地理的なソーティング（Combes, Duranton, and Gobillon, 2008）と都市が労働者の生産性を高める（Glaeser and Maré, 2001; Gould, 2007）という二つのメカニズムがありうる。従来、多くの先行研究は集積から生産性という因果関係で議論してきたが（Ciccone and Hall, 1996等）、地域特性が生産性とともに労働者や企業の移動をもたらす場合には、人口密度は内生変数となり、OLS（ordinary least squares：最小二乗法）推計は上方バイアスを持つ可能性がある[12]。本章で用いるデータは教育水準、勤続年数といった労働者の質に関する情報を含んでおらず、また、個人レベルのパネルデータではないことから、観測可能な労働者の質や観測不可能な個人属性（固定効果）をコントロールする処理は残念ながら不可能である[13]。しかし、本章の分析は狭く定義された業種レベルでのものであり、多様な産業を含むデータを用いた都市賃金の分析と比較すると、産業構造の違いによる影響を含まないためスキルの地域差による影響は小さいと考えられる。また、後述する通り、製造業との比較結果から、サービス業において製造業よりもはるかに大きな密度の経済性の存在が確認される。すなわち、都市による労働者のスキルの違いがサービス業において極端に大きくない限り、サービス業の密度の経済性が強いという結

---

12) Combes, Duranton, and Gobillon（2008）、Mion and Naticchioni（2009）は、賃金に関する個人レベルのパネルデータを用いた分析で内生性の影響を定量的に示している。
13) もう一つのインプットである資本ストックについても同様の議論があり得るが、都市間での資本ストックの質の違いを論じた実証研究は筆者の知る限り存在しない。

論自体には影響がない。

生産関数の推計においては、関数形の選択が必ず問題になる。本章は限られた基礎データを用いた推計であり、シンプルなコブ・ダグラス型の生産関数を主に使用する。しかし、言うまでもなくコブ・ダグラス型関数は、分配率不変、代替の弾力性＝1といった制約の強い関数形である[14]。そこで、フレキシブル関数の代表であるトランスログ型生産関数を用いた推計を行って結果の頑健性を確認する[15]。

3 分析結果

3.1 規模の経済・範囲の経済

業種毎の推計結果を全て表示しようとすると多くの紙数を費やすことになるので、以下では関心のある変数毎に結果の要点を紹介した上で解釈を行っていく。推計結果の詳細に関心のある読者はMorikawa（2011a）のAppendixを参照いただきたい。

推計された労働及び資本の係数から計算した規模弾性値（$d = \beta_1 + \beta_2$）は**表3-2**に示す通りである。カルチャーセンターを除く全ての業種で規模弾性は1を上回っており、事業所レベルで「規模の経済性」が存在することを示している。対象業種の単純平均で約1.2とかなり大きな値である。対個人サービス業は小規模な事業所が多い印象があるが、潜在的には大規模化の利益があることを示唆している。「商業統計」、「工業統計」のミクロデータ（いずれも2004年）から計算した小売業、製造業の規模弾性値も表示しているが、対個人サービス業の多くが製造業並みないしそれを上回る規模の経済性を示している。後述の通り、いくつかの業種では同一地域内に多数の事業所が存在することに伴う競争を通じた生産性へのプラス効果が存在する。しかし、係数の大きさから判断すると一般には事業所の集約化に伴う規模の経済性効果の方が、小規模な事業所が多数存在するこ

---

[14] 集積の経済性の推計における生産関数の関数形の問題は、Eberts and McMillen（1999）が丁寧にサーベイしている。

[15] ただし、トランスログ型関数は右辺に類似した動きを示す変数が多いため、多重共線性（multicollinearity）が生じやすい。このため業種によっては要素投入（資本、労働）の係数について必ずしも安定的な結果が得られない。

表3-2 事業所規模の経済性（規模弾性値の推計結果）

産業	規模弾性
映画館	1.125
ゴルフ場	1.278
テニス場	1.287
ボウリング場	1.154
フィットネスクラブ	1.102
ゴルフ練習場	1.412
カルチャーセンター	0.953
劇場	1.149
結婚式場業	1.076
エステティック業	1.499
（単純平均）	1.204
小売業	1.324
製造業	1.163

(注)「特定サービス産業実態調査」（経済産業省）のミクロデータを使用（以下同様）。OLS推計。規模弾性値は資本と労働の係数の合計。小売業の資本ストックは販売床面積、製造業は有形固定資産額を使用。

との正の効果よりも量的に大きいと考えられる。

　Basu et al. (2006) が指摘している通り、計測されるソロー残差（TFP）や規模弾性値は稼働率の影響を含んでいる可能性がある。例えば、人口が減少傾向にあり、需要が持続的に低下している地域に立地するサービス事業所は、供給能力を漸進的に減少させていったとしても、稼働率が低目になることが想像できる。このような場合、資本・労働の付加価値への貢献が小さくなり、結果的に需要が増加基調にある地域と減少基調にある地域の事業所とをカバーするサンプルで推計すると、計測される規模の経済性は需要側の影響を含んでいる可能性が高い。すなわち、ここで計測された規模弾性値は、純粋に生産技術的な規模の経済性と理解すべきではない。そもそも本章の関心は、技術的な規模弾性値やTFPの計測ではなく需要側の影響を含めた事業所の経済的効率性である。サービス業の場合、在庫が不可能なことから、稼働率は企業・事業所の生産性・効率性を規定する最大の要因と言っても過言ではない。例えば、ホテル・旅館、タクシーといった業種において客室稼働率、実車率といった指標が決定的に重要なことは良く知られている。これを除去して純粋の技術的要因に注目することはサービス業にとって本質的に重要な点を無視する結果になりかねない。

　次に、事業所規模の経済性をコントロールした上で、「企業規模の経済性」が

第3章　密度の経済性とサービス業の生産性

表3-3　企業規模の経済性

産業	係数
映画館	0.260 (0.082)***
ゴルフ場	0.115 (0.032)***
テニス場	0.147 (0.063)**
ボウリング場	0.112 (0.039)***
フィットネスクラブ	0.358 (0.038)***
ゴルフ練習場	0.083 (0.035)**
カルチャーセンター	0.360 (0.087)***
劇場	-0.083 (0.211)
結婚式場業	0.141 (0.028)***
エステティック業	0.578 (0.031)***
（単純平均）	0.239
小売業	0.374 (0.003)***
製造業	0.113 (0.008)***

(注)　複数事業所ダミーの推計係数。カッコ内は標準誤差。
*は10％、**は5％、***は1％水準で有意。サービス業の単純平均は劇場を除いて計算。

あるかどうかを見てみよう。先述の通り、複数事業所ダミーの係数がこれに当たる。**表3-3**は、業種毎の係数を示したものである。フィットネスクラブ、カルチャーセンター、エステティック業では、この係数が0.3を超えている。すなわち、他の条件を一定として、複数事業所を持つ企業に属する事業所である場合、一企業一事業所の場合と比較して30％以上TFPが高いことになる。ゴルフ場、テニス場、ボウリング場、結婚式場業でも係数は0.1〜0.15前後であり、複数事業所の場合に10％以上TFPが高いことを示している。おそらく、管理業務の効率化効果、ノウハウの企業内での共有を通じた効果を反映している。この結果は、優良なサービス企業の各地への多店舗展開やチェーン店化が生産性向上に寄与しうることを示唆している。

「範囲の経済性」——多角化の利益——を見てみよう。本業比率の係数は有意な負値となっており、特定のサービス事業のみに依存している事業所の生産性が低く、逆に当該サービス事業以外の売上シェアが大きい事業所は、事業所全体の生産性が高くなっている（**表3-4**）。企業レベルでの事業範囲の「選択と集中」の重要性が指摘されて久しいが、対個人サービスの事業所レベルでは、特定のサービスだけでなく他の事業とあわせて提供することを通じて、集客効果や設備の効率的な利用など広い意味でのシナジー効果が発揮される場合が多いことを示唆している。

第Ⅱ部　生産と消費の同時性

表3-4　範囲の経済性

産業	係数
映画館	-1.643 (0.321)***
ゴルフ場	-0.356 (0.141)**
テニス場	-0.645 (0.105)***
ボウリング場	-0.581 (0.104)***
フィットネスクラブ	-1.108 (0.090)***
ゴルフ練習場	-1.136 (0.091)***
カルチャーセンター	-1.989 (0.115)***
劇場	-1.186 (0.321)***
結婚式場業	-0.151 (0.044)***
エステティック業	-0.653 (0.060)***

(注)　本業比率の推計係数。カッコ内は標準誤差。*は10％、**は5％、***は1％水準で有意。

3.2　密度の経済性

「需要密度の経済性」に関する変数は、本章で最も関心の高い説明変数である。**表3-5**は、市区町村人口密度の係数推計値である。対象10業種の全てにおいて1％水準で統計的に有意な密度の経済性の存在が確認される。推計された係数をもとに、市区町村人口密度が2倍になった場合の効果をパーセント換算すると、業種によって違いがあるものの、総じて言えば立地する市区町村の人口密度が2倍だとTFPが7％～15％程度高いという関係である。業種別に見ると、劇場（35.0％）、ゴルフ練習場（14.9％）、テニス場（14.2％）、カルチャーセンター（12.2％）、ゴルフ場（10.3％）映画館（9.7％）などが高い密度の経済性を示している。全業種の単純平均で12.0％であり、推計された係数が極端に大きい劇場を除いて単純平均を計算しても9.7％という数字である。これらサービス業の係数は全て製造業及び小売業の数字を上回っている[16]。先行研究において都市レベルの分析から計測されてきた数字（先述の通り弾性値で3％～8％というコンセンサス値）は、サービス業を含む非製造業と製造業のいわば加重平均を表していると理解できる。

人口密度の高い都市では、事業所の平均規模も大きく、したがって、規模の経済性の利益も享受できる可能性が高い。たしかに事業所規模と人口密度の関係を

---

16)　製造業の推計結果（対数人口密度の係数0.03）は、Nakamura（1985）と同程度であり、Tabuchi（1986）よりもいくぶん小さい。

表3-5 密度の経済性

産業	係数
映画館	0.132 (0.025)***
ゴルフ場	0.141 (0.013)***
テニス場	0.191 (0.022)***
ボウリング場	0.096 (0.014)***
フィットネスクラブ	0.103 (0.012)***
ゴルフ練習場	0.200 (0.011)***
カルチャーセンター	0.166 (0.029)***
劇場	0.433 (0.071)***
結婚式場業	0.081 (0.009)***
エステティック業	0.088 (0.009)***
(単純平均)	0.163
小売業	0.048 (0.001)***
製造業	0.027 (0.002)***

(注) 市区町村人口密度(対数)の推計係数。カッコ内は標準誤差。*は10％、**は5％、***は1％水準で有意。

見ると、人口密度が高いほど事業所規模も大きいという関係が10業種全てで観察される。この点に関して、事業所規模の人口密度に対する弾性値を計算し、これに規模弾性を乗じることにより、事業所規模の経済性を通じた間接的な効果を推計した。**表3-6**は、こうして計算した間接効果と直接的な需要密度の生産性効果を加えた「規模効果を含む需要密度の生産性効果」(総効果)を示したものである。間接効果は直接効果に比べれば小さいが、全体としての需要密度の効果を2％〜3％ポイント程度高める効果を持っている。市区町村人口密度が2倍のときの総効果を単純平均すると14.5％となり、劇場を除いて計算しても12.2％となる。なお、参考値として示した製造業では、人口密度が高いほど事業所規模が大きいという関係は存在しない。この結果、サービス業と製造業の人口密度の生産性への効果の違いは、規模の経済性を通じた間接効果を考慮に入れるとより大きくなる。

先述の通り Syverson (2004b) は、米国の生コン産業を対象とした分析において、需要密度の高い市場では、供給企業の代替可能性が高いため、生産性分布において低位にある企業が分布から切断(淘汰)され、平均生産性が高くなるとともに生産性のばらつきは小さくなると指摘している。また、Combes et al. (2012) は、大都市の生産性が高い理由として、①伝統的な集積の経済性、②大都市ほど企業の生産性に基づく選別効果が強く作用するという二つの要因があり

表3-6 密度の経済性（直接効果と間接効果）

産業	(1)直接効果	(2)間接効果	(3)総効果
映画館	0.132	0.018	0.150
ゴルフ場	0.141	0.032	0.174
テニス場	0.191	0.048	0.239
ボウリング場	0.096	0.034	0.130
フィットネスクラブ	0.103	0.023	0.126
ゴルフ練習場	0.200	0.095	0.295
カルチャーセンター	0.166	-0.006	0.160
劇場	0.433	0.015	0.448
結婚式場業	0.081	0.009	0.091
エステティック業	0.088	0.047	0.135
（単純平均）	0.163	0.032	0.195
小売業	0.048	0.014	0.063
製造業	0.027	0.000	0.027

(注) 総効果は、人口密度の生産性への直接効果と事業所規模の経済性を通じた間接効果の合計。

うるとし、②が支配的な場合には大都市では生産性分布の左側が切断されるのに対して、①が支配的な場合には分布自体が右側に位置すると指摘し、フランスの都市規模間の生産性格差は①の効果が支配的だと述べている。この点に関して、全サンプルを人口密度の高い市区町村に立地するサンプルと人口密度が低い市区町村に立地するサンプルに二分割（人口密度の平均値で区分）し、事業所レベルのTFP（生産関数の推計式における残差）の分布（ばらつき）を表す指標（p90-p10格差、p75-p25格差、分散）を計算・比較すると**表3-7**の通りである。言うまでもなく、これらの指標が大きい数字であるほど生産性のばらつきが大きいことを意味する。例えばゴルフ場、フィットネスクラブ、エステティック業では人口密度の低い地域で生産性のばらつきが大きいが、劇場、結婚式場業では逆に人口密度の高い地域でばらつきが大きいなど業種によって違いがあり、人口密度の高い地域ほどばらつきが小さいとは必ずしも言えない。素直に見れば、生産性分布の左側が切断されているというよりは、生産性の分布自体が人口密度の高い都市の方が全体として高目になっている。フランスにおけるCombes et al.（2012）と似た結果である。

　市区町村内の同業事業所数を追加的な説明変数として入れた場合、生産性の人口密度に対する弾性値にどの程度変化が生じるかを比較したのが**表3-8**である。同業事業所数の係数は8業種でプラスであり、映画館、劇場、結婚式場業、エス

第3章 密度の経済性とサービス業の生産性

表3-7 事業所レベルの TFP の分布（人口密度の高い地域と低い地域の比較）

産業	(1) p75-p25 低密度	(1) p75-p25 高密度	(2) p90-p10 低密度	(2) p90-p10 高密度	(3) 対数分散 低密度	(3) 対数分散 高密度
映画館	0.960	0.868	1.849	1.879	0.675	1.003
ゴルフ場	0.651	0.571	1.383	1.286	0.419	0.333
テニス場	1.027	1.101	2.231	2.131	1.220	0.956
ボウリング場	0.624	0.600	1.238	1.297	0.339	0.297
フィットネスクラブ	0.783	0.769	1.571	1.475	0.526	0.432
ゴルフ練習場	0.855	0.904	1.734	1.695	0.596	0.503
カルチャーセンター	1.337	1.228	2.242	2.566	0.952	1.155
劇場	1.401	1.613	3.282	3.585	2.048	2.646
結婚式場業	0.676	0.743	1.471	1.593	0.434	0.500
エステティック業	1.037	0.974	2.131	1.984	0.859	0.754
小売業	1.204	1.198	2.495	2.486	1.571	1.756
製造業	0.728	0.721	1.509	1.515	0.456	0.485

(注) 低密度と高密度の都市は、サンプル事業所の市区町村人口密度の平均値を境に区分。p90, p75, p25, p10はそれぞれ各業種の生産性分布における各パーセンタイル値。

テティック業の4業種では1％水準で統計的に有意である。これらの業種では、同一地域内に複数の事業所が存在することが、その産業の生産性にプラスの効果を持つことを示唆する結果となっている。しかし、業種によって程度には違いがあるものの、知識のスピルオーバー等による集積の経済性（局地化の経済性）、事業所間競争による効率化といった主として供給側に関わる効果を地域内での同業事業所数という代理変数によってコントロールしても、人口密度の係数は大きな影響を受けていない（表3-8(2)）。この結果も、サービス業における集積の利益のかなりの部分が需要密度に起因していることを示唆している。

以上の結果は、「生産と消費の同時性」が強い対個人サービス業の生産性にとって、立地場所の需要（消費者）密度が大きな影響を持つことを示している。地理的集中の経済効果には、供給側の要因（情報のスピルオーバー、労働力のプール、インプットの共有）、需要側要因の両方が関わるが、地域需要の影響が小さいと考えられる製造業との係数の比較や地域内の同業企業数をコントロールした結果から見て、サービス業では需要側要因が大きく関わっている可能性が高い。

ここまでの分析では人口密度の計測単位として市区町村を用いたが、「地域」の範囲（商圏）としてどの程度の大きさを考えるのが適当かは業種によって異なる。例えば、ボウリング場やエステティックの場合には、わざわざ遠距離に出かける人は少ないと思われるが、ゴルフ場はかなり遠方まで出かける人も多い印象

第Ⅱ部　生産と消費の同時性

表3-8　同一市区町村内の同業事業所数とTFP

産業	(1)事業所数	(2)人口密度
映画館	0.030 (0.009)***	0.087 (0.029)***
ゴルフ場	0.005 (0.003)	0.141 (0.013)***
テニス場	0.004 (0.007)	0.188 (0.023)***
ボウリング場	-0.025 (0.015)*	0.102 (0.015)***
フィットネスクラブ	0.006 (0.004)	0.098 (0.012)***
ゴルフ練習場	0.004 (0.004)	0.197 (0.011)***
カルチャーセンター	-0.021 (0.018)	0.175 (0.030)***
劇場	0.097 (0.020)***	0.269 (0.077)***
結婚式場業	0.007 (0.001)***	0.066 (0.009)***
エステティック業	0.003 (0.001)***	0.075 (0.009)***
小売業	0.000 (0.000)***	0.038 (0.001)***
製造業	0.000 (0.000)***	0.025 (0.003)***

(注)　数字は推計係数。カッコ内は標準誤差。*は10％、**は5％、***は1％水準で有意。

がある。そこで、市区町村人口密度と都道府県人口密度を同時に説明変数として用いた場合の人口密度（対数）の係数を示したのが**表3-9**である。映画館、テニス場、ボウリング場、劇場、結婚式場、エステティック業の6業種は、市区町村の人口密度のみ有意で都道府県の人口密度は有意ではなかった。これらのサービスでは比較的商圏の地理的範囲が狭いことを示唆している。ゴルフ場、フィットネスクラブ、ゴルフ練習場、カルチャーセンターの4業種は市区町村人口密度、都道府県人口密度がともに有意な正値だが、このうちゴルフ練習場、カルチャーセンターは市区町村人口密度の係数が都道府県人口密度の係数よりもずっと大きい。逆にゴルフ場は都道府県の人口密度の係数がずっと大きく、フィットネスクラブは同程度の大きさだった。総じて言えば、サービス業の市場の地理的範囲は比較的狭い場合が多いと言える。米国においてサービス産業は近接した距離での集積の効果が大きいというKolko（2010）の議論と整合的な結果である。

　日本では、高度成長期に農村部から都市部に大量の人口移動が生じ、産業構造の変化を伴う経済成長を支えたことが良く知られている。例えば、Fujita and Tabuchi（1997）は、戦後日本の産業構造の変化が地域構造の変化と連動しており、重化学工業化が太平洋ベルト地帯への構造変化、サービス産業化が東京一極システムへの移行をもたらしたと論じている。「住民基本台帳人口移動報告」（総務省）のデータに基づき人口移動率の長期的な推移を見ると、市区町村の境界を

第3章　密度の経済性とサービス業の生産性

表3-9　市区町村人口密度と都道府県人口密度の効果

産業	(1)市町村人口密度	(2)都道府県人口密度
映画館	0.087 (0.038)**	0.061 (0.040)
ゴルフ場	0.060 (0.015)***	0.192 (0.018)***
テニス場	0.208 (0.030)***	-0.028 (0.031)
ボウリング場	0.077 (0.020)***	0.028 (0.022)
フィットネスクラブ	0.059 (0.018)***	0.063 (0.019)***
ゴルフ練習場	0.155 (0.016)***	0.074 (0.019)***
カルチャーセンター	0.111 (0.041)***	0.087 (0.044)**
劇場	0.329 (0.105)***	0.151 (0.107)
結婚式場業	0.072 (0.012)***	0.018 (0.015)
エステティック業	0.084 (0.013)***	0.006 (0.014)
小売業	0.046 (0.001)***	0.004 (0.002)***

(注)　市区町村人口密度と都道府県人口密度（いずれも対数）を同時に説明変数とした場合の推計結果。カッコ内は標準誤差。* は10%、** は5%、*** は1%水準で有意。

越えて移動した人の割合は、1970年の8.0%をピークに漸減傾向をたどっている。都道府県内の移動、都道府県間の移動ともに減少傾向だが、後者の減少がより大きい。すなわち、1970〜2012年の間、都道府県内移動率は3.9%から2.1%へと1.8%ポイント低下、都道府県間移動率は4.1%から1.8%へと2.3%ポイント低下した。サービス業において集積の経済性が製造業よりもずっと大きいということは、サービス経済化に伴って、生産性の高い大都市に向かって市区町村や都道府県を越えた人口移動が活発に起きてもおかしくないことを示唆している。しかし、現実には逆に人口移動率は低下している。移動率が低い高齢者の増加、少子化に伴う長子比率の上昇などが関わっていると考えられるが、サービス業の生産性向上という観点だけから見るならば、相対的に人口密度が高い都市への人口の集積が進むことが効率的である。政策的な視点から言えば、人口減少下で全ての市区町村を振興しようとすることは、日本全体の生産性向上に結びつかない可能性がある。

　日本は既に人口減少局面に入っているが、社会保障・人口問題研究所「日本の将来推計人口（2012年）」の（死亡率・出生率）中位推計によれば、日本の人口は今後50年間に約4,100万人（32.2%）減少する。仮に全国均一に人口が減少し人口密度が一律に希薄化するならば、サービス業の生産性に対して無視できない引き下げ要因となる。本章の推計結果に基づけば、全国均一に人口が減少するとした場合、集積要因が対個人サービス業の生産性に対して年率0.1%程度のマイ

ナス寄与を続けるという計算になる。逆に、政令指定都市レベルの人口密度になるような人口再配置を行うことが仮にできれば、サービス業の生産性には大きなプラス効果を持つ。現実には均一に人口が減少していくということは考えられず、人口集積度の低い地域ほど人口減少が大きいと考えられるが、人口分布が経済全体の生産性に関わることも考慮した上で、人口再配置に影響を持つ都市政策や国土計画を考えることが望ましい[17]。

3.3 数量ベースの生産性指標を用いた分析

以上の分析では生産関数の計測に当たり、金額ベースの付加価値額を被説明変数として用いてきた。先述の通り、「特定サービス産業実態調査」は分析対象業種の多くで数量ベースの（物的）アウトプット指標がアベイラブルである。本章の分析は狭く定義された業種単位の分析なので、これら数量ベースのアウトプットを用いた分析が可能である。特に、人口密度等の地理的な要因に焦点を当てた分析を行う際には、金額ベースの生産性指標（TFPR）は大都市ほどサービス価格が高いことが結果に影響する可能性がある。数量的指標を用いた生産性（TFPQ）を分析することにより、これまでの結果の頑健性を確認できるとともに、需要密度の生産性効果が生じるメカニズムを理解する一助となる。

被説明変数として用いる具体的なアウトプット指標は、映画館、テニス場、ゴルフ練習場、フィットネスクラブ、エステティック業が「年間延べ利用者数（入場者数）」、結婚式場業が「年間件数」、ボウリング場が「年間ゲーム数」、カルチャーセンターが「年間延べ受講者数×受講期間」である[18]。いずれも対数表示である。

ここでは説明変数に市区町村内事業所数を含まないベースラインの推計結果のみを示す。このうち主な変数毎に係数を整理したのが**表3-10**である。規模弾性の推計値はゴルフ場と結婚式場業を除く7つの業種で1を超える数字となっており、数量ベースで見ても事業所規模の経済性が確認される業種が多い。企業規模の経済性を示す複数事業所ダミーの係数もカルチャーセンターを除く8業種で正値（うち7業種は有意）となっており、金額ベースでの結果を追認する結果であ

---

17) ただし、都市規模分布が長期にわたり非常に安定的なことは知られており、人為的に都市間の人口分布を変えるのは難しいという議論もある（例えばDavis and Weinstein, 2008）。
18) 劇場だけは適当な量的アウトプット指標が得られないため、この分析の対象外である。

表3-10　数量ベースのアウトプットを用いた推計結果

産業	(1)事業所規模の経済性	(2)複数事業所	(3)人口密度
映画館	1.076	0.452 (0.074)***	0.122 (0.022)***
ゴルフ場	0.964	0.071 (0.023)***	0.119 (0.009)***
テニス場	1.002	0.463 (0.082)***	0.222 (0.029)***
ボウリング場	1.272	0.123 (0.043)***	0.071 (0.016)***
フィットネスクラブ	1.185	0.412 (0.055)***	0.025 (0.017)
ゴルフ練習場	1.427	0.133 (0.034)***	0.116 (0.011)***
カルチャーセンター	1.020	-0.154 (0.126)	0.080 (0.043)*
結婚式場業	0.933	0.052 (0.037)	0.181 (0.011)***
エステティック業	1.240	0.315 (0.032)***	0.066 (0.009)***

(注) 数字は推計係数。カッコ内は標準誤差。*は10％、**は5％、***は1％水準で有意。

る。大規模事業所、複数事業所展開を行っているサービス企業の生産性が高いのは、サービス料金が高いためではなく、インプット当たりのサービス数量が多いからである。そして本章で最も関心のある人口密度の係数は、フィットネスクラブを除く8業種で有意な正値となっている。人口密度弾性値を仔細に見ると、映画館、ゴルフ場、テニス場、エステティック業の4業種は金額ベースの推計結果と数量ベースの推計結果が非常に近い数字となっている。すなわち、これらの業種では人口密度の高い都市ほどサービス価格が高いことのバイアスは見られない。また、結婚式場業だけは数量ベースの推計の方が人口密度の係数が大きくなっている。これらに対して、ボウリング場、ゴルフ練習場、カルチャーセンターの3業種では人口密度の係数（弾性値）は金額ベースの推計結果に比べて約半分に低下した。すなわち、これら3業種では、大都市におけるサービス価格の高さのため、金額ベースで計測される生産性指標を用いた結果は、人口密度の効果を過大評価している可能性がある。しかし、その点を割り引いてもなおかなり大きな需要密度の経済性が残る。

最後に、コブ・ダグラス型という制約の強い関数形ではなく、トランスログ型生産関数を用いて推計した場合の人口密度の係数を、金額ベースのアウトプットと数量ベースのアウトプット指標を用いた場合について示しておきたい（**表3-11**）。ほとんどの業種で人口密度の係数の大きさに、コブ・ダグラス型関数での結果（表3-5、表3-10）とほとんど違いが生じないことを確認することができる。

以上を要約すれば、量的なアウトプットを用いて生産性を分析した場合にも、

第Ⅱ部　生産と消費の同時性

表3-11　トランスログ型生産関数を用いた密度の経済性の推計値

産業	(1) 金額ベース	(2) 数量ベース
映画館	0.142 (0.025)***	0.123 (0.022)***
ゴルフ場	0.147 (0.013)***	0.121 (0.009)***
テニス場	0.191 (0.022)***	0.216 (0.029)***
ボウリング場	0.097 (0.014)***	0.067 (0.015)***
フィットネスクラブ	0.108 (0.012)***	0.042 (0.017)**
ゴルフ練習場	0.200 (0.011)***	0.115 (0.011)***
カルチャーセンター	0.165 (0.028)***	0.080 (0.043)*
劇場	0.406 (0.072)***	―
結婚式場業	0.072 (0.009)***	0.164 (0.011)***
エステティック業	0.088 (0.009)***	0.067 (0.009)***

(注)　数字は推計係数。カッコ内は標準誤差。* は10％、** は5％、*** は1％水準で有意。劇場は数量ベースのアウトプット指標が存在しないため(2)の推計から除外。説明変数は、市区町村人口密度のほか、資本、労働、それらの二乗項、資本×労働、本業比率、複数事業所ダミー。

多くの業種では金額ベースでの分析を追認する結果である。大都市でサービス価格が高いことによる金額ベースの生産性への効果が一部の業種で観察されるが、それが支配的な要因というわけではなく、数量的な生産性指標（TFPQ）から見ても密度の経済性の存在が確認される。

3.4　解釈

　これまでの分析結果は、サービス業の生産性と人口密度の間に強い正の関係——「密度の経済性」——が存在することを示すものだった。理論的には、密度の経済性は様々な要因によって生じうる。密度の経済性をもたらす要因としては、①内部的規模の経済性、②正の外部経済効果が考えられ、外部経済効果は、産業内の外部経済性（Marshall-Arrow-Romerの経済性）、産業を超えた外部経済性（Jacobsの経済性、都市化の経済性）に区分されることが多い。それらが生じるメカニズムとしては、労働市場プーリング、インプットの共有、知識・人的資本のスピルオーバー、都市の公的インフラ等が指摘されてきた（Eberts and McMillen, 1999; Rosenthal and Strange, 2004; Moretti, 2004）。また、序論でも触れた通り、Syverson（2004b）は、競争を通じた企業の選別メカニズムの役割を指摘している。これらのメカニズムは相互に排除し合うものではなく、これら競合する理論のいずれが妥当なのかをテストすることは本章の射程を超える。しかし、本章の分析結果はサービス業の生産性に対する、これら各種のメカニズムの

量的なマグニチュードについて示唆を与えている。

　内部的規模の経済性は、本章の分析では「間接効果」として計測した。表3-7で見た通り、間接効果は一般に有意な正値であり規模の経済性を通じた生産性への効果が存在することを意味しているが、量的なマグニチュードは直接効果の方がずっと大きい。

　競争企業数を説明変数として加えた場合、その係数はいくつかの業種で有意な正値であった。これは、市場での競争を通じた選別、(同一産業内での)知識・技術の局所的なスピルオーバー等産業内の外部経済性の存在を示唆している。しかし、係数の量的なマグニチュードは小さく、また、この変数を追加することによって人口密度の係数に大きな影響は生じなかった。また、人口稠密な都市と疎な都市の生産性の分布を比較したところ、業種によって異なるが、Syverson (2004b) の分析のように生産性分布の左側が切断されているとは一般的には言えなかった。すなわち、競争による非効率企業の淘汰の効果や産業内での知識・技術のスピルオーバーが密度の経済性をもたらしている可能性は示唆されるが、これらで説明される部分は量的には大きくない。

　それでは、なお残る大きな人口密度の経済性はどういうメカニズムによるのだろうか。一つの可能性は、産業内の企業間にとどまらない都市全体での知識や人的資本のスピルオーバー――「都市化の経済性」――である。もう一つの可能性は需要の効果である。この点、サービス業において人口密度の係数が製造業に比べてずっと大きいことがヒントとなる。すなわち、需要密度に起因する高い(資本、労働の)稼働率や合理的な生産計画の可能性がサービス業において特に密度効果が大きいことの有力な理由である。TFPを技術的な効率性と評価する立場からは、稼働率は計測上の問題と言える。しかし、サービス業では在庫が不可能なことから稼働率は企業・事業所の生産性を規定する最大の要因であり、これを除去して純粋の技術的要因に注目することは、サービス業の本質的な特性を無視することになる。

　計測される人口密度と生産性の関係には様々な因果関係があり得る。以上述べた諸点のほか、都市の公的インフラの生産力効果も考えられる。本章の分析で具体的なメカニズムを十分に識別することはできないが、サービス業において製造業のみを対象にした従来の研究では見られなかった顕著な密度の経済性が存在することは間違いない。

4 結論

　本章は、サービス業における規模の経済性、範囲の経済性、密度の経済性等についての観察事実を明らかにすることを目的として、サービス産業の中でも「生産と消費の同時性」が顕著だと考えられる対個人サービス業10業種を対象に、「特定サービス産業実態調査」の事業所レベルのミクロデータを使用し、生産関数の推計を行ったものである。

　分析結果の要点は以下の通りである。

① 分析対象としたほぼ全てのサービス業種において規模弾性の推計値は1を上回っており、「事業所規模の経済性」が存在する。

② 全ての業種で、複数事業所（複数の事業所を持つ企業に属する事業所）ダミーの係数は有意な正値であり、「企業規模の経済性」が存在する。複数事業所の生産性は単独事業所の生産性よりも10％〜40％程度高い。

③ ほぼ全ての業種で総売上高に占める本業売上高比率の係数は有意な負値であり、サービス業において「範囲の経済性」（多角化メリット）が存在する。

④ 全ての業種で人口密度（対数）の係数は有意な正値であり、立地している市区町村の人口密度が2倍だと生産性は7％〜15％高い。対個人サービス業における人口集積地立地の生産性効果は、需要が地理的範囲に制約されにくい製造業と比べてずっと大きく、サービス業の生産性における需要側要因の重要性を示している。

⑤ 以上の結果は、付加価値額ではなく数量ベースのアウトプット指標を用いても確認される。人口集積の生産性への効果の中で大都市ほどサービス価格が高いという価格要因の影響は限定的であり、数量ベースの生産性で見ても密度の経済性が明瞭に確認される。

　これらの結果は、事業所レベルでの集約化（大規模化）や企業レベルでの多店舗展開・チェーン化が、対個人サービス業の生産性向上に寄与することを示している。また、都道府県内でもコンパクト・シティなど人口分布を変えて人口稠密な地域を作っていくことができれば、サービス業の生産性に対して大きなインパクトを持ちうることを示唆している。

　ところで、日本では人口移動率が長期低下傾向にある。高齢化、少子化に伴う

長子比率の上昇など人口動態上の要因が寄与している可能性が高いが、それ以外にも、郷土愛などの嗜好要因、住宅・土地制度等に起因する摩擦的コスト（サンクコスト）など様々な理由が考えられる。サービス産業シェアの上昇傾向と人口減少は、長期的にマクロ経済の生産性を高めるための政策を考える際、人口移動をもたらす（あるいはそれを制約する）諸要因を視野に入れる必要があることを意味している。すなわち、サービス産業の生産性向上に関しては、サービス産業政策と国土計画・都市政策が密接な関連を持つ可能性が高い。高度成長期には産業振興とともに産業道路や港湾の整備といった産業インフラ整備が行われたことが重化学工業の発展に貢献した。例えば、企業の生産性向上を図ることを目的とした企業合理化促進法（1952年）には、産業振興を所管する省とインフラ整備担当省の間の連携を図る規定が存在した。サービス経済化の進展を踏まえた国土形成を図っていくことは国全体の生産性向上に寄与する可能性が高い。逆に全国や都道府県内の全ての地域を均等に振興しようとすることは、マクロレベルでの生産性を高めることと矛盾するおそれがある。現在、成長戦略の一環として国家戦略特区制度の具体化が進められており、その中で容積率・用途制限の緩和をはじめとする規制緩和が議論されている。これは、大都市圏の再開発の加速とともにサービス産業の生産性向上にも寄与するものと期待される。

　中長期的なマクロ経済運営の立場からは、高目の経済成長が実現できれば財政・社会保障を含めて様々な負荷が軽減されることもあり、経済の7割を占めるサービス産業の生産性向上への期待は高い。第2章で論じた通り、サービス産業の生産性向上に対して参入・退出・資源再配分を通じた新陳代謝の活発化は潜在的に大きく寄与しうる。ただし、サービス産業の生産性を高めようとするならば、地域の均衡ある発展、企業・事業所の存続といった他の社会的・経済的価値とのトレードオフを伴う可能性があることも認識する必要がある。

　本章は、これまでほとんど分析されてこなかった対個人サービス業を対象に事業所レベルの悉皆調査データを使用して生産性を分析したユニークな研究である。しかし、資本ストックや付加価値額のデータの制約、労働者の質や労働時間に関する情報の欠如、パネル分析の困難など、限界が多いのも事実である。また、対個人サービスの中でも飲食店、環衛業、医療・福祉、教育等はカバーしておらず、少数の業種を対象にしているに過ぎない。適切なサービス産業政策を企画・立案していくためにも、事業所・企業レベルでのサービス統計の一層の充実・活用が

第Ⅱ部　生産と消費の同時性

望まれる。

第4章

サービス産業のエネルギー効率性＊

1 序論

　近年、経済成長と環境の両立が重要な政策課題となっている。また、東日本大震災に伴う福島第一原子力発電事故を発端とした原子力発電所の全国的な稼働停止により、電力消費量の抑制が大きな課題となっている。本章では、サービス産業のエネルギー消費の効率性について、「エネルギー消費統計」（資源エネルギー庁）の事業所レベルのミクロデータ（2007、2008年）を用いて実証的に分析する。分析の焦点は、これまでほとんど実証研究が行われてこなかったサービス事業所のエネルギー効率であり、特に事業所が立地する地域の空間的密度との関連に着目して分析を行う。第3章で行った密度の経済効果の分析を、エネルギー消費効率の問題に応用するという性格を持っている。

　「地球温暖化防止行動計画」の策定（1990年）、「気候変動枠組み条約」の発効（1994年）以降、温室効果ガス排出量の削減のため、エネルギー消費効率の向上のための取り組みが進められてきている。日本の温室効果ガス排出量は2008年度12億8,200万トンで京都議定書の基準年である1990年度に比べて＋1.6％となっており、排出量のうちエネルギー起源のCO_2が88.8％と大部分を占めている。部門別に見ると、製造業の工場等からなる産業部門は基準年比で▲13.2％と大きく減少しているが、運輸部門は＋8.3％、業務部門＋43.0％、家庭部門＋34.2％となっており、サービス産業の事業所を中心とした業務部門と家庭部門の増加が著しい（資源エネルギー庁「総合エネルギー統計」）[1]。本章の分析対象であるサービス産業のエネルギー消費量に占めるシェアは、1990年度の13.5％から2000年度

＊本章はMorikawa（2012a）をもとに加筆修正を行ったものである。「エネルギー消費統計」の個票データの利用に際して資源エネルギー庁の協力を得たことに感謝したい。

には15.8％、2008年度には18.8％へと着実に増大している[2]。このような構成比の増加には、そもそもサービス産業のGDPシェアが増加しているという産業構造の変化と、サービス産業のエネルギー原単位（付加価値当たりエネルギー投入量）が相対的に悪化（増加）していることの二つの要因が寄与している。製造業とサービス産業のエネルギー消費量の実質GDP原単位を比較すると、1990～2008年の間、製造業の原単位は▲14.2％と改善（低下）しているが、サービス産業は＋8.5％と逆に悪化（増加）している[3]。

製造業とサービス産業のエネルギー消費パタンの違いは、日本だけでなく世界的な傾向である。Mulder and de Groot（2012）は、日本を含むOECD18か国における産業別のエネルギー集約度（中間投入エネルギー／粗付加価値額）の動向（1970～2005年）を比較し、製造業ではエネルギー集約度は低下傾向にあるが、サービス産業ではエネルギー集約度の低下が鈍いことを示している。また、Goldemberg and Prado（2013）は、世界全体での産業部門のエネルギー原単位は過去40年間ほぼ一定であり、世界全体のエネルギー消費量を抑制するためにはサービス部門のエネルギー原単位を大幅に低下させることが必要になると指摘している。

サービス産業には多様な業種が含まれているため、2008年度「エネルギー消費統計」の公表データから2ケタ産業分類でエネルギー原単位の大きい業種を見ると（**表4-1**）、洗濯・理容・美容・浴場業、宿泊業、飲食店、介護事業などがエネルギー原単位の高い業種となっている。サービス産業の中には平均的な製造業よりもエネルギー原単位が高い業種がかなり存在する[4]。

近年の経済理論では、企業による生産性の異質性が強調されており、実証的に

1）エネルギー消費に関する統計において「産業部門」は、製造業、農林水産業、鉱業、建設業を、「業務部門」は、事務所・ビル、デパート、卸小売業、飲食店、学校、ホテル・旅館、病院、劇場・娯楽場、その他サービス業を意味する。このほか、運輸業は「運輸部門」に分類される。なお、運輸部門の中では、自家用乗用車からのCO_2排出量が基準年比＋35.6％と大幅な増加となっている。
2）電力・ガス等のエネルギー供給部門はここでのサービス産業には含めていない。
3）GDP原単位は、「総合エネルギー統計」（資源エネルギー庁）、「国民経済計算」（内閣府）より計算した数字である。「サービス産業」は電力・ガス、運輸業を含まない。産業部門のエネルギー消費量減少には、各業種内での省エネによるエネルギー原単位の低下のほか、製造業の中でのエネルギー多消費型業種のウエイト低下という産業構造変化要因が寄与している。

第4章　サービス産業のエネルギー効率性

表4-1　エネルギー原単位の大きいサービス業種

業種	原単位(GJ/百万円)
廃棄物処理業	31.74
洗濯・理容・美容・浴場業	27.45
宿泊業	23.45
その他のサービス業	22.05
その他の教育，学習支援業	18.06
持ち帰り・配達飲食サービス業	15.07
飲食店	10.99
社会保険・社会福祉・介護事業	9.27
医療業	4.62
学校教育	4.39
(参考)製造業平均	5.73

(注)「エネルギー消費統計」(2008年)より作成。原単位の分母は売上高。
　　製造業平均は、同統計の対象事業所の平均値。

も、同じ業種の中で企業・事業所によって生産性の分散が非常に大きいことが明らかにされている（Bloom and Van Reenen, 2010; Syverson, 2011参照)[5]。第2章で述べた通り、特に（狭義）サービス業は、製造業に比べて生産性の企業間格差が著しい。したがって、エネルギー効率もサービス産業は事業所間での分散が大きい可能性がある。また、サービス産業の多くは「生産と消費の同時性」という製造業とは異なる特性を持っているため、空間的な需要密度が生産性に大きく影響を及ぼす。第3章で分析した通り、立地する市区町村の人口密度が2倍だと対個人サービス業の全要素生産性（TFP）は7〜15％程度、小売業でも数％高く、製造業に比べて顕著な需要密度の経済性が観察された。本章は、エネルギー効率性という別の視点から、サービス産業における密度の経済性を実証的に分析するものである。

　第2節で見るように、人口密度等の都市構造とエネルギー消費の関係については多くの先行研究があるが、運輸部門や家計部門を対象としたものが多く、サービス産業の事業所レベルでのエネルギー消費についてミクロデータで分析したものはほとんど存在しない。こうした中、資源エネルギー庁が2007年度から正式に

4）ここでの製造業平均の数字は、「エネルギー消費統計」対象事業所の平均値である。化学、鉄鋼、窯業・土石等エネルギー多消費型の業種の大規模事業所は「特定業種石油等消費統計」の対象となっており、「エネルギー消費統計」のサンプルには含まれていない。
5）Bloom et al.（2010）は、英国の製造業事業所のデータを用いた分析により、経営の質が高い企業ほどエネルギー消費効率が高く、この関係は量的にも大きいという結果を示している。

開始した事業所ベースの統計である「エネルギー消費統計」は、サービス産業を網羅的にカバーしており、極めて有用なデータである。サービス産業のエネルギー消費が増大する中、本章は最近利用可能となった同統計のミクロデータを用いることで、これまでの実証研究の空白を埋めることを意図している。

分析結果によれば、業種構成の違いをコントロールした上で、人口密度が高い地域ほどサービス事業所のエネルギー効率が高い。量的には、3ケタ分類の産業をコントロールした上で、立地する市区町村人口密度が2倍だとエネルギー原単位が12％前後低い（エネルギー消費効率が高い）という関係である。このうち、大きな部分が土地生産性及び労働生産性の違い並びに気候条件の違いで説明される。特に、地価・賃料が高く土地（床面積）を節約的に使用する傾向があることが、大都市でサービス産業の最終エネルギー消費の効率性の高さにつながっていると解釈できる。「エネルギー消費統計」はサービス産業を含めたエネルギー効率の分析にとって極めて有用なデータであり、今後、同統計自体の精度向上とともに、これを利用した実証研究の充実が期待される。

以下、第2節では、経済的な密度とエネルギー効率やCO_2排出量の関係を扱った先行研究を簡潔にサーベイする。第3節では、本章の分析方法及び使用するデータについて説明する。第4節で推計結果を報告し、第5節で結論と政策的含意を述べる。

2　先行研究

人口密度をはじめとする都市構造とエネルギー消費の関係については、Newman and Kenworthy（1989）を嚆矢として多数の実証研究が存在する。先行研究として頻繁に引用されるNewman and Kenworthy（1989）は、世界32都市のデータ（1980年）を使用したクロスセクション分析により、都市密度とガソリン消費の間に負の関係があることを指摘した。Karathodorou et al.（2010）は、経済活動の空間的集中と交通における燃料効率の関係について、世界42か国84都市のクロスセクション・データ（1999年）を用いて自動車燃料消費の人口密度に対する弾性値を推計したものである。また、1人当たり燃料需要の要因を、人口当たり自動車ストック、1キロ当たり燃料消費量、1年当たり自動車走行距離に要因分解している。分析結果によれば、自動車ストックの人口密度に対する弾性

値は▲0.12、自動車当たり走行距離の都市密度に対する弾性値は▲0.24、全体として都市密度に対する燃料消費の弾性値は約▲0.35という数字であり、都市密度の燃料消費に対する効果は、自動車の燃費の差ではなく、主として1人当たり自動車ストック及び自動車1台当たりの走行距離の違いによると結論している。

　Bento et al.（2005）も、自動車利用に着目した研究であり、米国114大都市のデータ（1990年）を使用して都市形態及び公共交通が、通勤形態の選択及び家計の自動車走行距離（VMTs: vehicle-miles of travel）に及ぼす効果を分析している。その結果によると、人口の中心地集中度が高いほど、鉄道網が充実しているほど、道路密度が低いほど、自動車通勤の確率が低い。また、人口の中心地集中度、勤務地と居住地との関係が、自動車走行距離に影響する。Brownstone and Golob（2009）も、住宅密度、自家用車の利用、燃料消費の間の関係についての実証分析である。米国カリフォルニア州のデータ（2001年）を使用し、住宅密度が1平方マイル当たり1,000住宅少ない（サンプル平均よりも40％低い）と、年間自家用車走行距離が1,200マイル（4.8％）長く、世帯当たり燃料消費量は65ガロン（5.5％）多いとの定量的な結果を報告している。住宅密度と家計の自動車走行距離を同時推計することにより、居住地選択の内生性を考慮した分析である。このほか、Su（2011）は、米国都市の家計レベルのクロスセクション・データを使用し、高速道路密度、渋滞の影響をコントロールした上で、人口密度に対する家計のガソリン消費量の弾性値は▲0.064と推計している。自動車の燃料消費が都市の空間的な構造と関係を持つことは直観的にも容易に理解できるが、これらの研究はそれを実証的に確認するものである[6]。

　以上は自動車の燃料消費に焦点を当てたものだが、Larivière and Lafrance（1999）は、カナダ（ケベック州）のデータを使用して住民1人当たり電力消費量を規定する要因を実証分析している。人口密度の高い市は密度の低い市よりも1人当たり電力消費量が少ないが、この関係は人口密度とガソリン消費の関係に比べると小さいとの結果である。Ewing and Rong（2008）は、米国における都市の形態と住宅（家計部門）のエネルギー消費の関係を分析した例である。2001年のカウンティ・レベルのデータにより、コンパクトな町の住民はスプロール化

---

[6] 日本では、環境省（2006）が、1999年のクロスセクション・データを使用し、人口集中地区（DID: densely inhabited district）人口密度が低い都市ほど運輸旅客部門の住民1人当たりCO_2排出量が高いことを示している。

した町の住民よりも年間エネルギー消費が少ないことを示し、コンパクトな町にすることは、交通部門のエネルギー消費抑制だけでなく住宅部門のエネルギー消費を抑制する効果もあると論じている。Glaeser and Kahn（2010）も、米国都市の空間的構造とCO_2排出量の関係を自動車だけでなく家庭（住宅）を含めて分析したものである。具体的には、自家用車、公共交通、家庭冷暖房、住宅電力使用によるCO_2排出を対象としている。この論文は、都市中心部のCO_2排出量が郊外に比べて少ないこと、CO_2排出量と土地利用規制の間に強い関係があること等を明らかにしている。新規建設への規制の結果、CO_2排出量の少ない地域は、新しい建設を排出量の多い地域に押し出す傾向があり、現在の土地利用規制は気候変動対策とは逆の効果を持っていると論じている。Kahn（2012）も、米国における経済活動の地理的分布とCO_2排出の関係についての実証分析である。家計の自動車利用、公共交通機関の利用、住宅の電力消費のデータを使用し、都市中心部の居住と自動車走行距離、CO_2排出量の間には負の関係があることを示している。その上で、都市中心部の生活の質を高め地域的な公共財を提供すること（犯罪抑止政策、公立学校の改善等）は、低炭素化とも整合的だと論じている。

　以上を総括すれば、都市密度が高いほどエネルギー消費量は小さい傾向があり、温室効果ガス排出量が少ない。ただし、これまでの分析対象は自動車のガソリン消費量や家計（住宅）部門のエネルギー消費・CO_2排出に限られており、商業・サービス業といった業務部門を対象としたミクロデータによる分析は海外でもほとんど行われていない。

3　データ及び分析方法

　本章では、「エネルギー消費統計」（資源エネルギー庁）の2007年度及び2008年度の事業所レベルのクロスセクション・データを用いて、市区町村人口密度とサービス産業のエネルギー効率性の関係を計測する。

　「エネルギー消費統計」は、我が国の産業部門・業務部門におけるエネルギー消費の実態を明らかにし、エネルギー・環境政策の基礎資料を得ることを目的として2007年度から正式に開始された新しい統計調査である。2007年度以降毎年実施されており、本章のもとになった論文の執筆時点で利用可能な2007年度及び2008年度のデータを使用する。エネルギー消費量の大きい製造業 9 業種（鉄鋼、

第4章 サービス産業のエネルギー効率性

化学、紙・パルプ等）の大規模工場は従来から基幹統計調査である「特定業種石油等消費統計」（経済産業省）でエネルギー消費量が把握されていたが、「業務部門」であるサービス産業は同統計の対象外だった。温室効果ガス排出抑制に対する内外の要請が高まる中、従来十分な調査が行われてこなかった業務部門を含めて事業所レベルでのエネルギー消費を包括的に把握することを意図したものである。その対象事業所は、「特定業種石油等消費統計」ではカバーされていない①製造業9業種の中小事業所、②9業種以外の製造業、③農林水産業・鉱業・建設業、④商業・サービス業等（＝業務部門）である。サンプルは、「事業所・企業統計調査」（総務省）の名簿等をもとに無作為抽出した約20万事業所となっている。調査事項は、1年間の電力消費量、燃料（都市ガス、灯油、重油、ガソリン等）消費量、自家発電量、熱源（蒸気、温水等）消費量、従業者数、延べ床面積、売上高等である。

　本章で分析対象とする事業所は、電力・ガス・熱供給業、運輸業を除く第三次産業である。産業大分類で言うと、情報通信業、卸売業・小売業、金融業・保険業、不動産業・物品賃貸業、専門・技術サービス業、宿泊業・飲食サービス業、生活関連サービス業・娯楽業、教育・学習支援業、医療・福祉、複合サービス事業、その他サービス業である。結果としてサンプル事業所数は、2007年約66,000事業所、2008年約58,000事業所である[7]。ただし、分析に必要な売上高、床面積等のデータが欠損値となっているサンプルが少なくないため、分析に使用可能なサンプルはこれよりも少なくなる。分析に使用する事項は、エネルギー消費量（ギガジュール（GJ））、従業者数、床面積（m^2）、売上高、業種、市区町村番号である。総務省統計の市区町村毎の人口総数、昼間人口、可住地面積（林野、湖沼を含まない）のデータをリンクさせて分析に使用する[8]。2007年度及び2008年度のデータが利用可能なので、原則として2年間をプールして推計を行う。

　本章の関心は、人口密度とサービス事業所のエネルギー効率性の関係であり、

7）本章の分析は、個票利用の許可を得て資源エネルギー庁から提供を受けたデータセットを使用している。同データセットは、ビル内事業所間のエネルギーの配賦、異常値除去、熱量換算等について一定の前処理を行って整理されたデータとなっている。したがって、本章では、それら前処理自体については与件として扱っている。

8）総務省統計局「統計でみる市区町村のすがた2010」の市区町村別データを使用した。人口総数、昼間人口、就業者数は「国勢調査」の2005年の数字、可住地面積は、国土交通省国土地理院測図部「全国都道府県市区町村別面積調」の2008年の数字である。

エネルギー効率性の指標として、エネルギー原単位すなわち売上高当たりエネルギー消費量（GJ／万円）の対数（$lnenergy\_sale$）を使用し、事業所が立地する市区町村の対数人口密度（$lnpopdens$）で説明するシンプルなクロスセクションの回帰分析（OLS）である。各サービス事業所のエネルギー消費量は、最終需要家段階でのエネルギー消費量であり一次エネルギー消費量とは異なる。エネルギー効率の指標としては従業者1人当たり、床面積当たりといった指標もありうるが、本章の問題意識は環境と経済成長の両立にあるため、売上高当たりエネルギー消費量を用いることとした[9]。人口密度は対数表示なので、推計された係数は弾性値を意味する。人口密度を計算する際の分母は総面積ではなく林野・湖沼等を除いた可住地面積を使用する。このほか、分子に昼間人口を用いた場合、就業者数を用いた場合（前者は $lnpopdens\_day$、後者は $lnworkdens$ と表記する）についても同様の計測を行い、結果を比較する。地域の経済活動の密度という意味では、単純な人口密度よりも昼間人口密度や就業者密度の方が望ましい可能性があることが理由である。

　追加的な説明変数としては、3ケタ業種ダミー（ϕ）、年ダミー（λ）、売上高当たり床面積（m^2／万円）の対数（$lnfloor\_sale$）、売上高当たり従業者数（人／万円）の対数（$lnemp\_sale$）、暖房度日（hdd）、冷房度日（cdd）を使用する。「エネルギー消費統計」における3ケタ産業分類（274業種）は、「経済センサス産業分類」と同じであり、ほぼ日本標準産業分類の3ケタに対応している。床面積、従業者数はエネルギー以外の生産要素を代表する変数であり、被説明変数が売上高を分母とするエネルギー原単位なので、平仄を合わせるために売上高で除して標準化している。これらは、床面積当たり売上高、従業者当たり売上高の逆数なので、この係数推計値が正である場合には土地生産性や労働生産性が高いほどエネルギー生産性も高いという関係を示すものと解釈することができる。これらのほか、気候条件の違いがエネルギー効率に及ぼす影響をコントロールするため、都道府県別の暖房度日及び冷房度日を追加的な説明変数として用いることとした。例えば、気候条件が良い地域ほど人口が集中するという関係がありうるため、この影響を把握することが目的である。暖房度日は、1年間の中で平均気温

---

[9]　「エネルギー消費統計」では付加価値額は得られないため、売上高を用いる。同統計に限らず、サービス産業の事業所レベルでの付加価値額データは存在しない場合が多い。

第4章　サービス産業のエネルギー効率性

表4-2　要約統計量

変数	(単位)	サンプル数	平均値	標準偏差	最小値	最大値
エネルギー消費量(energy)	(TJ)	52,107	84	11,970	0.00002	2,699,257
従業者数(emp)	(人)	51,911	122	483	1	67,525
床面積(floor)	(m^2)	50,210	7,022	35,016	2	2,564,080
売上高(sale)	(百万円)	52,107	6,534	64,416	1	5,625,481
lnenergy_sale	(GJ/万円)	52,107	5.426	2.048	-6.300	17.879
lnfloor_sale	(m^2/万円)	50,210	5.379	1.759	-4.983	15.025
lnemp_sale	(人/万円)	51,911	1.909	1.355	-7.157	10.069
人口密度(lnpopdens)		49,816	7.821	1.194	2.996	9.900
昼間人口密度(lnpopdens_day)		49,816	7.931	1.391	3.014	11.203
就業者密度(lnworkdens)		49,816	7.085	1.174	2.388	9.107
暖房度日(hdd)		52,107	1023.4	453.2	2.1	2528.9
冷房度日(cdd)		52,107	384.1	160.7	16.3	1021.1

(注)「エネルギー消費統計」の2007年度及び2008年度プールデータより計算。エネルギー消費、売上高が欠損値であるなどのためエネルギー原単位のデータが得られないサンプルを除いて計算。

が14度を下回る日の14度と平均気温の差を累計した値、冷房度日は平均気温が24度を上回る日の平均気温と22度の差を累計した値である。これらの指標は家庭部門のエネルギー消費量と密接な関係があることが指摘されている。気象庁のウェブサイトで利用可能な都道府県庁所在地の日次データを使用し、2007年度と2008年度についての値を計算した[10]。暖房度日が最も高いのは北海道、最も低いのは沖縄県であり、冷房度日は逆に沖縄県が最も高く北海道が最も低い。

これら変数を全て含む推計式は以下の通りであり（添字iは事業所、tは年次）、主な変数の要約統計量は**表4-2**に示しておく。

$$lnenergy\_sale_{it} = \beta_0 + \beta_1 lnpopdens_i + \beta_2 lnfloor\_sale_{it} + \beta_3 lnemp\_sale_{it} \\ + \beta_4 hdd_i + \beta_5 cdd_i + \phi_{it} + \lambda_t + \varepsilon_{it} \quad (1)$$

なお、ϕは3ケタ産業ダミー、λは年ダミー、εは誤差項である。

本章で使用したデータセットは資源エネルギー庁において異常値除去等の前処理が行われたものであるが、2008年のデータセットにはエネルギー消費量が極端に大きい事業所が1つ存在し、これが平均値に大きな影響を及ぼすため、この事業所をサンプルから除去して計算を行った。「エネルギー消費統計」の調査票は

---

[10] 全国には157の測候所があり、また、全国に約1,300存在するアメダスのうち約850地点について平均気温データが利用可能だが、これらが存在しない市区町村との対応付けが恣意的になるのを避けるため、都道府県庁所在地別のデータを使用した。

第Ⅱ部　生産と消費の同時性

表4-3　エネルギー原単位の分布

	サンプル数	平均	標準偏差	p10	p50	p90
全サンプル	52,107	0.5211	34.0473	0.0015	0.0320	0.2140
百貨店・スーパー	872	0.0873	0.5239	0.0221	0.0459	0.0929
食料品小売業	4,718	0.1033	2.4773	0.0075	0.0367	0.0693
ホテル・旅館	1,866	0.8468	12.1079	0.0941	0.2031	0.4712
病院・診療所	5,870	1.8271	89.7033	0.0243	0.0546	0.1257
介護事業	4,551	0.7146	13.2422	0.0234	0.1120	0.2501

(注)「エネルギー消費統計」の2007年度及び2008年度プールデータより計算。単位はGJ/万円。エネルギー消費、従業者数、床面積、売上高が欠損値又はゼロのサンプルは除いて計算。p10、p50、p90は各パーセンタイル値。

かなり複雑であり、また、統計が発足して年数が浅いことから誤記等に伴う計測誤差が混入している可能性がある。このため、産業（2ケタ）毎にエネルギー原単位（対数）が平均値±3標準偏差を超えるサンプルを異常値とみなして除去した上で、エネルギー原単位の人口密度に対する弾性値を推計してみたところ量的に大きな違いは観察されなかったため、以下の分析は上記1事業所を除く全サンプルを使用して行っている[11]。

4　推計結果

回帰結果の報告に先立ち、サービス事業所のエネルギー効率性の分布を観察しておきたい（**表4-3**）。この表の数字は対数表示ではない。サンプル事業所全体でのエネルギー原単位（GJ/万円）は、10パーセンタイル値（p10）0.0015、90パーセンタイル値（p90）0.2140と極めて大きなばらつきがある。ただし、ここには様々な業種の事業所が含まれているため、細分化した業種別に見ると、百貨店・スーパーマーケットではp10が0.0221、p90が0.0929、食料品小売業ではp10が0.0075、p90が0.0693、ホテル・旅館ではp10が0.0941、p90が0.4712などとなっており、3ケタ分類の同一業種内でも4～5倍ないしそれ以上のエネルギー原単位格差が存在する。事業所間格差が大きいということは、逆に言えば、エネルギー効率に優れた慣行の普及や事業所の新陳代謝を通じて集計レベルでのエ

---

11) 計測された弾性値は、2007年では異常値除去前▲0.395、除去後▲0.385、2008年はそれぞれ▲0.393、▲0.381。

表4-4 人口密度とエネルギー効率（回帰結果）

	(1)	(2)	(3)	(4)
人口密度	-0.3933***	-0.1886***	-0.0423***	-0.0157***
($lnpopdens$)	(0.0075)	(0.0061)	(0.0046)	(0.0049)
床面積			0.5431***	0.5419***
($lnfloor\_sale$)			(0.0049)	(0.0049)
従業者数			0.3531***	0.3554***
($lnemp\_sale$)			(0.0060)	(0.0060)
暖房度日				0.0002***
(hdd)				(0.0000)
冷房度日				0.0000
(cdd)				(0.0001)
産業ダミー	no	yes	yes	yes
年ダミー（2008年）	yes	yes	yes	yes
サンプル数	49,816	49,816	47,846	47,846
Adj R^2	0.0527	0.4574	0.7170	0.7182

（注）「エネルギー消費統計」の2007年及び2008年プールデータに基づくOLS推計結果。カッコ内は標準誤差。
　　*** は1％の有意水準。定数項の表示は省略している。

ネルギー効率を高める余地も大きい。

　エネルギー原単位を人口密度（$lnpopdens$）で説明する回帰式の推計結果は**表4-4**に示す通りである[12]。説明変数として人口密度と年ダミーのみを用いた回帰ではエネルギー原単位の人口密度に対する弾性値は約▲0.39とかなり大きな数字だが（表4-4(1)）、3ケタ業種ダミーをコントロールすると▲0.19程度に縮小する（表4-4(2)）。人口密度の低い地域に比較的エネルギー集約度の高いサービス業種が比例的以上に分布していることを示している。しかし、業種構成の違いをコントロールした上でも弾性値▲0.19という数字は、サービス事業所が立地する市区町村の人口密度が2倍だとエネルギー原単位が約12％低くなるという関係であり、かなり大きなマグニチュードである[13]。

　しかし人口密度の低い地域は、地価・賃料が大都市に比べて安価なため、相対的に土地集約的な（建物の床面積を多く使用する）インプットのミックスを採る

[12) サービス産業の中でエネルギー消費量が特に大きい廃棄物処理業を除く推計も行ってみたが、結果にほとんど違いは見られなかったため、以下、この業種を含む推計結果を報告する。また、自家発電を行っている事業所をサンプルから除いた推計も行ったが、結果に大きな違いは観察されなかった。

13) 人口密度が2倍になった時の効果は $2^\beta - 1$ で計算している（例えばCombes, Mayer, and Thisse, 2008, p. 287参照）。

ことが合理的であり、結果として冷暖房・照明等に係るエネルギー消費量が多くなると考えられる。また、従業者数が多いほど照明や冷暖房のためのエネルギー使用量が多くなる可能性がある。そこで、前節で述べた通り、床面積（売上高当たり、対数）、従業者数（同）を説明変数に追加すると（表4-4(3)）、床面積の係数（エネルギー原単位の床面積に対する弾性値）は約0.54とかなり大きな数字であり、事業所の床面積が大きいほどエネルギー原単位が大きくなる傾向があることがわかる。また、従業者数に対する弾性値は約0.35である。これらの変数を考慮しても人口密度の係数は高い有意水準の負値だが、その大きさは約▲0.04と大幅に縮小する。パーセント換算すると、業種、床面積、従業者数をコントロールした上で、市区町村人口密度が２倍だとエネルギー効率は約３％高いという比較的小さな関係である。さらに、気候条件の違いは直接に冷暖房のためのエネルギー消費に影響する可能性が高く、仮に大都市ほど気候条件が良好だとすれば、これが人口密度の係数を大きくしているかも知れない。暖房日度、冷房日度を説明変数に追加した表4-4(4)によれば、冷房度日の係数は有意ではないが、暖房度日の係数は高い有意水準の正値であり、他の条件にして等しければ、気候の冷涼な地域に立地している事業所ほどエネルギー効率が低い。これらを全てコントロールしても人口密度の係数は統計的に有意な負値だが、その大きさは▲0.016とかなり小さくなる。

最後の推計結果に基づいて、下式の標準的なOaxaca-Blinder要因分解によって、都市規模・都市密度によるエネルギー効率の違いに対する各説明変数の寄与率を見てみる。

$$y^l - y^s = (X^l - X^s) * \beta \tag{2}$$

X^lは大都市（人口密度の高い都市）のX^sは小都市（人口密度の低い都市）の各説明変数の平均値、βは回帰分析で推計された係数、y^l、y^sは大都市と小都市のエネルギー原単位の平均値である。都市規模ないし都市人口密度による分割は、①政令指定都市とその他の市町村、②サンプル事業所を市区町村人口密度の中央値に分割、の二通りのやり方で区分した。指定都市と他の市区町村の間でのエネルギー原単位の平均値の差に対する各要因の寄与度を分解した結果によると、床面積要因が約37％、従業者数要因が約12％、気候（冷暖房）要因が約15％の寄与度であり、純粋の人口密度要因は約３％である（**表4-5**(1)）。市区町村人口密度

第4章 サービス産業のエネルギー効率性

表4-5 都市規模・人口密度によるエネルギー効率格差への各要因の寄与率

要因	寄与率 (1)	寄与率 (2)
床面積	36.5%	50.0%
従業者数	12.3%	16.2%
気候（冷房度日、暖房度日）	14.8%	6.3%
人口密度	3.0%	4.3%

(注)「エネルギー消費統計」の2007年及び2008年プールデータに基づくOLS推計結果に基づき、Oaxaca-Blinder要因分解で計算。(1)は政令指定都市とそれ以外の市町村に区分、(2)は人口密度のサンプル事業所中央値で区分。

の中央値で分けた場合には、床面積要因が約50％とやや大きく、従業者数要因が約16％、気候要因が約6％の寄与度、純粋の人口密度要因は約4％という結果である（表4-5(2)）。これらの結果は、人口密度の高い大都市におけるサービス事業所のエネルギー効率の高さは、主として土地を含む生産要素の利用効率の高さによることを示している。

　各種コントロール後になお観察される人口密度の比較的小さな効果は、事業用建物の構造（木造／非木造の比率、省エネ法の対象となる大規模建築物の割合等）も関わっている可能性がある。この点について国土交通省「建築物ストック統計」の非住宅延べ床面積（木造／非木造）の都道府県別データ（2002年）により人口密度と木造建築物比率の関係を見ると、人口密度が1％高いと木造比率が0.37％低いという統計的に有意な関係が確認される。傍証に過ぎないが、サービス事業所の構造上の特性も関わっている可能性を示唆している。

　ここまでの推計では市区町村人口を可住地面積で割った人口密度を用いたが、これに代えて分子に昼間人口、就業者数を用いた昼間人口密度（$lnpopdens\_day$）、就業者密度（$lnworkdens$）を説明変数として推計を行ってみた。その結果に基づいて計測された弾性値を表示したのが**表4-6**である。単純な（夜間）人口密度を用いた場合に比べてわずかに係数は大きくなるが本質的な違いはなく、産業のみコントロールした場合（表4-6(2)）、市区町村人口密度が2倍だとエネルギー効率は12〜13％程度高いという関係だが、床面積、気候条件等を全てコントロールすると1〜2％となる。

　以上の結果を総合的に解釈すると以下の通りである。第一に、人口稠密な大都市ほどサービス事業所のエネルギー効率は高く、産業をコントロールした上で、立地する市区町村の人口密度が2倍だとエネルギー原単位は12％程度低い。第二

第Ⅱ部　生産と消費の同時性

表4-6　昼間人口密度・就業者密度を用いた推計結果

	(1)	(2)	(3)	(4)
昼間人口密度	-0.4188***	-0.2044***	-0.0435***	-0.0221***
(lnpopdens_day)	(0.0063)	(0.0054)	(0.0041)	(0.0043)
就業者密度	-0.4016***	-0.1920***	-0.0430***	-0.0159***
(lnworkerdens)	(0.0076)	(0.0063)	(0.0047)	(0.0050)
(コントロール変数)				
産業	no	yes	yes	yes
床面積、雇用	no	no	yes	yes
暖房度日、冷房度日	no	no	no	yes

(注)「エネルギー消費統計」の2007年及び2008年プールデータに基づくOLS推計結果。カッコ内は標準誤差。*** は1％の有意水準。

に、そのうちかなりの部分は床面積（土地）集約度をはじめ生産要素の生産性の相対的な違いで説明される。第三に、人口稠密な大都市は、総じて気候が温暖なために暖房用エネルギー消費量が少ないこともサービス事業所のエネルギー効率性の高さに一定の寄与をしている。

5　結論

経済成長と環境の両立が重要な政策課題となっていることを踏まえ、本章は、サービス産業のエネルギー効率性について、都市密度の経済性に着目しつつ、最近利用可能になった「エネルギー消費統計」の事業所レベルのミクロデータを用いて分析した。

製造業では様々な省エネ努力を通じてエネルギー原単位の改善が進んでいるが、サービス産業を中心とした「業務部門」は、「家庭部門」とともにエネルギー消費量の増加が続いている。すなわち、オフィスのIT化や床面積の増加等により、業務部門のエネルギー起源CO_2排出量は1990年以降約40％増加し、エネルギー最終消費に占めるシェアは20％近くに達している。米国ではいくつかの研究が、人口が稠密な都市ほど自動車や家庭からのCO_2排出量が小さいことを示しているが、サービス事業所を対象とした先行研究はほとんど見当たらない。しかし、東京電力福島第一原子力発電所事故を受けて、原子力発電が従来の想定通りの役割を担うことは難しくなっており、短期的にも中長期的にもサービス事業所の省エネルギーへの要請は一段と高くなっている。

分析結果によれば、人口密度が高い地域（市区町村）ほどサービス産業のエネ

ルギー消費効率が高いという有意な関係が確認された。人口密度の指標として昼間人口密度や従業者密度を用いても結果はほとんど変わらない。量的には、産業構成の違いをコントロールした上で、市区町村人口密度が2倍だとエネルギー原単位が12％程度低い（エネルギー消費効率が高い）という関係であるが、かなりの部分は床面積（土地）当たり生産性の違いで説明される。また、労働生産性や気候条件も一定の寄与をしている。すなわち、大都市でサービス事業所のエネルギー効率が高いのは、主として、地価・賃料が相対的に高いため土地（床面積）を非集約的に使用する傾向があることなど要素生産性が高いことによると解釈できる。

　以上の分析結果は、サービス経済化が進む中、都市の集積を阻害するような制約の緩和、都市中心部のインフラ整備が、環境と成長の両立に寄与する可能性、また、コンパクト・シティやスマートコミュニティの普及がエネルギー消費及びCO_2排出抑制のために有効な政策である可能性を示唆している[14]。逆に、人口や事業所の地理的な分布を所与とした場合には、日本全体のエネルギー効率改善のためには大都市よりも人口密度が低い地域に立地しているサービス事業所のエネルギー効率性を向上させることが重要であること、CO_2排出量抑制という意味ではそうした地域において太陽光・風力をはじめとするクリーン・エネルギー供給の拡大が有用なことを示唆している。もちろん、個々の企業・事業所は、エネルギー、土地、賃金等の要素相対価格や収益性を前提に立地選択を行っているのであって、人口密度の低い地域の事業所のエネルギー効率が低いことが直ちに社会的に望ましくないといった規範的な評価を意味するわけではない。

　なお、本章の分析はクロスセクション・データでの分析であり、事業所立地の内生性——同じ業種内でもエネルギーを集約的に使用するタイプの事業所ほど人口の希薄な地域に立地する可能性——はコントロールされていないことを留保しておきたい。また、本章におけるエネルギー消費は最終需要家段階での事業所レベルでのエネルギー消費であり、発送電に係るエネルギー損失等を考慮した一次エネルギー消費量とは異なる。日本経済全体としてのエネルギー効率の観点からは、例えば、事業所における電力消費ウエイトが高い場合、一次エネルギー消費

---

14) ただし、大都市における土地利用規制や容積率の緩和は、経済活動の集積を通じてエネルギー効率を高める効果を持つ一方、売上高当たり床面積の拡大をもたらす可能性もあるため、ネットでの効果は両者の大小関係に依存する。

量は最終エネルギー消費量に比べて大きくなる可能性があることに注意する必要がある。最後に、本章の分析は事業所の総エネルギー消費量を用いており、電力、石油、ガスといったエネルギー源毎の分析ではない。したがって、例えば人口密度が希薄な地域のサービス事業所において、太陽光・風力といったクリーン・エネルギーの利用度を高めることができれば、最終エネルギー消費で見たエネルギー原単位に比べて CO_2 排出量を抑制する余地があることを否定するものではない[15]。

環境・エネルギーの経済分析にとって「エネルギー消費統計」は極めて有用なデータである。本章はこれを利用した分析の第一歩に過ぎず、今後、同統計自体の精度向上とともに、これを利用した研究の発展が期待される。

---

[15] 太陽光発電、風力発電といったクリーン・エネルギーに係る技術進歩は、CO_2 排出という点では人口密度の低い地域の劣位性を改善する効果を持つ可能性がある。

第5章

都市密度・人的資本と生産性*

1 序論

　本章では、賃金のミクロデータを使用して、経済集積・人的資本・賃金の間の関係を実証的に分析する。また、賃金の都市密度に対する弾性値を産業間比較する。第3章で行った生産性分析を、労働者の賃金という側面からアプローチするという性格のものである。

　少子高齢化が急速に進行し人口減少局面に入った日本において経済成長を持続するため、生産性向上が重要な政策課題となっている。経済全体に占めるシェアが大きいサービス産業の生産性上昇への期待が高いが、サービス産業の中には都市型産業という性格が強い業種が多いこともあり、効果的な政策を検討する上でサービス産業を対象とした集積と生産性に関する実証分析が必要になっている。内外の先行研究において都市の経済集積と生産性の正の関係は定型化された事実であるが、サービス産業を含めて産業間の違いを分析した例は少ない。こうした中、第3章では、日本の事業所データを用いた分析によりサービス産業の生産性が地域の経済活動密度と強い関係を持っていることを示した。その結果によれば、対個人サービス業や小売業事業所の全要素生産性（TFP）の人口密度に対する弾性値は製造業の事業所に比べて顕著に高い。しかし、同章の分析は、サービス業、小売業、製造業とで異なる基礎データを用いていることもあり、産業間比較としては十分なものではない。また、サービス業の中では対個人サービス業10業種のみが分析対象だった。そこで、本章では製造業及びサービス産業を網羅的にカバーする「賃金構造基本調査」（厚生労働省）の労働者レベルのミクロデータ

＊本章は Morikawa（2011b）をもとに加筆修正を行ったものである。本章の分析は、統計の目的外利用の承認を得て「賃金構造基本調査」の個票データを使用している。厚生労働省の関係者に謝意を表したい。

を使用し、賃金の人口密度に対する弾性値を推計するとともに、産業による違いを比較する。

　経済成長や生産性上昇にとって人的資本とその質の向上が大きな貢献をすることは多くの研究が示すところである[1]。人的資本投資としてはフォーマルな学校教育だけでなく、職業訓練、就労経験や特定企業での勤続を通じたスキルの蓄積（OJT: on the job training）が含まれる。こうした人的資本の生産性への貢献も集積の経済性と関連を持っている。すなわち、近年の海外での実証研究は、都市規模と労働者のスキル水準の間に正の関係があること、また、スキルの高い大都市ほど集積の経済効果が大きいことを明らかにしてきている。その背後にあるメカニズムとして、一定の地理的範囲内での人的資本のスピルオーバー効果、大都市における学習効果の強さ、労働市場におけるマッチングの改善や分業の利益が指摘されている。人口稠密な都市ほど人的資本の生産性への貢献がより大きいとすれば、人口が減少する日本経済にとって人々の地域間移動等を通じた人口の地理的分布の変化が経済全体に大きな影響を持ちうる。しかし、日本の地域間人口移動率は1970年をピークに低下の一途を辿っており、2008年には都道府県間人口移動率は2％を下回り、2012年には1.8％となっている（総務省「住民基本台帳人口移動報告」）[2]。一方、経済活動における知識の役割が高まる中、都市の人的資本を充実させ、その生産性を高めていくことはこれまで以上に重要になっている。例えば、Fujita（2007）は、ブレイン・パワー社会において、新しいアイデア創造のプロセスでの知識の異質性（多様性）の重要性が高いほど、最適都市規模は大きくなると論じている。こうした状況を踏まえ、本章の後半では、賃金に対する人的資本と人口密度の相互作用について計測を行う。

　次節で述べる通り、賃金に対する集積の経済効果の実証研究においては、人口移動を通じた労働者の数（人口密度）の内生性や能力の高い労働者ほど大都市で

---

1) 人的資本と経済成長や生産性の関係については夥しい数の研究が存在する。教育と経済成長の関係についてのサーベイとしてBlundell et al.（1999）、Topel（1999）、Krueger and Lindahl（2001）、Hanushek and Woessmann（2008）を挙げておきたい。
2) Sánchez and Andrews（2011）は欧州を中心とした25か国の人口移動率（2年間の移動率）を比較し、スウェーデン、ノルウエーといった北欧諸国や米国が20％を超える人口移動率なのに対して、東欧・南欧諸国は10％未満の低い数字であることを示し、年齢構造、不動産の取引費用、家賃規制・借家人保護規制等が関係していると指摘している。これら諸国と比べて日本の人口移動率は顕著に低い。

の就労を選択するという労働者の質の内生性の問題が存在し、近年の海外の研究はパネルデータを活用してそれら内生性バイアスを除去することに大きな努力を払ってきた。残念ながら日本では個々の労働者を追跡調査したパネルデータは乏しく、本章の分析も本質的にはクロスセクション分析である。この点は分析上の限界として留保しておく必要があるが、本章では入社以来同一企業に継続して就労している「標準労働者」にサンプルを限定した推計を行うなどにより、このバイアスをできるだけ緩和することを試みる。また、次節で述べる通りこうした内生性バイアスの問題を扱った海外の研究成果によれば、総じて賃金に対する集積の経済効果の推計値に対する内生性のバイアスは無視できないものの、バイアスを補正してもなお量的に小さくない集積効果が存在するとされていることを指摘しておきたい。

本章の分析結果の要点を予め整理しておくと以下の通りである。
① 賃金の市区町村人口密度に対する弾性値は、個人特性等をコントロールした上で0.05程度であり、無視できない大きさの集積の経済性が確認される。
② 産業別に見ると、集積の経済性による賃金への効果は、卸売業、小売業等で大きい。
③ 高学歴労働者ほど賃金の人口密度弾性値が高いという関係は観察されない。
④ 賃金の人口密度弾性値は勤続年数とともに高くなる傾向があり、勤続20年強でピークとなる。同一企業内での勤続経験の蓄積がOJT等を通じて人的資本の質を高める学習効果が人口集積地で相対的に大きいと解釈できる。
⑤ 潜在経験年数と人口密度の相互作用を見ると、集積の経済効果は潜在経験年数30年前後がピークとなる。この効果は就職以来長期勤続を続ける「標準労働者」よりも転職経験者を多数含む「非標準労働者」の方が大きく、人口集積地においては学習効果だけでなく転職を通じたマッチング改善効果が存在することを示唆している。

本章の構成は次の通りである。第2節では、集積と生産性・賃金の関係についての先行研究を、特に教育・経験といった人的資本と集積（都市）規模の関係を分析したものに焦点を当てて概観する。第3節では本章で使用するデータ、変数及び分析方法について解説する。第4節は推計結果であり、前半で集積の経済性を全産業及び産業別に推計した結果を報告し、後半で教育・勤続・経験年数とい

った観測可能な人的資本に係る変数と人口密度の相互作用（交差項）を考慮した推計結果を示す。最後に第5節では結論を整理した上で政策的含意を考察する。

2　先行研究

　一定の地理的範囲における経済活動の集積度が高いほど生産性が高いという関係が存在することは内外の多くの研究で確認されており、「定型化された事実」と言える。背後にあるメカニズムとしては、知識・人的資本のスピルオーバー、労働市場のプーリング、インプットの共有といったことがマーシャル以来指摘されてきている[3]。代表的なサーベイ論文である Rosenthal and Strange（2004）は過去の実証研究を総括し、都市規模が2倍になると生産性は3％～8％高くなると結論している。また、Melo et al.（2009）は、過去の主な実証分析結果を対象としたメタ分析を行い、生産性の集積に対する弾性値は平均で0.031、中央値で0.034と報告している。メタ分析の対象である34の研究のうち4本の論文が日本を対象としたもので、それらの弾性値の平均値は0.048、中央値は0.040となっている。Morikawa（2011a）の推計によれば、日本における TFP の人口密度に対する弾性値は製造業では約0.03だが、小売業では約0.06、対個人サービス業では0.1を上回っており、産業によって集積の経済性には大きな違いがある。

　分析のアプローチとしては、①生産関数の推計等により生産性（TFP、労働生産性）に対する集積の効果を分析するもの、②賃金関数の推計等により要素価格への集積の効果を分析するものに大別される。本章の分析は都市賃金プレミアムを推計する後者のアプローチに属するものである[4]。

　集積の経済性に関する賃金関数アプローチでは推計上の課題として、①人口集積（労働量）の内生性、②労働力の質の内生性（ソーティング／セレクション）

3）集積の経済性に関するサーベイ論文として、Rosenthal and Strange（2004）、Combes, Mayer, and Thisse（2008）、Glaeser and Gottlieb（2009）、Strange（2009）、Puga（2010）を挙げておく。
4）賃金データを用いた集積の経済性に関する日本の先行研究は多くないが、Dekle and Eaton（1999）は、日本の都道府県レベルの賃金データを使用して、製造業及び金融サービスにおける集積の経済性を推計し、二つのセクターとも集積の経済性が存在するが量的には小さいという結果を示している。ただし、都道府県集計データを用いたものであり、対象期間も1976～88年と20年以上前のものである。

が存在し、以下で例示する近年の実証研究においてはこの問題の克服に多くの努力が払われてきた。特に、観測されない労働者の質の違いについてはいくつかの研究がパネルデータを使用して労働者固定効果をコントロールした賃金関数の推計を行っている。代表的な先行研究である Glaeser and Maré（2001）は、都市賃金プレミアムをもたらす要因を、米国における移動者のデータを用いて分析し、観測可能な労働者特性（教育、経験等）をコントロールすると都市賃金プレミアムは約2/3になり、さらにパネルデータで労働者固定効果を入れると約1/3に低下するという結果を示している。Yankow（2006）も米国のパネルデータを用いた分析により、大都市賃金プレミアム約20％のうち2/3は労働者固定効果、すなわち大都市が計測されないスキル・能力を持つ労働者を誘引していることによること、残る約1/3の賃金格差は、①都市に立地する企業の生産性の優位性という「水準要因」、②都市における転職に伴うスキルの蓄積という「成長要因」を含んだものであると論じている。Combes, Duranton, and Gobillon（2008）は、フランス労働者のパネルデータを用いた分析において労働者特性や労働者固定効果を考慮した推計を行い、地域間賃金格差のうち40～50％は労働者のスキルで説明されること、また、スキルの違いによる地域間でのソーティングが存在し、スキルの高い労働者は大規模で、密度が高く、平均的なスキルの高い地域の労働市場に集積する傾向があることを示している。Mion and Naticchioni（2009）は、イタリアの企業と従業者をマッチングしたパネルデータを用いて賃金関数を推計し、賃金に対する密度の効果が個人固定効果を含めた推計では半分以下になるとの結果を示し、労働者はスキルによって地域間でソーティングされていると述べている。Krashinsky（2011）は、人口と賃金の正の関係に対する労働者の観測されない能力の違いによるセレクション効果の影響を、米国の一卵性双生児のデータ及び兄弟のサンプルを用いて検証したユニークな研究である。家族固定効果を考慮して賃金関数を推計し、家族固定効果を説明変数に含めると都市規模賃金プレミアムは有意ではなくなることを示し、人口と賃金の関係に対して（潜在）能力の違いによる居住地のセレクションの影響が大きいと論じている。Combes et al.（2010）は、フランスの賃金データを用いて労働力の量の内生性及び質の内生性をともに考慮した分析であり、操作変数によって前者を、労働者固定効果によって後者を補正した推計を行っている。賃金の雇用密度に対する弾性値は生データでは0.05だが、労働の量の内生性をコントロールすると0.04、労働の質の内生

性をコントロールすると0.033、両方をコントロールすると0.027に低下すると述べている。

これらに対して米国センサス・データを用いたFu and Ross（2010）は、観測されない労働者の質の代理変数として居住地を使用した計測により、集積効果の推計値は居住地固定効果を考慮しても頑健であり、地域による生産性格差は個人の生産性格差によるものではなく、集積の経済性によることを示唆していると述べている。また、Baum-Snow and Pavan（2012）は、米国の都市賃金プレミアムを労働者の潜在能力、企業と労働者のマッチングの質、人的資本蓄積、内生的な人口移動等の要因に分解し、仮想的なシミュレーションを行っている。その結果によれば、観測されない能力の違いによる労働者の地理的なソーティングが計測される都市賃金プレミアムに及ぼす影響は小さい。

以上を要すれば、賃金に対する集積の経済効果の推計値に対する集積（都市）規模の内生性や観測されない労働者特性の影響は無視できないものの、それらを考慮した上でも量的に小さくない効果が存在する。例えばStrange（2009）は、都市賃金プレミアムの実証研究をサーベイした上で、労働者特性の地域差や労働者の質の内生性の影響が存在するが、これを補正しても都市化と賃金の間には強い関係があると述べている。また、Combes et al.（2011）は、都市の集積と賃金の間の正の関係について、因果関係を解明するための分析方法に力点を置いて概観し、現時点で賃金の密度に対する標準的な弾性値は0.02～0.05だと総括している[5]。その上で、平均値の推計を精緻化していくだけでなく、平均値の背後にある個人や企業の違い――どのようなスキルを持つ個人、どういう種類の企業が集積の利益を享受しているのか――を解明することが今後の重要な課題だと論じている。本章は、賃金の人口密度に対する弾性値の産業による違いや個人の観測されるスキルによる違いを分析することで、集積効果の異質性についての理解を深めることを意図している。

次に、労働者の人的資本と集積の経済性の関係に焦点を当てた先行研究に触れておきたい。大都市において労働者の生産性が高い理由としては、事業所レベルの規模の経済性、生産における特化（分業）のほか、人的資本蓄積（学習）の速

5）本文で挙げたもののほか、地域における集積の経済性に着目した賃金や雇用に関する研究についての最新の優れたサーベイとしてMoretti（2011）を挙げておきたい。

さ、企業と労働者のマッチング向上といった人的資本に関連する要因が寄与している可能性が高い。

そもそも人的資本と賃金の関係は長く労働経済学の主要テーマの一つであり、夥しい数の研究が存在する。こうした中、都市の集積が賃金に及ぼす効果を、学歴・勤続年数といった労働者のスキルの違いに着目して分析したものとして、Glaeser and Maré（2001）、Wheeler（2001, 2006）、Gould（2007）、Rosenthal and Strange（2008）、Bacolod et al.（2009）、Christoffersen and Sarkissian（2009）、Chung et al.（2009）、Duranton and Jayet（2011）が挙げられる。前出の Glaeser and Maré（2001）は、米国の移動者データの分析により、都市賃金プレミアムのかなりの部分は都市での就労経験とともに蓄積され、その労働者が都市を出ても持続すると述べている。Wheeler（2001）は、米国センサス・データを用いた分析により、人口の多い大都市ほど教育水準の高い労働者の賃金上昇率が相対的に高いことを示し、大都市が企業と労働者のマッチングを向上させることを通じて生産性を高める効果を持つという理論モデルを支持する結果であると論じている。さらに、Wheeler（2006）は、米国の個人レベルのパネルデータを使用し、都市と賃金の伸びの関係を都市規模の効果に着目して分析した。人口密度及び産業の多様性が高い大都市ほど賃金上昇率が高く、また、賃金上昇率を職種内要因と職種間要因に分解すると、同じ仕事を続けたときの賃金の伸びが高いことではなく主として転職に伴う賃金の伸びが大都市で大きいことが主因となっている。この結果に基づき、都市が一般的な人的資本を高めるという見方（学習効果）は支持されず、都市がマッチングの改善を通じて労働者の生産性を高めるという見方と整合的であると解釈している。Gould（2007）は、ホワイトカラーとブルーカラーの賃金の都市規模との関係について米国の個人パネルデータを用いて分析したもので、ブルーカラーでは都市規模による賃金格差のうち大半が能力の高い労働者ほど大都市での就労を選択するというセレクション効果によるが、ホワイトカラーではセレクション効果で説明されるのは賃金格差の約1／3に過ぎず、都市での就労経験がホワイトカラー労働者の生産性を高める効果を持つと結論している。Rosenthal and Strange（2008）は、米国のセンサス・データを使用して集積が賃金に及ぼす効果を推計したものである。GMM（generalized method of moments: 一般化モーメント法）推計結果によれば、労働者の空間的な集中は賃金と正の関係を持っており、集積の賃金への効果は大卒未満の労働者に比べて大

卒労働者で大きい[6]。Bacolod et al.（2009）は、米国の職種別スキルのデータを使用して、都市集積が労働者のスキル賃金プレミアムに及ぼす効果を計測したものである。その結果によれば、集積による生産性の上昇は、知的スキルや対人スキルが高い労働者で大きく、肉体的スキルは大都市での高い賃金プレミアムをもたらしていない。その上で、集積の経済性は知的スキル及び社会的スキルに有利なバイアスを持っており、都市における知識のスピルオーバーをはじめとする集積の経済理論と整合的な結果であると論じている。Christoffersen and Sarkissian（2009）は、米国のエクイティ・ミューチュアル・ファンドのパフォーマンスのデータを使用して都市規模と生産性の関係を分析したユニークな研究である。ニューヨークをはじめとする金融センターにおいてファンド・マネージャーの経験とパフォーマンス（収益率）の間に正の関係があり、都市における知識のスピルオーバー及び学習効果を示す結果だと述べている。Chung et al.（2009）は、米国のクロスセクション・データを用いて大都市圏と非都市圏の大卒労働者の賃金プレミアムを計測・比較したものである。その結果によると、1980年代の大卒労働者と非大卒労働者の賃金格差拡大は大都市だけで生じた現象であり、非都市圏では大卒賃金プレミアムはほとんど変化していない。スキル労働者が大都市で知識の獲得やコミュニケーション・コスト低下の利益を享受したことを一つの理由として挙げている。Duranton and Jayet（2011）は、フランス都市別・産業別・職種別のセンサス・データを使用して、希少な職種のスペシャリストが大都市ほど比例的以上に存在すること、また、それら職種の賃金プレミアムは都市規模が大きいほど高いという関係があるとの分析結果を示している。量的には、都市規模の10％拡大は分業の増加を通じて賃金を0.04％高めるという関係があり、集積の経済性のうち約13％は都市規模拡大に伴う分業の効果によると結論している。

　以上の通り、米国を中心とした海外の実証研究の多くは、教育水準、就労経験等が賃金に及ぼす効果が大都市で大きく、人口集積が人的資本蓄積の速さ、企業と労働者のマッチングの改善、専門化した分業の実現等を通じて生産性を向上さ

6）これらとは異なり、Di Addario and Patacchini（2008）は、イタリアのデータを使用した分析により、都市規模が大きいほど教育や就労経験が賃金を高める効果が大きくなるという関係はないという結果を報告している。また、Black et al.（2009）は米国のデータを用いた分析で、大学教育の収益率はサンフランシスコ、シアトルといったアメニティの高い都市において低いという結果を示している。

せる効果を持つことを示している。また、いくつかの研究は、高度なスキルを要するサービス職種の労働者において都市集積の効果が大きいことを示している。

これら海外の研究を踏まえつつ、本章では、日本における集積の経済効果のメカニズムについての理解を深める一助とするため、教育水準、長期勤続、就労経験といったスキルに対する賃金プレミアムに対して集積（人口密度）がどういう関係を持っているかを、産業による違いも考慮しつつ実証的に分析する。

3　データ及び分析方法

本章の分析に使用するデータは、「賃金構造基本調査」（厚生労働省）の個人レベルのミクロデータである。市区町村別の人口データとリンクさせて使用するため、国勢調査年に当たる1990年、1995年、2000年、2005年及び分析の時点で利用可能な最新の調査である2009年のデータをプールして使用する。

同調査は日本の賃金関数の推計で頻繁に使用されている統計であり、日本全国・全産業をカバーし、都道府県・産業・事業所規模別に抽出した約8万の事業所を対象とした基幹統計調査である。名称や調査内容は変遷しているが、1948年以来60年以上にわたって毎年実施されている。非正規労働者の増加を背景に、2005年調査から「雇用形態」として「正社員／正社員以外」、「雇用期間の定めの有無」などが調査事項として追加されるなど比較的大きな変化があった。最近の調査事項は、事業所の属性、労働者の性、雇用形態、就業形態、学歴、年齢、勤続年数、労働者の種類、役職、職種、経験年数、実労働日数、所定内実労働時間数、超過実労働時間数、きまって支給する現金給与額、超過労働給与額、一年間の賞与である。その年の6月の賃金及び前年の賞与額を調査している。

サンプル従業者数は年によって異なるが総数で約120万人、そのうち常用・フルタイム労働者約100万人である。パートタイム（短時間）労働者については学歴情報が得られないため、本章の分析は常用・フルタイム労働者を対象として行う。なお、「賃金構造基本調査」には「標準労働者」という概念が存在する。これは、「学校卒業後直ちに企業に就職し、同一企業に継続勤務しているとみなされる労働者」であり、年齢から勤続年数を引いた数字が中卒で15、高卒で18、高専・短大卒で20、大卒では22又は23の労働者と定義されている。本章では標準労働者にサンプルを限定した推計も行う。「標準労働者」のサンプル数は30万人前

第Ⅱ部　生産と消費の同時性

表5-1　サンプル労働者数

	(1)常用労働者計	(2)うちフルタイム労働者	(3)うち標準労働者
1990	1,258,097	1,154,121	303,573
1995	1,382,724	1,239,455	397,673
2000	1,258,627	1,103,741	344,155
2005	1,187,773	946,249	253,918
2009	1,193,660	901,401	239,120
平均	1,256,176	1,068,993	307,688

(注)「賃金構造基本調査」のミクロデータ（1990～2009年）に基づき計算。

後であり、常用フルタイム労働者全体のうち標準労働者は3割前後である（**表5-1**）。

　産業分類は1990～2009年の産業分類を統一した大分類（1ケタ分類）を使用する。この10年ほどの間、サービス業を中心に標準産業分類の大きな変更があり、2005年調査では「情報通信業」、「医療・福祉」、「教育・学習支援業」、「複合サービス事業」といった新しい大分類が設けられるとともに、「卸売業・小売業・飲食店」から「飲食店」が分離されるといった改訂があった。また、2009年調査ではそれまで「専門サービス業」に含まれていた「物品賃貸業」が「不動産業」に含められるなどの変更が行われた。このため、本章では適宜小分類に遡って組み替えを行い、各年共通の産業大分類を作成した。具体的には、「鉱業」、「建設業」、「製造業」、「電力・ガス・熱供給・水道業」、「運輸・通信業」、「卸売業」、「小売業」、「飲食店」、「金融・保険業」、「不動産業」、「（狭義）サービス業」という11の産業大分類に再編した。

　分析に使用した主な事項は、都道府県番号、市区町村番号、企業規模（「5,000人以上」～「5～9人」の8区分）、産業分類、本支店区分（単独事業所、本社・本店、支社・支店）、性別、雇用形態（常用労働者／臨時労働者）、就業形態（一般労働者／短時間労働者）、最終学歴（中卒、高卒、高専・短大卒、大卒の4区分）、年齢、勤続年数、労働時間数（所定内実労働時間数、超過実労働時間数）、賃金（決まって支給する現金給与額、超過労働給与額、所定内給与額、年間賞与その他特別給与額）である。

　本章の分析において、賃金は、「きまって支給する現金給与額」（所定内給与額＋超過労働給与額）に賞与（年間賞与その他特別給与額）を12で割った数字を加えた金額を、一ヶ月の「総実労働時間数」（所定内実労働時間数＋超過実労働時間数）で割った「時間当たり賃金（百円／時間）」を使用する（回帰分析では対

数変換して使用)。また、賃金関数の推計に頻繁に使用される「潜在経験年数」を、年齢から学歴別の卒業年齢(中卒15、高卒18、高専・短大卒20、大卒22)を差し引いて作成した。

以上のデータに市区町村別の人口・面積、物価水準のデータを都道府県番号・市区町村番号の情報を利用して接合し、最終的なデータセットとしている。人口・面積は「国勢調査」をはじめ総務省のデータを使用している[7]。分析対象期間の後半、いわゆる「平成の大合併」による市区町村の統合や新しい政令指定都市の創設が相次いだため、人口密度を計算する際の分母となる市区町村面積については総務省資料、国土地理院資料等各種情報を用いて適宜修正を行った。集積に関する分析を行う際にどのような地理的範囲を経済的な単位として用いるのが適切かについては議論の余地があるが、本章では国勢調査データ等の詳しい情報が利用可能な市区町村を単位とした。

分析方法は単純なもので、説明変数として市区町村人口密度(対数)を含む標準的な賃金関数の計測(OLS推計)である。被説明変数は上述の通り時間当たり賃金の対数($lnwage$)である。ベースラインの具体的な推計式は、賃金関数の計測で一般に使用される個人特性(性別、潜在経験年数、勤続年数、学歴)を考慮した以下のような関数である(添字 i は個人、 t は年次)。

$$lnwage_{it} = \beta_0 + \beta_1 female\ dummy_{it} + \beta_2 potexp_{it} + \beta_3 potexp_{it}^2 \\ + \beta_4 tenure_{it} + \beta_5 tenure_{it}^2 + \beta_6 education\ dummies_{it} \\ + \beta_7 lnpopdens_{it} + \gamma_{it} + \phi_{it} + \lambda_t + \varepsilon_{it} \quad (1)$$

説明変数のうち $potexp$ は潜在経験年数、$tenure$ は勤続年数、$lnpopdens$ は事業所が立地する市区町村の対数人口密度である[8]。学歴ダミーは、高専・短大卒ダミー($edudum\_c$)及び大卒ダミー($edudum\_u$)の二つを使用する。このほか、原則として8区分の企業規模ダミー(γ_{it})を加え、全産業を対象とした回帰では前述した産業大分類の産業ダミー(ϕ_{it})を使用する。また、1990〜2009年のデータをプールして推計するため、年ダミー(λ_t)を用いる。ε_{it} は誤差項であ

---

7) 1990〜2005年の市区町村人口は国勢調査データに基づくが、2009年の数字は総務省の「住民基本台帳」に基づく市区町村人口(2009年3月31日現在)を使用している。
8) 市区町村別労働者数データを利用して、単純な人口密度の代わりに労働者密度(労働者数/面積)を用いた推計も行ってみたが、定性的にも定量的にもほとんど同様の結果だったため、本章では人口密度を用いた結果のみを報告する。

第Ⅱ部　生産と消費の同時性

表5-2　要約統計量

		サンプル数	平均	標準偏差	中央値	最大値	最小値
時間当たり賃金	lnwage	5,327,827	2.969	0.556	2.944	8.679	-2.549
女性	female	5,344,960	0.305	0.460	0	1	0
短大・高専卒	edudum_c	5,344,960	0.121	0.327	0	1	0
大学・大学院卒	edudum_u	5,344,960	0.234	0.423	0	1	0
潜在経験年数	potexp	5,344,960	20.825	13.039	20	79	0
勤続年数	tenure	5,344,960	11.892	10.447	9	66	0
ln 人口密度	lnpopdens	5,147,972	7.169	1.509	7.108	9.928	0.785

（注）「賃金構造基本調査」の1990〜2009年の5年次のデータをプールした常用フルタイム労働者の数字。時間当たり賃金は百円/時間の自然対数。潜在経験年数が負値のサンプル7人を除去（以下同様）。

る。常用フルタイム労働者全体のサンプルに関する主な変数の要約統計量を**表5-2**に示しておく。

　常用フルタイム労働者のうち卒業後一貫して特定企業に勤続している「標準労働者」のみを対象とした推計を行う場合には、潜在経験年数と勤続年数とが一致するため、勤続年数を説明変数から除外して推計する。

　さらに、人的資本を示す変数である学歴、潜在経験年数、勤続年数と人口密度の交差項を加えた推計を行い、人的資本の賃金への効果が都市集積の規模によってどう異なるかを分析する。

4　推計結果

4.1　賃金の人口密度弾性値

　まず全産業での推計結果を報告する（**表5-3**）。産業のみコントロールし、個人特性の違いを考慮しない場合、時間当たり賃金の人口密度に対する弾性値は0.08〜0.09程度だが、性別、学歴、潜在経験年数、勤続年数をコントロールすると弾性値は0.06弱に縮小する（表5-3(1)）。見かけ上の賃金格差のうち1/3程度は観測可能な個人特性の市区町村による違いで説明される。さらに企業規模ダミーを加えた推計では弾性値は0.05弱に縮小する（表5-3(2)）。説明変数として企業規模を考慮することの影響は比較的小さいが、大企業ほど人口密度の高い地域に事業所を持つという企業の地理的なソーティングも存在することを示唆している。この結果を踏まえ、以下では原則として企業規模ダミーを説明変数に含めた推計結果を報告する。

表5-3 賃金関数の推計結果（常用フルタイム労働者計）

	(1)	(2)
女性	-0.2743***	-0.2783***
(female)	(0.0037)	(0.0358)
短大・高専卒	0.1523***	0.1536***
(edudum_c)	(0.0031)	(0.0026)
大卒	0.3055***	0.2823***
(edudum_u)	(0.0091)	(0.0083)
潜在経験年数	0.0263***	0.0291***
(potexp)	(0.0006)	(0.0007)
潜在経験年数^2	-0.0006***	-0.0006***
($potexp^2$)	(0.0000)	(0.0000)
勤続年数	0.0353***	0.0305***
(tenure)	(0.0003)	(0.0003)
勤続年数^2	-0.0002***	-0.0002***
($tenure^2$)	(0.0000)	(0.0000)
人口密度	0.0587***	0.0473***
(lnpopdens)	(0.0028)	(0.0024)
産業ダミー	yes	yes
企業規模ダミー	no	yes
年ダミー	yes	yes
サンプル数	5,131,468	5,131,468
Adj R^2	0.6175	0.6552

(注)「賃金構造基本調査」の1990〜2009年の5年次のプールデータに基づきOLS推計（以下同様）。カッコ内は市区町村レベルでクラスターした標準誤差。*は10％、**は5％、***は1％水準で有意。定数項の表示は省略している。

　第2節で述べた通り、集積賃金プレミアムの計測においては労働者のセレクションによる影響が問題となる。そこで、卒業後同一企業に勤続しているとみなされる「標準労働者」のみを対象に計測した結果を**表5-4**に示しておく。標準労働者のサンプルを用いた場合、潜在経験年数と勤続年数が一致するためこれらをともに説明変数として使用することはできない。このため、標準労働者・非標準労働者ともに勤続年数を説明変数から除いて推計している。サンプルを標準労働者に限っても就職時点でのセレクション効果は排除されないが、その後地域間で転職することを通じた影響はかなり除去される[9]。その結果を見ると、賃金の人口密度弾性値は約0.03と常用フルタイム労働者全体で計測した場合よりも小さくな

---

9) 厳密に言えば、標準労働者は学卒就職者のうち退職・転職せずに残存した労働者であり、いわば消極的なソーティングの影響は排除できない。

第Ⅱ部　生産と消費の同時性

表5-4　「標準労働者」の推計結果

	(1)標準労働者	(2)うち単独事業所
女性	−0.1396***	−0.1320***
(*female*)	(0.0023)	(0.0038)
短大・高専卒	0.1093***	0.1201***
(*edudum_c*)	(0.0026)	(0.0034)
大卒	0.2426***	0.2412***
(*edudum_u*)	(0.0069)	(0.0066)
潜在経験年数	0.0636***	0.0585***
(*potexp*)	(0.0006)	(0.0005)
潜在経験年数^2	−0.0009***	−0.0009***
(*potexp^2*)	(0.0000)	(0.0000)
人口密度	0.0319***	0.0416***
(*lnpopdens*)	(0.0019)	(0.0023)
産業ダミー	yes	yes
企業規模ダミー	yes	yes
年ダミー	yes	yes
サンプル数	1,482,772	196,533
Adj R^2	0.7706	0.7068

(注)　OLS推計。カッコ内は市区町村レベルでクラスターした標準誤差。*は10%、**は5％、***は1％水準で有意。定数項の表示は省略している。

る（表5-4 (1)）。複数の事業所を各地に有している大企業の場合には長期勤続していても転勤で地理的に移動している可能性があるため、単独事業所（一企業一事業所のサンプル）の標準労働者に限った推計も行ったところ、賃金の人口密度弾性値は約0.04となった（表5-4 (2)）。

表5-5は、産業別に賃金関数を推計した結果である。第3節で述べた通り1990～2009年共通の11産業に分類しているが、サンプル数の少ない鉱業を除く10産業別に計測した。煩瑣になるのを避けるため、1990～2009年のデータをプールした産業別の推計結果のうち各産業における賃金の人口密度弾性値のみを表5-5に示す。産業によって個人特性及び企業規模コントロール後の賃金の人口密度弾性値にはかなりの差があり、卸売業、小売業、不動産業といった産業が高い弾性値を示し、特に卸売業は約0.07という比較的大きな弾性値となっている（表5-5(1)）。製造業、運輸・通信業、金融・保険業は全産業平均程度、電力・ガス・熱供給・水道業は顕著に低い数字となっている。サンプルを標準労働者に限定した推計結果（表5-5(2)）では、全産業での推計結果と同様に人口密度の係数は小さくなる傾向があるが、卸売業、小売業に次いで（狭義）サービス業が高い数字である。

表5-5　産業別の賃金関数推計結果（人口密度の係数）

産業	人口密度の係数	
	(1)常用フルタイム計	(2)標準労働者
建設	0.050***	0.035***
製造	0.051***	0.029***
電力・ガス・水道	0.009***	0.004***
運輸・通信	0.045***	0.034***
卸売	0.066***	0.053***
小売	0.061***	0.047***
飲食店	0.046***	0.030***
金融・保険	0.045***	0.024***
不動産	0.062***	0.043***
サービス業(狭義)	0.047***	0.045***
全産業	0.047***	0.032***

（注）全産業の数字は産業ダミーを含む推計（OLS）。性別、教育、勤続及びその二乗項、潜在経験年数及びその二乗項、企業規模をコントロール。*は10％、**は5％、***は1％水準で有意（市区町村レベルでクラスター）。

卸売業や小売業の高い密度弾性値は、これら産業の事業所では顧客（企業、個人）との近接性、需要密度の高さが生産性に対して大きく影響することが理由として考えられる。電力・ガス・熱供給・水道業の著しく低い弾性値は、例えば発電所の多くが人口密度の低い地域に立地している一方で、賃金は企業レベルで決定されているためと考えられる。第3章で対個人サービス業や小売業において密度の経済性が製造業よりも大きいという結果を報告したが、小売業等で製造業に比べて賃金の人口密度弾性値が高いという本章の結果はこれと整合的である。

4.2　人的資本と集積の経済性

次に人的資本と密度の経済性の相互作用について分析を行う。具体的には、学歴と人口密度、勤続年数と人口密度、潜在経験年数と人口密度の交差項を加えた賃金関数の推計を行う。

常用フルタイム労働者を対象に、大卒×人口密度、短大・高専卒×人口密度を含む回帰結果を示したのが**表5-6**(1)である。これら交差項の係数は負値であり、大卒については統計的に有意ではない。人的資本の質が高い労働者ほど集積の利益を享受する傾向があるというWheeler（2001）、Rosenthal and Strange（2008）、Chung et al.（2009）等が米国で見出した都市集積と教育水準の補完的な効果は日本のデータでは確認されなかった。

第Ⅱ部　生産と消費の同時性

表5-6　人的資本と人口密度の交差項を含む推計結果

	(1)	(2)	(3)
女性	-0.2782***	-0.2777***	-0.2752***
(female)	(0.0035)	(0.0036)	(0.0038)
短大・高専卒	0.1987***	0.1540***	0.1552***
(edudum_c)	(0.0109)	(0.0026)	(0.0026)
大卒	0.2846***	0.2821***	0.2848***
(edudum_u)	(0.0209)	(0.0083)	(0.0083)
潜在経験年数	0.0291***	0.0288***	0.0056***
(potexp)	(0.0007)	(0.0007)	(0.0013)
潜在経験年数^2	-0.0006***	-0.0006***	-0.0002***
(potexp^2)	(0.0000)	(0.0000)	(0.0000)
勤続年数	0.0305***	0.0175***	0.0304***
(tenure)	(0.0003)	(0.0009)	(0.0003)
勤続年数^2	-0.0002***	0.0001***	-0.0002***
(tenure^2)	(0.0000)	(0.0000)	(0.0000)
人口密度	0.0481***	0.0360***	0.0097***
(lnpopdens)	(0.0020)	(0.0027)	(0.0016)
短大・高専卒＊人口密度	-0.0061***		
(edudum_c＊lnpopdens)	(0.0016)		
大卒＊人口密度	-0.0004		
(edudum_u＊lnpopdens)	(0.0034)		
勤続＊人口密度		0.0018***	
(tenure＊lnpopdens)		(0.0001)	
勤続^2＊人口密度		-0.00004***	
(tenure^2＊lnpopdens)		(0.0000)	
潜在経験＊人口密度			0.0033***
(potexp＊lnpopdens)			(0.0002)
潜在経験^2＊人口密度			-0.0001***
(potexp^2＊lnpopdens)			(0.0000)
産業ダミー	yes	yes	yes
企業規模ダミー	yes	yes	yes
年ダミー	yes	yes	yes
サンプル数	5,131,468	5,131,468	5,131,468
Adj R^2	0.6552	0.6555	0.6569

(注)　OLS推計。カッコ内は市区町村レベルでクラスターした標準誤差。* は10％、** は5％、*** は1％水準で有意。定数項の表示は省略している。

　次に、勤続年数及びその二乗項と人口密度との交差項を加えて賃金関数を推計した。これまでの推計と同様、観測可能な個人特性は全てコントロールしている。勤続年数と人口密度の交差項は正値、勤続年数の二乗と人口密度の交差項は負値でいずれも統計的に高い有意水準である（表5-6(2)）。推計結果によれば、勤続年数の伸びとともに賃金の人口密度弾性値は高くなり、勤続22年目をピークにそ

第5章　都市密度・人的資本と生産性

の後逓減するという形状を示す。例えば勤続3年目では弾性値は約0.04だが、勤続22年になると0.06近い弾性値となる。この結果は、勤続に伴う人的資本の蓄積、したがって労働者の生産性向上のスピードが集積度の高い都市に立地する事業所の労働者ほど速いことを意味しており、集積に起因する学習効果の存在を示唆している。

　勤続年数の代わりに潜在経験年数及びその二乗項と人口密度の交差項を用いて推計した結果が表5-6(3)である。やはり統計的に高い有意水準で潜在経験年数と人口密度の交差項は正値、勤続年数の二乗と人口密度の交差項は負値となった。勤続年数の場合とは異なり、人口密度弾性値のピークは潜在経験32年目（大卒だと50歳台前半）といくぶん遅い時期になる。推計結果に基づいて、潜在経験に伴う賃金カーブの形状が都市の人口密度によってどう異なるかを見るため、（対数）人口密度が平均値の±1標準偏差異なる場合について潜在経験年数と賃金の関係を描いたのが**図5-1**である[10]。縦軸との切片は、潜在経年年数がゼロの場合に人口密度が±1標準偏差異なるときの賃金への効果を示しており、新卒時点での観測されないスキルの違いに基づく都市へのソーティング効果を示しているとも解釈できる。人口密度が稠密な市区町村ほど経験・賃金曲線が急な傾きを持ち、その量的なマグニチュードがかなり大きいことを確認できる。以上は、経験年数と大都市の交差効果が正であることを示した米国におけるGlaeser and Maré (2001) と整合的な結果である[11]。

　これらは常用フルタイム労働者全体を対象とした結果だが、次にサンプルをこのうち標準労働者と非標準労働者とに分けて推計する[12]。推計結果は**表5-7**であり、標準労働者に比べて非標準労働者の方が潜在経験年数と人口密度の交差項の係数が大きい点が注目される。**図5-2**は、推計結果に基づいて標準労働者、非標準労働者の潜在経験年数と賃金の人口密度弾性値の関係を比較したものである。サンプルを標準労働者に限ると、人口密度弾性値のピークは潜在経験年数29年目

---

10) 対数人口密度が平均値プラス1標準偏差だと5,871人/km^2、マイナス1標準偏差だと287人/km^{2}である。
11) 結果は表示していないが、産業別に推計を行うと、電力・ガス・水道・熱供給業を例外としていずれの業種も基本的なパタンは同様である。
12) 既述の通り標準労働者の場合には潜在経験年数と勤続年数が一致するため、説明変数から勤続年数を除いて推計している。

第Ⅱ部　生産と消費の同時性

図5-1　人口密度と潜在経験─賃金曲線

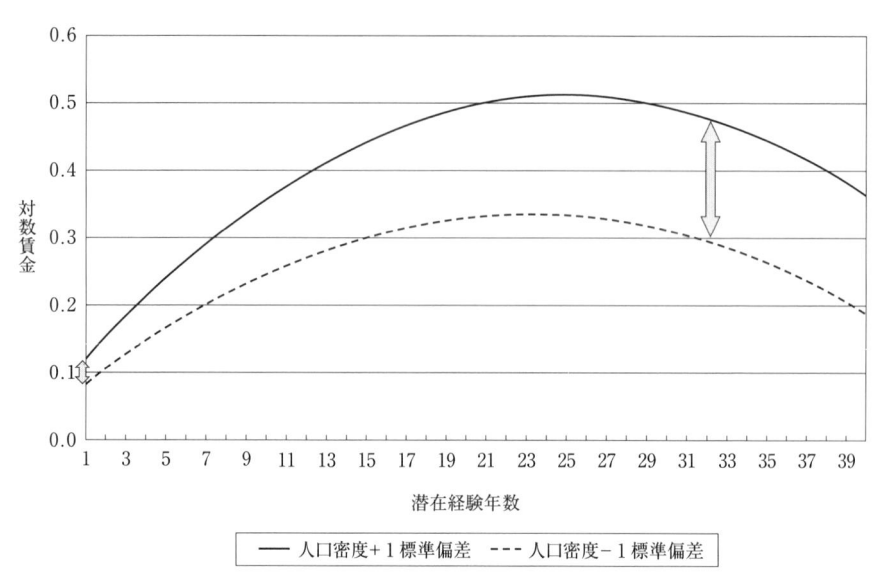

人口密度＋1標準偏差　---　人口密度－1標準偏差

（注）表5-6(3)の結果に基づいて作図。2本の曲線は、市区町村人口密度が平均値から±1標準偏差の場合の賃金水準（対数）。

図5-2　潜在経験年数と賃金の人口密度弾性値（標準労働者・非標準労働者の比較）

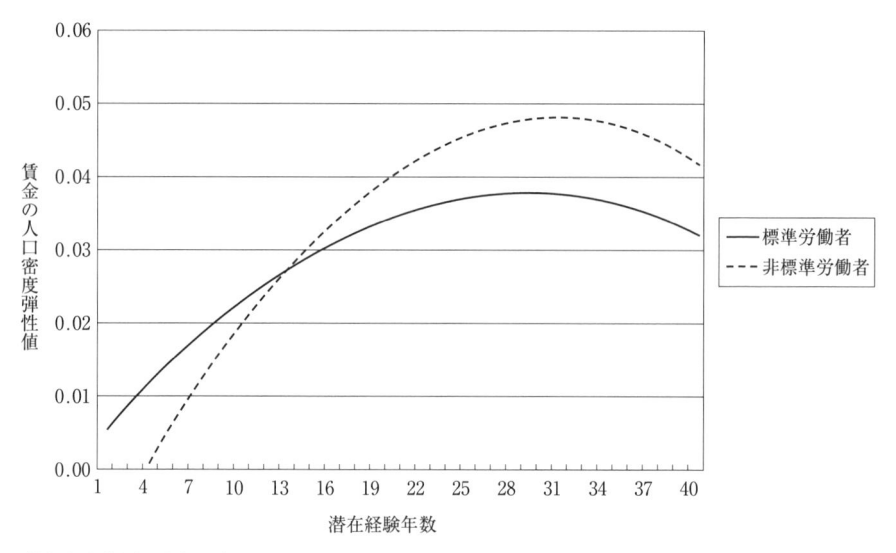

標準労働者　---　非標準労働者

（注）標準労働者と非標準労働者別の推計結果（表5-7）に基づいて潜在経験年数と賃金の密度弾性値の関係を作図。

118

第5章 都市密度・人的資本と生産性

表5-7 標準労働者と非標準労働者の賃金関数（潜在経験年数と密度の交差項を含む推計）

	(1)標準労働者	(2)非標準労働者
女性	-0.1382***	-0.3759***
(female)	(0.0024)	(0.0041)
短大・高専卒	0.1104***	0.2050***
(edudum_c)	(0.0026)	(0.0030)
大卒	0.2431***	0.3146***
(edudum_u)	(0.0069)	(0.0095)
潜在経験年数	0.0456***	0.0204***
(potexp)	(0.0018)	(0.0018)
潜在経験年数^2	-0.0006***	-0.0003***
(potexp^2)	(0.0000)	(0.0000)
人口密度	0.0116***	0.0028
(lnpopdens)	(0.0013)	(0.0023)
潜在経験＊人口密度	0.0024***	0.0041***
(potexp＊lnpopdens)	(0.0003)	(0.0003)
潜在経験^2＊人口密度	-0.00004***	-0.0001***
(potexp^2＊lnpopdens)	(0.0000)	(0.0000)
産業ダミー	yes	yes
企業規模ダミー	yes	yes
年ダミー	yes	yes
サンプル数	1,482,772	3,648,696
Adj R^2	0.7715	0.5016

（注）OLS推計。カッコ内は市区町村レベルでクラスターした標準誤差。* は10％、** は5％、*** は1％水準で有意。定数項の表示は省略している。

の0.038となり、その後は逓減していく。これに対して、転職経験がある労働者を多く含む非標準労働者にあっては、弾性値のピークは30年目の0.048とわずかに遅く、大き目の数字となる。また、両者のグラフを比較すると全体として曲線の傾きは非標準労働者の方が急であり、潜在経験5年前後から非標準労働者の方が賃金の人口密度弾性値が高くなっている。この結果は、就労経験の蓄積による生産性上昇への人口集積の効果が、時間の経過とともに転職者において強く作用するようになること、すなわち、一定の年数を経過すると大都市において転職によるマッチング改善の効果が同一企業の長期勤続者よりも強くなっていくことを示唆している。米国において転職による賃金上昇が大都市で大きいことを示したWheeler（2006）と整合的な結果である。標準労働者の曲線は同一企業内での勤続を通じた学習効果の地域の密度による差を示していると解釈できるのに対して、標準労働者と非標準労働者の差は転職を通じた労働市場のマッチング改善の効果を示していると考えられる。例えば、潜在経験30年で標準労働者と非標準労働者

の弾性値の差は約0.01となり、これが大都市における転職を通じたマッチング改善の生産性効果を、標準労働者における卒業時点と潜在経験年数経過後の弾性値の差0.03程度を学習効果と近似的に解釈できる。米国の先行研究の結果と比較すると、学習効果が相対的に大きく、マッチングの効果が相対的に小さい。おそらく内部労働市場の重要性が高く外部労働市場の機能が米国に比べて弱いという日本の労働市場の特性を反映した結果である[13]。ただし、転職には地域内での転職と地域間移動を伴う転職とがあるため、転職による効果の一部は都市集積内でのマッチング効果ではなく地域間での移動に伴うソーティング効果——スキルの高い労働者ほど大都市に転職する傾向があることを反映——と理解する必要がある。

5 結論

本章では、①賃金における集積の経済性の産業による違い、②集積の経済性と人的資本の相互作用が賃金に及ぼす効果を、日本のデータで定量的に分析した。具体的には、「賃金構造基本調査」の1990～2009年のミクロデータを使用して標準的な賃金関数を推計し、①賃金の人口密度に対する弾性値を産業別に推計するとともに、②賃金に対する人的資本と人口密度の交差効果の計測を行った。

分析結果を改めて整理すると以下の通りである。第一に、全産業で見ると、賃金の人口密度弾性値は、観測可能な個人特性、産業、企業規模をコントロールした上で0.05程度である。第二に、産業別に見ると、集積の経済性による賃金への効果は、卸売業、小売業で相対的に大きい。これら産業の事業所は顧客との近接性が高いこと、需要密度が高いことが生産性に影響する度合いが大きいことを示唆している。第三に、学歴が高いほど賃金の人口密度に対する弾性値が高いという関係は観察されない。この結果は米国の先行研究とは異なる。第四に、勤続年数と人口密度の相互作用については、賃金の人口密度に対する弾性値が勤続20年過ぎまで上昇していく傾向が見られる。すなわち、企業内での勤続経験の蓄積が人的資本の質を高める効果（学習効果）が、都市集積下の事業所で相対的に大き

---

13) 結果は表示していないが、サンプルを企業内の「転勤」による地理的移動が少ないと考えられる一企業一事業所の標準労働者に絞った推計を行った場合も、標準労働者全体のサンプルを用いた場合とほぼ同様の結果である。

いことを示唆している。第五に、潜在経験年数と人口密度の相互作用を見ると、集積の経済効果は潜在経験年数とともに増大し、30年過ぎがピークとなる。標準労働者と非標準労働者を比較すると、非標準労働者で潜在経験に伴う密度弾性値の上昇が急であり、ピークにおける弾性値も大きい。厚みのある労働市場を持った都市集積において、転職を通じたマッチング改善効果が経験年数の経過に伴って強まっていくことを示唆している。

これらの分析結果は、人口集積地における就労が、学習効果の強さと労働市場でのマッチング改善の両者を通じて労働者の生産性を高める効果を持つことを示している。大都市はサービス産業のシェアが大きく、こうした都市集積と人的資本との相互作用は、日本全体としてのサービス産業の生産性にも関わる。政策的には、日本全体の人口が減少するとともにサービス経済化が進む中、人口稠密な地域への労働者の地理的移動の障害を除去・軽減することが労働者の賃金上昇とともに経済全体の生産性向上に対して大きな効果を持ちうることを示唆している。具体的な政策としては、労働市場制度の改善を通じた日本の労働市場全体のマッチング機能向上のほか、都市部における土地利用規制の緩和、人口集積地に重点を置いた社会資本整備等が考えられる[14]。

データの限界から本章の分析はクロスセクション分析であり、観測されない労働者のスキルの地域間での違い、スキルの違いに基づく地理的なソーティングの影響、人口密度自体（労働者の量）の内生性の影響は排除されない。ただし、近年の欧米におけるパネルデータを用いた研究によれば、それらのバイアスを除去してもなお賃金における集積の経済性はかなりの程度存在するとされている。すなわち、計測結果の量的なマグニチュードはある程度割り引いて評価する必要があるものの、結論が定性的に変わることは考えにくい。そもそも本章の分析は、集積の経済性の計測を精緻化することではなく、産業やスキルによる相対的な違いを明らかにすることを意図したものである。

---

14) 米国の研究では、物価水準に関わらず名目ベースで全国一律に所得課税を行っていることに起因する非効率性を除去するため、地域の生計費に連動した税控除を行うという提案（Albouy, 2009）や、地域間での移動のコストをカバーするようなバウチャー制度導入という提案（Moretti, 2012）も存在する。

第6章

サービス業における需要変動と生産性*

1 序論

　本章は、「生産と消費の同時性」という特徴を持つ対個人サービス業を対象に、時間的な需要変動と生産性の関係を、事業所レベルのミクロデータを用いて分析するものである。狭義のサービス業を対象とした企業又は事業所レベルでの全要素生産性（TFP）の計測自体が内外を問わず少ない中、事業所毎の需要変動に関する情報を含むユニークなデータを用いた生産性分析である。付加価値ベースの生産性（TFPR）だけでなく、数量ベースの生産性（TFPQ）を併用して分析を行う。

　対個人サービス業の生産性に対する空間的な需要密度の効果は第3章で分析し、事業所の立地場所における人口密度の多寡が対個人サービス業のTFPに対して大きな影響を及ぼすことを確認した。サービス業は、地理的・空間的にだけでなく時間的にも生産と消費の同時性という性格を持っている。一日の中でも需要の集中する時間帯とそうでない時間がはっきりと存在し、例えば飲食店は12時～13時頃と18時以降に需要が集中する。週の中でも、例えば、映画館、ゴルフ場、ボウリング場といった娯楽系のサービス業は、週末に需要が集中する傾向が強い。例えば、週末における個人の「趣味・娯楽」消費時間（土曜日60分、日曜日70分）、「スポーツ」消費時間（同17分、21分）は平日（「趣味・娯楽」36分、「スポーツ」12分）を大きく上回っている（「社会生活基本調査」（総務省、2011年））。年齢階層別に見ると高齢者では「趣味・娯楽」や「スポーツ」に対する時間消費の曜日による違いはほとんどないが、勤労世代では平日と週末とで時間消費パタ

---

*本章は、Morikawa（2012b）をもとに加筆修正を行ったものである。「特定サービス産業実態調査」の個票データを使用するに当たり、経済産業省の協力を得たことに感謝する。

ンに極端な違いがある。男性の出勤日と休日の「余暇・交際」時間の比率は日本0.23に対して欧米諸国は0.3〜0.4となっており、日本の勤労世代は特に余暇活動が週末に集中する傾向が強い（労働政策研究・研修機構，2008）。さらに、サービスによっては一年の中でも季節的にかなりの繁閑が存在する。

既に第3章でも論じた通り、生産と消費が同時であるということは、顧客が来店しなければ付加価値はゼロで、他方、資本・労働をはじめ生産要素の投入量は短期的な調整に限界があることから、サービス業の生産性は需要の動向によって大きく影響されることになる。この点、在庫が存在し計画的な生産量の調整が可能な製造業に比べて、サービス業では需要変動の生産性へのインパクトがより大きい可能性が高い。例えば、「鉱工業生産指数」のデータ（1978〜2012年）から製造業の生産指数と出荷指数のヴォラティリティ（原指数・前月比）を計算すると、生産の標準偏差は8.0%と出荷の標準偏差9.9%に比べて小さく、在庫が短期的な需要変動（季節変動を含む）の生産に対する影響を平準化する機能を果たしていることがわかる。しかし、サービス業では一般にこうした調整は難しい。

非製造業を含む産業集計レベルの時系列データを用いた分析では、多くの研究がサービス産業（非製造業）において計測されるTFPと景気循環の関係が強いことを示している（Basu et al., 2006; Inklaar, 2007; Kawamoto, 2005; Miyagawa et al., 2006等）。この点は、労働・資本の固定費的な性格、調整コストの大きさに関連している。雇用調整コストに関する研究は極めて多く、採用・解雇等に伴う労働調整コストが大きいことを示している（Hamermesh, 1989, 1995; Hamermesh and Pfann, 1996等）。また、本書第7章で見るように、日本では正規雇用者数の調整速度が遅い。一方、例えばBasu and Fernald（2001）やGroth（2008）は、資本の調整コストが計測される生産性に影響を及ぼすことを示しており、Groth（2008）は、英国において資本の調整コストが特にサービス産業のTFPの伸びに影響していると論じている。ただし、本章の分析は、これらの研究が扱っている景気循環ないし中期的な成長局面よりもずっと短期での調整コストに関わるものである。サービス産業の中にあっては、医療サービス（病院）における需要変動の影響は、実証研究が存在する数少ない分野である。例えば、Baker et al.（2004）は、米国における病院の日次での需要変動が病院のコストに及ぼす影響を計測し、量的には大きくないものの需要変動が大きいほどコストが

上昇する傾向があると論じている[1]。

　従来、生産性の分析では、稼働率の影響を可能な限り除去して「純粋の技術進歩率」を抽出することに努力が払われてきた。研究開発集約度の高い製造業ではそうした考慮が重要だが、サービス産業の生産性にとっては稼働率をいかに高めるかが決定的である。例えばホテルでは客率稼働率の引き上げに、タクシーでは実車率の向上に大きな経営努力が行われており、そこではITの活用が大きな役割を果たしている。この点を除去して仮に客室稼働率や実車率が100％だったならば技術進歩率はゼロであるといった計算をしてみてもあまり意味がない。サービス産業の生産性分析では、稼働率の違いとその要因や影響に焦点を当てる必要がある。

　本章では、「特定サービス産業実態調査」（経済産業省）の対象業種のうち、平日／週末別の需要動向、年間の月次別需要動向のデータが利用可能な映画館、ゴルフ場、テニス場、ボウリング場、フィットネスクラブ、ゴルフ練習場の6業種の事業所レベルの個票データを使用して週の中での需要（＝生産）変動の大きさ、一年のうちの月々の需要（＝生産）変動の大きさが事業所の生産性（TFP）に及ぼす効果を計測する[2]。　具体的には、労働、資本のほか説明変数として需要変動の指標を加えて生産関数を推計し、週レベル、年レベルでの需要変動の大きい事業所の生産性がどの程度低いかを観察する。需要変動の指標は、①週次では土曜日・日曜日の需要割合、②年次では月毎の需要の変動係数を使用する。サービス事業所のアウトプットは、第3章と同様に付加価値額のほか、物的なアウトプット数量（延べ利用者数）を用いる。したがって、計測される生産性は金額ベースのTFPR及び数量ベースのTFPQである。

　分析結果によれば、同じ業種内でも事業所によって週間及び年間の需要変動のパタンにはかなりの違いがあり、多くのサービス業種で需要変動の生産性に対する有意な負の影響が確認される。業種によっても異なるがこの効果は量的にも大きく、需要変動度が1標準偏差大きい事業所の生産性は10％〜20％程度低くなる。

---

1) 対象はサービス産業でないが、類似した性格を持つ米国生コン産業のミクロデータを使用し、Collard-Wexler（2013）は、寡占市場のモデルを推計した上で政策シミュレーションを行い、需要のヴォラティリティをスムーズにする政策は市場拡大効果を持つことを示している。
2) 本章では「需要変動」と表現するが、言うまでもなく観測されるデータは需給の結果としての消費量であり、「生産変動」でもある。

資本ストックはもとより、労働投入についても需要に合わせた迅速な調整には限界があることから、この結果は自然なものである。政策的には、例えば年次有給休暇の取得率向上等を通じた休日の分散化は、自由時間に対する弾性値の高い種類のサービス業の生産性に対してプラスの効果を持つ可能性がある[3]。

以下、第2節では分析に使用するデータ及び分析方法について解説し、第3節で分析結果を報告する。最後に第4節で結論と政策的含意を述べる。

2 データ及び分析方法

本章で使用するデータは、「特定サービス産業実態調査」（経済産業省）の対象となっている対個人サービス業種のうち、映画館、ゴルフ場、テニス場、ボウリング場、フィットネスクラブ、ゴルフ練習場の6業種の事業所レベルのデータである。「特定サービス産業実態調査」については第3章で詳述したが、物品賃貸業、情報サービス業、広告業、デザイン業、コンサルタント業の5つの対事業所サービスを対象に1973年に始まった指定統計調査（現、基幹統計調査）で、1975年から映画館、ゴルフ場という対個人サービス業が調査対象に加わり、その後、テニス場、ボウリング場、葬儀業、フィットネスクラブなど順次対象が拡大されてきた。本章で扱う6業種は、2001年（映画館、ゴルフ場ほか5業種）又は2002年（フィットネスクラブのみ）の調査において、平日（月曜日～金曜日）、土曜日、日曜日・祝祭日別の利用者数の割合（全体を100とした構成比）、一年の12か月別の利用者数（実数）が調査されている[4]。同じ業種の中でも事業所によって、利用者が著しく週末に偏っている事業所、曜日間で比較的均等に需要が分布している事業所がある。年内の月別の変動についても事業所によってかなり違いがある。サンプル数は業種によって異なるが、1,000事業所弱（映画館、ボウリング場）～3,000事業所弱（ゴルフ練習場）である。

本章では、業種毎にシンプルなコブ・ダグラス型の生産関数を推計する。具体的には、付加価値額又は物的なアウトプット量（年間延べ利用者数）を被説明変

---

[3] 経済産業省他（2002）は、有給休暇の完全取得がレジャー産業に対する需要創出効果を持ち、間接効果を含めると11.8兆円の経済活性化効果があると試算している。ただし、そこでは生産性への効果は扱っていない。
[4] この調査項目は、その後「特定サービス産業実態調査」の調査票から削除されている。

数（lnY）とする以下のような推計式である。推計方法は OLS である。

$$lnY = \beta_0 + \beta_1 lnK + \beta_2 lnL + \beta_3 本業比率 + \beta_4 複数事業所ダミー \\ + \beta_5 曜日別需要変動度 + \beta_6 月別需要変動度 + \varepsilon \tag{1}$$

　資本、労働、本業比率、複数事業所ダミーについては第3章で詳述している通り、労働投入（L）は、パート・アルバイト・臨時雇用者を含む従業者数である。本来はマンアワーを労働投入データとして用いるのが望ましいが、残念ながら各事業所の労働時間データは存在しない。資本ストック（K）は、有形固定資産額のデータが存在しないため産業によって異なり、映画館は床面積、ゴルフ場はホール数、テニス場はコート面数、ボウリング場はレーン数、フィットネスクラブは床面積、ゴルフ練習場は打席数という実物変数である。これらは各サービスにとって最も重要な資本設備を反映した変数であり、土地というサービス業において重要なインプットの数量を反映しているという利点もある。

　本業比率は、当該サービス部門売上高÷事業所全体の売上高であり、「範囲の経済性」を表す変数である。個人サービス業の中には食堂、売店などを併設している場合が多いことから、そうした多角化の効果を見るためのものである。もちろん多角化の利益がある場合にこの係数（β_3）は負値となる。ただし、資本ストックが本業に係る設備を代表する変数であって非本業に係る設備を含んでいないことから、それに伴うバイアスをコントロールする変数という意味もある。複数事業所ダミーは、「支社、支店、営業所などを持っている本社、本店」及び「支社」の場合に1、「単独事業所」の場合に0のダミーである。この変数は、事業所規模とは別に「企業規模の経済性」があるかどうかを反映するものであり、企業規模の経済性がある場合に係数（β_4）は正値となる[5]。

　本章の関心事である需要変動については、①一週間のうち土曜日・日曜日の需要（利用者）割合、②月毎の需要（利用者数）の変動係数の二つを同時に説明変数として使用する。時間的な需要の平準度が高いほど生産性に対してポジティブな効果を持つと考えられることから、係数（β_5、β_6）はいずれも負の符号が予想される。需要変動を表す①と②のいずれか一方のみを用いた推計も行ったが、

5）事業所規模の経済性の有無は、労働の係数と資本の係数の和（$\beta_1+\beta_2$：規模弾性）が1を超えるかどうかで判断できる。

表6-1　対個人サービス業の曜日による需要パタン（単位：%）

	月〜金	土曜	日・祝
映画館	8.5	24.9	32.7
ゴルフ場	9.9	22.6	28.1
テニス場	8.8	26.5	29.4
ボウリング場	9.9	23.2	27.5
フィットネスクラブ	14.5	16.2	11.5
ゴルフ練習場	9.6	24.0	27.9

（注）「特定サービス産業実態調査」（2001年又は2002年）のミクロデータより作成。月〜金は1日当たりの数字。

係数の有意性及び大きさは両者を同時に用いた場合とほとんど違いがなかったため、両者をともに使用した結果を報告する。

被説明変数のうち付加価値額は、付加価値額＝売上高−営業費用＋給与支給総額＋賃借料により計算している（単位は全て万円）。賃借料は土地・建物、機械・装置のそれぞれの数字を合計したものである。これを用いた生産性は金額ベースの生産性（TFPR）となる。一方、量的なアウトプット指標は年間延べ利用者数を使用する。この場合に計測される生産性は数量ベースの生産性（TFPQ）である。

3　推計結果

回帰結果の報告に先立ち、これら6業種の平均的な需要変動のパタンを観察しておきたい。**表6-1**は、平日、土曜日、日曜日の需要動向を示したものである。祝祭日は日曜日とあわせて調査されているためいくぶん不正確だが、平日の需要量は月曜日〜金曜日の需要を5で割った数字を用いている。フィットネスクラブを唯一の例外として、土曜日、日曜日の利用者が多いことが確認できる。これら5業種の日曜日の需要量は平日の3倍前後にのぼっている。

一方、月別の需要変動を見たのが**表6-2**であり、映画館で7〜8月の需要が大きいほかは産業全体では比較的変動が小さい。ただし、これはあくまでも産業平均の姿であり、個々の事業所によっては大きな変動がある。

業種毎の週末比率、年間需要の変動係数の平均値及び標準偏差は**表6-3**に示す通りであり、事業所によって需要（＝生産）の時間的な分布にかなりばらつきがあることが確認できる。例えば、映画館、テニス場、ゴルフ練習場は、週末需要

第6章 サービス業における需要変動と生産性

表6-2 対個人サービス業の年間需要変動（単位：%）

	1月	2月	3月	4月	5月	6月	7月	8月	9月	10月	11月	12月
映画館	7.6	5.3	8.3	7.2	6.5	6.0	12.4	17.3	9.1	8.2	4.7	7.4
ゴルフ場	4.8	4.3	7.0	9.0	10.6	9.4	9.2	8.7	9.4	10.0	9.6	8.1
テニス場	6.3	6.5	7.7	8.4	9.3	8.6	9.1	9.4	9.3	9.4	8.7	7.2
ボウリング場	10.5	8.5	10.5	7.9	8.3	7.3	7.2	9.6	7.6	7.3	7.2	8.2
フィットネスクラブ	7.6	7.7	8.0	8.3	8.6	8.7	9.2	8.6	8.9	9.0	8.0	7.4
ゴルフ練習場	6.5	6.5	8.0	9.3	9.9	9.1	8.2	8.0	9.1	9.6	8.7	7.1

(注)「特定サービス産業実態調査」のミクロデータより作成。

表6-3 需要の週末比率、月別需要の変動係数

	(1)週末比率 平均	標準偏差	(2)月別需要の変動係数 平均	標準偏差
映画館(2001)	57.53	15.49	0.501	0.266
ゴルフ場(2001)	50.72	10.48	0.367	0.270
テニス場(2001)	55.91	21.81	0.250	0.269
ボウリング場(2001)	50.72	10.99	0.212	0.114
フィットネスクラブ(2002)	27.70	12.52	0.131	0.243
ゴルフ練習場(2001)	51.92	15.43	0.220	0.233

(注)「特定サービス産業実態調査」のミクロデータより計算。

比率の事業所によるばらつきが比較的大きい。これは単純な観察事実だが案外重要な点である。生産性の景気同調性を扱った過去の研究の多くは産業集計レベルのデータを用いているが、事業所レベルで見ると必ずしも産業全体の集計値と同じ動きをしているわけではなく、狭く定義された業種内でも事業所による異質性が大きい。

業種別の生産関数の推計結果は一括して**表6-4**、**表6-5**に示す。表6-4は付加価値額を、表6-5は数量ベースのアウトプットを被説明変数に用いた推計結果である。付加価値額を被説明変数とした場合、曜日別（週内）需要変動度の係数は、映画館、ゴルフ場、テニス場、ゴルフ練習場の4業種で有意な負値となっている。また、月別需要変動度の係数は映画館を除く5業種で有意な負値となっている。係数のマグニチュードを比較するため、曜日別需要変動度、月別需要変動度の標準偏差に推計された係数を掛けて、さらにパーセント換算して整理したのが**表6-6**(1)、(3)である。表6-3で見たように1標準偏差の大きさは業種によって異なるが、週末需要比率が10％〜15％程度高い、年間（月別）需要の変動係数が0.1〜0.3程度大きいという意味である。係数が有意に推計された業種では、事業

第Ⅱ部　生産と消費の同時性

表6-4　業種別の推計結果（付加価値ベース）

	(1) 映画館	(2) ゴルフ場	(3) テニス場	(4) ボウリング場	(5) フィットネスクラブ	(6) ゴルフ練習場
資本（対数）	0.2491***	0.5554***	0.4151***	0.4891***	0.4377***	0.8529***
	(0.0352)	(0.0553)	(0.0425)	(0.0492)	(0.0258)	(0.0279)
労働（対数）	0.8368***	0.7393***	0.9526***	0.6916***	0.7373***	0.6046***
	(0.0414)	(0.0244)	(0.0301)	(0.0296)	(0.0249)	(0.0212)
本業比率	-0.9227***	-0.4137***	-1.0745***	-0.7149***	-1.0830***	-1.2869***
	(0.2749)	(0.1314)	(0.1705)	(0.1090)	(0.1057)	(0.0916)
複数事業所ダミー	0.4224***	0.0897***	0.1765***	0.0760**	0.4071***	0.0269
	(0.0663)	(0.0266)	(0.0661)	(0.0385)	(0.0441)	(0.0324)
週末需要比率	-0.0082***	-0.0094***	-0.0095***	-0.0030*	0.0019	-0.0033***
	(0.0020)	(0.0013)	(0.0015)	(0.0017)	(0.0016)	(0.0009)
年間需要変動	-0.0376	-0.9333***	-0.5588***	-1.3499***	-0.7832***	-0.8505***
	(0.1160)	(0.0507)	(0.1125)	(0.1823)	(0.0804)	(0.0597)
サンプル数	859	1,987	1,062	979	1,676	2,812
Adj R^2	0.6515	0.6213	0.6874	0.6646	0.7697	0.6918

(注)「特定サービス産業実態調査」のミクロデータに基づきOLS推計。カッコ内は標準誤差。*は10%、**は5%、***は1%水準で有意。定数項の表示は省略している。

表6-5　業種別の推計結果（数量ベース）

	(1) 映画館	(2) ゴルフ場	(3) テニス場	(4) ボウリング場	(5) フィットネスクラブ	(6) ゴルフ練習場
資本（対数）	0.3094***	0.7659***	0.4408***	0.7784***	0.6652***	1.0317***
	(0.0269)	(0.0276)	(0.0446)	(0.0428)	(0.0282)	(0.0224)
労働（対数）	0.8131***	0.2120***	0.4925***	0.4483***	0.4981***	0.3817***
	(0.0316)	(0.0129)	(0.0313)	(0.0257)	(0.0271)	(0.0170)
本業比率	0.8815***	-0.0116	0.7956***	0.5690***	1.2000***	0.4655***
	(0.2094)	(0.0645)	(0.2239)	(0.0940)	(0.1156)	(0.0734)
複数事業所ダミー	0.5236***	0.0178	0.3805***	0.1407***	0.4136***	0.0755***
	(0.0502)	(0.0127)	(0.0636)	(0.0334)	(0.0482)	(0.0261)
週末需要比率	-0.0079***	-0.0089***	-0.0100***	-0.0051***	0.0006	-0.0073***
	(0.0015)	(0.0006)	(0.0017)	(0.0015)	(0.0017)	(0.0007)
年間需要変動	0.3731***	-0.8366***	-0.8793***	-1.0001***	-0.8694***	-0.8842***
	(0.0882)	(0.0249)	(0.1459)	(0.1554)	(0.0860)	(0.0481)
サンプル数	894	1,798	702	993	1,708	2,868
Adj R^2	0.7770	0.7185	0.5093	0.6413	0.7179	0.7437

(注)「特定サービス産業実態調査」のミクロデータに基づきOLS推計。カッコ内は標準誤差。*は10%、**は5%、***は1%水準で有意。定数項の表示は省略している。

第6章 サービス業における需要変動と生産性

表6-6 需要変動の生産性への影響度（付加価値ベース、数量ベース）

産業	週内需要変動		年間需要変動	
	(1)金額ベース	(2)数量ベース	(3)金額ベース	(4)数量ベース
映画館(2001)	-0.126	-0.123	-	0.099
ゴルフ場(2001)	-0.098	-0.093	-0.252	-0.226
テニス場(2001)	-0.206	-0.219	-0.150	-0.237
ボウリング場(2001)	-0.032	-0.100	-0.168	-0.205
フィットネスクラブ(2002)	-	-	-0.190	-0.211
ゴルフ練習場(2001)	-0.051	-0.113	-0.198	-0.206

(注) 生産関数の推計結果に基づき、各業種の需要変動1標準偏差がTFPに及ぼす影響（対数ポイント）を示す。
「-」は10％水準で統計的に有意ではないことを意味。

所の週間需要変動度が1標準偏差大きいと10％前後TFPが低い。業種別にはテニス場、映画館、ゴルフ場でこの数字が大きい。月別需要変動度の効果はいくぶん大きく、有意な結果が得られなかった映画館を除く5業種で需要変動が1標準偏差大きいと15％～20％程度TFPが低いという関係である。

数量ベースのアウトプット指標を被説明変数とした推計結果は表6-5であり、上と同様に需要変動1標準偏差の効果をパーセント換算して示したのが表6-6(2)、(4)である。曜日別需要変動度の係数は、フィットネスクラブを除く5業種で有意な負値が推計された。前述の通り、フィットネスクラブは分析対象業種の中で唯一週末に需要が集中せず、各曜日に均等に分散している業種なので、曜日効果が非有意なのは自然な結果である。有意な係数推定値が得られた5業種では、1標準偏差の生産性（TFPQ）への影響は▲10％～▲20％程度であり、付加価値を用いた結果と同程度のマグニチュードである。年間（月別）需要変動度の係数は、6業種全てで有意な推計結果が得られたが、映画館のみは符号が予想と異なり正だった。映画館以外の5業種については、需要変動1標準偏差のTFPQへの影響度は全て▲20％前後であり、付加価値ベースのアウトプットを用いた推計結果と整合的である[6]。

---

6) ボウリング場は、延べゲーム数をアウトプット指標として用いた推計も行ってみたが、利用者数を用いた場合と結果はほぼ同じだった。映画館のみ正の推計結果となった理由は解釈が難しい。推測の域を出ないが、前に見たように映画館は7～8月の利用者数が多く、この時期に多く集客した事業所が高い物的生産性を示すことが考えられる。ただし、付加価値ベースでは有意ではなかったことから、夏休みは子供料金、学割での利用者が多いことが理由として考えられる。ヒット作品を扱った映画館で月毎の利用者数の変化が大きくなることも考えられるが、付加価値ベースで有意ではない理由は説明しにくい。

以上のほか、労働と資本の係数の合計は一般に1を上回っており、事業所レベルでの規模の経済性が存在する[7]。複数事業所ダミーの係数は多くが有意な正値であり、企業規模の経済性の存在も確認される。本業売上高比率の係数は、付加価値額を被説明変数とした推計では全て有意な負値であり、関連事業を兼営することによる範囲の経済性の存在が観察される[8]。これらはいずれも第3章の分析結果と同様である。

いずれにせよ、ほぼ全ての業種で需要変動の大きさが事業所レベルの計測される生産性に対して負の影響を持つ、逆に言えば、需要平準化を図ることができた事業所ほど他の条件を一定として高い生産性を実現できていることが確認される。ゴルフ場、ボウリング場などでは週末は平日に比べて料金が高く、需要平準化をねらった価格体系となっている。サービス業種によっては、季節料金や時間帯別の価格差も存在する。完全競争市場であれば、同じサービスを供給する事業所によって時間的な価格設定のパタンが異なるということは生じえない。事業所によって需要変動や価格設定のパタンが異なるということは、サービスの質の差別化が存在すること、「市場」の地理的な範囲が狭いことなどが理由として考えられる。

曜日間での需要平準化、年間を通じた需要平準化は、ITの活用、料金体系の変更、効果的な企画・宣伝、付加的なサービス提供といった事業者側の工夫だけではなく、様々な制度・慣行の下での消費者行動という外生的な要因も関わっている。休日の分散化をはじめとする時間使用に関する制度改革――「時間の流動化」――が、需要平準化効果を通じてサービス業の生産性にプラスの効果を持ちうることを示唆している。2012年時点で日本企業の年次有給休暇付与日数は18.3日、取得日数は9.0日、取得率は49.3%である（厚生労働省「就労条件総合調査」）。

---

7) 例外的に1を下回るのはゴルフ場とテニス場の付加価値ベースの推計結果である。なお、業種によっては付加価値ベースの推計と数量ベースの推計とで労働と資本の係数がかなり異なり、数量ベースのアウトプットを被説明変数とした場合に資本の寄与が大きく計測される傾向がある。ここで使用している資本の代理変数が「本業」以外の付加価値には寄与しないことが理由として考えられる。
8) 先述の通り、資本ストック変数は本業に係る設備であることから、多角化度の高い事業所ほどインプットが過小評価されるバイアスがありうるため、本業売上高比率はこのバイアスを補正しているという解釈もできる。なお、数量ベースのアウトプットを用いた場合にはアウトプット自体に副業のアウトプットが含まれないため、この係数は正値となる傾向がある。

未消化の有給休暇（9.3日）は年間の総休日日数の約1割だから、これに見合って休日の需要が平日にシフトするだけで多くの業種の生産性が5％前後高まるという計算になる。

4　結論

　本章では、「生産と消費の同時性」という特徴を持つサービス業を対象に、時間的な需要変動と生産性の関係に焦点を当てて、日本の対個人サービス業6業種の事業所レベルのミクロデータを用いて生産性の計測を行った。そもそもサービス業を対象に生産関数を計測した研究自体が稀である中、基礎データの制約はあるものの新しい試みである。空間的な需要密度と生産性の関係を分析した第3章に対して、時間的な需要分布の影響に焦点を当てて分析したものである。

　分析結果によれば、同じ業種の中でも事業所によって週間（曜日別）、年間（月別）の需要変動のパタンは産業全体の平均的なパタンとはかなり異なる。生産関数の推計結果によれば、多くの業種で平日/週末の需要変動が小さい事業所ほど生産性が高く、他の事業所特性をコントロールした上で、需要変動度が1標準偏差小さいとTFPが10％程度高い。年間での需要変動も事業所の生産性に対して大きな影響を持ち、年間需要変動度が1標準偏差小さいと事業所のTFPは20％程度高い。以上の結果は、生産性指標として付加価値額（TFPR）を用いても量的な指標（TFPQ）を用いてもおおむね同様である。

　本章の分析はサービスの「質」は明示的に考慮していないが、顧客満足度という観点からも、混雑したサービスの主観的価値は低いと考えられる。すなわち、生産性の計測に際して消費者の満足度という意味でのサービスの質を考慮すれば、結論はさらに強められると考えられる。

　これらの結果は、顧客の動向を踏まえた的確な料金体系の設定、効果的な企画・宣伝、付加的なサービス提供等事業者の様々な工夫によって閑散期の需要拡大を図り、時間的な需要平準化ができれば事業所の生産性に大きなプラス効果を持つことを示唆している。そこではITを有効活用したきめ細かな価格設定やポイントカードにおけるポイント還元率の調整などもおそらく重要な役割を果たす。

　制度面では、有給休暇の完全取得促進等を通じた休日の分散化が、個人サービス業の生産性に対してプラスの効果を持つことが示唆される。前述の通り、日本

の年次有給休暇取得率は50％を下回っており、年次有給休暇取得日数・取得率は1995年（9.5日）、1993年（56.1％）をピークに低下傾向を辿ってきた。欧米主要国の年次有給休暇は米国13.1日、イギリス24.5日、ドイツ29.1日、フランス25.0日となっている（労働政策研究・研修機構，2008）。これらはいずれも付与日数なので単純には比較できないが、欧米では付与日数と取得日数の乖離は日本に比べて小さいと思われる。他方、国民の祝日は、日本15日に対して欧米諸国は約10日であり、日本はレジャー活動が特定の日に集中しやすい構造である（「ハッピーマンデー制度」の導入により、2000年から成人の日と体育の日が、2003年から海の日と敬老の日が月曜日固定となっている）。政府は2007年12月に「ワークライフバランス憲章」及び「仕事と生活の調和推進のための行動指針」を策定し、年次有給休暇取得率を2012年に60％、2017年には100％にするという数値目標を示している。2010年の「新成長戦略」では、2020年までに年次有給休暇取得率を70％に引き上げることが目標とされた。こうした取り組みが実現するならば、仕事と生活の両立だけでなくサービス産業の生産性にもプラスの効果を持つ可能性がある。年次有給休暇の取得率向上は需要創出効果を持つことも指摘されており、景気循環に対する財政・金融政策の発動余地が乏しい日本経済において、需要創出と生産性向上の両面で有効な政策手段として考慮に値する。

　一日の中での時間帯による需要分布の影響は本章の分析の射程外だが、フレックスタイムのような一日の中での時間使用の柔軟化もおそらく同様の効果を持つと考えられる。

　ただし、人々が同時に行動すると市場活動の生産性は高くなり、また、余暇や家計活動の楽しみは高まるという議論もある（Hamermesh et al., 2008）。特に、企業活動において生産性を低下させることなく労働日・時間帯を分散させることがどの程度可能かは、労務管理上の重要な課題である。この点は、女性や高齢者の労働参加率向上、ワークライフバランスの実現とも密接に関連している。

　本章の分析は、需要の時間的変動に関する統計データが存在する6業種を対象に行ったものに過ぎないが、飲食店、宿泊業、理美容業をはじめ多くのサービス業種に対しても同様のインプリケーションを持つものである。

第7章

企業業績の不安定性と非正規雇用・生産性＊

1　序論

　本章では、「企業活動基本調査」（経済産業省）の1994〜2006年の13年間のパネルデータを使用し、企業業績（売上高）のヴォラティリティ、非正規雇用、生産性の関係を分析する。「労働力調査」（総務省、2012年）によれば、日本の非正規労働者の割合（農林業を除く）は35.1％にのぼっている。産業別に見ると製造業21.5％に対して、卸売業・小売業46.4％、宿泊業・飲食サービス業70.9％、サービス業（その他）57.6％であり、広義のサービス産業で非正規労働者の割合が高い[1]。したがって、サービス産業の生産性を考える際にも、非正規労働者が果たしている役割をどう評価するかは避けて通れない課題である。

　第6章で見た通り、サービス業は「生産と消費の同時性」という製造業とは異なる特徴を持つため、需要変動が生産性に強く影響する。しかし、生産性に対する影響は、インプットの調整をどれだけ円滑に行うことができるかにも依存するはずである。残業時間の変動による労働時間の調整は従来から多用されてきた方法だが、相対的に調整費用の小さい非正規労働者の利用も一つの手段である。つまり、需要変動が大きい企業は、非正規労働者の比率を高めることを通じて生産性を改善することができるかも知れない。

　1990年代以降、景気低迷の長期化、労働市場に係る様々な制度改革を背景に、パートタイム労働者、派遣労働者などの非正規雇用が増加傾向にある。「労働力

＊本章は、Morikawa（2010a）をもとに加筆修正を行ったものである。本章の分析は、統計の目的外利用の承認を得て「企業活動基本調査」の個票データを使用している。経済産業省の関係者に謝意を表したい。

1）2012年までの「労働力調査」において派遣労働者は派遣先の産業ではなく、派遣元であるサービス業に分類されている。

調査」によれば、日本のパートタイム労働者数は1990年の506万人から2008年には821万人に増加し、派遣労働者数は1999年の28万人から2008年の140万人へと大幅に増加した[2]。こうした中、2008年秋の世界経済危機を契機に製造業の売上高が急激に落ち込み、いわゆる「派遣切り」が社会問題となった。その後、2013年に労働者派遣法が改正され、日雇派遣の原則禁止、一定の有期雇用の派遣労働者の無期雇用への転換の努力義務化等の規制強化が行われた[3]。

　非正規雇用の増加は日本だけの現象ではない。OECD データによれば、パートタイム労働者比率は OECD 全体で15.6％、テンポラリー雇用者比率は12.3％に達している。こうした中、内外の労働経済学の実証研究では、賃金関数を用いた非正規労働の賃金格差の計測のほか、非正規就労の経験が将来の質の高い就労への「踏み石」(stepping-stone) になるのか「行き止まり」(dead-end) なのかについて、労働者の追跡調査データを用いてその後の就労パフォーマンス（正規雇用への移行、失業、賃金等）を解明しようとする研究が活発に行われている。英国を対象とした Booth et al. (2002)、イタリアの Barbieri and Sestito (2008)、米国を対象とした Autor and Houseman (2010)、オランダの de Graaf-Zijl et al. (2011) がそうした例である。これら欧米諸国の分析結果を見ると、総じて派遣就労等の経験はその後の労働市場成果に対して一定の正の効果を持つという結果が多い。新卒一括採用の慣行がある日本では、主として新卒時点での非正規就労がその後の労働市場成果に及ぼす影響に焦点を当てた分析が行われており(Kondo, 2007; Esteban-Pretel et al., 2011)、新卒時に非正規の職に就くことが持続的な負の影響を持つ傾向があることが示されている。日本では個人の追跡調査データが乏しいことが実証分析の制約となってきたが、最近、独自に構築したデータセットを用いた研究もいくつか行われている。Okudaira et al. (2013) は、経済産業研究所（RIETI）が実施した非正規労働者に対する追跡調査（「派遣労働者の生活と求職行動に関するアンケート調査」）の2009～11年のデータを使用して、派遣労働者の正規雇用への移行や失業に陥る確率を分析し、日本の派遣労働はそれがなければ失業していた人に雇用機会を与えている可能性があるが、恒久的な雇用への「踏み石」を提供するものではないと論じている。Higuchi

---

2）「労働力調査」におけるパートタイム労働者は、就労時間での定義ではなく「呼称パート」である。
3）法案にあった登録型派遣及び製造業務派遣の原則禁止は国会での審議を通じて削除された。

(2013) は、「慶應義塾家計パネル調査（KHPS）」の個人レベルのミクロデータ（2004〜11年）を使用して非正規雇用から正規雇用への遷移に対する教育訓練の効果を分析し、企業による教育訓練が男性非正規労働者の正規労働者への移行を促進する効果を持つことを示している。

　非正規雇用の増加は、労働供給側の要因、労働需要（企業）側の要因、労働市場規制等の制度的要因によって生じていると考えられるが、個々の労働者に着目した研究が多く、企業の労働需要や雇用調整行動の観点からの分析は相対的に少ない。労働需要の観点からは、非正規労働者の雇用調整速度が正規労働者に比べて速く、企業が業況の改善・悪化に応じて増減する傾向が強いことは容易に想像できる。

　企業を取り巻く状況は厳しく、特に、グローバル競争、技術革新、製品の短サイクル化、規制緩和等を背景に企業業績の不確実性が高まっている。例えば、Comin and Mulani（2006）、Comin and Philippon（2006）は、米国上場企業において売上高のヴォラティリティが長期的に高まってきていることを示している[4]。企業業績の不安定性・不確実性の増大は弾力的な雇用量の調整を企業に要請し、非正規労働への需要を高めることが予想される。逆に、売上高が大きく変動する中で労働投入量の迅速な調整を行うことができない企業の経営パフォーマンスは低下する可能性がある。実際、日本の政策現場では、柔軟な雇用調整が不可能な国の企業・事業所はそれが可能な国へと移転し、国内の雇用機会の減少をもたらすことが強く意識されている。

　こうした状況を踏まえ、本章では、「企業活動基本調査」（経済産業省）の1994〜2006年の13年間のパネルデータを使用し、非正規雇用に焦点を当てて、ジョブ・フロー及び雇用調整の実態を記述統計的に計測するとともに、企業業績（売上高）のヴォラティリティ、非正規雇用、企業パフォーマンス（生産性）の間の関係を計量的に分析する。「企業活動基本調査」において常時従業者はフルタイム従業者とパートタイム従業者に区分され、臨時・日雇等の「その他の従業者」は常時従業者の外数である。2001年調査（対象年次は2000年度）から「派遣労働者」が調査対象として加わった。このため、2000〜06年における非正規雇用の動

4）これに対して、Davis et al.（2007）やThesmar and Thoenig（2011）は、上場企業においてはヴォラティリティが増大しているが、非上場企業では低下しているという結果を提示している。

きを包括的に把握することが可能である。

具体的には、まず、雇用形態（正規（フルタイム）、パートタイム、臨時・日雇、派遣）別に、①企業レベルの粗雇用創出・粗雇用喪失、②企業の売上高の変化に対する雇用調整の弾性値を計測する[5]。これらは過去に内外で盛んに行われてきた研究だが、派遣労働を含めて非正規雇用全体をカバーした分析は少ない。次にこのパネルデータを使用して企業業績のヴォラティリティと非正規労働、生産性の関連を分析する。具体的には、産業、企業規模等をコントロールした上で、企業業績のヴォラティリティ（前年比売上高変化率の標準偏差）と非正規労働者比率の交差項が全要素生産性（TFP）に及ぼす効果を推計する。需要の不確実性に直面した企業が非正規労働者の使用を通じてTFPを改善できているかどうかを明らかにするのがこの推計の目的である。非正規雇用は、非正規労働者全体のほか、パートタイム、臨時・日雇、派遣労働別に分析する。また、サンプルを製造業とサービス産業（非製造業）に分けた分析を行い、産業による違いについても検討する。

分析結果の要点を予め整理しておきたい。第一に、仕事の不安定性の指標である「粗雇用再配分率」は、派遣労働、臨時・日雇が正規（フルタイム）雇用の約6倍にのぼる。パートタイム雇用は、正規雇用と派遣労働の中間だが、どちらかと言えば正規雇用に近い。第二に、売上高の変動に対する雇用変動の弾性値を見ると、非正規雇用は正規雇用の2倍以上であり、特に派遣労働者の弾性値は非常に大きい。ただし、正規雇用は短期的な売上高の変化に対する感応度は小さいものの、中期的に売上高が変化した場合には比較的大きく変動している。第三に、売上高のヴォラティリティが高い企業においては、派遣労働等の積極的な利用がTFPと正の関係を持っている。この関係は製造業・サービス産業共通に観察される。

以上の分析結果は、グローバル化・技術革新・規制緩和に伴って企業業績の不安定性・不確実性が高まる中、企業にとって労働投入量の拡大・縮小の柔軟性が不可避であり、労働者のセーフティネットや人的資本投資の機会を確保しつつ、労働投入量の調整を可能にするような労働市場制度とすることが望ましいポリシーミックスであることを示唆している。

5）以下、本章において「正規」と「フルタイム」は同義に用いる。

本章の構成は以下の通りである。第2節では、雇用調整、ジョブ・フロー、企業のヴォラティリティと雇用の関係についての先行研究を簡潔にサーベイする。第3節では、分析に使用するデータ及び推計方法を解説する。第4節では、雇用形態別のジョブ・フロー及び雇用調整に関する観察事実を整理した後に、企業業績のヴォラティリティ及び非正規雇用と生産性の関係についての分析結果を報告する。第5節で結論を要約するとともに政策的含意を述べる。

2　先行研究

生産の変動に伴う雇用調整については夥しい数の研究があり、それらを網羅的にサーベイすることは本章の射程を超える（代表的なサーベイとしてHamermesh, 1993）。従来、国際比較に基づき日本は労働者数の調整という意味での雇用調整が小さい（雇用調整速度が遅い）と論じられてきた（Abraham and Houseman, 1989; Burgess et al., 2000等）が[6]、2000年以降、時系列データに基づき我が国の雇用調整速度の速まり、景気変動に対する感応度の高まりを指摘する分析結果が現れている（樋口，2001；大澤他，2002等）。Noda（2013）は、メインバンクの機能低下や外国株主の影響力増大により、日本企業が雇用調整に踏み切るタイミングが早まったことを示している。一方、Ariga and Kambayashi（2009）は、独自のサーベイ調査に基づき雇用調整及び賃金調整について分析し、雇用調整速度が速まったという証拠は得られないとしている。ただし、これら分析の焦点はフルタイム（コア）労働者の雇用調整である。非正規労働者の雇用調整に関しては、古くはHashimoto（1993）が、労働力調査の製造業の集計データ（1959～88年）を使用した分析により、生産量の変化に対する雇用変動の弾性値が、男性・正規労働者の0.31に対して男性の臨時・日雇労働者は0.62と約2倍であるという結果を示している（女性はそれぞれ0.56、0.91）。

企業・事業所レベルでのミクロデータの利用によって可能になったのがジョブ・フロー分析、すなわち「粗雇用創出（Gross Job Creation）」、「粗雇用喪失（Gross Job Destruction）」の計測である。粗雇用創出は雇用拡大企業の雇用増の

6）他方、日本では労働時間の変動が大きく（Tachibanaki, 1987）、マンアワーでの労働投入量の調整は必ずしも小さいとは言えないという見方もある。また、阿部（2005）は、個別企業の雇用調整速度は集計データから計測される数字よりもずっと速いことを指摘している。

合計、粗雇用喪失は雇用減少企業の雇用減の合計である。「粗雇用再配分（Gross Job Reallocation）」は、粗雇用創出と粗雇用喪失の（絶対値の）合計である。嚆矢となった代表的な先行研究は Davis et al.（1996）であり、その後の研究も含めたサーベイ論文として Davis and Haltiwanger（1999）が挙げられる。集計データで観察されるネットでの雇用変動の背後に、企業・事業所レベルではグロスでの大きな雇用創出と雇用喪失が同時に起きていることが明らかにされている。非正規雇用を対象とした海外におけるジョブ・フロー分析の最近の例としては、ポルトガル企業を対象とした Centeno and Novo（2012）が挙げられる。無期雇用契約の労働者に対する雇用保護規制の強化が有期雇用契約労働者のジョブ・フロー率の上昇をもたらしたという結果となっている。

　日本でも事業所又は企業レベルの個票データを用いた粗雇用創出・粗雇用喪失の計測・分析がかなり行われており、玄田（2004）はそれまでの実証研究を包括的に整理している。日本においてパートタイマーと正規（フルタイム）労働者の違いを明示的に考慮して粗雇用創出・雇用喪失を計測した例としては「雇用動向調査」（厚生労働省）を使用した Genda（1998）が挙げられる。それによれば、1991〜95年の平均で正規（フルタイム）労働者の粗雇用創出率4.0％、粗雇用喪失率3.9％、粗雇用再配分率7.9％に対して、パートタイム労働者はそれぞれ9.1％、7.4％、16.5％と約2倍の大きさとなっている。石原（2003）も「雇用動向調査」（1991〜2000年）の事業所レベルの個票データを使用してパートタイム労働者・フルタイム労働者の粗雇用創出・粗雇用喪失を計測している。その結果によれば、フルタイムの雇用の8割以上がパートタイムの増加と関わりなく失われ、パートタイムの雇用の半分以上はフルタイムの雇用喪失を伴わずに増えている。つまり、パートタイム労働者がフルタイム労働者に代替しているとは必ずしも言えない。

　序論で述べた通り、米国では、企業業績のヴォラティリティが高まっていることを示す研究が少なくない（Comin and Mulani, 2006; Comin and Philippon, 2006）。その理由として、グローバル化、技術革新（特にIT）、規制緩和等が指摘されている。例えば、di Giovanni and Levchenko（2009, 2012）は、グローバル化すなわち貿易の開放性と生産のヴォラティリティが強い正の関係を持っていることを示している。また、Brynjolfsson et al.（2007）は、米国企業レベルのデータを使用し、IT化の進展が企業業績のヴォラティリティを高めたと論じている。

企業業績の不安定性ないし不確実性の増大は、派生需要である労働需要に対して影響を及ぼすはずである。例えば、Fabbri et al.（2003）、Barba Navaretti et al.（2003）は、多国籍企業の労働需要の弾性値が近年高くなっていることを示している。雇用調整コストの存在下で最適な労働投入量を確保するためには、雇用調整コストの小さいタイプの雇用比率を高くすることが企業にとって合理的である。米国における派遣労働者増加の背景を概観した Segal and Sullivan（1997）は、企業の製品への需要変動の増大に伴う労働投入量の柔軟な調整への要請の高まりを一因として挙げている。Houseman（2001）は、米国事業所に対するサーベイ・データを使用して、パートタイム、臨時労働者、派遣労働者、契約労働者等を使用する動機を分析し、労働需要の変動（予期せざる業務の急増、常用労働者の休暇等）への対応のために非正規雇用を用いる傾向があると論じている。その推計結果によれば、生産の季節性がある産業において派遣労働や短期雇用が多い傾向がある。Ono and Sullivan（2013）は、米国工場レベルのデータ（1998、1999年）を使用し、製造業工場の派遣労働者（temps）の利用の決定要因を、生産変動との関係に焦点を当てて分析している。生産の減少が予想される工場、生産水準の不確実性が高い工場ほど派遣労働者を多く使用する傾向がある一方、高いスキルの労働者を必要とする工場、労働組合組織率の高い工場は派遣労働者を使わない傾向があるという結果を示している。Vidal and Tigges（2009）は、米国製造業事業所に対するサーベイの結果を用いて派遣労働者使用の決定要因を分析し、産業レベルでの需要の季節的変動の大きさが派遣労働者の利用に正の影響を持っていることを示している。Jahn and Bentzen（2012）は、派遣労働者に対する需要の決定要因をドイツの時系列データを使用して分析している。その結果によると派遣労働は強い景気同調性を持っており、企業が予期せざるショックや景気循環に対する調整のためにフレキシブルな労働者を増加させていると解釈している[7]。以上、海外の多くの実証研究は、生産変動への対応のために非正規労働者が使用されていることを示している。

日本では Matsuura et al.（2011）が、貿易自由化が企業の売上変動を増加させ、

---

[7] 一方、Gramm and Schnell（2001）は、米国アラバマ州の事業所へのサーベイ・データを用いて派遣労働者の使用、請負事業者・個人の使用等を決定する企業特性を分析し、景気循環や季節変動の影響は有意ではないという結果を報告している。しかし、有効サンプル数は112事業所と少ない。

企業の非正規労働者への需要を増加させるという理論モデルを日本の事業所データを用いて検証し、モデルを支持する結果を提示している。さらに、Matsuura (2013) は、輸出の拡大が売上成長率のヴォラティリティをもたらしたか、また、それが非正規雇用の拡大をもたらしたかどうかを「企業活動基本調査」のパネルデータで分析し、輸出シェアの大きな企業でヴォラティリティの増大が見られ、労働の固定費が高い企業で派遣従業者比率の拡大につながったという結果を示している。Asano et al. (2011) は、日本の非正規労働者の長期的な増加傾向をもたらした要因について包括的に分析し、産業構造のサービス化やITの導入とともに需要の不確実性が一定の影響を持ったことを示している。

ヴォラティリティが高い企業において、雇用調整コストが低い労働力の構成比を高めることができなければ、最適な労働投入量の実現は難しく、したがって、生産性は低下する可能性が高い。逆に言えば、企業レベルのヴォラティリティが高い企業ほど非正規労働を利用することによる生産性への正の効果が大きいと考えられる。Cuñat and Melitz (2012) は、ヴォラティリティ、労働市場の柔軟性、比較優位の間の関係を理論的・実証的に分析し、労働市場の柔軟性が高い国ほどヴォラティリティの高い産業部門に特化する傾向があることを示している。この研究は非正規雇用と生産性の関係を扱ったものではないが、本章の分析と動機に共通する部分がある。

非正規雇用の利用と企業の生産性の間の直接的な関係を分析した研究はいくつかある。例えば、Boeri and Garibaldi (2007) 及び Cappellari et al. (2012) はイタリア企業、Sanchez and Toharia (2000) 及び Ortega and Marchante (2010) はスペイン企業において、非正規労働の利用は生産性と負の関係があるとの結果を示している。Hirsch and Mueller (2012) は、ドイツ企業のパネルデータ (2003〜09年) を使用してコブ・ダグラス型生産関数を推計し、派遣労働の利用が中程度の企業で生産性が高いという丘状の関係があると述べている。

Künn-Nelen et al. (2013) は、オランダの医薬品販売業に関する企業・労働者をマッチさせたデータを使用して生産関数を推計し、サービス産業においてパートタイム労働者シェアの高さは労働力の配分を柔軟にする効果を持ち、その結果、企業の生産性に正の効果を持つという結果を報告している。ヴォラティリティとの関係を直接には扱っていないが、本章の問題意識に近い研究である。

以上を要約すれば、日本において非正規雇用、特に派遣労働が大きな社会的な

問題になっているにもかかわらず、企業の労働需要の視点からの非正規雇用全体をカバーするようなジョブ・フローや雇用調整の定量的分析の蓄積は意外に少ない。一方、企業業績のヴォラティリティと非正規雇用の関係については、最近のいくつかの研究がその関連性を示している。非正規雇用と生産性の関係については、諸外国でいくつかの研究があるが、結論は分かれている。しかし、非正規雇用と生産性の関係を企業のヴォラティリティと関連付けて実証的に分析した例は見当たらない。

3 データ及び分析方法

　本章では「企業活動基本調査」（経済産業省）のパネルデータ（1994〜2006年）を使用して分析を行う[8]。2000年以降、「企業活動基本調査」は、派遣従業者（受入）数を調査項目として追加しており、この結果、従来から調査対象となっているパートタイム労働者、臨時・日雇労働者、派遣労働者を含む非正規労働者の総数やその変動を計算することが可能になった。

　同調査の対象企業は、鉱業、製造業、卸・小売・飲食店、一部のサービス業に属する事業所を有する企業で、従業者50人以上かつ資本金又は出資金3,000万円以上の企業である。毎年のサンプル企業数は約25,000〜約30,000社だが、相当数の出入りがあるため、長期にわたり接続可能な企業数は少なくなる。本章では、企業業績の時系列的なヴォラティリティに関心があるため、13年間を通じて存在する企業に対象を絞ってバランス・パネルデータを作成した[9]。サンプル企業数は8,716社である[10]。サンプル企業の雇用形態別の労働者数は、2006年において正規（フルタイム）労働者約164万人、パートタイム労働者約27万人、臨時・日

8）「企業活動基本調査」の例えば平成19年（2007年）調査の計数は、2006年度のフロー又は2006年度末のストック値である。本章では便宜上これを「2006年」と表現する（他の年も同様）。

9）本章では、企業レベルでの長期的なヴォラティリティを計算するためにバランス・パネルデータを作成して分析を行ったが、例えば売上高が大幅に減少して廃業に至った企業はサンプルから落ちることになる。この点は分析の限界として留保しておきたい。

10）13年間にわたり連続したデータが存在する企業からパートタイム労働者数が常時従業者数合計よりも大きい（誤記と見られる）サンプル6社及び臨時・日雇労働者数が極端に大きいサンプル1社を異常値として排除している。

第Ⅱ部　生産と消費の同時性

表7-1　サンプル企業の雇用形態別労働者数

	1994 合計	1994 1社平均	2000 合計	2000 1社平均	2006 合計	2006 1社平均
常用労働者数	2,048,563	235.0	1,940,815	222.7	1,913,308	219.5
フルタイム労働者数	1,866,766	214.2	1,636,560	187.8	1,642,097	188.4
パートタイム労働者数	181,797	20.9	229,534	26.3	271,211	31.1
臨時・日雇労働者数	33,726	3.9	27,708	3.2	24,125	2.8
派遣労働者数	-	-	47,013	5.4	134,829	15.5

(注)「企業活動基本調査」のバランス・パネルデータ（8,716社）より計算。

雇約2万人、派遣受入約13万人となっており、フルタイム、臨時・日雇が減少している一方、パートタイム労働者が増加している（**表7-1**）。派遣労働者もデータが利用可能な2000年の約4.7万人から2006年には約13.5万人へと急増している。「労働力調査」等の集計データから観察されるのと同様の傾向である。

「企業活動基本調査」において、「常時従業者」は有給役員及び常用雇用者の合計であり、常用雇用者は「正社員、準社員、アルバイト等の呼称にかかわらず一か月を超える雇用契約者及び当該年度末の前2か月においてそれぞれ18日以上雇用した者」と定義されている。「パートタイム従業者」は、「正社員、準社員、アルバイト等の呼称にかかわらず、常時従業者のうち一般の社員より一日の所定労働時間または一週間の労働日数が短い者」と定義されている。本章では、常時従業者からパートタイム従業者を除いた数字をフルタイム労働者として扱うが、以上の定義から、長期雇用慣行の下にあるいわゆる「正規労働者」とは異なる労働者が含まれていることに注意する必要がある。また、パートタイム従業者は労働時間の多寡によって定義されており、いわゆる短時間正社員のように長期雇用慣行の下にある労働者から期限の定めのある雇用契約の下にある労働者まで含むこと、パートタイム労働者の労働時間は労働者によっても企業よっても様々であることに注意する必要がある（本書第12章参照）。このほか臨時・日雇用者は「一か月以内の期間を定めて雇用している者及び日々雇入れている者」をいう。派遣労働者は言うまでもないが労働者派遣事業者からの派遣労働者受入れである。

このデータセットを使用して、まず、ジョブ・フローの実態を計測する。具体的には、雇用形態別の粗雇用創出率（GJCR）、粗雇用喪失率（GJDR）、純雇用変動率（NJCR）、粗雇用再配分率（GJRR）を計算する。企業 i、雇用形態 j、t 年の雇用を E_{ijt} とすると、前年比での各指標は下記のように定義される。変化率を計算する際の分母に $(E_{ijt} + E_{ijt-1})/2$ を用いることにより、雇用創出と雇

用喪失とを対称的に扱うことができるという利点がある（Davis et al., 1996）。この結果を用いて、雇用者数のグロスでの変動度合いを雇用形態別に比較することができる[11]。既述の通り派遣労働者受入数のデータは2000年以降のみ調査されており、同じ期間における雇用形態別の比較を行うため、数字は2000〜06年の間の前年比を使用する。

$$GJCR = \Sigma_i (E_{ijt} - E_{ijt-1}) / \Sigma_i (E_{ijt} + E_{ijt-1})/2 \quad \text{if } (E_{ijt} - E_{ijt-1}) > 0$$
$$GJDR = \Sigma_i (E_{ijt} - E_{ijt-1}) / \Sigma_i (E_{ijt} + E_{ijt-1})/2 \quad \text{if } (E_{ijt} - E_{ijt-1}) < 0$$
$$GJRR = GJCR - GJDR$$
$$NJCR = GJCR + GJDR$$

次に、売上高の変化（増加/減少）に対する雇用変動の弾性値を雇用形態別に計測する。計測方法は単純であり、雇用をE、売上高をYとして、以下のようなシンプルな式を推計する。

$$ln(E_{t+n}/E_t) = \beta_0 + \beta_1 ln(Y_{t+n}/Y_t) + \phi_{it} + \lambda_t + \varepsilon_{it} \tag{1}$$

言うまでもなくβ_1が雇用変動の売上高変動に対する弾性値である。年次ダミー（λ_t）を含めるのは、景気変動に伴う労働市場全体の需給等マクロ的な影響とともに労働市場制度の変更による影響をコントロールするためである。ϕ_{it}は産業ダミー、ε_{it}は誤差項である。添字のtは始期を、t＋nは終期を示す。前年比だけでなく3年前比及び5年前比での弾性値を計算し、短期的な売上高の変動に伴う雇用調整と中期的な変動による影響とを比較する。企業は売上高の短期的な変化に対しては雇用量をわずかにしか変化させないが、持続的な変化に対しては大きな調整を行う可能性が高く、その度合いは雇用形態によって異なると予想されるからである。

以上は雇用形態別の雇用変化に関する観察事実を整理するものである。次に、企業業績の不安定性（ヴォラティリティ）及び非正規雇用と生産性の関係を分析する。最近はマクロ経済のヴォラティリティと企業レベルのヴォラティリティの

---

[11] 零細企業・事業所もカバーする悉皆調査を用いたジョブ・フロー分析では、新規開業に伴う雇用増、廃業に伴う雇用減をそれぞれ粗雇用創出、粗雇用喪失に含めるが、本文で述べた通り、「企業活動基本調査」は対象企業規模の裾切りがあり、バランス・パネルデータを用いる本章の分析は存続企業の雇用変動のみの数字である。

関係が盛んに分析されるようになっており、ヴォラティリティの指標としては成長率の前期比の標準偏差が用いられる場合が多い（Comin and Mulani, 2006; Davis et al., 2007）。本章の分析は基本的にそれらを踏襲する。すなわち、企業 i の t 年における前年比売上高の成長率（ΔY_{it}）、年平均成長率（ΔY_i）、成長率のヴォラティリティ（標準偏差：σ_i）は、それぞれ以下のように計算される。ヴォラティリティの計測には1994～2006年の全期間のデータを用いるため、$T = 12$ である。

$$\Delta Y_{it} = (Y_{it} - Y_{it-1}) / [(Y_{it} + Y_{it-1})/2]$$
$$\Delta Y_i = (1/T) \Sigma_t \Delta Y_{it}$$
$$\sigma_i = [(1/T) \Sigma_t (\Delta Y_{it} - \Delta Y_i)^2]^{1/2}$$

このように計算した各企業のヴォラティリティ指標（σ_i）を用いて、これと非正規雇用比率（対常用雇用者数）、生産性の関係を分析する。具体的には、企業の全要素生産性（TFP）を被説明変数とし、上で計算した売上高のヴォラティリティ（σ_i）、ヴォラティリティと非正規労働者比率の交差項、非正規労働者比率、企業規模（常時従業者数の対数）、企業年齢、平均賃金、年次ダミー、産業ダミー（3ケタ）を説明変数とする回帰を行う。被説明変数である TFP は、付加価値ベースであり、サンプル企業から計算される「代表的企業」を基準にインデックス・ナンバー方式でノンパラメトリックに算出する[12]。説明変数のうち非正規労働者比率は、①パートタイム労働者比率、②臨時・日雇労働者比率、③派遣労働者比率、④非正規合計比率（①～③の合計）を使用し、その際の分母は常時従業者総数である。企業規模、企業年齢、産業ダミーはコントロール変数である。平均賃金は労働者の質の代理変数であり、一般に TFP と強い正の関係がある。推計式は以下の通りであり、推計方法は OLS である。

$$TFP_{it} = \beta_0 + \beta_1 \text{企業規模}_{it} + \beta_2 \text{企業年齢}_{it} + \beta_3 \text{平均賃金}_{it} + \beta_4 \sigma_i$$
$$+ \beta_5 \sigma_i * \text{非正規労働者比率}_{it} + \beta_6 \text{非正規労働者比率}_{it} + \phi_{it} \quad (2)$$
$$+ \lambda_t + \varepsilon_{it}$$

ϕ_{it} は産業ダミー、λ_t は年次ダミー、ε_{it} は誤差項である。ヴォラティリティの高い企業ほど調整費用が小さい非正規労働者の使用によって生産性を高める効

---

[12] インデックス・ナンバー方式での TFP の計測について詳しくは第2章参照。

第7章　企業業績の不安定性と非正規雇用・生産性

表7-2　雇用形態別のジョブ・フロー

	(1)フルタイム	(2)パートタイム	(3)臨時・日雇	(4)派遣
A. 全産業				
GJCR	0.9%	4.0%	8.5%	9.4%
GJDR	-1.0%	-3.1%	-8.7%	-5.1%
GJRR	2.0%	7.1%	17.2%	14.5%
NJCR	-0.1%	0.8%	-0.3%	4.4%
B. 製造業				
GJCR	0.9%	4.0%	9.9%	9.3%
GJDR	-1.0%	-3.3%	-9.8%	-5.1%
GJRR	1.8%	7.4%	19.7%	14.4%
NJCR	-0.1%	0.7%	0.1%	4.2%
C. 非製造業				
GJCR	1.0%	3.9%	7.3%	9.9%
GJDR	-1.2%	-3.0%	-7.8%	-5.0%
GJRR	2.2%	6.9%	15.1%	14.8%
NJCR	-0.2%	0.9%	-0.5%	4.9%

(注)「企業活動基本調査」のバランス・パネルデータより計算。数字は2000～01年から2005～06年の間の前年比の平均値。GJCRは粗雇用創出率、GJDRは粗雇用創出率、GJRRは粗雇用再配分率、NJCRは純雇用変動率。

果が大きいという関係があるというのがここでの仮説であり、交差項（β_5）の係数は正値を予想する。

4　分析結果

4.1　ジョブ・フロー（雇用創出・雇用喪失）

　サンプル8,716社の年平均の粗雇用創出率（GJCR）・粗雇用喪失率（GJDR）等を示したのが**表7-2**のA段である。正規（フルタイム）雇用は、年平均で約0.1%のネット減となっているが、約0.9%の粗雇用創出と約1.0%の粗雇用喪失の結果としてそうした数字になっている。パートタイム労働者は年平均約4.0%の粗雇用創出率、約3.1%の粗雇用喪失率、ネットで約0.8%の雇用増加率である。派遣労働者は粗雇用創出率約9.4%、粗雇用喪失率約5.1%、ネットで約4.4%の雇用増加率となっている[13]。集計データでは、正規（フルタイム）雇用の減少、非正規雇用の増加が注目されがちだが、背後には大きなジョブ・フローがあり、

---

13) GJCR 及び GJDR の数字は第3節で述べた定義式に従って各年毎に計算された数字の単純平均。NJCR 及び GJRR は表における GJCR と GJDR の合計（又は GJCR と GJDR の絶対値の合計）を四捨五入して表示。

正規の雇用創出をしている企業もかなり多い。どの雇用形態を見ても純雇用変動率（NJCR）に比べて粗雇用フロー率はずっと大きい。粗雇用再配分率（GJRR）を見ると、予想される通り、臨時・日雇、派遣がいずれも10数％と高い数字になっている。これに対してパートタイムは平均約7.1％とかなり低く、正規（フルタイム）は年平均2.0％とさらに低い。労働者の視点からは非正規雇用、特に派遣及び臨時・日雇の仕事の安定性が低いことは明らかであり、他方、企業の側から見ると雇用調整コストが小さいことを示唆している。もちろん、これらの雇用形態は粗雇用喪失率だけではなく粗雇用創出率も高いから、ある企業の雇用が失われても別の雇用機会が生まれやすい。また、派遣労働にあっては派遣先が他企業に変わる可能性が高いから、個人レベルでの失業リスクが高いことを直ちに意味するわけではない。

　ジョブ・フロー率を製造業、非製造業別に計測した結果が表7-2のB段及びC段である。粗雇用創出率、粗雇用喪失率、粗雇用再配分率の雇用形態別の数字は両産業とも同程度の大きさとなっており、サービス産業のジョブ・フロー率が製造業に比べて高いというわけではない。

4.2　雇用調整弾性値

　売上高の変化率（$ln(Y_{t+n}/Y_t)$）に対する雇用者数の変化率（$ln(E_{t+n}/E_t)$）の弾性値を、(1)の推計式を用いて雇用形態別に計測した結果が**表7-3**である。前年比、3年前比、5年前比での弾性値を示している。売上高が前年比10％増加（減少）した場合、正規（フルタイム）雇用の増加（減少）率は±2％程度だが、非正規雇用は±3.5〜4％程度変動する。特に、派遣労働者数は±5％程度と大きく変動する。ただし、非正規雇用の中でもパートタイム労働者の弾性値は意外に小さく、むしろ正規（フルタイム）に近い数字である。短期的な売上高の増減に対して正規雇用の調整ではなく、非正規雇用、特に派遣労働者の調整が行われる傾向が強いことを示しており、通念や近年の事実と整合的である。臨時・日雇については、そもそもサンプル数が少ないこともあり有意な結果が得られなかった。

　企業は短期的なショックに対しては労働時間の調整で対応し、業況の変化が継続的な場合に労働者数の調整を行う傾向があることは従来から指摘されている。売上高及び雇用の変化率を3年間、5年間で見た場合の弾性値の違いを見ると、

表7-3 雇用調整弾性値（雇用形態別）

	(1)1年間	(2)3年間	(3)5年間
正規(フルタイム)	0.183 ***	0.350 ***	0.411 ***
パート	0.244 ***	0.390 ***	0.421 ***
臨時・日雇	0.097	0.254 **	0.679 ***
派遣	0.511 ***	0.667 ***	0.647 ***
非正規計	0.356 ***	0.521 ***	0.577 ***

(注)「企業活動基本調査」のバランス・パネルデータより計算。推計期間は2000～06年。
 * は10％、** は5％、*** は1％の有意水準。

中期的に売上高が増加／減少する場合には、労働者数の調整が大きくなることがわかる（表7-3(2)、(3)）。ただし、計測期間による弾性値の違いは常用雇用者（フルタイム、パートタイム）で顕著であり、例えば3年間に売上高が±10％変化すると常用雇用者数は±4％前後変動する。数年にわたって売上高が成長する企業は残業の増加等で対応するのではなく労働者数の拡大で対応し、逆に数年にわたって売上高が減少する企業の場合は、残業の削減や賃金カットでの対応には限界があり、正規雇用者を含めて雇用形態のいかんに関わらず労働者数の削減で対応することを示している。

表示していないが、サンプルを製造業と非製造業に分けて推計を行ってみたところ産業による顕著な違いは見られず、派遣労働の弾性値が高く、次いでパートタイム、フルタイムという共通のパタンである。

以上の結果は、企業が派遣労働を短期的な変動に対する調整のために利用する傾向があることを示しており、世界経済危機の際、真っ先に派遣労働者の調整——いわゆる「派遣切り」——が行われたという事実と整合的である。ただし、中期的にはパートタイム労働者や正規（フルタイム）労働者の調整も小さくないことから、業績の悪化が持続する企業にあっては、正規雇用の調整も進む傾向がある。

4.3 非正規雇用と生産性

次に、非正規雇用と企業パフォーマンスの関係について、全要素生産性（TFP）を被説明変数とする(2)式の推計結果を報告する。業績の不安定性・不確実性が高い場合、企業は非正規労働への依存度を高めざるを得ないが、それをうまく実現できない場合には労働投入量が最適量から乖離し、生産性に負の影響が生じる可能性があるという仮説の検証である。推計結果に先立って主な変数と

表7-4 主な変数と要約統計量

	(1)サンプル企業数	(2)平均値	(3)標準偏差	(4)中央値
パートタイム比率	113,308	0.097	0.156	0.028
臨時・日雇比率	113,308	0.013	0.116	0.000
派遣労働者比率	66,413	0.022	0.090	0.000
非正規合計の比率	66,413	0.131	0.216	0.050
TFP(対数)	104,796	0.011	0.429	-0.010
売上高ヴォラティリティ(σ)	113,308	0.065	0.047	0.052
企業規模(ln 常時従業者数)	113,308	5.143	0.703	5.043
企業年齢(年)	113,308	41.16	16.67	42.00

(注)「企業活動基本調査」のバランス・パネルデータ(1994〜2006年)から計算。派遣労働者(受入)数は2000年から調査対象となっているため、サンプル数が少ない。

　その要約統計量を表7-4に掲げておく。データセットの企業における非正規労働者比率(対常時従業者総数)は平均値13.1％であり、「企業活動基本調査」の対象は製造業が比較的多いこともあって、序論で述べた日本全体の非正規労働者比率に比べると低目である。非正規労働者比率の標準偏差は21.6％であり、企業間での分散が非常に大きい。

　企業レベルでのTFPを説明する回帰式の推計結果によれば、関心のある説明変数である売上高のヴォラティリティと各非正規労働者比率の交差項の係数は、パートタイム労働者比率、臨時・日雇労働者比率、派遣労働者比率のいずれも正値であり、派遣労働者比率は1％水準で統計的に有意である(表7-5(1)〜(3))。また、雇用形態別の非正規比率を全て説明変数に含めた場合には、いずれの交差項も有意な正値となっている(表7-5(4))。説明変数として非正規労働者合計の比率を用いた場合にも交差項の係数は1％水準で有意な正値であり(表7-5(5))、売上高のヴォラティリティが高い企業では、非正規労働者の使用がTFPの改善に貢献していることを示唆している。なお、非正規労働者比率自体の係数も有意な正値であり、本章のサンプルにおいて非正規労働者(特にパートタイム労働者)を多く使用している企業のTFPは高い傾向がある[14]。

　サンプルを製造業と非製造業に分割し、雇用形態別に推計した結果が表7-6である。この表ではヴォラティリティと非正規労働者比率の交差項のみを表示して

---

[14] 表示していないが、売上高ヴォラティリティ自体の係数は総じて有意な正値である。この結果は第6章で見た需要変動が生産性に対して負の影響を持つという結果と異なるように見えるが、本章の分析は比較的長期の年次データを使用しており、成長性の高い企業で年々の売上変動が大きいことが関わっていると考えられる。

表7-5 ヴォラティリティ・非正規雇用とTFP

	(1)	(2)	(3)	(4)	(5)
σ*パートタイム比率	0.552			0.495***	
	(0.441)			(0.169)	
パートタイム比率	0.402***			0.410***	
	(0.031)			(0.015)	
σ*臨時・日雇比率		0.865		0.745**	
		(0.625)		(0.344)	
臨時・日雇比率		-0.042		-0.047**	
		(0.038)		(0.023)	
σ*派遣比率			2.316***	2.317***	
			(0.570)	(0.229)	
派遣比率			-0.028	-0.036	
			(0.045)	(0.023)	
σ*非正規比率					0.986***
					(0.356)
非正規比率					0.156***
					(0.032)
年ダミー	yes	yes	yes	yes	yes
産業ダミー	yes	yes	yes	yes	yes
サンプル数	104,795	104,795	52,605	52,605	52,605
Adj R^2	0.5038	0.4886	0.5182	0.5338	0.5262

(注)「企業活動基本調査」のバランス・パネルデータに基づきプーリングOLS推計。カッコ内は企業レベルでクラスターした標準誤差。*は10％、**は5％、***は1％の有意水準。σは売上高のヴォラティリティ。表示していない説明変数として、売上高ヴォラティリティ、企業規模、企業年齢、平均賃金を含んでいる。

いる。製造業における臨時・日雇労働者を例外として係数は全て正値である。ただし、雇用形態別の推計結果は製造業と非製造業とでいくぶん違いがあり、製造業ではパートタイム労働者比率、派遣労働者比率の交差項が統計的に有意なのに対して（**表7-6**(1))、非製造業では臨時・日雇労働者比率及び派遣労働者比率の交差項が有意でパートタイムの交差項は有意でない。派遣労働者比率はいずれの産業でも1％水準で有意となっており、分析対象期間において、ヴォラティリティの高い企業は派遣労働者を活用することによってTFPを高めていたと見られる。ところで、非正規労働者の中ではパートタイム労働者の絶対数が他の形態に比べて多い（表7-1、表7-4）。したがって、非製造業において非正規雇用全体の比率とヴォラティリティの交差項の係数が有意でないのは、主としてパートタイムが非有意なことに起因している。前半の分析で見た通り、パートタイム労働者は雇用調整という観点からは正規労働者に近い性質がある。特に、パートタイム労働者比率が高い非製造業では、パートタイム労働者の中にフルタイムに近い基

第Ⅱ部　生産と消費の同時性

表7-6　製造業・非製造業別の推計結果

	(1)製造業	(2)非製造業
σ*パートタイム比率	1.108**	0.174
	(0.501)	(0.650)
σ*臨時・日雇比率	-0.229	1.311***
	(0.968)	(0.327)
σ*派遣比率	2.607***	3.389***
	(0.629)	(1.434)
σ*非正規比率	1.300***	0.658
	(0.430)	(0.647)

(注)「企業活動基本調査」のバランス・パネルデータに基づきプーリングOLS推計。カッコ内は企業レベルでクラスターした標準誤差。* は10％、** は5％、*** は1％の有意水準。説明変数として売上高ヴォラティリティ（σ）、（各）非正規雇用比率、企業規模、企業年齢、平均賃金を含むが、ヴォラティリティと非正規雇用比率の交差項の推計結果のみを表示。

幹的な役割を担っている労働者が少なくないことが非製造業で交差項が有意でない理由の一つとして考えられる。別の解釈としては、パートタイム労働は長い歴史を持っており、しかも、派遣労働と違って制度的な制約が少ないことから、各企業は既に自社のヴォラティリティに応じた最適な水準のパートタイム労働者を使用しており、結果的に有意差が観察されない可能性がある。ただし、パートタイム労働者の労働時間は産業・企業による違いが大きいため、労働時間の計測誤差が影響している可能性も排除はできない[15]。

それでは、非正規労働者の使用による生産性への効果は量的にはどの程度だろうか。**表7-7**は推計結果に基づいて売上高のヴォラティリティが1標準偏差大きい企業において非正規労働者比率が10％ポイント高い場合のTFPへの効果を計算した結果である。上の推計で統計的に有意だったケースのみ数字を記している。売上高のヴォラティリティ自体を産業別に計算しているが、ヴォラティリティ1標準偏差の数字は製造業0.0467、非製造業0.0468と違いは小さい。全産業で見ると、売上高のヴォラティリティが1標準偏差大きい企業の場合、非正規労働者比率が10％ポイント高いとTFPが0.5％ポイント高くなるという関係である（表7-7(1)下段）。製造業と非製造業を比較すると、例えば派遣労働者比率10％ポイントのTFPへの効果は製造業で1.2％、非製造業で1.6％である（表7-7(2)、

---

15) パートタイム労働者の労働時間の計測誤差の問題は第12章で詳述する。

第7章　企業業績の不安定性と非正規雇用・生産性

表7-7　ヴォラティリティ 1標準偏差×非正規10%ポイントの TFP への効果

	(1)全産業	(2)製造業	(3)非製造業
パート	-	0.5%	-
臨時・日雇	-	-	0.6%
派遣	1.1%	1.2%	1.6%
非正規合計	0.5%	0.6%	-

(注）表7-5、表7-6の推計結果に基づき、売上高のヴォラティリティが1標準偏差高い企業において非正規雇用の比率が10%ポイント高い場合のTFPへの効果を計算。推計結果が統計的に有意でなかった箇所は「-」と表記している。

(3))。TFP自体の企業間格差の大きさと比較すると量的なマグニチュードは限定的だが、ヴォラティリティが高い企業は、調整コストの小さい非正規労働者を利用することで生産性の改善を実現していることを示唆している。

　なお、厳密に言えば非正規労働者比率自体、企業が収益最大化の観点から決定する内生変数である。仮に企業が売上高のヴォラティリティを含めた環境下で収益最大化の観点から最適な労働者の構成を選択しているとすれば、そもそもヴォラティリティと非正規労働者比率の交差項はゼロになるはずである。しかし、分析対象期間において派遣労働をはじめ非正規雇用をめぐって様々な制度改正が行われてきており、それらが企業の労働者構成に外生的な影響を与えた可能性は高い。ここでの分析結果は、そうした外生的な変化に伴う効果をピックアップしていると解釈できる。ただし、個々具体的な制度変更の効果を抽出することは本章の射程を超えるため、今後の研究課題としたい。

5　結論

　本章は、1994〜2006年の13年間の企業パネルデータを使用し、非正規雇用に着目して、企業レベルのジョブ・フローや雇用調整の実態を把握するとともに、企業業績の不安定性（売上高のヴォラティリティ）及び非正規雇用の利用と企業の生産性の関係を分析したものである。非正規雇用の急増は過去20年ほどの間、世界の労働市場における大きな特徴の一つであり、正規・非正規の間の賃金格差、非正規就労経験がその後の就業や賃金に及ぼす影響について国内・海外を問わず多数の研究が行われてきている。しかし、企業データを用いた企業業績の不安定化との関係でのフォーマルな分析は多くない。非正規雇用に係る制度・政策を検討する際には、個人に着目した労働供給側からの分析だけでなく労働需要側から

の分析も必要である。本章では、グローバル化、技術革新をはじめとする経済環境変化の下で不安定化している企業業績に焦点を当て、非正規雇用との関係を分析した。8,000社を超える企業のパネルデータを使用し、非正規雇用の中でも比較的研究の蓄積があるパートタイム労働だけでなく、派遣労働を含めて包括的に分析している点が特徴である。

主な分析結果を改めて要約すると以下の通りである。

① 派遣労働、臨時・日雇労働の粗雇用創出率、粗雇用喪失率は高く、両者を合計した粗雇用再配分率は正規（フルタイム）雇用の約6倍にのぼる。これらの雇用形態の仕事は不安定性が高い。パートタイム雇用は正規雇用と派遣労働の中間に位置するが、どちらかと言えば正規雇用に近い。

② 売上高の前年比変化に対する雇用変動の弾性値を計測すると、非正規雇用は正規雇用の2倍以上であり、特に派遣労働の弾性値が大きい。正規雇用も中期的に売上高が増減した場合にはかなり大きく変動するが、短期的な業況変化への反応は小さい。

③ 企業レベルでの売上高のヴォラティリティが高い企業では、非正規雇用、特に派遣労働者の利用がTFPに対して正の効果を持つ。この結果は製造業、非製造業のいずれでも観察される。

技術革新、世界的な需要変動等により企業業績の不安定性が高まる中、企業にとっては労働投入量拡大・縮小の伸縮性が必要であり、それが企業パフォーマンスに影響する。リーマン・ショックの後、主に製造業の「派遣切り」が社会問題となったが、サービス産業でもヴォラティリティが高い企業では派遣労働者比率が高いほどTFPが高い傾向がある。サービス産業では非正規雇用比率が製造業に比べて高い業種が多いことから、生産性との関連はより強いとも言える。マクロ経済的にも、個々の企業の生産変動に対応して再配分が行われ、稀少な人的資源の稼働率が高まることは望ましい。しかし、ジョブ・フローや雇用調整の分析で見た通り、非正規雇用のうち派遣及び臨時・日雇の仕事の安定性が低いことも間違いない。

経済活力の向上と雇用の安定がともに政策目標であり、両者の間にトレードオフがあるとすれば、複数の政策手段が必要になる。経済成長と安心・安全を両立させるためには、非正規労働者のセーフティネットや人的資本投資の機会を確保

しつつ、企業が労働投入量を柔軟に調整できるようにすることが、経済全体にとって望ましいポリシーミックスだと考えられる。

第Ⅲ部

企業特性と生産性

第8章

生産性が高いのはどのような企業か?
―IT・外資・企業年齢―*

1 序論

　本章では、我が国企業のパネルデータを用いて各種の企業特性と全要素生産性（TFP）の関係を、製造業とサービス産業とを比較しつつ分析する。具体的な企業特性としては、サービス産業の生産性向上の文脈で論じられることが多い情報ネットワーク（IT）の利用、外資比率、企業年齢に着目する。第2章で見た通り、同じ産業内でも企業による生産性の格差は大きく、特にサービス業で顕著である。逆に言えば、低生産性企業の底上げや生産性の高い優良企業への市場シェアの再配分を通じて産業集計レベルでの生産性を上昇させる余地も大きい。

　企業間で生産性に大きな格差があるとすると、次の自然な問いは一体どのような特性を持った企業の生産性が高いのか、また、各種企業特性の生産性に対する影響は定量的にどの程度なのかという点である。本章は、企業の生産性に影響を及ぼす可能性がある様々な企業特性のうちITの利用、外資の役割、企業年齢に重点を置いて、日本企業のパネルデータを用いた分析を行い、観察事実を明らかにすることを目的としている。例えば、1990年代半ば以降、米国で生産性の「加速」が見られたのに対して日本経済が低迷を続けた理由として、ITが流通業・運輸業をはじめとする「IT利用産業」の生産性上昇に十分結びつかなかった可能性が指摘されている（Fukao, 2010）。『平成25年度経済財政白書』（内閣府, 2013）は、「我が国非製造業の生産性向上には、製造業同様、ICT（情報通信技術）投資の積極的な活用が期待されている」と述べている。果たして日本企業のIT投資は生産性上昇にどの程度寄与しているのだろうかというのが一つの設問

＊本章は、森川（2007b）をもとに大幅な加筆修正を行ったものである。本章の分析は、統計の目的外利用の承認を得て「企業活動基本調査」の個票データを使用している。経済産業省の関係者に謝意を表したい。

である。また、日本は対内直接投資残高（対 GDP）が著しく低い国として知られているが、サービス産業の生産性向上のため、海外の優れた経営ノウハウを体化した直接投資の役割に期待する意見も強い。それでは、これまで外資の参加は企業の生産性とどういう関係を持っていたのだろうかというのが第二の設問である。さらに、第2章でも見たように企業の新陳代謝は産業全体の生産性上昇に大きく関わる。この点について、若い企業の生産性パフォーマンスを明らかにすることが本章の第三の課題である。

企業の生産性を規定する要因については、産業組織論、経済成長論、労働経済学をはじめとする様々なドメインで極めて多くの理論・実証研究があり、それらを網羅的にサーベイすることは本章の範囲を超える。生産性に関する研究全般についての最近の優れたサーベイとして宮川（2006）、Syverson（2011）を、サービス産業の生産性に焦点を絞ったサーベイ論文として森川（2009）を挙げておく。以下では、本章の分析に深く関連するものに限って先行研究を概観しておきたい。

米国で1990年代半ば以降に生産性の「加速」が生じた原因については多くの研究が行われ、IT 投資とその効果的な利用が重要な役割を果たしたことが明らかにされてきた（Oliner and Sichel, 2000; Jorgenson, 2001）。ことに、流通業・運輸業・金融業といった IT を集約的に使用する「IT 利用産業」において生産性に対する効果が顕著であることが示されてきた（Stiroh, 2002; Pilat et al., 2002）。その後、IT 投資を生産性向上に結びつける上で、IT 投資と企業の組織改革や労働者のスキル向上のための教育訓練投資が補完的な役割を果たしていることを示す研究結果が見られるようになっている（Bresnahan et al., 2002; Brynjolfsson et al., 2002; Brynjolfsson and Hitt, 2003; Pilat, 2004）。最近では、政府サービス部門においても IT と補完的な組織マネジメントを行うことで生産性が上昇することを示す研究成果が現れている（Garicano and Heaton, 2010）。サービス産業に焦点を当てて EUKLEMS データベースにより IT 投資の効果を含めて産業別の生産性上昇率を国際比較した Inklaar et al.（2008a）は、サービス産業ではハードな技術よりも組織構造・経営・労働慣行などが重要であり、これらは製造業のハードな技術と違って企業間でのスピルオーバーが容易ではなく企業・経営文化に強く体化していると論じている。

こうした中、Fukao and Miyagawa（2007）は、産業別の生産性国際比較が可能な EUKLEMS データベースを用いて日・米・EU 主要国の生産性を比較し、

日本及び EU 主要国は1995年以降 TFP 成長率が減速しているのに対して米国は例外的に加速していること、日本では「流通・運輸業」の TFP 鈍化が著しいのに対して米国及び EU 主要国ではこれらセクターの TFP 上昇率が高いこと[1]、日本のサービス産業の生産性水準が米・独・仏に比べて低いこと、他国と異なって日本では ICT 資本サービス投入の伸びが鈍化していることが TFP の低い伸びに関連している可能性があることを指摘している。また、Miyagawa and Hisa (2013) は、日本産業生産性（JIP）データベースを使用して無形資産が生産性に及ぼす効果を推計し、IT セクターにおいて無形資産が有形の IT 資産と補完性を持っているという結果を示している。

企業レベルのデータを用いた IT 利用と生産性の関係についての実証研究としては、Motohashi (2007a) が、「企業活動基本調査」の製造業・流通業の企業データ（1991～2000年）を使用した分析により、情報ネットワークの利用と生産性上昇率の間に有意な正の関係があることを示し、また、IT 利用の生産性への効果が利用形態や産業によって異なることを指摘している。さらに、Motohashi (2007b, 2008) は、日・米・韓企業に対するサーベイ・データを使用して様々な IT システムと生産性との関係、IT 利用に関する企業戦略を国際比較し、米国企業では経営全体の中での IT 利用が進化していることを示している。その上で、経営戦略支援や顧客開拓といった分野に IT を一層活用することを通じて、日本企業は生産性を向上させる余地があると論じている。

本章の分析のうち情報ネットワーク利用度に関する分析は、Motohashi (2007a) と近い性格を持つが、同論文の分析対象期間は2000年までであり近年の状況は異なっている可能性がある。また、「企業活動基本調査」は2001年以降にサービス業のカバレッジを大幅に拡大していることから、これまで分析対象から外れていたサービス業を含む広範な業種を分析・比較することができる。

日本の対内直接投資残高（対 GDP）は極めて低い水準にあるが、政策実務においては対内直接投資の拡大がサービス産業を含む日本の生産性向上に重要な役割を果たすと認識されている。政府は「アジア拠点化・対日投資促進プログラム」（2011年）を策定して "Invest Japan" キャンペーンを展開しており、「対日投

---

1) 他方、Fueki and Kawamoto (2009) は、景気循環に伴う生産要素投入の計測誤差を補正した「純粋の技術進歩率」を計測すると、標準的な成長会計の結果とは違って日本でも2000年以降 IT 使用産業の TFP 上昇率が高まっているという分析結果を示している。

資の拡大は、経営ノウハウや技術、人材などの経営資源が流入することにより、我が国の生産性の向上や雇用の創出に貢献」すると述べている。対内直接投資が国内の生産性に及ぼす効果については、海外でも多くの研究が行われてきている（サーベイ論文として Lipsey, 2002）。生産性に及ぼす効果の経路としては、①外資の参加が当該企業の生産性を高めるという直接的な効果と、②他の国内企業に対する技術やノウハウのスピルオーバーを通じた間接的な効果の二つが分析されてきている[2]。本章の分析は生産性に影響する企業特性なので焦点は前者である。

外資の参加の生産性効果については、先進国への直接投資を対象とした企業レベルの実証分析でも、外資による取得（M&As: mergers and acquisitions）が生産性に正の効果を持つという結果（Conyon et al., 2002）、外資はもともと生産性の高い企業をターゲットにするというセレクション効果が支配的だとする結果（Harris and Robinson, 2002; Benfratello and Sembenelli, 2006; Criscuolo and Martin, 2009）、直接投資のモード（新規投資か既存企業の買収か）によって異なるという結果（Balsvik and Haller, 2011）など様々である。日本では、企業レベルのミクロデータを用いたいくつかの研究が、外資系企業の生産性が高いことを示している（Fukao and Murakami, 2004; Fukao et al., 2005）。分析対象は製造業企業に限られているが、Fukao et al. (2005) は、外国企業による M&A が当該日本企業の TFP を高める効果を持つとしている。さらに深尾他（2006）は、対象業種を製造業のほか卸売・小売業にも拡大し、外資系企業の生産性は相対的に高く、また、外国企業に買収された企業の生産性がさらに改善するとしている[3]。以上のような研究を踏まえつつ、本章はサービス産業をより広くカバーする最近までのデータを用いて、外資比率と当該企業の TFP の関係を、産業間での違いに注意を払いつつ分析する。

---

2) 本田他（2013）は、日本の対内直接投資の実態及び課題を要領良く整理している。
3) 本章の分析の焦点ではないが、外資系企業から国内他企業への生産性のスピルオーバー効果に関しては、例えば Haskel et al. (2007) や Keller and Yeaple (2009) が、英米企業を対象にスピルオーバー効果の存在を示す結果を示している。日本では、Ito (2011) が外資系企業の生産性は日本の国内企業に比べて高いものの、製造業・非製造業とも「同一産業」の国内企業の生産性に対する正のスピルオーバー効果は認められないと述べている。他方、対象は製造業の上場企業だが、岩崎（2013）は「産業間」のスピルオーバーを分析し、川上産業における外資比率の上昇が川下産業の TFP に正のスピルオーバー効果を持つことを示している。

第8章　生産性が高いのはどのような企業か？

　第2章でも見た通り、企業・事業所のパネルデータを使用した生産性のダイナミクスの研究は、参入・退出及び市場シェアの再配分を通じた「新陳代謝」が産業全体の生産性上昇に大きく寄与することを示している。代表的な論文としてBaily et al. (1992)、Foster et al. (2001, 2006)、Disney et al. (2003) 等が挙げられ、日本でも Nishimura et al. (2005)、Fukao and Kwon (2006) を嚆矢としていくつかの研究が行われてきている。本書第2章はサービス業を広くカバーする企業パネルデータでの分析例である。また、企業の存続と成長の動態については多数の実証研究があり、企業年齢が高い（設立年が古い）ほど存続確率は高いが成長率は低く、逆に言えば創業間もない若い企業は存続確率が低いものの存続した場合には成長率が高いというのが経験則となっている（サーベイ論文としてGeroski, 1995; Caves, 1998; Bartelsman and Doms, 2000）。これらは一般に売上高や従業者数の伸びを成長の指標として用いているが、成長性が高い企業は生産性の伸び率も高い場合が多いはずである。これら生産性や企業成長のダイナミクスに関する実証研究は、優れた技術やノウハウを持ち、創業後の年数は短いが成長性の高い若い企業が、集計レベルの生産性にとって重要な役割を果たす可能性を示唆している。例えば、上記 Foster et al. (2006) は、米国小売業の生産性上昇のうち98％は生産性の高い事業所が参入し、退出した生産性の低い事業所に置き換わったことで説明されるという結果を示している。ミクロデータを用いた生産性の実証分析において、企業年齢は企業規模とともにコントロール変数として頻繁に用いられるが、それ自体の係数には関心が払われない場合が多い。本章では、企業年齢を主要な企業特性の一つとして扱い、それと TFP の関係について産業間で比較する。

　要すれば、以上のような先行研究も踏まえつつ、本章は IT、外資、企業年齢という「企業活動基本調査」のデータで利用可能な企業特性を同時に考慮して、日本企業の TFP 水準及び伸び率との関連を定量的に分析する。全産業だけでなく産業を五つに区分し、製造業とサービス産業の違いについて考察する。ある特定の変数に焦点を絞って理論モデルを検証するという性格のものではなく、シンプルな方法で生産性と関連を持つ企業特性を抽出しようとする事実探索的な研究である。

　本章の主な分析結果を予め述べれば次の通りである。第一に、情報ネットワーク利用度の高い企業ほど TFP の水準及び成長率が高い傾向がある。しかし、企

業固定効果をコントロールすると、情報ネットワークの利用高度化が直ちにTFPの水準や伸び率を高めるとは言えず、背後にある企業固有の特性(「経営力」ないし「経営の質」)が、生産性を規定するより本質的な要素であることが示唆される。第二に、外資比率が高い企業のTFP水準及びTFP上昇率は高い。全産業及び製造業では企業固定効果を考慮しても外資比率とTFP水準の間には正の関係が観察される。しかし、サービス産業では企業固定効果を入れると外資比率は一般にTFPの水準とも伸び率とも有意な関係を持っていない。第三に、企業年齢が若い企業ほどTFPの水準及び上昇率が高い傾向があり、この関係は製造業と比べてサービス産業で顕著である。

観測されない企業特性を考慮に入れたとき、IT投資の促進、対内直接投資の拡大が直接的にサービス企業の生産性を高める関係にないとすると、政策的にはIT投資に対する助成といったシンプルな手段ではなく、企業特性自体を変えていくような対応が必要になると考えられる。次章以降で行うコーポレート・ガバナンスや労使関係に関する分析はこの点と関連している。また、特にサービス産業で若い企業の生産性が高いという結果は、創業の支援とともに創業後の年数が浅い企業の成長を促すような環境整備が、結果としてサービス産業の生産性向上に寄与することを含意している。

本章の構成は以下の通りである。第2節では、分析に使用するデータ及び分析方法を解説する。第3節では、全産業及び主要産業別に推計結果を示す。前半でTFPの水準を、後半でTFP変化率を被説明変数とする結果を報告する。第4節で結論を要約するとともに分析の限界や今後の課題について述べる。

2 データ及び分析方法

本章の分析に使用するのは、「企業活動基本調査」(経済産業省)のパネルデータである。「企業活動基本調査」は、当初、鉱業、製造業、卸売業、小売業を行う企業が調査対象だったが、1997年度(1998年調査)から飲食店が追加された後、サービス業のカバレッジを徐々に拡げ、2001年度(2002年調査)からは経済産業省が所管するサービス業のかなりの部分をカバーしている[4]。本章では、同調査の2001～10年の10年間のデータを企業レベルで接続してパネルデータを作成した。サンプル企業数は各年約25,000～30,000社、総計で約45,000社である。

第8章　生産性が高いのはどのような企業か？

　被説明変数として使用するTFPの算出方法は第2章で詳述しているが、インデックス・ナンバー方式によりノンパラメトリックに計測する。期首（2001年）における「代表的企業」を基準とした相対値である。中間投入を含むグロス・ベースではなく、付加価値ベースのTFPである。付加価値額は、営業利益＋賃借料＋給与総額＋減価償却費＋租税公課である。付加価値額の実質化は国民経済計算（SNA）の付加価値デフレーターを、資本ストックは、SNAの設備デフレーターを使用する。

　説明変数は、情報ネットワーク利用に関する三つのダミー（企業内ネットワーク：$it1$、特定企業間ネットワーク：$it2$、オープン・ネットワーク：$it3$）、外資比率（$foreign$）、企業規模（常時従業者数の対数：$lnemp$）、企業年齢（age）、産業ダミー（3ケタ）である。また、景気局面の違いによる影響を除去するため、年次ダミーを使用する。これら変数のうち企業年齢は、調査年から創業年を引くことで計算される。本章で関心がある変数のうち、情報ネットワークの利用に関する調査は2008年を最後に行われていないため、以下の分析では2001～08年の8年間のデータを説明変数として使用する。変数に使用するデータが欠損値であるサンプルを落とした結果、推計に使用した企業数は約39,000社、観測値の総数は約180,000である。

　推計方法は単純で、①8年間のデータをプールしたOLS、②固定効果（FE: fixed effects）モデルによるパネル推計である。FE推計では、説明変数に含まれない企業特性がコントロールされるため、説明変数以外の何らかの要因によりTFPが高い企業ほどIT利用度や外資比率が高いといった見かけ上の相関を取り除いた上での関係を把握することができる。具体的な推計式は下記の通りである。

$$TFP_{it} = \beta_0 + \beta_1 it1_{it} + \beta_2 it2_{it} + \beta_3 it3_{it} + \beta_4 foreign_{it} + \beta_5 lnemp_{it} + \beta_6 age_{it} + \phi_{it} + \lambda_t + \varepsilon_{it} \quad (1)$$

　ϕ_{it}は産業ダミー、λ_tは年次ダミー、ε_{it}は誤差項である（FE推計では企業固定効果η_iが加わる）。なお、説明変数のうち企業年齢（age）は、その定義上、どの企業も1年後には1年大きな数字となるので、FE推計ではタイムトレンド

4）ただし、環境衛生業、宿泊業、医療・福祉サービス等「専業」の企業は依然として調査対象外である。

第Ⅲ部　企業特性と生産性

表8-1　主な変数と平均値・標準偏差

変数	(1)全産業	(2)製造業	(3)卸売業	(4)小売業	(5)情報通信業	(6)サービス業
TFP 水準	0.008	-0.033	0.005	-0.177	0.553	-0.126
(TFP)	(0.343)	(0.537)	(0.532)	(0.478)	(0.534)	(0.695)
TFP 上昇率	-0.021	0.018	-0.003	-0.003	0.024	-0.004
(ΔTFP)	(0.567)	(0.366)	(0.306)	(0.283)	(0.340)	(0.377)
企業内情報ネットワーク	0.838	0.848	0.853	0.784	0.917	0.779
($it1$)	(0.368)	(0.359)	(0.354)	(0.411)	(0.276)	(0.415)
特定企業間ネットワーク	0.381	0.389	0.409	0.399	0.380	0.285
($it2$)	(0.486)	(0.487)	(0.492)	(0.490)	(0.485)	(0.452)
オープン・ネットワーク	0.060	0.052	0.066	0.068	0.102	0.051
($it3$)	(0.238)	(0.223)	(0.249)	(0.252)	(0.303)	(0.219)
外資比率(%)	2.134	2.171	3.211	1.205	1.938	1.303
($foreign$)	(12.208)	(11.626)	(16.324)	(8.913)	(11.337)	(9.443)
企業規模(ln 常時従業者数)	5.199	5.156	4.961	5.593	5.251	5.388
($lnemp$)	(1.006)	(0.964)	(0.834)	(1.141)	(0.994)	(1.142)
企業年齢(年)	39.14	42.45	42.14	35.43	25.70	30.25
(age)	(18.71)	(18.44)	(18.41)	(17.59)	(15.72)	(15.57)

(注)「企業活動基本調査」のパネルデータに基づき計算（以下同様）。対象期間は2001～08年（TFP 上昇率は2002～09年）。カッコ内は標準偏差。

に近い性格を持つ変数となる。

　全産業のほか、主な産業大分類別に推計を行う。具体的には、製造業、卸売業、小売業、情報通信業、（狭義）サービス業の5業種毎の結果を報告する（本章では必要に応じて製造業以外の4業種を総括して「サービス産業」と表現する）[5]。産業別分析における観測値の数は、製造業約85,000、卸売業約37,000、小売業約24,000、情報通信業約10,000、サービス業約18,000である。

　主な変数とその平均値及び標準偏差は表8-1に示しておく。全産業は同表(1)、主要産業別に比較したのが(2)～(6)である。産業によって平均的な企業特性には違いがあり、卸売業で外資比率が高く小売業やサービス業で低い、情報通信業やサービス業の平均企業年齢が若いといった特徴がある。

　以上は企業特性と TFP「水準」の関係を分析するものだが、例えば情報化や対内直接投資の生産性への効果を「成長効果」として取り扱う先行研究も多い。このため、TFP の階差（ΔTFP）を被説明変数とする以下のような推計も行う。

---

[5]「全産業」には、これら5業種以外に、企業数は少ないが電力・ガス・水道・熱供給業、農林水産業、建設業等が含まれている。

この場合、各種企業特性は期首（前年）の数字を使用し、期首の説明変数を示す際は"-1"という添字を使用する。また、この推計では、期首のTFP水準（TFP_{-1}）をコントロール変数として追加的に用いる。これは初期の生産性水準が相対的に低い企業の生産性のキャッチアップを通じた収斂効果をコントロールすることが主な目的だが、同時に、計測誤差や平均回帰に起因するバイアスを除去する意味もある[6]。

$$\Delta TFP_{it} = \beta_0 + \beta_1 \, it1_{it-1} + \beta_2 \, it2_{it-1} + \beta_3 \, it3_{it-1} + \beta_4 \, foreign_{it-1} \\ + \beta_5 \, lnemp_{it-1} + \beta_6 \, age_{it-1} + \beta_7 \, TFP_{it-1} + \phi_{it} + \lambda_t + \varepsilon_{it} \tag{2}$$

推計方法はTFP「水準」の分析と同じくプーリングOLS及びFE推計である。上述の通り、情報ネットワーク関連のデータは2008年度までしかないが、この分析の被説明変数には、最終年の翌年に当たる2009年度までのデータを使用する。すなわち、2001年の企業特性と2001～02年のTFP伸び率との関係から2008年の企業特性と2008～09年のTFP伸び率の関係までを分析することになる。さらに、情報ネットワーク使用、外資比率の変化等の効果に比較的長いラグがある可能性を考慮し、3年間のインターバルでの成長効果についても推計する。この場合は2010年度までのデータを被説明変数に使用し、例えば2007年の企業特性が2007～10年の間のTFP伸び率に及ぼす効果を分析することになる。この場合、期首の説明変数は"-3"という添字を使用する。

3 分析結果

3.1 企業特性とTFP水準

全産業を対象にした推計のうちTFPへの「水準効果」（上記(1)式）に関する推計結果は表8-2に示す通りである。まず、情報ネットワークとTFPの関係を

---

[6] 生産性の収斂は、主に経済成長のクロスカントリー分析で扱われるが、企業レベルの分析でも考慮されることが多い。Fukao et al.（2005）は、期首の生産性水準をコントロール変数として使用した日本企業の生産性分析の例である。Oulton（1998）は、英国企業の労働生産性に平均回帰の傾向（regression toward the mean）があること、また、Griffith et al.（2002）やChevalier et al.（2012）は、英国やフランスでTFPのフロンティアへの収斂（技術的に遅れた企業・事業所ほどTFP上昇率が高い）ことを示している。

第Ⅲ部　企業特性と生産性

表8-2　TFP の推計結果（全産業）

	(1) OLS	(2) FE
企業内ネットワーク	0.0442***	-0.0053*
($it1$)	(0.0049)	(0.0030)
特定企業間ネットワーク	0.0705***	-0.0081***
($it2$)	(0.0039)	(0.0024)
オープン・ネットワーク	0.0141**	0.0156***
($it3$)	(0.0069)	(0.0041)
外資比率	0.0049***	0.0011***
($foreign$)	(0.0002)	(0.0002)
企業規模	0.0502***	-0.2466***
($lnemp$)	(0.0023)	(0.0041)
企業年齢	-0.0036***	0.0003
(age)	(0.0001)	(0.0002)
産業ダミー	yes	yes
年ダミー	yes	yes
サンプル数	178,987	178,987
R^2	0.3019	0.0793

（注）カッコ内は標準誤差（OLS 推計の標準誤差は企業レベルでクラスター）。* は10％、** は 5 ％、*** は 1 ％水準で有意。OLS は自由度修正済み R^2、FE 推計は R^2 (within)。

　見ると、OLS 推計によれば、情報ネットワークの利用度と TFP の関係は、情報ネットワーク利用の範囲が企業内（$it1$）、企業間（$it2$）、オープン（$it3$）と拡大するほど企業の TFP 水準は追加的に高くなっていく傾向がある（表8-2(1)）。量的には、企業内ネットワークを利用している企業の TFP は4.4％、特定企業間ネットワークでは7.1％、オープン・ネットワークでは1.4％高い。各情報ネットワーク利用度ダミーは独立なので、これら三つを全て用いている企業は、全く情報ネットワークを使用していない企業と比較して合計で約13％ TFP の水準が高いことになる。

　しかし、企業固定効果を除去した FE 推計では企業内ネットワークや特定企業間ネットワークの係数は負であり、オープン・ネットワークのみ有意な正値であるなど、情報ネットワークの利用がシステマティックに高い TFP に結び付いているとは言えない（表8-2(2)）。また、後述する通り産業別に FE 推計すると情報ネットワーク利用度の係数はほとんどが有意でなくなる。情報ネットワーク利用を高度化することだけで企業が直ちに生産性向上のメリットを享受できるとは言えない。OLS 推計と FE 推計の結果の違いは、単に情報ネットワークの高度利用を行えば TFP が高まるというものではなく、それを活用するような何らか

の企業特性——組織の活力・柔軟性、経営者の能力、労働者のモチベーションなど広い意味での「経営力」ないし「経営の質」——が生産性の本質的な決定要因であることを示している[7]。ただし、ここでの結果はTFPへの効果であって、成長会計的な意味においてIT資本の深化自体がアウトプットに直接的なプラス寄与をしていることを否定するものではない[8]。

外資比率（$foreign$）の係数はOLS、FE推計ともに有意な正値であり、外資系企業のTFP水準が相対的に高いこと、また、外資比率が高まった企業のTFP水準は高くなる傾向があることを示している。例えば、外資比率が10％ポイント高くなるとTFPが4.9％（OLS）、1.1％（FE）高いという関係であり、量的なマグニチュードも比較的大きい[9]。ただし、後述する通り、産業別に見ると結果にはかなりの違いがある。もちろん、ここでの結果は当該企業への効果であって、対内直接投資の増加が当該企業以外の非外資系企業の生産性に対して正のスピルオーバー効果を持ちうることを否定するものではない。他方、この分析は企業固定効果を考慮しているので、もともと生産性が高い企業で外資比率が高まる傾向があるという影響は除去されているが、先行研究でも指摘されている通り[10]、生産性上昇の「見込み」が高い企業に対して外資が投資や買収を行い、その所有比率を高める傾向を持っているという因果関係までは排除できない。

企業年齢（age）の係数はOLS推計においては高い有意水準で負値となっている。すなわち、企業規模をはじめとする各種企業特性をコントロールした上で、若い企業ほどTFPが高いという関係を示している。他の条件が同じならば、企業年齢が1歳若い企業のTFPは0.4％高い。企業年齢の標準偏差は18.7年だから、企業年齢が1標準偏差高い（古い）と約6.7％TFPが低いという関係であり、

7）Bloom and Van Reenen (2007) が、"panel data econometricians often label as the fixed effects of 'managerial quality'" と述べている点である。
8）IT資本深化は、労働生産性に対しては上昇寄与する。Jorgenson and Motohashi (2005) は、日本のGDPに占めるコンピューター、通信機器、ソフトウエア投資の割合は近年急速に増加しており、IT投資がインプット増加という形で経済成長に大きく寄与していることを示している。
9）サンプル企業の外資比率の平均値は2.1％、標準偏差は12.2％である（表8-1参照）。
10）第1節でリファーした論文のほか、Fons-Rosen et al. (2013) は、世界約60か国の企業データを用いた分析により、外資所有企業の高い生産性は主として将来の成長ポテンシャルが高い企業を取得していることによると論じている。

表8-3　TFP の産業別 OLS 推計結果

	(1)製造業	(2)卸売業	(3)小売業	(4)情報通信業	(5)サービス業
企業内ネットワーク	0.0418***	0.0402***	0.0512***	-0.0081	0.0715***
($it1$)	(0.0071)	(0.0112)	(0.0107)	(0.0284)	(0.0146)
特定企業間ネットワーク	0.0489***	0.0826***	0.0459***	0.1372***	0.1334***
($it2$)	(0.0053)	(0.0085)	(0.0098)	(0.0173)	(0.0150)
オープン・ネットワーク	-0.0121	0.0438***	0.0156	-0.0291	-0.0012
($it3$)	(0.0095)	(0.0149)	(0.0145)	(0.0246)	(0.0268)
外資比率	0.0044***	0.0053***	0.0042***	0.0040***	0.0037***
($foreign$)	(0.0003)	(0.0004)	(0.0008)	(0.0009)	(0.0008)
企業規模	0.0894***	0.0309***	0.0108**	0.0392***	-0.0032
($lnemp$)	(0.0032)	(0.0059)	(0.0053)	(0.0101)	(0.0065)
企業年齢	-0.0019***	-0.0059***	-0.0066***	-0.0061***	-0.0025***
(age)	(0.0002)	(0.0003)	(0.0003)	(0.0008)	(0.0005)
産業ダミー	yes	yes	yes	yes	yes
年ダミー	yes	yes	yes	yes	yes
サンプル数	84,816	37,066	24,463	9,765	17,586
Adj R^2	0.3146	0.1657	0.1542	0.0662	0.4070

(注) カッコ内は企業レベルでクラスターした標準誤差。* は10%、** は 5 %、*** は 1 %水準で有意。

量的にかなり大きな関係である。FE 推計では企業年齢の係数は統計的に有意でないが、前節で述べた通り FE 推計における企業年齢はタイムトレンドに類似した変数なので詳述しない。

次に、産業大分類別に推計を行った結果を報告する。OLS 推計結果が**表8-3**、FE 推計結果が**表8-4**である。まず、情報ネットワークについて見ていきたい。企業内ネットワーク（$it1$）は OLS では情報通信業を除く全ての産業で有意な正値であり、係数の大きさは0.04～0.07程度である。（狭義）サービス業の係数が比較的大きい。特定企業間ネットワーク（$it2$）の係数は、OLS では全ての産業で 1 %水準の有意な正値であり、特に情報通信業、サービス業で大きな係数が推定されている。他方、オープン・ネットワーク（$it3$）の OLS 推計結果は、卸売業のみ有意な正値となっている。オープン・ネットワークの結果はやや曖昧だが、総じて見れば、情報ネットワークの活用度が高い企業ほど TFP が高い傾向があり、特に卸売業やサービス業で比較的強い関係が観察される。しかし、企業固定効果を含む FE 推計の結果は全く異なっている（表8-4）。企業内ネットワーク（$it1$）、特定企業間ネットワーク（$it2$）は卸売業を除き全て統計的に有意ではなく、卸売業は有意だが OLS とは逆に負値である。オープン・ネットワーク（$it3$）は製造業のサンプルでのみ有意な正値で、サービス産業 4 業種ではいずれも統計

第8章 生産性が高いのはどのような企業か？

表8-4 TFPの産業別FE推計結果

	(1)製造業	(2)卸売業	(3)小売業	(4)情報通信業	(5)サービス業
企業内ネットワーク	-0.0051	-0.0103*	-0.0042	-0.0120	0.0030
($it1$)	(0.0047)	(0.0060)	(0.0063)	(0.0163)	(0.0098)
特定企業間ネットワーク	-0.0044	-0.0109**	-0.0070	-0.0099	-0.0010
($it2$)	(0.0036)	(0.0045)	(0.0056)	(0.0101)	(0.0096)
オープン・ネットワーク	0.0138**	0.0103	0.0074	-0.0108	0.0031
($it3$)	(0.0068)	(0.0076)	(0.0082)	(0.0149)	(0.0149)
外資比率	0.0019***	0.0002	-0.0001	-0.0010	0.0004
($foreign$)	(0.0003)	(0.0004)	(0.0005)	(0.0007)	(0.0006)
企業規模	-0.2043***	-0.2813***	-0.2829***	-0.2040***	-0.2958***
($lnemp$)	(0.0075)	(0.0090)	(0.0079)	(0.0189)	(0.0095)
企業年齢	0.0000	-0.0007*	-0.0034***	0.0015	0.0007
(age)	(0.0002)	(0.0004)	(0.0005)	(0.0013)	(0.0009)
産業ダミー	yes	yes	yes	yes	yes
年ダミー	yes	yes	yes	yes	yes
サンプル数	84,816	37,066	24,463	9,765	17,586
R^2(within)	0.1355	0.0530	0.0794	0.0760	0.0904

(注) カッコ内は標準誤差。*は10％、**は5％、***は1％水準で有意。

的に有意ではない。要すればFE推計ではIT利用度とTFPとの間にシステマティックな関係は見られず、企業固定効果をコントロールすると情報ネットワークの利用度の向上が当該企業のTFPを高めるという関係にはないことになる。この結果は、全産業での分析結果と同様、観測されない企業特性（「経営力」）の重要性を示している。序論で言及したBresnahan et al.（2002）やBrynjolfsson et al.（2002）は、米国の企業レベルのデータを使用した分析により、IT投資は労働者のスキル向上、組織変革といった補完的な無形資産投資を伴うことで生産性への効果が大きくなることを明らかにしており、以上の結果は日本でも類似の事情があることを示唆している。

外資比率（$foreign$）とTFPの関係についても情報ネットワークの利用と同様の結果が観察される。OLS推計では全ての産業で外資比率は1％水準で有意な正値となっており、推定された係数の大きさは0.04～0.05程度と産業に関わらず類似した数字である（表8-3）。一方、FE推計の結果を見ると、製造業だけは有意な正値だが、サービス産業4業種はいずれも有意ではなく、係数の符号はまちまちで小さな値である（表8-4）。サービス産業の生産性向上のために対内直接投資の促進を通じた外資の積極的な誘致の重要性が指摘されるが、ここでの結果は、少なくともこれまでのところ単に外資比率を高めれば当該サービス企業の生

産性が改善するわけではなかったことを意味している。

　企業年齢（age）の係数は OLS 推計において 5 つの産業全てで有意な負値であり、製造業に比べてサービス産業の係数、特に卸売業、小売業、情報通信業の係数が大きい。企業年齢は時間を経るとともに外生的に増加する変数なので、企業年齢が高まっていくほど他の条件が同じならば生産性が低下していくという因果関係と解釈できる。これらは、サービス産業において若い企業が産業全体の生産性向上にとって潜在的に重要な役割を果たしうることを確認する結果と言える。

3.2　企業特性と TFP 成長率

　以上は TFP の「水準」を被説明変数とした結果だが、IT の活用、外資導入等の企業特性は生産性に対して「成長効果」、つまり TFP「上昇率」を高める効果を持つ可能性もある。この点について、TFP の変化（前年度との階差：ΔTFP）を被説明変数とする(2)式の OLS 回帰結果を示したのが表8-5(1)、FE 推計結果が(2)である。説明変数は全て期首の数字を使用しており、期首の企業特性とその後 1 年間の TFP の変化率との関係を分析している。これによると、情報ネットワークの利用に係るダミーのうち企業内ネットワーク（$it1_{-1}$）及び特定企業間ネットワーク（$it2_{-1}$）の係数は有意な正値であり、期首にネットワーク利用度の高い企業の TFP 伸び率が高いという関係が確認される。ただし、オープン・ネットワーク（$it3_{-1}$）は正値だが有意ではない。量的には、企業内ネットワークで＋0.6％ポイント程度、特定企業間ネットワークで追加的に＋1.4％ポイント程度であり、2000年までの期間について分析した Motohashi（2007）の結果に比べると小さい。ただし、情報ネットワークの係数は、（水準効果の推計結果と同様）FE 推計では安定せず、企業内ネットワークは非有意、特定企業間ネットワークは有意な負値、オープン・ネットワークは有意な正値となっている。符号を含めて結果がまちまちなため解釈が難しいが、観測されない企業特性の違いを考慮すると、情報ネットワーク利用の高度化が TFP 成長率を高めるというシステマティックな関係があるとは言い難い。すなわち、「水準効果」の分析結果と同様、情報ネットワーク利用度の高さをもたらす企業特性（「経営力」）が背後に存在することを示唆している。逆に言えば、2000年代に至ってもなお情報ネットワークの活用を行っていないような企業は、情報化以前の何らかの経営上の問題があって TFP の伸び率が低いとも考えられる。ここでの結果も IT 投資と補

第8章 生産性が高いのはどのような企業か？

表8-5　企業特性とTFP伸び率の関係（全産業）

	1年階差		3年階差	
	(1)OLS	(2)FE	(3)OLS	(4)FE
企業内ネットワーク	0.0058**	-0.0051	0.0161***	0.0038
($it1_{-1,-3}$)	(0.0023)	(0.0032)	(0.0039)	(0.0043)
特定企業間ネットワーク	0.0141***	-0.0092***	0.0208***	-0.0014
($it2_{-1,-3}$)	(0.0018)	(0.0025)	(0.0031)	(0.0033)
オープン・ネットワーク	0.0016	0.0141***	0.0005	0.0175***
($it3_{-1,-3}$)	(0.0032)	(0.0043)	(0.0055)	(0.0055)
外資比率	0.0012***	0.0005**	0.0017***	-0.0006**
($foreign_{-1,-3}$)	(0.0001)	(0.0002)	(0.0002)	(0.0003)
企業規模	0.0244***	0.0444***	0.0343***	0.0252***
($lnemp_{-1,-3}$)	(0.0009)	(0.0044)	(0.0017)	(0.0063)
企業年齢	-0.0012***	-0.0012***	-0.0017***	-0.0004*
($age_{-1,-3}$)	(0.0001)	(0.0002)	(0.0001)	(0.0002)
TFP（期首）	-0.2520***	-0.2520***	-0.3660***	-0.2520***
($TFP_{-1,-3}$)	(0.0042)	(0.0028)	(0.0060)	(0.0041)
産業ダミー	yes	yes	yes	yes
年ダミー	yes	yes	yes	yes
サンプル数	160,696	160,696	70,143	70,143
R^2	0.1614	0.4020	0.2566	0.4664

(注) カッコ内は標準誤差（OLS推計の標準誤差は企業レベルでクラスター）。*は10％、**は5％、***は1％水準で有意。OLSは自由度修正済みR^2、FE推計はR^2 (within)。

完的な無形資産や組織資本の役割あるいは「経営の質」の重要性を指摘する近年の研究と整合的である。

　外資比率（$foreign_{-1}$）の係数は、OLS推計、FE推計ともに有意な正値であり、外資比率が高いほどTFPの水準だけでなくTFP上昇率が高い傾向がある。外資比率±10％ポイントの違いによるTFP伸び率の違いはOLS推計で±1.2％ポイント、FE推計で±0.5％ポイントであり、量的にも比較的大きい。ただし、生産性水準の分析と同様、生産性上昇率が加速する見込みの高い企業に対して外資が投資を行ったり所有比率を高めたりする傾向があるという因果関係も排除はできない。

　このほか、OLS推計における企業年齢（age_{-1}）の係数は高い有意水準の負値となっており、企業規模その他の条件が等しければ、若い企業ほどTFPの水準だけでなくTFP伸び率も高い傾向がある。量的には企業年齢が10年若い企業のTFP伸び率は1.2％ポイント高いという関係である。この結果は、新規参入企業は異質性が高く、存続した場合には成長性が高いという産業組織論の実証研究に

第Ⅲ部　企業特性と生産性

表8-6　企業特性とTFP伸び率（1年間）のOLS推計結果（産業別）

	(1)製造業	(2)卸売業	(3)小売業	(4)情報通信業	(5)サービス業
企業内ネットワーク	0.0102***	0.0040	0.0008	-0.0119	0.0092
($it1_{-1}$)	(0.0036)	(0.0047)	(0.0049)	(0.0146)	(0.0076)
特定企業間ネットワーク	0.0088***	0.0147***	0.0045	0.0331***	0.0420***
($it2_{-1}$)	(0.0026)	(0.0034)	(0.0040)	(0.0085)	(0.0075)
オープン・ネットワーク	-0.0117**	0.0126**	0.0079	0.0174	-0.0215
($it3_{-1}$)	(0.0050)	(0.0061)	(0.0071)	(0.0124)	(0.0141)
外資比率	0.0012***	0.0011***	0.0012***	0.0013***	0.0010***
($foreign_{-1}$)	(0.0001)	(0.0001)	(0.0003)	(0.0003)	(0.0004)
企業年齢	-0.0010***	-0.0013***	-0.0018***	-0.0017***	-0.0011***
(age_{-1})	(0.0001)	(0.0001)	(0.0001)	(0.0003)	(0.0002)
産業ダミー	yes	yes	yes	yes	yes
年ダミー	yes	yes	yes	yes	yes
サンプル数	78,052	32,765	22,338	7,626	15,409
Adj R^2	0.2087	0.1191	0.1203	0.1311	0.1475

(注) 被説明変数は1年間のTFP変化率。カッコ内は企業レベルでクラスターした標準誤差。*は10％、**は5％、***は1％水準で有意。表では省略しているが、コントロール変数として期首の企業規模（$lnemp_{-1}$）、TFP（TFP_{-1}）を使用している。

おける「定型化された事実」と整合的である。なお、期首のTFP水準（TFP_{-1}）の係数はOLSでもFEでも高い有意水準の負値であり、先行研究と同様、生産性の収斂傾向の存在を示している。

　情報ネットワーク、外資比率の効果に比較的長いラグがある可能性を考慮し、3年間のインターバルで分析した結果が表8-5(3)、(4)である。被説明変数であるTFP変化率は年率換算していないので、係数の大きさは1年階差に比べて大きめになるのが自然である。IT関連のダミーのパタンを見ると、OLS推計結果、FE推計結果とも基本的には前年比（1年階差）の分析結果とおおむね同様である。ただし、外資比率の係数を見ると、OLS推計結果は1年階差の結果と同様だが、FE推計結果は有意な負値と符号が逆転している。この結果の解釈は難しいが、外資による生産性上昇率の加速が一時的なものであるというのが一つの解釈である。

　産業大分類別のOLS推計結果は、**表8-6**（1年間のTFP成長率）及び**表8-7**（3年間のTFP成長率）、FE推計結果は**表8-8**及び**表8-9**に示している。煩瑣になるのを避けるため、主たる関心事である情報ネットワーク、外資比率、企業年齢の結果のみを表示し、コントロール変数の表示は省略している。

　情報ネットワーク利用度のOLS推計結果を見ると、特定企業間ネットワーク

表8-7　企業特性とTFP伸び率（3年間）のOLS推計結果（産業別）

	(1)製造業	(2)卸売業	(3)小売業	(4)情報通信業	(5)サービス業
企業内ネットワーク	0.0252***	0.0221***	0.0076	-0.0071	-0.0083
($it1_{-3}$)	(0.0058)	(0.0083)	(0.0080)	(0.0270)	(0.0118)
特定企業間ネットワーク	0.0098**	0.0282***	0.0177**	0.0316**	0.0560***
($it2_{-3}$)	(0.0045)	(0.0060)	(0.0070)	(0.0143)	(0.0128)
オープン・ネットワーク	-0.0168*	0.0169	0.0121	0.0066	0.0110
($it3_{-3}$)	(0.0088)	(0.0111)	(0.0115)	(0.0179)	(0.0208)
外資比率	0.0015***	0.0019***	0.0006	0.0027***	0.0019***
($foreign_{-3}$)	(0.0003)	(0.0003)	(0.0006)	(0.0007)	(0.0008)
企業年齢	-0.0012***	-0.0016***	-0.0025***	-0.0029***	-0.0024***
(age_{-3})	(0.0001)	(0.0002)	(0.0002)	(0.0006)	(0.0004)
産業ダミー	yes	yes	yes	yes	yes
年ダミー	yes	yes	yes	yes	yes
サンプル数	51,543	20,808	14,609	4,324	8,953
Adj R^2	0.2357	0.1467	0.1455	0.2094	0.2208

(注)　被説明変数は3年間のTFP変化率。カッコ内は企業レベルでクラスターした標準誤差。*は10％、**は5％、***は1％水準で有意。表では省略しているが、コントロール変数として期首の企業規模（$lnemp_{-3}$）、TFP（TFP_{-3}）を使用している。

表8-8　企業特性とTFP伸び率（1年間）のFE推計結果（産業別）

	(1)製造業	(2)卸売業	(3)小売業	(4)情報通信業	(5)サービス業
企業内ネットワーク	-0.0048	-0.0098	-0.0074	-0.0381*	0.0181*
($it1_{-1}$)	(0.0051)	(0.0066)	(0.0065)	(0.0199)	(0.0106)
特定企業間ネットワーク	-0.0083**	-0.0123***	-0.0126**	0.0035	0.0083
($it2_{-1}$)	(0.0038)	(0.0048)	(0.0055)	(0.0116)	(0.0099)
オープン・ネットワーク	0.0017	0.0143*	0.0149*	0.0364**	-0.0193
($it3_{-1}$)	(0.0072)	(0.0081)	(0.0085)	(0.0171)	(0.0167)
外資比率	0.0007**	-0.0010**	0.0015***	0.0005	-0.0005
($foreign_{-1}$)	(0.0003)	(0.0004)	(0.0005)	(0.0009)	(0.0007)
企業年齢	-0.0009***	-0.0018***	-0.0037***	0.0012	-0.0011
(age_{-1})	(0.0003)	(0.0004)	(0.0005)	(0.0015)	(0.0011)
産業ダミー	yes	yes	yes	yes	yes
年ダミー	yes	yes	yes	yes	yes
サンプル数	78,052	32,765	22,338	7,626	15,409
R^2(within)	0.4118	0.4189	0.4159	0.4219	0.4438

(注)　被説明変数は1年間のTFP変化率。カッコ内は標準誤差。*は10％、**は5％、***は1％水準で有意。表では省略しているが、コントロール変数として期首の企業規模（$lnemp_{-1}$）、TFP（TFP_{-1}）を使用している。

（$it2_{-1}$）を中心に多くの産業で情報ネットワークの利用度とTFP伸び率の間に有意な正の関係が見られる（表8-6、表8-7）。しかし、観測されない企業特性をコントロールしたFE推計結果は全く異なっている。1年間のTFP成長率との関係では、企業内ネットワーク（$it1_{-1}$）の係数はサービス業で有意な正値だが、

第Ⅲ部　企業特性と生産性

表8-9　企業特性とTFP伸び率（3年間）のFE推計結果（産業別）

	(1)製造業	(2)卸売業	(3)小売業	(4)情報通信業	(5)サービス業
企業内ネットワーク	0.0098	0.0116	0.0054	-0.0515**	-0.0181
($it1_{-3}$)	(0.0067)	(0.0084)	(0.0083)	(0.0261)	(0.0145)
特定企業間ネットワーク	-0.0048	0.0075	0.0083	-0.0300*	0.0156
($it2_{-3}$)	(0.0051)	(0.0063)	(0.0072)	(0.0162)	(0.0141)
オープン・ネットワーク	0.0100	0.0105	0.0138	0.0150	0.0166
($it3_{-3}$)	(0.0092)	(0.0105)	(0.0101)	(0.0239)	(0.0211)
外資比率	-0.0007*	-0.0016***	-0.0013*	0.0006	0.0004
($foreign_{-3}$)	(0.0004)	(0.0006)	(0.0007)	(0.0011)	(0.0008)
企業年齢	-0.0003	0.0010*	-0.0033***	-0.0022	-0.0027**
(age_{-3})	(0.0003)	(0.0005)	(0.0007)	(0.0023)	(0.0013)
産業ダミー	yes	yes	yes	yes	yes
年ダミー	yes	yes	yes	yes	yes
サンプル数	51,543	20,808	14,609	4,324	8,953
R^2(within)	0.4746	0.5311	0.5226	0.5351	0.5429

（注）被説明変数は3年間のTFP変化率。カッコ内は標準誤差。*は10％、**は5％、***は1％水準で有意。表では省略しているが、コントロール変数として期首の企業規模（$lnemp_{-3}$）、TFP（TFP_{-3}）を使用している。

情報通信業では有意な負値であり、製造業、卸売業、小売業については有意な値が得られなかった（表8-8）。特定企業間ネットワーク（$it2_{-1}$）の係数は5業種全て負値又は非有意でTFP上昇率と有意な正の関係が観察される産業は存在しない。3年間のTFP伸び率との関係でも、企業内ネットワーク、特定企業間ネットワークの係数が有意な正値となった業種は存在しない（表8-9）。1年間のTFP成長率を被説明変数とした場合、オープン・ネットワーク（$it3_{-1}$）の係数は、卸売業、小売業、情報通信業で5％ないし10％水準で有意な正値となっているが、3年間のTFP伸び率を用いたFE推計では、企業内ネットワーク（$it1_{-3}$）、特定企業間ネットワーク（$it2_{-3}$）、オープン・ネットワーク（$it3_{-3}$）の係数が有意な正値となる産業は一つも存在しない（表8-8、表8-9）。要すれば、産業別に見ても、企業固定効果をコントロールすると情報ネットワークの利用度の高さがTFP上昇率とシステマティックな関係を持っているという結論を導くことは難しい。

外資比率（$foreign_{-1}$、$foreign_{-3}$）の係数は、OLS推計によるとほぼ全ての産業で有意な正値である（表8-6、表8-7）。全産業の結果と同様、産業別に見ても外資系企業はTFP上昇率が高いという関係がある。他方、1年間のTFP伸び率に関するFE推計では、製造業及び小売業は有意な正値だが、情報通信業、サービス業は非有意、卸売業は有意な負値となっている（表8-8）。さらに3年間

のTFP伸び率を見ると、外資比率（$foreign_{-3}$）の係数は全ての産業で負値又は非有意である（表8-9）。サービス産業の生産性「上昇率」を高める上で外資比率の引き上げが有効であるという頑健な結論は得られない。

企業年齢（age_{-1}, age_{-3}）の係数のOLS推計結果は、各産業共通して有意な負値であり、その大きさは小売業、情報通信業、サービス業が比較的大きい（表8-6、表8-7）。少なくともこれらの産業では、相対的に若い企業の生産性上昇に対する役割が潜在的に大きいことを示唆している。

4 結論

本章は、「企業活動基本調査」のパネルデータを使用し、産業による違いに注目しつつ、サービス産業の生産性向上の観点から議論されることの多いIT利用、外資、企業年齢に焦点を当てて、企業特性と生産性（TFP）の関連を定量的に分析したものである。分析結果の概要を改めて整理すると次の通りである。

第一に、情報ネットワーク利用度が高い企業のTFPの水準及び伸び率は高いが、企業固定効果を考慮すると情報ネットワーク利用度を高めることがTFPの水準を高める（あるいはTFPの伸び率を加速する）効果は確認できない。第二に、外資比率の上昇は、製造業企業ではTFPと正の関係を持っているが、サービス産業では必ずしもそうした関係を確認できない。もちろんここでの結果は、優れた経営ノウハウを持つ生産性の高い外資系企業から他企業に対して正のスピルオーバー効果が存在する可能性を否定するものではない。第三に、企業年齢が若い企業ほど他の条件にして等しければTFPの水準、伸び率ともに高い傾向があり、この関係はサービス産業で顕著である。

以上の分析結果からサービス産業の生産性向上に寄与する政策についてどういう含意を導くことができるだろうか。観測されない企業特性を所与としたとき、IT投資の促進、対内直接投資の拡大などが直接に個々のサービス企業の生産性（上昇率）を高める効果を持つ保証がないという結果は、背後にある企業特性（「経営力」）自体を変えるような取り組みが補完的に必要となることを意味している。したがって、有効な政策を検討するためには、生産性を規定する企業特性の本質を解明していくこと、すなわち、IT投資、外資比率といった現象面だけでなく、企業組織や企業統治構造に立ち入った分析が必要である。一方、相対的

に若い企業の生産性が高い傾向があるという結果は、優れた経営力を持つ新規企業の創業やそうした企業の成長を促すような環境整備が、結果的にサービス産業の生産性向上に寄与することを示唆している。

　本章の分析は、あくまでも「企業活動基本調査」から利用可能な限られた企業特性データを用いた極めてシンプルな分析であり、当然のことながらここで取り上げた以外の様々な企業特性が生産性に影響を持つ可能性がある。公的統計で把握可能な企業特性での分析には限界があり、補完的なアンケート調査と組み合わせた研究も必要である。本書第9章及び第10章はそうした試みである。

第9章

同族企業の生産性*

1 序論

　本章は、企業経営・企業組織上の特性が生産性に及ぼす効果に関する分析の一つとして、日本企業の所有構造（株主構成）が生産性に及ぼす効果を、オーナー経営企業や創業者の家族が大きな影響力を持つ同族企業と非同族企業の違いに着目して実証的に分析する。本章でも製造業とサービス産業を広くカバーする日本企業のミクロデータを使用する。

　これまで見てきた通り、製造業、サービス産業を問わず、同じ産業内でも企業の生産性格差は大きい。そして前章で見たように生産性の違いは公的統計で観測可能な経済変数では十分説明できず、観測されない企業特性（「経営力」）が大きく影響している。こうした中、最近、「経営の質」に着目し、公的な統計以外の情報を収集・活用した生産性研究が盛んに行われるようになっている。嚆矢となった Bloom and Van Reenen（2007）は欧米企業を対象にしたインタビュー調査に基づいて「経営の質」の指標を作成し、経営の質が企業の全要素生産性（TFP）と強い関係を持っていることを示した画期的な研究である[1]。同論文は、家族所有企業が経営権を長男に委譲した場合に経営の質が低い傾向があると指摘している。創業家族が多くの株式を保有し経営に強い影響力を持つ同族企業（family firms）は我が国企業の過半を占めているが、主要先進国でも大きなウエイトを持っており、次節で述べる通りエージェンシー問題の観点から多くの研究が行われてきている。しかし、生産性との関連を分析したものは少ない。

---

*本章は、Morikawa（2013）をもとに加筆修正を行ったものである。「企業活動基本調査」の個票データの目的外利用に関し、経済産業省の関係者に謝意を表したい。
1）Miyagawa et al.（2010）は、日韓企業を対象に同様の調査を行い、人的資源管理や組織変革が企業パフォーマンスと関係を持っていることを示している。

こうした状況を踏まえ、本章は、日本における企業の株式所有構造と生産性の関係を実証的に分析する。本章で使用するデータは、アンケート調査と政府統計の個票をマッチングさせた4,000社を超えるサンプルで、役員やその家族・親戚など株主類型別の株式所有比率、オーナー経営かどうかといった情報を含んでいる。分析の特長は、①先行研究の多くが上場大企業を中心とした比較的少数の企業を対象としているのに対して、非製造業や中堅・中小企業を含む多数のサンプルを用いること、②企業の所有構造と生産性（労働生産性、TFP）の中長期的な伸びだけでなく企業の存続確率との関係についても分析を行うこと、③同族企業の経営目標と現実の経営パフォーマンスの関連を分析すること、④上場企業と非上場企業の違いを考慮した分析を行うことである。

分析結果の要点を予め述べると次の通りである。第一に、同族企業は、企業規模、企業年齢、産業の違い等をコントロールした上で、生産性上昇率が年率2％ポイント程度低い。第二に、同族企業であっても株式を上場している企業は、非同族企業と生産性上昇率に有意な違いはない。第三に、同族企業は「企業の存続」を経営目標として重視する傾向があり、実際に6年間での存続確率が5～10％程度高い。これらの結果は製造業、サービス産業（非製造業）に共通である。

本章の構成は以下の通りである。第2節では関連する内外の先行研究をサーベイする。第3節では分析に使用するデータ、変数、分析方法について解説する。第4節では、同族企業と生産性、存続確率の関係についての分析結果を報告する。第5節で結論を整理するとともに解釈を加える。

2 先行研究

主要先進国において同族企業（あるいは家族企業）は大きなウエイトを持っており、米国のフォーチュン500、S&P500といった大企業のうち35％以上が家族所有企業である（Anderson and Reeb, 2003; Villalonga and Amit, 2006）。これら同族企業は、コーポレート・ガバナンス研究上興味深い存在であり、経営者・家族の株式所有が経営成果に及ぼす効果については、エージェンシー問題の観点から多くの研究が行われてきている（Morck et al., 1988; McConnell and Servaes, 1990; Anderson and Reeb, 2003; Miller et al., 2007等）。すなわち、同族企業は、所有と経営の一致によるエージェンシー問題の回避というプラスの側面を有する

――例えば「長期的視野」に立った経営を可能にする――一方、外部からの規律が弱いことから経営者やその家族が私的利益を追求し、企業の効率性を損なうという別のエージェンシー問題がありうると指摘されている。Villalonga and Amit (2006) は、前者を「エージェンシー問題Ⅰ」、後者を「エージェンシー問題Ⅱ」と称している[2]。

　Bertrand and Schoar (2006) は、同族企業における家族の役割に関する研究をサーベイするとともに、クロスカントリー・データに基づいて家族の所有・経営が必ずしも企業価値最大化ではなく創業家族の効用最大化であることを示唆する事実を提示し、創業家族の効用最大化は経済成長を阻害する可能性があると論じている。また、創業者がその親族を後継者に選ぶ場合には、従業者全体の中から選ばれた者の内部昇進あるいは実績を上げた経営者の外部からの招聘と比べて、専門的な経営者としての能力を欠く可能性がある。最近の多くの研究は、家族を後継者に選んだ企業の企業価値や効率性が低下することを示している (Villalonga and Amit, 2006; Pérez-González, 2006; Bloom and Van Reenen, 2007; Bennedsen et al., 2007; Cucculelli and Micucci, 2008; Saito, 2008; Andres, 2008; Anderson et al., 2009)。他方、親族内での継承者は、早くから後継者となることを前提に経営者として必要なスキルを蓄積することができるという利点もある。Sraer and Thesmar (2007) は、フランスの上場企業において、創業者の相続人が経営する企業は非同族企業よりも高い経営パフォーマンスであることを示している。また、日本の家族企業は、血縁関係はないが優秀な婿養子を後継者にすることで高い業績を挙げてきたという実証研究もある (Mehrotra et al., 2013)。要すれば、家族の所有が企業パフォーマンスに及ぼす効果は理論的には正負両方の可能性があり、実証的な検証の積み重ねが不可欠である。

　日本では、中小企業の後継者への継承を円滑にするために非上場企業を対象とした事業承継税制の拡充が進められた。例えば「中小企業における経営の承継の円滑化に関する法律」(2008年) に基づき、非上場の中小企業を対象に相続税・贈与税の一部納税猶予措置等が導入された[3]。こうした政策は同族経営を維持す

---

2) このほか、Morck et al. (2005)、Villalonga and Amit (2010)、Mehrotra and Morck (2013) も、同族（家族）企業の利害得失に関する優れたサーベイを行っている。
3) 2013年度の税制改正により、2015年から親族外承継も税制措置の対象とするなどの制度変更が行われることとなった。

るインセンティブを付与するものであり、同族企業の経営パフォーマンスを実証的に解明することは政策的にも大きな意義がある。EU 諸国でも多くの国で同族企業の相続に対する税制上の優遇措置が導入されており、研究者も高い関心を持っている。例えば Grossman and Strulik（2010）は、ドイツのデータを用いた分析により、家族企業の相続に対する税制上の優遇は、優れた起業家による創造的破壊のプロセスを鈍化させ、経済全体の TFP や経済厚生に対してマイナスの影響を持つ可能性があると論じている。日本では、中小企業庁（2003）が、3,000社強のデータを使用し、創業者の親族が代表者を継承した同族企業は、従業者数及び売上高の成長率が非同族企業に比べて統計的に有意に低いことを示している。他方、安田（2006）は、日本企業1,000社以上のデータにより、子息等承継企業と第三者承継企業の成長率（従業者数伸び率）の間に有意差はないとの分析結果を報告している。Saito（2008）は、日本の上場企業を対象にトービンの q 及び利益率（ROA: return on assets）を被説明変数とする分析を行い、創業者自身が経営を行っている企業の経営成果は高いが、創業者の引退後に創業家族が所有と経営をともに行う企業は市場価値が低いことを示している。

　同族企業の経営パフォーマンスに関する先行研究の多くは企業価値（会計上の利益率、トービンの q ）を被説明変数としている。これらが被説明変数に用いられるのは、企業価値最大化に対するエージェンシー問題の影響を検証することが主目的のためである。しかし、生産性への効果に焦点を当てた研究もいくつか存在する。日本企業を対象に株式所有構造の生産性に対する効果を分析した例としては Lichtenberg and Pushner（1994）が挙げられ、1976～89年の日本の製造業企業の財務データを使用し、金融機関、事業会社、取締役の株式所有の効果を分析している。それによると、金融機関の株式所有による正の効果が顕著だが、役員の株式所有は、その所有比率が 5 ％～ 15％のとき TFP の「水準」に正の効果を持つという結果である。また、対象は米国の製造業企業だが、Palia and Lichtenberg（1999）は、経営者の株式所有比率が TFP と正の関係を持っていることを示している。このほか、Barth et al.（2005）は、ノルウエー企業のサーベイ・データを使用した分析により、同族企業の生産性の水準が低いことを示している。

　本章の後半では企業の存続確率について分析を行う。そこで、企業の存続に関連する先行研究についても簡単に触れておきたい。企業の存続と成長の動態につ

いては産業組織論の分野で多数の実証研究があり、企業規模が大きいほど、企業年齢が高いほど、存続確率が高く成長率は低いというのが定型化された経験則となっている（サーベイ論文として Geroski, 1995; Sutton, 1997; Caves, 1998; Bartelsman and Doms, 2000）。学習効果と企業の選別（selection）がこうした経験則の背後にある理論的なメカニズムとされている。これらの事実は、企業特性が企業パフォーマンスに及ぼす効果を分析する際、企業の存続も考慮に入れることが望ましいことを示唆している。例えば、ハイリスク・ハイリターンの経営戦略を採る企業は、成功すれば成長率が高いが、失敗して廃業する確率も高い可能性がある[4]。

　企業・事業所のパネルデータを使用した最近の生産性研究では産業内における企業の参入・退出を含む新陳代謝が、産業やマクロ経済全体の生産性上昇に対して重要な寄与をしていることを明らかにしている（Foster et al., 2001, 2006; Disney et. al., 2003等）。そして日本を対象にしたいくつかの研究は、「失われた十年」の間、自然な淘汰のメカニズムが十分機能していなかったことを示している（Nishimura et al., 2005; Fukao and Kwon, 2006; Caballero et al., 2008）。経済的シェアの大きい同族企業がこうした新陳代謝の中でどういう役割を果たしているのかは、日本経済の生産性向上にとって重要な関心事である。また、次節で示す通り製造業に比べて非製造業で同族企業の割合が多いことに鑑みると、サービス産業の生産性向上との関連も強いイシューである。

　創業家族は一般に企業の所有・経営権を親族に承継することに強い関心を持っており、他の株主に比べて家族株主は企業存続への関心が強いと考えられる。また、家族株主は資産の大きな部分をその企業に投資しているためポートフォリオ多角化の程度が低く、非家族企業に比べてリスク回避的な傾向が強いかもしれない。例えば、Anderson et al.（2012）は、米国大企業約2,000社のデータを用いた分析により、非家族企業に比べて家族企業はリスクの高い研究開発投資よりも物的（設備）投資を選好する傾向があることを示している。この結果は、同族企業がリスク回避的であるという見方と整合的である。また、Bianco et al.（2013）は、イタリアの家族企業はリスク回避度が高いため、不確実性に対する投資の感

4）コーポレート・ガバナンスの研究では、John et al.（2008）が、リスク・テーキング行動が高い企業成長と関連していることを示している。

応度が非家族企業に比べて高いという分析結果を報告している。さらに、Lins et al.（2013）は、35か国の8,500社超の上場企業を対象に2008～09年の世界経済危機下における家族企業と非家族企業の株価パフォーマンスを比較し、家族企業の相対的なパフォーマンスが低く、過小投資等の存続志向型の行動をその理由として指摘している[5]。以上を要約すると、同族企業は低リスクの経営戦略を採るため、成長促進的な投資の犠牲の下に存続確率が高い可能性がある。これが本章で実証分析を行うに当たっての仮説である。

同族企業は非上場企業の中に多数存在するが、先行研究の大部分はデータのアベイラビリティから上場企業のみを分析対象としている[6]。しかし、上場している同族企業は、資本市場からの規律が働くため、家族が企業から私的な利益を享受することが制約され、非上場企業とは異なる企業行動を採る可能性が高い。この点について本章では、上場の有無を考慮した分析を行い、上場している同族企業の行動及び経営成果は株式所有が分散した企業に近いという仮説についても検証を行う。

3　データ及び分析方法

本章の分析に使用するデータは、「企業活動基本調査」（経済産業省）と「企業経営実態調査」（中小企業庁）の二つのミクロデータをリンクさせたパネルデータである。

「企業活動基本調査」は、鉱業、製造業、卸売業・小売業等の事業を行う従業者50人以上かつ資本金3,000万円以上の企業を対象とした基幹統計調査である。上場大企業だけでなく非上場企業・中堅企業も広くカバーしており、最近はサービス業のカバレッジも徐々に拡げられてきている。1994年度以降は毎年実施されており、対象企業数は25,000～30,000社にのぼる。「企業活動基本調査」は、永久企業番号によって対象企業が特定されていることから、長期にわたるパネルデータの作成が可能である。

5）他方、Nguyen（2011）は、日本の上場企業のサンプルを用いた分析で、家族が経営する企業の株価収益率のヴォラティリティが高いことを示し、家族が経営する企業のリスク・テーキング行動を示す結果であると論じている。
6）例外として例えばBianco et al.（2013）、Franks et al.（2012）。

一方、「企業経営実態調査」（1998年）は、日本企業のコーポレート・ガバナンスの実態を明らかにするために実施されたアンケート調査であり、企業の経営目標、経営に影響を与えるステークホルダー、株主構成、メインバンク、内部組織等の実態を幅広く調査している。10,000社を対象に実施され、5,000社超の回答を得ている（回収率51.5％）。本章では、「企業経営実態調査」のミクロデータと同調査の実施年である1998年から2004年（2005年調査）まで7年間の「企業活動基本調査」パネルデータを企業レベルで接続した[7]。これにより、期首に当たる1998年度の企業特性とその後2004年度までの中期的な企業パフォーマンスの関係を分析することが可能となる。1998年度においてマッチングできた企業数は4,500社強で、その後の退出等のため2004年度時点で存続している企業は、3,500社強である。

　本章では、①「オーナー経営企業」かどうか、②株主類型（一般投資家、金融機関、取引先、役員、役員の家族・親戚、財産管理会社、従業員、その他）別の株式所有割合のカテゴリー・データのうち「役員」及び「役員の家族・親戚」の株式所有比率を「同族企業」を表す説明変数として使用する。「企業経営実態調査」において、オーナーとは「創業者、創業者グループのメンバー、二・三代目もしくは創業家の血縁につながる者のこと、あるいは大株主個人のこと」と定義されている。そして「そのオーナーが社長、会長あるいは相談役として経営の第一線に立っている、もしくは、実質的な支配権を握っている企業」がオーナー経営企業と定義されている。この定義に該当する企業に対して「オーナー経営企業」＝1のダミー（$ownerdum$）を割り当てる。また、上場の有無による違いを観察するため、必要に応じて上場の有無によりサンプルを分割した推計を行い、又は、上場企業ダミー（$listdum$）及びこれとオーナー経営ダミーの交差項（$ownerdum*listdum$）を説明変数として使用する[8]。

　一方、株主カテゴリー別の株式所有割合は実数ではなく選択肢方式――①「所有なし」、②「0％超～5％未満」、③「5％以上10％未満」、④「10％以上20％未満」、⑤「20％以上50％未満」、⑥「50％以上」の6区分――となっているので、役員、役員の家族・親戚の株式所有比率は、「所有なし」を参照基準とする複数

7）簡略化のために「年」と表現するが、売上高等のフロー計数は年度の数字で、従業者数等のストック変数は年度末の数字である。
8）ここでの上場企業には店頭公開企業が含まれる。

のダミー変数（*board_1*〜*board_5*、*family_1*〜*family_5*）として説明変数に使用する。例えば、*board_1*及び*family_1*は「0％超5％未満」、*board_5*及び*family_5*は「50％以上」のダミーである。

このほか、「企業活動基本調査」から得られる期首の企業規模（常時従業者数の対数：*lnemp*）、企業年齢（*age*）、生産性の「水準」（LP、TFP）、3ケタ産業ダミー（*ϕ*）をコントロール変数として使用する。

被説明変数とする生産性上昇率は、「企業活動基本調査」のデータから計算される1998〜2004年の6年間における①労働生産性（LP）伸び率、②TFP伸び率である。第2節で見た通り、先行研究の多くは企業価値、会計上の利益率等を被説明変数として使用しているが、本章の関心はエージェンシー理論の検証というよりは生産性を規定する企業経営要因の解明なので、生産性を被説明変数とする。TFPは「代表的企業」を基準としたインデックス・ナンバー方式でノンパラメトリックに計測しており、計算方法は第2章で述べたのと同様である。

オーナー経営及び株式所有構造は「企業経営実態調査」が実施された期首時点（1998年）のデータのみ利用可能なので、所有構造の変化を考慮したパネル分析は困難である[9]。このため、上述の通り、期首の企業特性でその後6年間の生産性パフォーマンスを説明する回帰式をOLS推計する。

以上を整理すると、生産性上昇率を説明する推計式は下記の通りである。

$$Productivity\ Growth = \beta_0 + \beta_1 lnemp + \beta_2 age + \beta_3 productivity\ level + \Sigma \beta_k ownership\ dummies + \phi + \varepsilon \qquad (1)$$

一方、6年後（2004年）における企業の存続確率（*surv*）を説明するプロビット・モデルの説明変数は、期首の企業規模（*lnemp*）、企業年齢（*age*）、3ケタ産業ダミー（*ϕ*）のほか、資本装備率（*lnkl*）、総資産経常利益率（*rprofit*）をコントロール変数として追加する。具体的な推計式は、以下の通りである。

---

9) 企業によっては2004年までの間に企業所有の属性が変化した可能性は排除できない。ただし、一般に、同族企業の株式所有が分散して非同族企業になるケースはありうるが、逆のケースは稀と考えられる。後述する通り、同族企業が非同族企業よりも生産性の伸び率が低い、存続確率が高いという結論は、所有構造の変化があるとするとむしろ強まる可能性が高い。

表9-1 主な変数と要約統計量

変数		サンプル数	平均	標準偏差	最小値	最大値
常時従業者数(1998)	(lnemp)	4,566	5.066	0.939	3.912	11.126
企業年齢(1998)	(age)	4,566	38.5	15.4	1.0	106.0
資本装備率(対数)(1998)	(lnkl)	4,561	1.798	1.132	-5.486	6.119
総資産営業利益率(1998)	(rprofit)	4,566	0.017	0.065	-1.323	0.975
労働生産性(1998)		4,556	3.648	0.456	0.586	6.657
TFP(1998)		4,551	-0.035	0.417	-3.105	2.919
労働生産性伸び率		3,241	0.179	0.458	-2.875	3.258
TFP 伸び率		3,235	0.141	0.465	-2.908	3.904
存続(2004)		4,566	0.735	0.441	0.0	1.0

(注)「企業経営実態調査」(中小企業庁)のミクロデータ(1998年)と1998年～2004年の「企業活動基本調査」(経済産業省)のパネルデータをリンクさせたデータセットに基づいて計算(以下、表9-2～表9-8まで同様)。労働生産性、TFPの伸び率は1998～2004年の6年間の数字で、年率換算していない。

$$Pr(surv=1) = F(\beta_0 + \beta_1 lnemp + \beta_2 age + \beta_3 lnkl + \beta_4 rprofit \\ + \Sigma \beta_k ownership\ dummies + \phi) \quad (2)$$

ただし、企業の存続を分析する際、プロビット・モデルは退出(廃業)の時期に関する情報を十分活かしていない。本章で使用するデータは、何年に退出したかを特定することが可能なので、企業の退出を被説明変数とするCox比例ハザード・モデルを推計し、プロビット・モデルでの推計結果の頑健性を確認する。

次節で示す株式所有構造以外の主な変数とその要約統計量は**表9-1**に示しておく。

4 分析結果

4.1 同族企業の実態

サンプル企業約4,500社のうち「オーナー経営企業」は、サンプル企業全体の62.1％を占めており、製造業(60.0％)に比べて非製造業(67.1％)でいくぶんその比率が高い(**表9-2**上段)。オーナー経営企業の企業規模を全サンプルと比較すると、オーナー経営企業は若干小規模だが意外に差は小さい(表9-2下段)。表には示していないが、企業規模別に見ると、規模が大きくなるほどオーナー経営企業の割合は低くなるが、常時従業者1,000人以上の企業でも34.1％、5,000人以上規模でも16.1％となっている。サンプル企業の売上高総計に占めるオーナー経営企業のシェアは27.3％、従業者数全体に占めるシェアは37.6％であり、企業

第Ⅲ部　企業特性と生産性

表9-2　オーナー経営企業の数（1998年）

	（1）総数	（2）オーナー経営企業	（3）オーナー経営比率
産業計	4,471	2,778	62.1%
製造業	3,144	1,887	60.0%
非製造業	1,327	891	67.1%
常時従業者数・平均(1998)	380.3	230.0	
常時従業者数・中央値(1998)	125	116	

表9-3　役員、役員の家族・親戚の株式所有比率の分布（1998年）

	サンプル数	(1)なし	(2)5%未満	(3)5%以上10%未満	(4)10%以上20%未満	(5)20%以上50%未満	(6)50%以上
A. 役員の株式所有比率分布			board_1	board_2	board_3	board_4	board_5
産業計	3,136	9.4%	17.8%	9.1%	11.9%	23.4%	28.4%
製造業	2,161	10.6%	19.0%	8.1%	11.4%	21.7%	29.1%
非製造業	975	6.8%	15.1%	11.3%	13.0%	27.0%	26.9%
常時従業者数・平均(1998)		246.4	1,317.7	355.7	273.1	204.4	136.9
常時従業者数・中央値(1998)		117	279	163	135	125	101
B. 家族・親戚の株式所有分布			family_1	family_2	family_3	family_4	family_5
産業計	2,950	15.5%	16.1%	10.4%	14.8%	18.6%	24.5%
製造業	2,023	17.2%	17.5%	10.2%	14.0%	17.2%	23.9%
非製造業	927	12.0%	13.2%	10.8%	16.6%	21.7%	25.8%
常時従業者数・平均(1998)		405.0	1,200.3	239.5	226.9	213.4	164.8
常時従業者数・中央値(1998)		146	203	125	130	114	104

　数に比べると小さいものの1/4～1/3強を占めている。我が国において、中堅規模以上の企業においても、オーナー経営企業あるいは同族企業が相当に大きな割合を占めていることが確認できる[10]。

　役員の株式所有比率、役員の家族・親戚の株式所有比率の分布は**表9-3**に示す通りである。51.8%と過半数の企業で役員の株式所有比率が20%以上を占めており、28.4%の企業では役員の所有比率が50%以上である。役員の家族・親戚が20%以上の株式を所有する企業も43.1%にのぼっている。

　オーナー経営企業と非オーナー経営企業の生産性（労働生産性、TFP）の伸びを比較したのが**表9-4**で、高い有意水準で平均値に差があり、オーナー経営企業よりも非オーナー経営企業の方が高い生産性上昇率となっている。表9-4の数

---

10) 企業年齢別にクロス集計すると、若い企業ほどオーナー経営企業の割合が多いという関係はなく、創業から50年前後の企業が最もオーナー経営比率が高い。

第9章　同族企業の生産性

表9-4　生産性上昇率のサンプル平均

	(1)LP成長率	(2)TFP成長率
A. オーナー経営		
非オーナー経営企業（参照基準）	0.269 [1,167]	0.230 [1,164]
オーナー経営企業	0.126 [2,009]	0.088 [2,007]
($ownerdum$)	(-8.57)	(-8.36)
B. 役員の株式所有		
所有なし（参照基準）	0.247 [180]	0.192 [178]
5％未満	0.283 [432]	0.231 [432]
($board\_1$)	(0.78)	(0.82)
5％以上10％未満	0.190 [209]	0.146 [209]
($board\_2$)	(-1.32)	(-0.96)
10％以上20％未満	0.189 [292]	0.139 [292]
($board\_3$)	(-1.33)	(-1.10)
20％以上50％未満	0.132 [536]	0.092 [535]
($board\_4$)	(-3.34)	(-2.69)
50％以上	0.088 [644]	0.054 [644]
($board\_5$)	(-4.11)	(-3.40)
C. 役員の家族・親戚の株式所有		
所有なし（参照基準）	0.233 [302]	0.180 [300]
5％未満	0.249 [388]	0.202 [388]
($family\_1$)	(0.40)	(0.57)
5％以上10％未満	0.142 [228]	0.098 [228]
($family\_2$)	(-2.29)	(-1.88)
10％以上20％未満	0.143 [354]	0.105 [354]
($family\_3$)	(-2.67)	(-2.06)
20％以上50％未満	0.090 [384]	0.049 [384]
($family\_4$)	(-4.22)	(-3.62)
50％以上	0.123 [494]	0.091 [494]
($family\_5$)	(-3.52)	(-2.66)

（注）伸び率はいずれも1998～2004年。（　）内は「非オーナー経営企業」及び、「所有なし」（参照基準）との有意差のt値。[　]内の数字は各類型のサンプル企業数。LPは労働生産性。無回答企業があるため企業数の合計はサンプル総数と一致しない。

字は6年間の伸び率であり、これを年率換算すると、労働生産性で2.5％ポイント、TFPで2.4％ポイントともにオーナー経営企業の方が低い伸び率である。役員の株式所有比率、役員の家族・親戚の株式所有比率で見ても、総じて役員やその家族の株式所有割合が高い企業の生産性パフォーマンスが低い傾向がある（表9-4 B、C）。役員が50％以上の株式を所有する企業は、役員の株式所有がない企業よりも年率換算で2.7％ポイント（労働生産性）、2.3％ポイント（TFP）低い。また、役員の家族・親戚が50％以上の株式を所有する企業の生産性上昇率は、家族・親戚の株式所有がない企業と比較して労働生産性で年率1.9％ポイント、

第Ⅲ部　企業特性と生産性

表9-5　オーナー経営企業と生産性上昇率の回帰結果（1998～2004年）

A. 全企業	(1) LP成長率	(2) TFP成長率	(3) LP成長率	(4) TFP成長率
オーナー経営	-0.1152***	-0.1307***	-0.1262***	-0.1431***
(ownerdum)	(0.0149)	(0.0148)	(0.0158)	(0.0156)
上場			-0.0130	-0.0398
(listdum)			(0.0357)	(0.0349)
オーナー経営＊上場			0.1137**	0.1184**
(ownerdum＊listdum)			(0.0467)	(0.0458)
サンプル数	3,176	3,171	3,176	3,171
Adj R^2	0.3324	0.3713	0.3338	0.3723

B. 上場／非上場別	(5) LP成長率 上場	(6) LP成長率 非上場	(7) TFP成長率 上場	(8) TFP成長率 非上場
オーナー経営	-0.0204	-0.1223***	-0.0227	-0.1392***
(ownerdum)	(0.0580)	(0.0157)	(0.0540)	(0.0157)
サンプル数	317	2,859	317	2,854
Adj R^2	0.3704	0.3225	0.4303	0.3589

（注）OLS推計、カッコ内は標準誤差。*は10％、**は5％、***は1％水準で有意。LPは労働生産性。企業規模（lnemp）、企業年齢（age）、期首の生産性水準（LP、TFP）、3ケタ産業ダミーをコントロール。

TFPは1.5％ポイント低い。

4.2　生産性

　以上は単純な比較であり、業種、企業規模、企業年齢等の違いを考慮していない。そこで、生産性（労働生産性、TFP）上昇率を被説明変数とする前出(1)式の回帰分析を行う。説明変数は前節で述べた通りであり、言うまでもなく関心は、①オーナー経営企業ダミー（ownerdum）、②役員の株式保有比率ダミー（「所有なし」を参照基準に「5％未満（board_1）」～「50％以上（board_5）」）、③役員の家族・親戚の株式所有比率ダミー（同様にfamily_1～family_5）の係数の符号及び大きさである。

　オーナー経営ダミーを用いた推計結果は表9-5に示す通りである。コントロール変数は煩瑣になるのを避けるため表示していない。企業規模、企業年齢、業種をコントロールした上で、オーナー経営企業の労働生産性（LP）伸び率、TFP伸び率はいずれも有意に低い（表9-5(1)、(2)）。被説明変数は1998～2004年の6年間の伸び率であり、推計された係数をもとに年率換算すると、オーナー経営企業は労働生産性やTFPの伸び率が非オーナー経営企業に比べて年率2％ポイ

ント程度低いことになる。なお、コントロール変数の推計結果は表示していないが、期首の企業規模が大きいほど労働生産性及びTFPの伸び率が高く、企業年齢が高いすなわち古い企業ほど労働生産性及びTFPの伸び率は低い。また、期首の生産性水準が高い企業ほど生産性の伸びは低く、生産性の収斂傾向が観察される。

サンプル中、上場企業の数は約400社と少ないが、上場企業ダミー（*listdum*）及びそれとオーナー経営ダミーの交差項（*ownerdum* * *listdum*）を含む推計を行うと、上場ダミーの係数自体は有意ではない。しかし、興味深いことに、オーナー経営ダミーと上場ダミーの交差項は、労働生産性上昇率、TFP上昇率のいずれの回帰式でも有意な正値となり、かつ、係数の大きさはオーナー経営ダミーの係数と同程度の大きさである（表9-5(3)、(4)）。また、サンプルを上場企業と非上場企業に分けて推計し、オーナー経営企業ダミーの係数を見ると、労働生産性、TFP上昇率のいずれについても、非上場企業では高い有意水準の負値なのに対して、上場企業では有意ではない（表9-5(5)～(8)）。これらの結果は、オーナー経営企業の生産性上昇率の低さは、上場している場合にはほぼ完全に相殺されていることを示している。株式所有構造と同様に上場の有無自体も内生変数なので因果関係としての解釈には慎重でなければならないが、株式市場からの圧力がオーナー経営企業の性質を変える効果を持っている可能性を示唆している。

なお、結果は表示していないが、サンプルを製造業と非製造業に分けた推計を行うと、同族企業に係るダミーはいずれの産業でも有意であり、かつ、係数の大きさにあまり違いはなかった。同族経営の生産性への効果が製造業と非製造業とで異なるわけではない。

役員の株式所有（*board_1*～*board_5*）を説明変数とする推計結果は**表9-6**(1)、(2)に示している。ここでも煩瑣になるのでコントロール変数は表示していない。役員が株式を保有していない企業を参照基準として、役員の株式所有比率が5％以上の企業で労働生産性、TFPの伸び率が有意に低く、20％以上、50％以上と所有比率が高くなるほど生産性上昇率が低くなっていく。年率換算すると、役員が株式の50％以上を保有する企業の生産性上昇率は年率換算で3％ポイント前後低い。役員の家族・親戚の株式所有比率（*family_1*～*family_5*）を用いた結果は表9-6(3)、(4)である。上と同様、家族の株式所有比率が高い企業の生産性パフォーマンスは相対的に低い。ただし、役員の株式所有とは異なり、家族の株式

第Ⅲ部　企業特性と生産性

表9-6　役員、家族・親戚の株式所有と生産性上昇率の回帰結果（1998〜2004年）

	(1) LP成長率	(2) TFP成長率	(3) LP成長率	(4) TFP成長率	(5) LP成長率	(6) TFP成長率
役員所有5%未満	−0.0106	−0.0345			−0.0105	−0.0219
(board_1)	(0.0359)	(0.0353)			(0.0437)	(0.0429)
5%以上10%未満	−0.0987**	−0.1193***			−0.0772	−0.0851*
(board_2)	(0.0399)	(0.0392)			(0.0488)	(0.0478)
10%以上20%未満	−0.0931**	−0.1123***			−0.0560	−0.0581
(board_3)	(0.0372)	(0.0365)			(0.0464)	(0.0455)
20%以上50%未満	−0.1265***	−0.1411***			−0.1032**	−0.1102**
(board_4)	(0.0341)	(0.0336)			(0.0439)	(0.0431)
50%以上	−0.1669***	−0.1778***			−0.1593***	−0.1623***
(board_5)	(0.0329)	(0.0324)			(0.0432)	(0.0424)
家族所有5%未満			−0.0342	−0.0675**	0.0075	−0.0223
(family_1)			(0.0297)	(0.0293)	(0.0353)	(0.0346)
5%以上10%未満			−0.0957***	−0.1019***	−0.0158	−0.0211
(family_2)			(0.0341)	(0.0336)	(0.0405)	(0.0397)
10%以上20%未満			−0.1079***	−0.1260***	−0.0339	−0.0497
(family_3)			(0.0305)	(0.0301)	(0.0372)	(0.0365)
20%以上50%未満			−0.1441***	−0.1582***	−0.0622*	−0.0752**
(family_4)			(0.0301)	(0.0297)	(0.0370)	(0.0362)
50%以上			−0.1162***	−0.1270***	−0.0785**	−0.0959***
(family_5)			(0.0287)	(0.0283)	(0.0373)	(0.0367)
サンプル数	2,293	2,290	2,150	2,148	1,894	1,892
Adj R^2	0.3389	0.3801	0.3192	0.3616	0.3373	0.3836

（注）OLS推計、カッコ内は標準誤差。* は10%、** は5%、*** は1%水準で有意。説明変数は、企業規模（$lnemp$）、企業年齢（age）、期首の生産性水準（LP、TFP）、3ケタ産業ダミーを含むが、企業所有ダミーの推計結果のみを表示している。

所有が高くなるほど生産性上昇率が低くなるという単調な関係ではなく、20%〜50%で最も低くなっている。これは、役員自身が株式の50%以上を所有する企業では家族の所有比率が50%を下回るためと考えられる。役員の株式所有と家族・親戚の株式所有とを同時に説明変数として使用した場合の推計結果は表9-6(5)、(6)である。この二つの変数の間には明らかに正の関係があるため、それぞれの説明力は低下するが、いずれも所有比率が20%以上となると独立に生産性上昇率に対して有意な負値となっている。ただし、係数の大きさは家族・親戚の所有よりも役員自身の所有の方がかなり大きい[11]。

11) なお、同族企業以外の様々な株式所有変数を説明変数として用いた場合には、従業員の持株比率の高い企業で生産性伸び率が有意に低いが、金融機関、一般投資家の株式所有比率は有意ではない。

4.3 企業の存続

次に、同族企業の存続についての分析結果を報告する。期末（2004年）における存続（$surv$）を被説明変数とするプロビット・モデル及びCox比例ハザード・モデルの推計である[12]。企業規模（$lnemp$）、企業年齢（age）、資本装備率（$lnkl$）、期首の総資産経常利益率（$rprofit$）、業種ダミー（3ケタ）をコントロール変数とし、オーナー経営、役員やその家族・親戚の株式所有比率を主な説明変数として用いる。

分析結果は**表9-7**に示す通りであり、プロビット推計は限界効果、Cox比例ハザード・モデルはハザード比を表示している。まずプロビット推計結果を見ると、企業規模、企業年齢等をコントロールした上で、オーナー経営企業、役員又は役員の家族・親戚の株式所有比率が高い企業は6年後の存続確率が有意に高い。限界効果を量的に比較すると、オーナー経営企業は非オーナー企業に比べて6年後の存続確率が5％程度高く（表9-7(1)A）、役員が10％以上の株式を所有している企業の存続確率は役員の株式所有がない企業に比べて11％前後高い（表9-7(1)B）。役員の家族・親戚の株式所有について見ると、家族・親戚の株式所有比率が10〜20％で最も係数が大きい（表9-7(1)C）。煩瑣になるためコントロール変数の推計結果は表示していないが、企業規模が大きいほど、企業年齢が高いほど存続確率が高いという結果であり、産業組織論の分野における先行研究と同様である。また、予想される通り、期首の利益率が高い企業ほど、資本集約度の高い企業ほど存続確率が高い。産業別の推計結果は表示していないが、製造業と非製造業とで同族企業を表すダミー変数の存続確率への効果に大きな違いはない。

表9-7(2)は、企業の退出を被説明変数とするCox比例ハザード・モデルの推計結果である。プロビット・モデルは6年後という特定の時点で存続しているか否かを説明するもので、例えば1年後に退出したか5年後に退出したかの違いは考慮していない。他方、Cox比例ハザード・モデルは、退出のタイミングの違いに関する情報を活用しているという点でプロビット・モデルよりも優れている面がある。推計されたハザード比は高い有意水準で1よりも小さく、これは上記プロビット推計結果と整合的である。オーナー経営企業に関する推計されたハザー

---

[12] 「企業活動基本調査」は、常時従業者50人以上の企業が対象であり、2004年に存在しないことは、厳密に言えば「廃業」を意味するわけではなく、50人未満規模への縮小等も含まれる。

第Ⅲ部　企業特性と生産性

表9-7　存続確率の推計結果

	(1) 全企業 dF/dx	(2) 全企業 Haz. ratio	(3) 上場企業 dF/dx	(4) 非上場企業 dF/dx
A. オーナー経営				
オーナー経営	0.0518***	0.7657***	0.0422	0.0500***
(*ownerdum*)	(0.0148)	(0.0498)	(0.0576)	(0.0161)
B. 役員の株式所有				
役員所有5％未満	0.0341	0.6638***	0.0513	0.0612*
(*board*_1)	(0.0299)	(0.0985)	(0.1033)	(0.0314)
5％以上10％未満	0.0506	0.7192**	—	0.0514
(*board*_2)	(0.0309)	(0.1199)		(0.0342)
10％以上20％未満	0.1110***	0.5561***	0.0331	0.1280***
(*board*_3)	(0.0239)	(0.0890)	(0.1034)	(0.0255)
20％以上50％未満	0.1052***	0.5540***	0.1320	0.1131***
(*board*_4)	(0.0244)	(0.0757)	(0.0491)	(0.0267)
50％以上	0.1163***	0.5605***	—	0.1317***
(*board*_5)	(0.0236)	(0.0714)		(0.0258)
C. 役員の家族・親戚の株式所有				
家族所有5％未満	0.0852***	0.5739***	0.1325	0.1062***
(*family*_1)	(0.0242)	(0.0858)	(0.1105)	(0.0259)
5％以上10％未満	0.1050***	0.5821***	0.1066	0.1059***
(*family*_2)	(0.0232)	(0.0923)	(0.1009)	(0.0260)
10％以上20％未満	0.1244***	0.5553***	—	0.1216***
(*family*_3)	(0.0211)	(0.0833)		(0.0241)
20％以上50％未満	0.0728***	0.6291***	0.0531	0.0756***
(*family*_4)	(0.0236)	(0.0825)	(0.1305)	(0.0262)
50％以上	0.0651***	0.6870***	−0.0903	0.0681**
(*family*_5)	(0.0231)	(0.0830)	(0.2260)	(0.0255)

(注) プロビット・モデル ((1)、(3)、(4)) 及び Cox 比例ハザード・モデル ((2)) による推計結果。プロビット・モデルは限界効果、Cox 比例ハザード・モデルはハザード比を表示。カッコ内は標準誤差。* は10％、** は 5 ％、*** は 1 ％水準で有意。説明変数は、期首の企業規模 (*lnemp*)、企業年齢 (*age*)、資本装備率 (*lnkl*)、総資産営業利益率 (*rprofit*)、産業ダミー（3 ケタ）を含む。

ド比 (0.7657) は、非オーナー経営企業に比べて退出確率が約23％低いことを意味する（表9-7(2) A）。同様に、役員が10％以上の株式を所有する企業は、役員の株式所有がない企業と比較して約45％退出する確率が低い（表9-7(2) B）。家族・親戚の株式所有比率を用いた結果もプロビット推計と本質的に同様の結果である（表9-7(2) C）。

上場企業と非上場企業にサンプルを分割してプロビット推計を行った結果が表9-7(3)、(4)である。非上場企業でのみ同族企業の存続確率が有意に高く、上場企業のサンプルではオーナー経営ダミーや役員・家族の株式所有ダミーの係数は

第9章 同族企業の生産性

表9-8 同族企業の経営目標

	企業数	経営目標 (1)利益	(2)成長	(3)存続
A. オーナー経営				
オーナー経営企業	2,756	19.7%	38.4%	42.0%
非オーナー経営企業	1,680	16.5%	48.8%	34.7%
B. 役員の株式所有				
なし	291	18.9%	45.0%	36.1%
5%未満　　　　(board_1)	550	16.2%	51.6%	32.2%
5%以上10%未満　(board_2)	283	15.5%	46.6%	37.8%
10%以上20%未満　(board_3)	373	17.2%	38.3%	44.5%
20%以上50%未満　(board_4)	727	20.5%	43.1%	36.5%
50%以上　　　　(board_5)	885	19.5%	36.4%	44.1%
C. 役員の家族・親戚の株式所有				
なし	454	18.7%	46.9%	34.4%
5%未満　　　　(family_1)	471	17.4%	49.0%	33.5%
5%以上10%未満　(family_2)	304	19.1%	42.4%	38.5%
10%以上20%未満　(family_3)	434	18.4%	39.2%	42.4%
20%以上50%未満　(family_4)	544	22.2%	37.1%	40.6%
50%以上　　　　(family_5)	715	17.8%	35.4%	46.9%

(注)「企業経営実態調査」(中小企業庁、1998年)の回答結果を集計。

有意ではない。すなわち、非上場の同族企業は生産性の伸びが非同族企業より劣っているにも関わらず、長期にわたり存続する傾向が強い[13]。逆に、同族企業でも上場企業の場合には、非同族企業と同様の退出確率である。サンプルの中で上場企業の数は多くないが、上場することで同族企業の性質が変化することを示唆する生産性上昇率の分析結果とも整合的である。

以上の結果は、同族企業の経営目標が非同族企業とは異なる可能性を示唆している。この点に関し、「企業経営実態調査」は、企業の経営目標を①「各期の利益」、②「長期的な企業の成長・拡大」、③「企業の存続」という選択肢で直接に尋ねている。同族企業の経営目標の非同族企業との違いをこの数字で比較すると、**表9-8**の通り、オーナー経営企業は企業の存続を経営目標として重視する割合が42.0%と非オーナー経営企業の34.7%に比べて多い。逆に成長・拡大を重視する企業はオーナー経営企業38.4%、非オーナー経営企業48.8%であり、オーナー経

---

13) 植杉(2010)は非上場企業を対象とした分析により、大株主経営者のいる企業では、廃業確率が低く、かつ、企業のパフォーマンスが大幅に悪化しても廃業までに時間を要する傾向があるという結果を報告しており、本章の分析と同旨である。

営企業は成長志向が相対的に弱い。また、役員の株式所有比率や家族・親戚の株式所有比率が5％未満の非同族企業は成長を重視する企業が多い（表9-8 B、C）。つまり、同族企業は安定志向ないしリスク回避的な傾向が強いと見られる。海外の最近の研究例である Anderson et al.（2012）、Bianco et al.（2013）、Lins et al.（2013）等の結果と整合的である[14]。

存続と生産性の伸びの間に一種のトレードオフ関係があるという事実は直観に反するかも知れない。しかし、第2節で述べた通り企業・事業所の存続と成長に関する内外の先行研究において、企業・事業所規模が大きいほど、企業年齢の高い（旧い）企業・事業所ほど存続確率が高い一方、成長率は低いという定型化された事実がある。すなわち、日本の同族企業のパフォーマンスは、平均的に見ると新規創業企業よりは歴史の古い大企業に近いと言うことができる。

4.4　内生性の問題

株式所有構造と経営成果の関係については、経営成果が株式所有構造を規定するという逆の因果関係の可能性や内生性の問題が従来から指摘されている（Jensen and Warner, 1988; Loderer and Martin, 1997; Cho, 1998; and Himmelberg et al., 1999等）。例えば欧州の上場・非上場企業を対象に家族によるコントロールの変化を分析した Franks et al.（2012）は、投資家保護の強い国や発達した金融市場を持つ国では、家族企業は年を経るとともに広く所有される企業に移行していくことを示している。このパタンは、所有構造が内生的に変化していることを示唆している。一方、Claessens et al.（2002）は、東アジア8か国の上場企業を対象とした家族の株式所有が企業価値に及ぼす効果の分析において、中小企業を含む多数の企業が所有構造を迅速・頻繁に変更することができるとは考えにくいと論じている。仮にそうだとすれば、家族所有の内生性の可能性は排除できないものの、実証的には深刻なバイアスは持たないことになる。

本章の文脈で言うと、役員や家族による株式所有の多寡が企業の生産性から影響を受ける可能性が問題となる。内生性への計量経済学的な対処としては操作変数アプローチが典型的な解決策であり、企業規模、企業年齢、企業のリスク、ラ

---

14) この結果は、日本の同族企業はリスク・テーキングに積極的であると論じた Nguyen（2011）と異なる。しかし、Nguyen（2011）は上場企業のみのサンプルを使用し、また、株式収益率のヴォラティリティを企業のリスクの指標としている。

グ付きの内生変数が、先行研究で頻繁に使用される操作変数である[15]。しかし、株式所有構造を規定するが生産性上昇とは独立であるような適当な操作変数は残念ながら見つけることが難しい（Himmelberg et al., 1999）。コーポレート・ガバナンスの実証分析における内生性の問題についての包括的なサーベイ論文である Roberts and Whited（2013）は、「真に外生的な操作変数を見つけるのは極めて困難である」と指摘している。また、Coles et al.（2012）は、所有構造と企業パフォーマンスという文脈において、操作変数の使用は必ずしも信頼できる解決策にはならないと論じている[16]。

　本章の分析は、一時点でのクロスセクション分析ではなく、期首の企業特性とその後の生産性上昇率や存続確率の関係を分析したものであり、過去の経営パフォーマンスが所有構造に及ぼす影響という意味での内生性は、同時点での単純なクロスセクション分析に比べると深刻ではない。より困難な問題は、将来の企業パフォーマンスへの「期待」が現在の所有構造に影響を及ぼす可能性である。しかし、家族株主が将来の高い生産性上昇を予測しているならば、株式を売却して所有を広く分散する誘因は持たないはずである。本章の株式所有構造は1998年のデータなので、分析対象期間にいくつかの企業が家族企業から株主の分散した企業に転換した可能性を排除することはできない。しかし、その場合には、推計された同族企業と非同族企業の間の生産性上昇率格差は、真の生産性上昇率格差を過小評価することになるため、同族企業の生産性上昇率が相対的に低いという本質的な結論には影響がないと考えられる。一方、企業の存続の分析について言うと、株式を大量に保有する役員やその家族は企業存続の確率が低いと予測する場合に株式所有を分散するインセンティブを持つ。しかし、そうした場合に株式を

---

15) 内生性の問題に対処するため、先行研究（John et al., 2008; Nguyen, 2011）で使用されている企業年齢及び同じ3ケタ産業のオーナー経営企業比率を操作変数として生産性を説明する二段階最小二乗法（2SLS）推計を行ってみた。その結果によれば、オーナー経営企業の係数は有意な負値であり、同族企業の生産性上昇率が相対的に低いという結論を支持する結果だった。しかし、これらの操作変数は厳密に外生的なものとは言えないと判断し、結果は表示していない。

16) 最近の実証研究では、内生性に対処するため、ダイナミック・パネル（システムGMM）推計が使用されることも多くなっている。しかし、その種の推計のためには、所有構造と企業パフォーマンスの両方の変数について複数年のデータが必要となる。本章では1998年の所有構造データしか存在しないため、残念ながらダイナミック・パネル推計は不可能である。

広く分散することができるとは考えにくい。

5　結論

　主要先進国と同様、我が国でも同族企業は経済の中で大きなウエイトを占めている。本章では、製造業・サービス産業をカバーする中堅規模以上の企業の株式所有構造等のデータと「企業活動基本調査」のパネルデータをマッチングして使用し、日本企業の株主構成が企業の成長率や生産性の伸びに及ぼす効果を、同族企業と非同族企業の違いに焦点を当てて分析した。主な分析結果は次の通りである。第一に、同族企業は、企業規模、企業年齢、産業等をコントロールした上で、非同族企業に比べて生産性上昇率が年率2％ポイント程度低い。第二に、同族企業であっても株式を上場している企業では、非同族企業との生産性上昇率に有意差は見られない。第三に、同族企業は経営目標として企業の存続を重視しており、実際に6年後の存続確率が10％程度高い。同族企業はリスク回避的で安定志向が強い傾向がある。

　同族企業の存続確率が高い一方でその生産性上昇率が低いという事実をどう評価すべきだろうか。開廃業や資源の企業間再配分という新陳代謝のメカニズムに対してはネガティブな含意があり、我が国の生産性向上を重視する立場からは、同族企業は望ましくない存在と見えるかも知れない。特に、非製造業に同族企業が多いことに鑑みると、生産性上昇に対する新陳代謝の潜在的役割が大きいサービス産業の生産性向上の問題とも密接に関係している。しかし、同族企業と非同族企業の経営目標が異なり、同族企業が企業の存続という経営目標に沿ったパフォーマンスとなっている以上、それ自体の規範的な意味での是非を論じることは難しい。創業家族のプレゼンスがトービンのqに負の効果を持っていることを示したMorck et al. (1988) も、それ自体は非効率性を意味するものではなく、企業価値最大化以外の行動に基づく経営者の私的便益と企業利潤の最適なトレードオフを反映したものであると論じている。したがって、政策的には、同族企業自体の是非というよりは、オーナー経営者が株式を上場したり、第三者に譲渡したりする際の障壁を小さくすることによって選択肢を拡大し、意図に反して同族経営を続ける（続けざるを得ない）ことを避けられるようにすることが望ましいと考えられる。ちなみに、中小企業における経営の承継の円滑化に関する法律

(2008年)では、附帯決議において「親族内承継のみならず、親族外への経営の承継についてもその円滑化が図られるよう、事業承継資金融資制度等の支援策を一層拡充すること」とされた。そして、2013年度税制改正により、親族外承継も税制措置の対象に拡大する等の制度変更が行われた。いずれにせよ、企業の安定性・継続性と生産性向上との間に一種のトレードオフがありうることについて、各種政策の効果を考える際に留意する必要がある。なお、同族企業でも上場企業になると非同族企業と本質的な違いがなくなるという結果は、上場のハードルを低くすることが、少なくとも生産性向上の観点からは望ましい可能性を示唆している。

当然のことながら、以上の結果はあくまでも平均的な傾向を示すものであり、同族企業の中にも成長志向の強い企業や生産性上昇率の高い企業があるのは言うまでもない。また、本章の分析に用いたサンプルは常時従業者50人以上の企業であり、小規模・零細企業を含むものではないことに注意が必要である。

同族企業の経営目標が、存続重視で成長志向ではないという結果について、本章ではなぜ同族企業がそういう経営目標を持つ傾向があるのかを直接には分析していない。個人保証をはじめとする資金調達市場の影響、相続税・法人税をはじめとする税制上の要因など様々な理由が考えられる。こうした制度的な背景に立ち入った分析を行っていくことも今後の課題である。

第10章

労働組合と生産性＊

1 序論

　本章は、日本の労働組合と企業の生産性の関係を実証的に分析する。分析には、前章と同じく大企業から中小企業、製造業及びサービス産業をカバーする日本企業数千社のミクロデータを使用する。

　少子高齢化、人口減少が進む中で日本経済の潜在成長力を高めるため、産業の生産性向上、特にサービス産業の生産性向上が課題となっている。欧州諸国の多くでも米国に比べて低い生産性上昇率が問題とされており、米国との生産性格差の要因の解明が重要な研究課題となっている（Inklaar et al., 2008a; van Ark et al., 2008）。生産性の水準や伸び率は企業による異質性が大きいことから、どういった企業の生産性が高いのかを明らかにすることが、有効な政策を検討するためには不可欠である。

　こうした中、第8章ではサービス産業を含む日本企業の大規模なパネルデータを用いて情報ネットワーク（IT）の利用度、外資比率をはじめとする企業特性と生産性の関係を分析した。それによれば、ITの高度利用や外資比率と当該企業の生産性（労働生産性、TFP）の水準あるいは伸び率の間には統計的に有意な正の関係が見られるが、企業固定効果を考慮するとそうした関係は弱まり、ほとんど確認できなくなる場合も多い。すなわち、生産性向上のためにはIT投資等の現象面ではなく、背後にある「経営の質」（Bloom and Van Reenen, 2007）、コーポレート・ガバナンスといった企業の構造に立ち入った分析が必要となっている。特にサービス産業は製造業と比較してグローバル市場での競争を通じた効

＊本章は、Morikawa（2010b）をもとに加筆修正を行ったものである。「企業活動基本調査」の個票データの目的外利用に関し、経済産業省の関係者に謝意を表したい。

率化の圧力が弱いため、内部的な規律の役割が相対的に大きいと考えられる。これを踏まえて第9章では、企業の株式所有構造に焦点を当てて生産性との関係を分析した。次いで本章では、企業ガバナンス特性のうち労働組合に着目して、労働組合の有無と生産性・収益性等の経営成果や賃金・雇用との関係を分析する。

周知のように企業別労働組合は、長期雇用慣行・年功賃金とともにいわゆる「日本型雇用慣行」の特徴の一つと理解されてきた。高度成長期に製造業を中心に展開された「生産性運動」には労働組合も参加し、労使協力を通じて生産性向上の努力を行った。1955年に成立された日本生産性本部は経営者、労働組合、学識者等で構成され、「生産性三原則」を提唱した。すなわち、①雇用の維持拡大、②労使の協力と協議、③成果の公正な分配の三つである。重要な点は、賃金と生産性の伸びの整合性という考え方が参加者の間で共有され、以後の労使間交渉の規範となったことである。長期雇用慣行の下、日本の企業別労働組合は企業のイノベーションに協力し、他方、企業は人的資本の質の向上を図るために労働者への教育訓練（OJT、Off-JT）を提供した。そして、生産性向上の成果は労働者にも賃金の上昇という形で還元された。このような補完性がかつての日本企業の高い生産性上昇を実現させる基礎となったと考えられている。現在でも、労働組合は公益財団法人日本生産性本部の重要なステークホルダーであり、2007年に始まった「サービス産業生産性運動」にも参画している。

一方、労働組合に関する集計レベルのデータを見ると、日本の労働組合組織率は低下の一途をたどっており、戦後ピーク時に50％を超えていた推定組織率が2012年には17.9％まで低下している（厚生労働省「労働組合基礎調査」）[1]。日本だけでなく米・英・独・仏など主要国でも労働組合組織率の低下は続いており、その理由について多くの研究が行われている（サーベイ論文としてBlanchflower, 2007）。労働組合組織率（2012年）を産業別に見ると、製造業27.3％に対して、卸売・小売業13.1％、医療・福祉業7.1％、宿泊業・飲食業4.6％、その他サービス業4.4％など、広義のサービス産業の中で組織率の低い業種が多い。

現在、日本の労働組合は企業の生産性に対してどういう役割を果たしているの

1）労働組合の適用法規別に見ると、労働組合法の適用組合員数は全体の約85％強（残りは官公労等）であり、民間企業に限定すると推定組織率は約17％である。

か、また、それは製造業とサービス産業（非製造業）とで異なるのかどうかが本章の関心事である。同時に、労働組合と賃金、企業収益、雇用の関係についても分析を行い、近年の日本で労働組合が果たしている経済的役割について幅広く考察する。

分析結果によれば、米国の先行研究とは異なり日本の労働組合は当該企業の生産性の水準及び伸び率と有意な正の関係を持っている。この関係は製造業とサービス産業とで同程度である。労働組合と賃金との関係（労働組合賃金プレミアム）はプラスだが生産性プレミアムと同程度の大きさであり、結果として労働組合が企業収益に対してマイナスの影響を持っているという明瞭な関係は確認されない。一方、労働組合が存在する企業の従業者数の減少率は労働組合がない企業に比べて大きく、その大部分はフルタイム労働者数ではなくパートタイム労働者数の増加率が労働組合のある企業で低いことに起因している。

本章の構成は以下の通りである。第2節では、労働組合と生産性・賃金の関係についての内外の先行研究をサーベイする。第3節では、分析に使用するデータ及び分析方法について解説する。第4節では労働組合の生産性の水準・伸び率への効果、賃金への効果、従業者数への効果についての分析結果を示し、第5節で結論を要約するとともに残された課題を述べる。

2 先行研究

2.1 海外の研究

労働組合と生産性の関係は、労働経済学や労使関係の専門家の間で古くから関心を持たれてきたテーマであり、内外で極めて多くの先行研究がある。本節ではこれらをごく簡潔に整理しておくこととしたい。

労働組合が生産性に対して正の効果を持つことを示す研究は、Brown and Medoff (1978)、Freeman and Medoff (1984) が初期の代表例であり、労働組合は労働者の声（voice）を集約することを通じて経営・管理者とのコミュニケーションを円滑化し、企業の生産性を高める可能性があると論じている。他方、労働組合には独占という面があって生産性に対して負の影響を持つ可能性があることも指摘されており、全体として生産性に対して正/負いずれの効果を持つかは実証的な問題とされている。その後の多数の研究結果によれば、欧米諸国における

労働組合が生産性に及ぼす効果の推計結果は、符号の正負を含めて相当な幅があり、無関係又は小さな正の効果というのが現時点での一応のコンセンサスである（Hirsch, 2007, 2008; Freeman, 2007）。Fuchs et al.（1998）が、米国の主要労働経済学者に対して行ったサーベイによれば、労働組合の生産性への効果は平均値が＋3.1％、中央値が0.0％である。また、公刊された73の実証研究を対象にメタ分析を行なったDoucouliagos and Laroche（2003）によると、73のうち45は労働組合の生産性への効果が正（うち26は有意）、28は負（うち18は有意）で、単純平均で＋4％、サンプル数で加重した平均値で＋1％となっている。Doucouliagos and Laroche（2003）のメタ分析は、日本を対象とした五つの研究を含んでおり、日本では労働組合の生産性効果は負と計算されると述べている[2]。

労働組合が賃金に及ぼす効果（労働組合賃金プレミアム）に関する研究は、生産性に関する研究よりもさらに多い。それらの結果にもかなり幅があるが、総じて言えば労働組合は賃金に対して比較的大きな正の効果を持っており、生産性に対する効果に比べて量的にはずっと大きいとされている。上述のFuchs et al.（1998）によれば、労働組合賃金プレミアムに関する経済学者の見方は平均値が＋13.1％、中央値が＋15％である[3]。米国のCPS（Current Population Survey）データにおける補完推定バイアスを補正した最近の研究によれば、労働組合賃金プレミアムは約20％と推計されている（Hirsch and Schumacher, 2004）。結果として、労働組合は企業収益に対しては負の影響を持つという結果が多い（Addison and Hirsch, 1989; Hirsch, 2007, 2008）。Doucouliagos and Laroche（2009）の最近のメタ分析（45の論文が対象）によると、米国において労働組合は企業の収益性に対して▲6％程度の有意な負の影響を持っているが、米国以外ではこの効果は統計的に有意ではないという結果である。

2）Doucouliagos and Laroche（2003）では、Tachibanaki and Noda（2000）における労働組合の生産性への効果が大きな負値（▲50％）と報告されている。しかし、Tachibanaki and Noda（2000）が解説している通り、ベースラインの推計結果では労働組合の生産性効果は上場企業でも非上場企業でも正である。日本の労働組合の生産性への効果が負であるというDoucouliagos and Laroche（2003）の結論は、五つの研究の中で最もサンプル数が大きいTachibanaki and Noda（2000）の推計結果を正確に解釈していないことが影響している可能性が高い。
3）労働組合賃金プレミアムに関する初期の代表的なサーベイ論文としてLewis（1986）。比較的最近の分析としてBlackburn（2008）、Blanchflower and Bryson（2010）。

しかし、労働組合に関する情報を含む公的な企業統計は海外でも少ないため、過去の実証分析の多くは比較的少数のサンプルを対象に分析している。また、企業レベルのデータを用いた研究の多くは製造業を対象としており、建設業、航空輸送といった例外を除き、非製造業を広くカバーした研究は少ない。

以上は産業レベル、企業レベルでの分析だが、個々の企業に対する効果とマクロ経済的な効果とは必ずしも一致するとは限らない。Blanchflower（2007）は、労働組合のマクロ経済パフォーマンスへの効果をクロスカントリー・データで分析した過去の研究において、国全体での労働組合組織率が失業率・経済成長率その他のマクロ変数と相関を持つという証拠は乏しく、唯一の例外は労働組合組織率が高い国ほど所得・賃金の格差が小さいことであると述べている。

2.2 日本の研究

日本では、Muramatsu（1984）が、労働組合の生産性に対する効果を定量的に分析した初期の代表的なものである。製造業2ケタ産業分類・規模別の集計データ（1973年及び1978年）を使用し、不況期にあった1978年には、労働力の質をコントロールした上で労働組合があると労働生産性が18.5％高いとの結果を示している（1973年は非有意）。また、離職率を説明変数に含めた分析の結果から、労働組合は離職率の低下を通じて生産性を高めていると解釈している。坂本（1995）は、やはり製造業の産業レベルの集計データ（1980～90年）を使用しておおむね同様の分析を行い、労働組合は離職率の低下、労働生産性向上という効果を持つとしている。

これに対してBrunello（1992）は、製造業の企業レベルのクロスセクション・データ（1986年）を使用し、労働組合の存在は労働生産性（従業者当たり売上高）に対して▲15％前後の負の影響を持つという逆の結果を示した。また、企業の利益率に対しても▲20～▲30％程度の負の影響を持つとしている。サンプル企業数は979社と比較的多いものの、上場企業は対象外であり、また、製造業7業種のみが対象である。他の研究と比較して生産性に対する大きな負の影響が見られる理由は、研究によってデータ・変数・推計方法が様々なので確たることは言えず推測の域を出ないが、対象年次（1986年）がプラザ合意の直後の不況期であったことが一つの理由として考えられる。すなわち、1986年に円の対ドル為替レートは40％以上増価し、その結果、日本の製造業企業は厳しい業況となった。

こうした状況の下、労働組合のある企業は迅速な雇用調整を行わず、労働組合のない企業よりも業況が悪化した可能性がある。このほか、Benson（1994）は、1991年に行ったサーベイ・データ（対象は関西地方の製造業企業253社）を使用し、日本の労働組合は企業の生産性に対して負の影響を持っていると結論している。ただし、生産性、収益性の指標は同業他社との比較での主観的な5段階評価である。

Tachibanaki and Noda（2000）は、日本企業に関する二種類のデータセットを用いて労働組合の生産性への効果を分析している。第一のデータは1990～93年の上場企業404社のパネルデータ、第二のデータは1989～95年の非上場企業106社のパネルデータである。いずれのデータセットも対象は製造業企業である。平均勤続年数、平均年齢、女性労働者比率等の労働者特性をコントロールした上で生産関数を推計している。分析結果によれば、労働組合の生産性に対する効果は平均的な勤続年数の上場企業で＋3.8％、労働者の年齢が平均的な非上場企業で＋3.6％である。この推計では多くの交差項が説明変数として用いられているため、労働組合の生産性への効果の大きさは個々の企業の労働者構成によって異なる。

日本企業を対象に、生産性ではなく労働組合と収益性の関係を扱った研究としてはBenson（2006）の例がある。関西の製造業企業に対するサーベイ（1991年、1995年、2001年のクロスセクション。サンプル数はそれぞれ253社、172社、184社）を使用して、資産収益率（5段階の選択式）を被説明変数とした順序プロビット分析を行い、労働組合のある企業の収益性は有意に低いとの結果を導いている。

日本における労働組合賃金プレミアムの実証分析としては、比較的最近のHara and Kawaguchi（2008）を挙げておきたい。同論文は、「日本版総合的社会調査（JGSS: Japanese General Social Surveys）」（2000～03年）のデータを使用して労働組合が個人の賃金に及ぼす効果を計測し、産業・職種・企業規模をコントロールした上で＋7％ポイントの労働組合賃金プレミアムがあること、また、労働組合は賃金の分散を縮小する効果を持つことを示している。

日本の先行研究はほぼ全て対象が製造業に限られており、企業データを用いた研究にあっては総じてサンプル数が少なく、また、しばしば従業者当たり売上高というかなり粗い労働生産性指標が被説明変数として用いられている。さらに、先行研究の多くは生産性に対する労働組合の「水準」効果を分析しているが、生

産性の「伸び」は扱われていない。本章ではこれら先行研究の限界を踏まえ、サービス産業もカバーする数千社の大規模なサンプルを用いて、労働組合と生産性（労働生産性及びTFP）、収益性等の関係を、水準効果だけでなく成長効果を含めて明らかにする。1990年代後半以降、失業率の上昇、非正規雇用の急増等、日本の労働市場は大きく変化しており、現時点で労働組合が果たしている機能について検証することは政策実務的にも重要な課題である。

3　データ及び分析方法

本章の分析に使用するデータは、第9章と同様、「企業活動基本調査」（経済産業省）と「企業経営実態調査」（中小企業庁）の二つの個票データをマッチングさせたものである。「企業経営実態調査」（1998年実施）は、日本企業のコーポレート・ガバナンスの実態を明らかにするため、「企業活動基本調査」の対象企業に対して実施されたアンケート調査で、企業の株主構成、メインバンク、企業の内部組織等の実態を幅広く調査しており、労働組合の有無に関する情報も含んでいる。大企業だけでなく中小企業も広くカバーしている点が特徴である。

ここでのデータセットは、「企業経営実態調査」と「企業活動基本調査」の1998年度から2004年度まで7年間のパネルデータを企業レベルで接続したものである。サンプル数は、1998年で4,500社強、その後の退出等により2004年時点は3,500社強であり、この種の分析としては非常に大きなサンプルである。「企業経営実態調査」は10,000社の企業を対象に調査票を送付し、5,000社以上の回答を得ている（有効回答率51.5%）。サンプル企業にバイアスがないかどうかを確認するため、回答企業と1998年の「企業活動基本調査」の全対象企業（26,270企業）の基本的な属性を比較すると、常時従業者数の平均値は回答企業379人に対して全企業は385人、労働生産性（付加価値額／常時従業者数）の平均値は回答企業727万円、全企業703万円であり、類似した数字である。ただし、労働組合の有無に関する情報は「企業経営実態調査」が実施された1998年のみ存在するため、その後、企業自体は存続しているが労働組合がなくなったり、新たに労働組合が誕生したりした可能性は排除できない。この点は本データにおける重要な制約だが、日本において企業が存続しているにもかかわらず労働組合の有無が変化する割合はかなり小さい。「労働組合基礎調査」（厚生労働省）によれば、2007年にお

ける労働組合の「実質的新設」のうち事業所の新設等以外のものは510組合、「実質的解散」のうち事業所の休廃止以外のものは861組合であり、労働組合の総数（58,265組合）に対して非常に少ない。

サンプル企業のうち労働組合がある企業は1,826社（36.1%）、労働組合がない企業は3,229社である。「企業活動基本調査」の対象企業は従業員50人以上の企業であることから、労働組合が存在する企業の比率が比較的高い。企業規模別に見ると、労働組合がある企業の比率は従業員300人以下の企業で29.7%、300人超の企業は52.4%となっている。労働組合がある企業の割合を業種別に見ると、製造業44.7%、非製造業21.2%であり、製造業の方がかなり高い[4]。企業年齢別に見ると、創業40年前後を境にかなり違いがあり、創業40年未満の企業では27.3%、創業40年以上の企業では43.0%となっている。

まず、労働組合の有無による生産性指標等の違いを比較（有意差検定）した上で、常時従業者数で測った企業規模（$lnemp$）、企業年齢（age）、3ケタ分類の産業ダミー（ϕ）をコントロールした回帰分析（OLS）を行い、労働組合ダミーの係数をチェックする。生産性指標は、労働生産性及びTFPの「水準」と「変化率」を用いる。生産性の「水準」を説明する回帰は1998年、2004年及びこの間の7年間のデータをプールした推計を行う。プール推計では景気変動等の影響を除去するため年ダミー（λ）を加える。さらに、労働力の質の違いを補正するため、パートタイム労働者比率を追加した推計も行う。一方、「変化率」の回帰では期首（1998年）の生産性（労働生産性、TFP）水準をコントロール変数として追加する。

具体的なベースラインの推計式は下記(1)、(2)式の通りであり、関心は労働組合ダミーの係数である。ただし、労働生産性を被説明変数とする推計では、資本装備率（K/L）の対数をコントロール変数として加える。

$$y = \beta_0 + \beta_1 lnemp + \beta_2 age + \beta_3 union\ dummy + \phi + \lambda + \varepsilon \tag{1}$$

$$\Delta y = \beta_0 + \beta_1 lnemp + \beta_2 age + \beta_3 productivity\ level + \beta_4 union\ dummy + \phi + \varepsilon \tag{2}$$

被説明変数（y、Δy）の生産性指標は、「企業活動基本調査」のデータから計

---

4) サンプルにおいて非製造業の企業の中では卸売業が多い。

算される労働生産性及びTFP、それらの変化率（1998〜2004年）である。労働生産性はパートタイム労働者を含む常時従業者の労働時間当たり付加価値額である。「企業活動基本調査」は労働時間のデータを含んでいないため、労働時間は「毎月勤労統計」（厚生労働省）の産業別、一般労働者／パートタイム労働者別の労働時間を用いる。TFPは「代表的企業」を基準としたインデックス・ナンバー方式でノンパラメトリックに計測する[5]。生産性の「水準」を分析する際は名目値を、生産性の「変化」を分析する際は「国民経済計算」の産業別付加価値デフレーターを用いて実質化した数字を使用する。

このほか、総資産経常利益率及びその変化、時間当たり賃金及びその変化率、パートタイム労働者比率、従業者数の変化率等を適宜被説明変数として使用する。総資産経常利益率及び時間当たり賃金の変化を被説明変数とする際は、上記(2)の式の生産性水準に代えて期首の総資産経常利益率、時間当たり賃金の水準を説明変数に使用する。なお、総資産経常利益率以外は全て対数表示である。

主な変数及びそれらの要約統計量は**表10-1**に示す通りである。同表では、(1)に全サンプルの平均値及び標準偏差を示すとともに、労働組合のある企業とない企業の平均値、平均値の違いの有意差も示している（表10-1(2)、(3)）。単純に比較すると労働組合のある企業は、生産性や平均賃金が高く、企業規模が大きく、資本装備率が高い傾向がある。

4　分析結果

4.1　水準効果

労働組合の有無と生産性（労働生産性、TFP）、時間当たり賃金、利益率の平均値を単純に比較した結果が**表10-2**である。全産業及び産業別の数字をパーセント換算して表示している。労働組合がある企業は労働組合がない企業に比べて、2004年において労働生産性で20％、TFPで14％高い。データセットの期首に当たる1998年には労働生産性＋15％、TFP＋11％、7年間のデータをプールした場合には労働生産性＋18％、TFP＋13％である。一方、労働組合賃金プレミアムは2004年＋20％、1998年＋16％と米国や最近の日本（Hara and Kawaguchi,

---

[5]　TFPの計測は、第2章と同様の方法で計算しており、詳細は同章を参照されたい。

第Ⅲ部　企業特性と生産性

表10-1　要約統計量及び労働組合の有無による比較

		(1) 全企業		(2) 労働組合のある企業	(3) 労働組合のない企業
変数	年度	平均	標準偏差	平均	平均
労働生産性	1998	3.701	0.452	3.791	3.648[***]
	2004	3.780	0.511	3.893	3.707[***]
	プール	3.747	0.473	3.849	3.684[***]
TFP	1998	-0.035	0.415	0.032	-0.074[***]
	2004	0.019	0.462	0.099	-0.033[***]
	プール	-0.003	0.429	0.069	-0.049[***]
総資産経常利益率	1998	0.017	0.065	0.011	0.020[***]
	2004	0.038	0.111	0.042	0.036[*]
	プール	0.027	0.070	0.025	0.029[***]
時間当たり賃金	1998	0.890	0.318	0.981	0.836[***]
	2004	0.852	0.421	0.962	0.783[***]
	プール	0.887	0.345	0.987	0.825[***]
常時従業者数	1998	5.066	0.939	5.513	4.804[***]
	2004	5.118	0.947	5.528	4.858[***]
	プール	5.086	0.940	5.514	4.820[***]
資本装備率	1998	1.798	1.132	1.904	1.735[***]
	2004	2.050	1.050	2.184	1.965[***]
	プール	1.934	1.100	2.057	1.857[***]
サンプル企業数	1998	4,566		1,689	2,877
	2004	3,508		1,360	2,148
	プール	27,431		10,520	16,911

（注）「企業経営実態調査」（中小企業庁）のミクロデータ（1998年）と1998年～2004年の「企業活動基本調査」（経済産業省）のパネルデータをリンクさせたデータセットに基づいて計算（以下、表10-2～表10-7まで同様）。生産性、賃金、従業者数、資本装備率は自然対数。「プール」は1998～2004年の7年間のプールデータ。変化率は1998～2004年の間の変化。労働生産性、時間当たり賃金は、千円単位の数字の自然対数。*は10％、**は5％、***は1％水準で労働組合の有無による有意差があることを意味。

2008）の推計結果と同程度である。重要な点は、労働組合の有無による生産性の違いと賃金の違いが同程度であるという点である。なお、労働組合のある企業の総資産利益率は1998年には0.9％ポイント低く、2004年には0.7％ポイント高い（表10-2最下段）。

　製造業と非製造業を分けて観察すると（表10-2(2)、(3)）、製造業でも非製造業でも労働組合がある企業の方が労働生産性・TFP・賃金のいずれも有意に高く、生産性に関して言えば労働組合の有無による違いは同程度である。労働組合と生産性や賃金の正の関係は、古くから分析対象となってきた製造業だけでなくサー

表10-2 労働組合の有無による生産性・賃金等の差

変数	年度	(1)全企業	(2)製造業	(3)非製造業
労働生産性	1998	15.4%	18.6%	18.1%
	2004	20.4%	24.8%	18.7%
	1998-2004 プール	18.0%	21.9%	19.5%
TFP	1998	11.2%	13.3%	17.7%
	2004	14.0%	17.2%	15.6%
	1998-2004 プール	12.5%	15.2%	17.3%
時間当たり賃金	1998	15.6%	21.3%	13.3%
	2004	19.6%	23.5%	18.4%
	1998-2004 プール	17.6%	22.2%	17.0%
総資産経常利益率	1998	-0.9%	-1.3%	*0.1%*
	2004	0.7%	*0.6%*	*0.4%*
	1998-2004 プール	-0.4%	-0.7%	*-0.1%*

(注) 総資産経常利益率を除き、数字は労働組合のある企業とない企業のパーセント・ポイント差を exp (d)-1 により計算（d は労働組合のある企業とない企業の数字の対数差）。イタリックは労働組合の有無による違いが10％水準で統計的に有意ではないことを意味。

ビス産業でも同じように存在する。労働組合と利益率の関係は製造業では年によっては有意な負値だが、非製造業ではいずれの年も有意ではない。

　前述の通り、企業規模が大きいほど労働組合を持つ割合が高く、産業によっても労働組合を持つ企業の割合が異なることから、これらを調整した上で比較する必要がある。企業規模（対数従業者数）、企業年齢、業種（3ケタ分類）をコントロールした上で推計された労働組合ダミーの係数を示したのが**表10-3**である。コントロール前に比べて係数の大きさは6割程度に縮小するが、労働生産性、TFP、平均賃金のいずれに対しても有意な正値である。なお、表には示していないが、コントロール変数の係数は、予想される通り、企業規模が正、企業年齢が負、資本装備率（労働生産性の回帰のみ）が正でいずれも高い有意水準である。

　この推計結果に基づいて労働組合の生産性効果をパーセント換算すると＋8％〜＋10％である。この数字は米国の「コンセンサス値」（Fuchs et al, 1998）やDoucouliagos and Laroche（2003）のメタ分析における平均値に比べて高目である。一方、労働組合賃金プレミアムをパーセント換算すると＋12％前後となる。付加価値に占める労働（賃金）のシェアは約70％なので[6]、これらの結果は労働

---

6) 付加価値額に占める労働シェア（労働分配率）はサンプル企業の単純平均で1998年73％、2004年68％である。

第Ⅲ部　企業特性と生産性

表10-3　企業規模・産業等調整後の労働組合の係数

被説明変数	(1)1998	(2)2004	(3)1998-2004 プール	(4)1998	(5)2004	(6)1998-2004 プール
労働生産性	0.088***	0.094***	0.093***	0.075***	0.081***	0.076***
	(0.014)	(0.017)	(0.006)	(0.013)	(0.017)	(0.006)
TFP	0.094***	0.082***	0.083***	0.081***	0.069***	0.068***
	(0.014)	(0.017)	(0.006)	(0.014)	(0.017)	(0.006)
時間当たり賃金	0.111***	0.108***	0.118***	0.098***	0.094***	0.100***
	(0.010)	(0.015)	(0.004)	(0.010)	(0.015)	(0.004)
総資産経常利益率	-0.013***	0.004	-0.008***	-0.013***	0.004	-0.008***
	(0.002)	(0.004)	(0.001)	(0.002)	(0.004)	(0.001)

(注) OLS推計、カッコ内は標準誤差。*は10％、**は5％、***は1％水準で有意。企業規模、企業年齢、産業（3ケタ）をコントロール。労働生産性の推計では資本装備率（K/L）の対数をコントロール変数に加えている。プール推計では年ダミーを追加。(4)～(6)はパートタイム労働者比率を説明変数に追加。

組合の企業収益に対する効果が中立的ないし小さな値であることと整合的である。ちなみに、総資産経常利益率を被説明変数とする回帰結果（表10-3最下段）によれば、労働組合ダミーの係数は1998年には有意な負値、2004年は正だが非有意であった。付加価値に占める資本シェアには地代・賃料、減価償却費、利払費が含まれ、利益は資本シェアのうちの一部を構成するに過ぎないため、利益率に対する労働組合の計測される効果はこれら他の要素にも依存する。以上を総括して慎重に解釈するならば、労働組合は生産性及び賃金に対して明瞭な正の効果を持っており、一方、企業収益へのネットでの効果は小さく正・負いずれとも言えないということになる。

先行研究の中には、労働者の質の違いを考慮し、労働者の属性をコントロール変数として用いている例がある。上述の分析結果の頑健性を確認するため、パートタイム労働者比率を追加的な説明変数として使用した推計を行った[7]。ここで、パートタイム労働者比率は労働力の質の代理変数という位置付けである。本章のサンプルにおいて、生産性の推計でも賃金の推計でもパートタイム労働者比率の係数は高い有意水準の負値である。しかし、生産性、賃金いずれの推計においても、労働組合の効果は1％～2％ポイント程度小さくなるものの（表10-3(4)～(6)）、量的に見て結果に大きな違いは生じない。

米国では労働組合が生産性を高めている可能性はあるものの、その効果は賃金

---

7)「企業活動基本調査」においてパートタイム従業者は、正社員、準社員、アルバイト等の呼称にかかわらず、一般の社員より一日の所定労働時間又は一週間の労働日数が短い者と定義されている。

第10章　労働組合と生産性

表10-4　労働組合と生産性・賃金・利益率の変化

変数	1998-2004		
	(1)全企業	(2)製造業	(3)非製造業
労働生産性伸び率	1.4%	0.9%	1.1%
TFP伸び率	1.0%	0.6%	0.6%
平均賃金(時間当たり)伸び率	0.4%	*0.1%*	0.9%
総資産経常利益率の変化	0.2%	0.3%	*0.1%*

(注) 数字は労働組合のある企業とない企業のパーセント差（年率換算）。総資産経常利益率はパーセント・ポイント差（年率）。イタリックは10％水準で統計的有意差がないことを意味。

への効果に比べて量的にずっと小さく、結果として企業収益には負の影響を持っていると見られているが、日本ではそうした労働組合と企業（株主）の間のコンフリクトはほとんど観察されない[8]。日本の先行研究のいくつかで見られた労働組合の生産性への負の効果は、サンプル、分析対象期間、使用した生産性指標の特殊性やこれらの組み合わせによるものと思われる[9]。

4.2　成長効果

次に、1998～2004年の間の生産性等の「変化」を用いた分析結果を示す。シンプルな平均値の比較は**表10-4**に示す通りで、「水準」の場合と同様に労働組合がある企業の方が、労働生産性上昇率で年率＋1.4％、TFP伸び率で＋1.0％高く、いずれも統計的に有意差がある。すなわち、変化率で見ても労働組合は企業の生産性と正の関係を持っている。平均賃金は、この時期に名目賃金が低迷していたことを反映して労働組合の有無にかかわらずマイナスの伸びとなっているが、労働組合がある企業はマイナス幅が年率0.4％ポイント小さい[10]。総資産経常利益率の変化を見ると、労働組合の有無に関わらず平均的には利益率は高まっている

---

8) 理論的には企業が価格支配力を持つ場合、労働組合賃金プレミアムは高い製品価格を通じて消費者に転嫁される可能性がある。このとき、計測される付加価値生産性は真の生産性を過大評価することになる。この点の検証は本章の射程を超えるが、本章のサンプルは多数の中小企業を含んでおり、これら企業の多くが賃金コストを価格転嫁できるとは考えにくい。

9) 日本の先行研究のうちBrunello（1992）、Benson（2006）の結果と異なる理由としては、分析対象時期（景気循環局面）やサンプル数の違いのほか、これらの先行研究は生産性の指標として売上高を用いていること、離散型の被説明変数であることなどが考えられる。

10) 生産性は実質値、賃金は名目値だから「伸び率」の分析では両者を単純に比較できない。生産性を名目ベースで測ると労働組合がある企業の労働生産性伸び率は0.7％ポイント、TFP伸び率は0.4％ポイント高く、賃金変化率の差と同程度ないしいくぶん大きい。

第Ⅲ部　企業特性と生産性

表10-5　企業規模・産業等調整後の労働組合の係数

被説明変数	
労働生産性伸び率	0.033**
	(0.016)
TFP伸び率	0.028*
	(0.016)
時間当たり賃金伸び率	-0.016
	(0.015)
総資産経常利益率変化	0.008*
	(0.005)

(注) OLS推計、カッコ内は標準誤差。* は10％、** は 5 ％、*** は 1 ％水準で有意。被説明変数は1998～2004年の変化率（総資産経常利益率は変化幅）。期首の企業規模、企業年齢、生産性・賃金・利益率の水準、産業（3ケタ）をコントロール変数として使用。

が、労働組合がある企業の方が年率0.2％ポイント高い伸びとなっている。これら各指標の変化率から見ると、労働組合の存在は労働者、企業の両者にとって好ましい効果を持っているようである。

　製造業と非製造業を分けてもおおむね同様であり、労働生産性上昇率、TFP上昇率とも労働組合がある企業の方が高いという結果は変わらない（表10- 4 (2)、(3)）。平均賃金の変化率を見ると、製造業では非有意だが、非製造業では労働組合のある企業は賃金伸び率が年率 1 ％程度高く、統計的な有意差がある。

　企業規模、企業年齢、業種（3ケタ分類）、期首の生産性水準をコントロールした回帰結果によれば、労働生産性、TFPの伸び率に対する労働組合ダミーの係数はいずれも有意な正値である（**表10- 5**）。賃金水準の変化に対する労働組合の係数は有意ではない。一方、総資産経常利益率の変化幅は労働組合がある企業の方が高く、10％水準だが統計的に有意である。少なくとも1998～2004年という期間において、日本の労働組合は企業経営にとってプラスの存在だったことになる。

4.3　推計結果の解釈

　日本の労働組合組織率は低下の一途を辿っているが、以上の通り労働組合は企業の生産性や賃金、さらにその伸び率と正の関係を持っており、かつ、欧米の先行研究とは異なり企業収益（株主の利益）にマイナスの影響を持っているという事実は必ずしも確認されない。もちろん、ここでの結果は平均値を示すものであ

って、企業毎・労働組合毎に事情は異なるわけだが、今日でも日本の企業別労働組合が全体としては生産性向上に対して有効に機能していることを示唆している。

序論で述べた通り、長期雇用慣行の下、日本の企業別労働組合は、経営者と従業者が経営上の重要な問題について頻繁にコミュニケーションをとることを通じて、イノベーションに対して積極的に貢献してきた。事実、本章で用いたデータセットで労働組合がある企業の研究開発集約度（研究開発支出／売上高）を計算すると、産業（3ケタ分類）をコントロールした上で、労働組合がない企業よりも約0.4%ポイント高い。また、日本企業は従業員の人的資本向上のために教育訓練投資（特にOJT）を行ってきた。これらが補完的に作用し、生産性の上昇に寄与してきたと考えられる[11]。「生産性三原則」、特に、「生産性向上の成果の経営者・労働者・消費者への公正な分配」という第三の原則は労使間の規範とされ、労使交渉において公正な分配は賃金の伸びと生産性の伸びとが均衡を保つことと解釈されてきた。こうした規範の存在は、労使間の協調の基礎になったと考えられる。

本章の分析対象期間（1998～2004年）において日本の労働市場の需給は緩く、2002年には失業率が5.4%に達していた[12]。Tachibanaki and Noda (2000) は、労働組合がある企業の生産性が好況期に高く、不況期に低いことを示唆する結果を示し、労働組合は好況期の離職率低下を通じて生産性を高めていると解釈している。この結果を他の時期に一般化できるかどうかは即断できないが、労働組合の生産性効果は本章で分析対象とした時期よりも好況期においてより強く現れる可能性がある。

しかし、日本の労働市場は構造変化に直面している。労働組合がカバーしていない非正規労働者が急速に増加し、労働組合組織率は低下の一途をたどっている。パートタイム労働者の労働組合員数は増加基調にあるものの推定組織率は6.3%であり、フルタイム労働者に比べて低い組織率である（厚生労働省「労働組合基礎調査」、2012年）。こうした状況を踏まえると、労働組合と雇用の関係を確認しておくことも必要である。

---

11) 例えば、Morishima (1991) は、労働者と経営者の間の情報共有が生産性に対して正の効果を持つという結果を示している。
12) 失業率は1998年には4.1%だったが2002年に5.4%を記録し、その後2004年には4.7%へと緩やかに低下した。

表10-6　労働組合の有無とパートタイム比率

	(1) 1998	(2) 2004	(3) 1998-2004 プール
A. 平均値の比較			
労働組合あり	6.2%	6.8%	6.5%
労働組合なし	10.1%	10.6%	10.5%
（差）	-3.9%***	-3.8%***	-4.0%***
（標準誤差）	(0.004)	(0.005)	(0.002)
B. 回帰結果			
労働組合ダミー係数	-3.0%***	-2.6%***	-3.3%***
（標準誤差）	(0.004)	(0.005)	(0.002)

（注）回帰式（OLS）は企業規模、企業年齢、産業（3ケタ）をコントロール。
　＊は10％、＊＊は5％、＊＊＊は1％水準の有意差を意味。

4.4　労働組合と雇用

そこで最後に、労働組合と企業の雇用の関係を見ておきたい。**表10-6**は、労働組合の有無と1998年及び2004年におけるパートタイム労働者比率の関係である。本章のサンプルにおいて、労働組合がある企業は労働組合がない企業に比べて3％～4％ポイント程度パートタイム労働者比率が低い。表10-6の下段に示す通り、企業規模、企業年齢、業種（3ケタ）を調整した回帰（OLS）を行っても結果は大きく変わらない。労働組合がある企業はパートタイム労働者が少ない傾向がある。

労働組合の有無と1998～2004年の間の雇用量の変化（年率換算）の関係を示したのが**表10-7**であり、労働組合がある企業の従業者数は平均2.1％減と労働組合がない企業の0.8％減よりもかなり大きなマイナスである。表には示していないが、企業規模、企業年齢、業種をコントロールした回帰を行っても、労働組合は従業者数全体の伸びに対して有意な負値である。労働組合の雇用成長に対する負の効果は、他の先進国での最近の分析結果とも同様である（Wooden and Hawke, 2000; Addison and Belfield, 2004; Walsworth, 2010）。従業者をフルタイム労働者とパートタイム労働者に分けると、フルタイムはほぼ同程度の減少率であり労働組合の有無による有意差はない。これに対して、パートタイムでは大きな違いがあり、労働組合がない企業では年率1.1％増加しているのに対して、労働組合がある企業では0.3％減少している。つまり、労働組合の有無による総従業者数の動向の差は、フルタイム労働者数ではなくほとんどがパートタイム労働者数の変化の違いによるものである[13]。

表10-7 労働組合の有無とフルタイム・パートタイム従業者数の変化

変数	労働組合あり	労働組合なし	差
総従業者数の変化	-2.1%	-0.8%	-1.3%***
フルタイム従業者数の変化	-1.7%	-1.8%	0.1%
パートタイム従業者数の変化	-0.3%	1.1%	-1.4%*

(注) 変化率の数字は年率換算。* は10%、** は 5 %、*** は 1 %水準の有意差を意味。

　すなわち、労働組合は当該企業の生産性に対して正の効果を持つ一方、労働組合がない企業のパートタイム労働者が増加するという形でマクロレベルでのプラス効果は減殺されている。企業別の労働組合にとって一義的な関心は組合員の賃金をはじめとする処遇であって日本全体の労働者ではないことを示唆している。労働組合は残念ながら急増している非正規労働者を取り込む形で生産性向上を実現するには至っていない。「パートタイム労働者総合実態調査」（厚生労働省、2011年）によれば、パートタイム等労働者比率は製造業12.8%に対して、宿泊業・飲食サービス業57.9%、卸売業・小売業43.3%、教育・学習支援業37.0%など多くのサービス産業で高い比率となっている。サービス経済化が進展する中、企業別労働組合が今後パートタイム労働者をはじめとする非正規労働者にどのように関わっていくかは、サービス産業を含む日本全体の生産性向上といわゆる「格差」是正とをどう両立していくかにも関係している。

5　結論

　本章は、労働組合と企業の生産性の関係という古くから関心をもたれてきたテーマについて、産業構造のサービス経済化や近年の労働市場制度の変化を踏まえ、サービス産業を含む日本企業数千社のサンプルを使用して実証分析を行ったものである。

　欧米では労働組合が生産性に及ぼす効果はゼロ又はあっても小さなプラスで、企業収益にはマイナスであるという見方が有力である。しかし、高度成長期にいわゆる「日本型雇用慣行」の柱の一つだった企業別労働組合は、製造業を中心と

---

13) ただし、企業規模、企業年齢、業種をコントロールして、フルタイム労働者とパートタイム労働者それぞれの伸びに対する労働組合の係数を計測すると、労働組合ダミーの係数は通常の有意水準で有意ではない。

した「生産性運動」に積極的に参画し、製造業の競争力強化、日本経済の成長に貢献してきた。しかし、日本の労働組合組織率は主要先進国と同様に低下傾向を辿っている。日本経済にとってサービス産業の生産性向上が重要な課題とされている中、この問題に対しても労使の協力に基づく取り組みが期待されている。

本章の分析結果によれば、米国の先行研究とは異なり、労働組合の存在は、当該企業の生産性（労働生産性、TFP）の水準及び伸び率のいずれに対しても有意なプラスの関係を持っていた。労働組合の賃金への効果（労働組合賃金プレミアム）もプラスだが、その大きさは生産性への効果と大きく異ならず、結果として労働組合の企業収益へのマイナスの影響は確認されない。しかし、労働組合がある企業の従業者数の減少率は労働組合がない企業に比べて大きく、その大部分はフルタイム労働者ではなくパートタイム労働者数の変化率の違いで説明される。なお、サンプルを製造業とサービス産業（非製造業）に分けて比較すると、労働組合の生産性・賃金に対する正の効果は同程度である。

労働組合が生産性とプラスの関係を持つにもかかわらず、なぜ労働組合組織率の低下が続いているのだろうか。定義上は、労働組合を持つ企業が（アウトプットとの関係で相対的に）雇用を増やさなかったから生産性が上昇したということだが、長期的に合理的な行動としては理解しにくい。本章で用いたデータからは確定的なことは言えないが、「労働組合基礎調査」の集計データで本章の分析対象期間の動きを観察すると、労働組合組織率は1998年22.4％から2004年19.2％へと3.2％ポイント低下している。この間、労働組合数（単位労働組合数）は▲10.4％、労働組合員数は▲14.8％である（組織率の分母に当たる総雇用者数は▲0.4％）。すなわち、労働組合数の減少と労働組合当たりの組合員数の減少とが相まって組織率低下をもたらしている。前者については、前述の通り、サービス産業及び企業年齢が若い企業で労働組合を持つ企業の割合が低いことから、産業構造の変化や企業・事業所の新陳代謝が関わっている可能性がある。後者については労働組合が急増する非正規労働者を取り込むことに成功していないことが一つの理由として考えられる。

最後に分析の限界と課題に触れておきたい。第一に、本章は期首に当たる1998年の労働組合の有無とその後の生産性等の関係を分析しており、労働組合の内生性の影響を完全には排除できない。ただし、生産性の違いが労働組合の設立・解散に影響を及ぼすという因果関係は想定しにくく、また、既述の通り労働組合の

有無が変化するケースは少ないため、この影響は深刻ではないと考えられる。第二に、本章で用いたデータは年齢・学歴・勤続といった労働者の質に関する情報を含んでいないため、労働者の質やその変化が計測される生産性に関わっている可能性は否定できない。こうした労働者の個人特性を明示的に考慮した分析を行うには、企業と労働者をマッチングした詳細なデータセットが必要となる。近年、海外ではそうしたデータの整備と実証研究への応用が急速に進展しているが、日本では企業データと労働者データのリンクが容易ではないために立ち遅れている。今後の大きな課題である。第三に、企業規模・業種等の基本的な企業特性は調整しているが、労働組合以外の労使関係に係る変数は分析に含まれていない。近年、各種の人的資源管理（HRM: human resource management）――インセンティブ報酬、効果的な訓練、チーム、柔軟な業務配分等――と生産性の関係を分析する研究が活発に行われており、良好なHRMが生産性にプラス効果を持つことを示すものが多い（Ichniowski and Shaw, 2003; Bloom and Van Reenen, 2007等）。本章の文脈では、労働組合が存在する企業は同時に優れたHRMを実行していて、結果として生産性や賃金が高くなっているかも知れない。つまり、労働組合の存在は、良好な人的資源マネジメントの代理変数となっている可能性がある。例えばMachin and Wood（2005）は、英国においてHRMと労働組合の補完性を示唆する結果を示している。また、Bryson et al.（2008）は、企業幹部と労働者の定期的なミーティングといった労働組合以外の形で労働者の声を吸収する仕組みが職場のパフォーマンスに関係することを示している。したがって、労働組合が存在する企業の生産性・賃金が労働組合のない企業よりも高いという結果は、労働組合を組織すれば自動的にその企業の生産性が高まるという意味での因果関係を意味するわけではない。企業の生産性にとって労働者の質とともに高いモチベーションは極めて重要であり、人材への依存度が高いサービス企業では特にそうである。労働組合組織率が低下傾向を辿る中、労働者の声を集約し、労使間の協力を促すような別のメカニズムを構築することも今後の課題である。特に、サービス産業は労働組合組織率が製造業に比べて低い一方、非正規雇用への依存度が高いことを考えると、そうした工夫を行う余地が大きい。

第11章

ストックオプションと生産性＊

1 序論

　本章は、日本企業におけるストックオプション制度の利用と生産性の関係についての実証分析である。企業の生産性に対して、一般的な統計では観測されない企業特性（「経営力」ないし「経営の質」）が企業レベルの生産性に対して大きな影響を持っている（第8章参照）。それら「経営力」の内容を具体的に解明することは、日本企業の生産性を向上させるための政策の企画にとって不可欠である。例えば、Bloom and Van Reenen (2007) は、欧米企業に対するサーベイ調査のデータを用いて「経営の質」の指標と全要素生産性（TFP）伸び率の関係を分析し、両者の間に強い正の関係があることを示している。そこでは、ボーナス、成果報酬、昇進といったインセンティブ・システムが、「経営の質」を構成する重要な要素の一つと位置づけられている。ストックオプションが役員・従業員の生産性向上インセンティブを強め、あるいは、研究開発をはじめ相対的にリスクが高く収益性の高い投資への資源配分を促す効果を持つとすれば、結果的にサービス産業を含めた経済全体の生産性向上に寄与する可能性がある。

　ストックオプションは、一定期間内に予め決められた価格で自社株式を購入する権利を役員や従業員に付与する仕組みであり、所有と経営の分離に起因するエージェンシー問題の軽減、経営者のリスクテーキングの増進、役員・従業員のインセンティブ向上といった様々な効果を持つことが期待されてきた。米国では古くから活用されてきた仕組みだが、日本では商法改正によって1997年から本格的に利用が可能になった[1]。1998年にはストックオプション税制が整備され、さら

＊本章は森川（2012）を基礎に加筆修正を行ったものである。「企業活動基本調査」の個票データの目的外利用に関し、経済産業省の関係者に謝意を表したい。本研究は、科学研究費補助金（基盤（B）、23330101）の助成を受けている。

第Ⅲ部　企業特性と生産性

表11-1　ストックオプション採用企業数の推移

年度	ストックオプション採用企業数	同比率
1997	544	2.1%
1998	639	2.4%
1999	827	3.2%
2000	1,093	4.0%
2001	1,188	4.2%
2002	1,483	5.4%
2003	1,492	5.6%
2004	1,729	6.1%
2005	1,701	6.1%
2006	1,626	5.8%
2007	1,613	5.5%
2008	1,590	5.6%
2009	1,505	5.4%

(注)「企業活動基本調査」(経済産業省)のパネルデータ(1997～2009年)より作成。サンプル企業数は年平均約27,000社。

に、2000年代初めにはストックオプション付与の上限(発行済株式総数の1/10以内)の撤廃や付与対象範囲の取締役・従業員以外への拡大、付与手続きの簡素化等を内容とする商法改正が行われた[2]。

　日本企業の低い収益性の背後に経営者のリスク回避姿勢があるのではないかという議論がある。日本の経営者報酬の企業業績に対する感応度の低さ(Kubo and Saito, 2008)に鑑みると、ストックオプションの活用は、積極的な経営を促進する効果を持ち、日本経済の活力を高める一助となるかも知れない。

　日本の製造業・サービス産業の大企業・中堅企業約30,000社を対象とした「企業活動基本調査」(経済産業省)は、ストックオプションが広く可能になった1997年度(平成10年調査)から継続してストックオプションの採用状況を調査項目としてきている。それによると、ストックオプション採用企業は2000年代半ばまで増加を続けた後、横ばいないし微減で推移しており、最近では約1,500社程度、サンプル企業全体の5％～6％程度となっている(**表11-1**)。ストックオ

---

1) 商法改正に先立って特定新規事業実施円滑化臨時措置法の改正(1995年)により、例外的にではあるがストックオプションの利用が可能となっていた。
2) これに先立って産業活力再生特別措置法は、「事業再構築計画」認定企業に対してグループ内子会社の取締役・使用人までストックオプションの対象範囲を拡大している。

第11章 ストックオプションと生産性

プション採用企業のうち上場企業は半数弱であり、非上場企業の中にもストックオプションを採用している企業が少なからず存在する。1998〜2005年度の同調査ではストックオプション付与対象者の範囲についても調査が行われており、その結果に基づいて役員を対象としたストックオプションと従業員を対象としたストックオプションの動向を見ると、従業員を対象としたストックオプションの増加が顕著だが、ストックオプション採用企業のうち70％以上は、役員と従業員がともに付与対象となっている。

関連する先行研究については第2節で概観するが、日本のストックオプション導入の決定要因やその効果に関していくつか重要な先行研究があるものの、生産性との関係はこれまで分析されていない。また、これまでの研究は上場企業の財務データを用いて行われており、「企業活動基本調査」で収集された大規模データは活用されていない。こうした状況を踏まえ、本章では、同調査のパネルデータを使用し、ストックオプションの採用と生産性（全要素生産性（TFP）、労働生産性）の関係を実証的に分析する。また、ストックオプションが経営者のリスクテーク行動に及ぼす効果について、リスクの高い投資の代表である研究開発投資とストックオプションの関係を、一般の設備投資と比較しつつ分析する。

本章の分析結果の要点は次の通りである。第一に、企業特性（企業固定効果）をコントロールした上で、ストックオプション採用はTFPを3％以上、労働生産性を4％以上高くする関係がある。第二に、ストックオプションと生産性の関連は、製造業だけでなくサービス産業（非製造業）でも観察される。第三に、ストックオプション導入企業はそれ以前から生産性上昇率のトレンドが高い可能性を考慮して、ストックオプション導入年の前後を比較すると、ストックオプション導入前の生産性伸び率は必ずしも非導入企業と比べて高くないが、ストックオプション導入後に生産性が上昇し、導入後の経過年数とともに生産性は高まっている。第四に、ストックオプション採用に伴って研究開発集約度（研究開発投資／売上高）が高くなる傾向が見られるが、一般の設備投資ではこのような関係は観察されない。これらの結果は、1990年代後半のストックオプションの解禁及びその後の制度改善が、日本企業の経営パフォーマンス向上に一定の貢献をしたことを示唆している。

以下、第2節では、先行研究を簡潔にサーベイする。第3節では、使用するデータ及び分析方法を解説する。第4節で分析結果を報告するとともに解釈を加え、

第5節で結論と政策的含意を述べる。

2　先行研究

本節ではストックオプションに関する研究について、本章の分析に関係が深いものを中心に簡潔にサーベイしておきたい[3]。ストックオプションの効果について欧米では極めて多くの研究が行われており、①株価への効果（Brickley et al., 1985等）、②会計上の利益への効果（DeFusco et al., 1990; Chen and Lee, 2010等）、③リスクテーキングへの効果（DeFusco et al., 1990; Rajgopal and Shevlin, 2002; Chen and Lee, 2010等）をめぐって多数の先行研究が存在する。ただし、Core et al.（2003）は、ストックオプションをはじめとする株式ベースでの役員報酬制度に関する理論・実証研究を包括的にサーベイした上で、ストックオプション及び経営者の株式保有が企業パフォーマンスに及ぼす効果については、理論的にも実証的にもコンセンサスがないと総括している。また、役員へのインセンティブの最適水準は企業特性によって異なる可能性があり、企業によって現状のインセンティブ水準は過大な可能性と過小な可能性があると指摘している。最近は、役員だけでなく従業員を含む広範な（broad-based）ストックオプションの効果を分析する例も多く見られるようになっている（Core and Guay, 2001; Oyer and Schaefer, 2005; Hallock and Olson, 2010等）。

生産性に対するストックオプションの効果を扱った研究は多くないが、Jones et al.（2010）、Sesil and Lin（2011）はそうした例である。Jones et al.（2010）は、フィンランド上場企業のパネルデータ（1992～2002年）を用いてコブ・ダグラス型生産関数を固定効果推計し、従業員ストックオプションと生産性の間に統計的に有意な関係は確認されないとしている。Sesil and Lin（2011）は、米国ハイテク企業632社のパネルデータを使用してストックオプションを説明変数に含むコブ・ダグラス型生産関数を推計し、役員ストックオプション及び従業員を含む広範なストックオプションがその年及びその後5年間の生産性に及ぼす効果を分析している。その結果によると、役員を対象にしたストックオプションの場合、導

---

[3] 花崎・松下（2010）は、日本の研究を含めてストックオプションに関する研究を包括的にサーベイしている。

入年の生産性に対して正の効果（+18%）を持ち、その効果は5年間を通じて持続している。他方、従業員を含む広範なストックオプションは、導入年には正の効果（+9%）があるものの、生産性への効果には持続性がない。こうした結果に基づき、ストックオプションの採用は組織にとって有用だが、広範なストックオプションの効果を持続させるためには、役員のストックオプションと同様の頻度でグラントを供与することが必要だと述べている。これらのほか、Bulan et al. (2010) は、米国製造業企業におけるストックオプションを含む経営者報酬の企業業績に対する感応度と生産性の関係を分析し、経営者のストックオプション価値が株式収益率のヴォラティリティに対して感応的なほど企業のTFPが高い傾向があること、つまりストックオプションが経営者のリスク回避に起因する生産性低下を抑止する効果を持つことを示している[4]。

日本では、Nagaoka (2005) 及び Uchida (2006) が、商法改正による1997年のストックオプション解禁後の企業データを用いてストックオプション導入の決定要因を分析した代表的な先行研究である。Nagaoka (2005) は、1997〜2000年の上場企業3,176社（うち391社がストックオプションを導入）のサンプルを用いた分析により、ストックオプションを導入した企業は導入前の時点での研究開発集約度が高く、従業者数の成長率が非常に高かったことを示すとともに、プロビット・モデルの推計によりストックオプション導入確率に対して企業年齢は負、成長機会は正、規制産業は負、サービス業は正、上位株主集中度は負、配当率は負、研究開発は非有意であるといった結果を示している。Uchida (2006) は、1997〜2000年のストックオプション採用状況を含む東証一部上場企業のデータを用いて、ストックオプション採用の決定要因（企業特性）をプロビット推計している。その結果によると、レバレッジと企業のストックオプション使用確率の間には負の関係があり、そうした関係は、特定の企業系列又はメインバンクに関係のある企業ほど顕著なこと、株主価値への関心が強い独立企業はストックオプションを採用する傾向が強いことを示している。ただし、これらの研究はストックオプション導入の要因を分析したものであり、企業パフォーマンスへの効果は分析対象とされていない。

---

4) 他方、生産性との関係を扱った研究ではないが、最近、Armstrong and Vashishtha (2012)、Hayes et al. (2012) は、ストックオプションが経営者のリスクテーキングを促進するとは言えないという結果を提示している。

このほか、Kubo and Saito（2008）は、1977～2000年、115社のパネルデータを使用して、日本企業における社長のストックオプションを含めた報酬の企業価値に対する感応度を分析し、日本企業の社長報酬の企業業績に対する感応度は米国企業に比べて大幅に低いだけでなく、1990年以降低下したことを示している。また、株価全体の動向がこうした結果をもたらしたとは言えないと論じている。この結果は、日本ではストックオプションが経営者のインセンティブを高める上で十分活用されていない可能性を示唆している。

経営成果への効果については、鈴木（2001）が日本の上場企業へのアンケート調査（1999年）に基づいてストックオプションと株式収益率の関係を分析し、ストックオプションによるインセンティブ効果の存在を示唆する結果を示している。Kato et al.（2005）は、1997～2001年の間にストックオプションを導入した上場企業約350社のデータを使用して、ストックオプションが株価及び経営成果に及ぼした効果を分析し、日本企業のストックオプション採用は株価や利益率（ROA）に正の効果を持ったと論じている。ただし、これらの研究の対象期間は2000年前後までであり、ストックオプションの中長期的な効果を明らかにしているとは言えない。花崎・松下（2010）は、ストックオプションの理論・実証研究をサーベイした上で、日本の東証一部・二部・マザーズ上場企業の1997～2006年度のデータを用いてストックオプション導入の決定要因、ストックオプション導入が企業収益やリスクテーキングに及ぼす効果を包括的に分析している。その結果によると、海外法人の株式所有割合が高い企業、レバレッジが低い企業ほどストックオプションを導入する傾向が強い。また、ストックオプション導入によって企業の収益性（ROA, ROE: return on equity）が向上する効果は限定的であること、ストックオプションが企業のリスクテーキングを助長する効果は観察されないことを示している[5]。その上で、日本企業のストックオプション採用は、プラス効果が乏しい一方でネガティブな副作用も見られず、いわば「毒にも薬にもならない」結果だと述べている。

以上を総括すれば、ストックオプションが企業収益に及ぼす効果について日本での分析は未だ少なく、確定的な結論が得られているとは言えない。また、ストックオプションと生産性の関係については日本で分析例がないだけでなく、欧米

5）同論文は、リスクの指標として利益率の標準偏差、変動係数を使用している。

での実証分析も少なく、かつ、その結論は分かれている。

3　データ及び分析方法

　本章の分析では、「企業活動基本調査」（経済産業省）の1994〜2009年のパネルデータを使用する。同調査は、1997年（1998年調査）から現在に至るまで毎年ストックオプションの導入状況を調査してきている。設問は「貴社ではストックオプション制度を導入していますか」というシンプルなものである。本章では「導入している」を1とするダミー変数（*sopt*）を説明変数として分析を行う。なお、1996年〜2005年にかけてはストックオプションの付与対象（役員、従業員の範囲）も調査されている[6]。

　このデータセットを使用して、まず、ストックオプションの採用（*sopt*）と生産性の関係を分析する。被説明変数のうち全要素生産性（TFP）は、実質付加価値額ベースのTFPである。TFPの計測で近年多く用いられているインデックス・ナンバー方式での計測であり、計測方法の詳細は第2章で述べた通りである。一方、労働生産性（LP）は、マンアワー当たり付加価値額（対数変換して使用）である。労働生産性はTFPに比べて生産性指標としては不完全なものだが、計測誤差が生じにくいという利点があるため被説明変数として併用する。

　ベースラインの推計方法は単純なプーリングOLS及び企業固定効果を考慮した固定効果（FE）推計である。OLS推計はストックオプション採用企業と非採用企業の違いをシンプルに示すことができるが、ストックオプションを採用する企業は採用いかんに関わらずもともと高い生産性の企業である可能性がある。一方、FE推計は、コントロール変数に含まれていない各種企業特性の影響を除去することができる。

　コントロール変数として、企業規模（常時従業者数の対数）、年ダミーを使用し、OLS推計では3ケタの産業ダミーも加える。また、労働生産性を説明する回帰式では資本装備率（対数表示）を説明変数として追加する。具体的なベースラインの推計式は、OLSが下記(1)、FE推計が(2)であり、推計期間は1997〜

---

[6] ストックオプション付与対象に関する設問は、「1. 役員の一部」、「2. 全役員」、「3. 全役員と一部幹部社員」、「4. 全役員及び全社員」、「5. 社員の一部」、「6. 全社員」という選択肢となっている。

2009年である。

$$y_{it} = \alpha + \beta\, sopt_{it} + \gamma X_{it} + \phi_{it} + \lambda_t + \varepsilon_{it} \tag{1}$$
$$y_{it} = \alpha + \beta\, sopt_{it} + \gamma X_{it} + \lambda_t + \eta_i + \varepsilon_{it} \tag{2}$$

これらの式で y_{it} は生産性指標（TFP、労働生産性）、X_{it} はコントロール変数（企業規模、資本装備率）、ϕ_{it} は産業ダミー、λ_t は年ダミー（サンプルの最初の年を参照基準とする）、η_i は企業固定効果、ε_{it} は誤差項である。なお、コントロール変数として生産性に影響を及ぼす可能性がある技術ストックの代理変数（特許・実用新案保有件数を売上高で除した値を使用）、外資系企業ダミーを追加した推計も行ってみたが、ストックオプションの係数（β）を含めて推計結果にほとんど違いが生じないため、以下の分析ではこれらの変数は含めない。

このほか、ストックオプションの効果が企業の上場の有無によって異なる可能性を考慮し、ストックオプションと上場（list）の交差項を含む推計も行う。当然のことながらストックオプションの有効性は当該株式の市場価値に依存しており、現に上場している又は将来上場の可能性がある企業でなければあまり効果は期待できないと考えられるからである。ただし、「企業活動基本調査」には、上場/非上場に関するデータが存在しないため、同調査と証券コードを対応させたデータ（コンバーター）を使用して上場の有無を特定することとした[7]。証券コードは「企業財務データバンク」（日本政策投資銀行設備投資研究所）を用いており、上場企業は、東証・大阪・名古屋証券取引所の一部・二部及び地方証券取引所、新興市場の上場企業を全て含んでいる。

次に、ストックオプションの採用が企業のリスクテーキングに及ぼす効果について、リスク投資の代理変数である研究開発投資を被説明変数に用いて、通常の設備投資と比較しつつ分析する。研究開発投資が一般の設備投資に比べてハイリスク・ハイリターンの投資であることはおそらく自明だが、例えば、Himmelberg and Petersen（1994）は、研究開発投資の内部資金（キャッシュフロー）に対する感応度が高いこと、つまり研究開発は社外からリスクや収益性を評価しにくいタイプの投資であることを示している。また、Coles et al.（2006）

---

[7]）「企業活動基本調査」の企業番号と証券コードのコンバーターは、経済産業研究所・計量データ室から提供を受けた。マッチングできた企業数は各年2,500社程度である。

は、研究開発をリスクの高い投資と位置づけた上で、CEO 報酬の株価ヴォラティリティに対する感応度の高さが研究開発投資を増加させる効果を持つことを示している。研究開発投資、設備投資を説明する回帰式では、これらを売上高で除した数字を被説明変数として用いる。説明変数及び推計方法は生産性の場合と同様である。

ただし、以上のような方法での推計は、ストックオプション導入後の効果は経過年数に関わらず一定と仮定していることになる。また、ストックオプション採用企業のトレンド生産性伸び率や研究開発集約度の上昇率がもともと高いことを反映する可能性がある[8]。このため、各企業がストックオプションを導入した年を基準に、それ以前の3年間と導入後経過年数毎の生産性や研究開発投資の数字を観察する。この場合は煩瑣になるのを避けるため、下記の通りシンプルな FE 推計のみを行う。

$$y_{it} = \alpha + \Sigma \beta \, soptyear_{it} + \gamma X_{it} + \lambda_t + \eta_i + \varepsilon_{it} \tag{3}$$

$soptyear_{it}$ は、ストックオプション導入年からの経過年数を示すダミー変数であり、導入年、1年後、2年後、3年後、4年後、5年後以降にストックオプション採用が続いている場合に1をとる複数のダミーである(推計結果を示す際は、$sopt0, sopt1, sopt2, \cdots, sopt5+$ と表示する)。これらダミーの係数の大きさを比較することで、ストックオプション採用の効果の時間的な変化を把握することが可能である。また、導入前後のパフォーマンスのトレンドを比較するため、ストックオプション導入前については、採用企業について導入の1年前、2年前、3年前を1とするダミーを用いる($sopt\_1, sopt\_2, sopt\_3$ と表示する)[9]。企業によってストックオプション導入年は異なるため、例えば、2001年にストックオプションを導入した企業の場合、$sopt\_1$、$sopt\_2$、$sopt\_3$ は当該企業の2000年、1999年、1998年のダミーである。なお、ストックオプションが存在するのは1997年以降だが、この分析ではストックオプション採用前の生産性等に関する情報を利用する

---

[8] 前記の推計式にストックオプション導入前の期間のタイムトレンドを説明変数として追加するという定式化も考えられるが、「企業活動基本調査」ではタイムトレンドを計測するのに十分な期間が取れないことから、本文で述べた形の推計を行うこととした。
[9] 「企業活動基本調査」は、1994年以前は第1回調査の1991年まで調査が実施されていない(2002年、2003年のデータは存在しない)ため、導入前は3年前まで遡ることとした。

第Ⅲ部　企業特性と生産性

表11-2　ストックオプション導入企業と非導入企業の属性比較

変数	導入企業	非導入企業
常時従業者数(対数)	5.863	5.157 ***
TFP(対数)	0.143	-0.070 ***
労働生産性(対数)	3.939	3.734 ***
研究開発支出対売上高	0.015	0.005 ***
設備投資対売上高	0.040	0.033 ***
外資比率	8.38	1.64 ***
設立年	1959.5	1957.2 **

(注)「企業活動基本調査」(経済産業省)のパネルデータ(1997～2009年)より計算(以下、表11-3～表11-9も同様)。** は 5 ％水準、*** は 1 ％水準で有意差があることを意味。TFPは対数表示であり、インデックス・ナンバー方式による計測。労働生産性は時間当たり付加価値額(千円)の対数表示。

ため、1994年まで遡ったデータセットを使用する。

4　分析結果

　回帰分析に先立ち、1997～2009年をプールしたデータに基づき、ストックオプション導入企業と非導入企業の主な特性を比較しておきたい(**表11-2**)。ストックオプション導入企業は非導入企業と比べて、企業規模が大きく、生産性が高く、研究開発投資及び設備投資の売上高に対する比率が高い。これら全ての属性において1％水準で有意差が存在する。また、ストックオプション導入企業は外資比率が高く、非導入企業の外資比率平均1.64％に対して8.38％となっている。一方、設立年は非導入企業1957年に対して導入企業1960年であり、5％水準で統計的な有意差があるものの大きな違いではない。ストックオプションを導入する企業の平均年齢が若いという傾向は必ずしも強くなく、伝統的大企業もかなり採用している。

　ストックオプション採用企業のうち上場企業は約45％であり、残りの55％は非上場企業である。ストックオプションは、それを行使する時点で株式に市場性がないとあまり意味がないため、ストックオプションを採用するのは上場企業が大多数と予想していたが、現実には非上場企業もかなり導入している。

4.1　ストックオプションと生産性

　次に、前節で説明した回帰式の推計結果を報告する。煩瑣になるのを避けるた

第11章　ストックオプションと生産性

表11-3　ストックオプションと生産性

	(1)TFP OLS	(2)TFP FE	(3)LP OLS	(4)LP FE
ストックオプション導入	0.0825***	0.0324***	0.0892***	0.0399***
(sopt)	(0.0081)	(0.0041)	(0.0082)	(0.0040)
年ダミー	yes	yes	yes	yes
産業ダミー	yes	no	yes	no
サンプル数	305,292	305,292	305,292	305,292
R^2	0.1998	0.0380	0.2532	0.0823

(注) プーリングOLS及びFE推計、カッコ内は標準誤差（OLS推計は企業レベルでクラスターした標準誤差）。
＊は10％、＊＊は5％、＊＊＊は1％の有意水準。OLS推計は自由度修正済み R^2、FE推計は R^2 (within)。表示していないが、コントロール変数として企業規模（*lnemp*）、労働生産性を説明する回帰式ではさらに資本装備率（*lnkl*）を使用。

め、結果を示す表では企業規模をはじめコントロール変数の推計結果は省略している。ストックオプション採用と生産性の関係は**表11-3**に示す通りである。OLS推計によれば、企業規模、産業、年ダミーをコントロールした上で、ストックオプション採用企業のTFPは非採用企業よりも8.3％高いという関係がある。一方、FE推計によると、ストックオプション採用によりTFPは3.2％高くなっている。FE推計結果はOLSの半分以下に縮小しており、ストックオプション採用企業固有の企業特性が生産性に影響していることを示している。労働生産性（LP）については、OLS推計で8.9％、FE推計で4.0％、ストックオプション採用によって生産性が高くなっており、TFPとほぼ同様の結果である[10]。表には示していないが、FE推計において産業ダミー（3ケタ）を追加しても、ストックオプションの係数はTFPで0.0305、労働生産性で0.0377とほとんど結果に違いが生じない。

　サンプル企業を製造業と非製造業に分けてFE推計すると、いずれの産業でもストックオプションの係数は全て1％水準で統計的に有意である。TFPに対するストックオプションの係数は製造業0.0327、非製造業0.0348（**表11-4**(1)、(2)）、労働生産性（LP）の回帰ではそれぞれ0.0376、0.0438（表11-4(3)、(4)）であり、いずれの生産性指標で見ても製造業に比べて非製造業の方がわず

---

[10] 生産性に影響を与える可能性のある説明変数として外資比率、特許・実用新案保有件数（対従業者数）を追加した推計も行ってみた。この場合、ストックオプションの係数はOLS推計では0.03（3％）前後小さくなるが、FE推計の係数はTFPで0.043、労働生産性で0.049とこれら追加的な説明変数を含めない場合とほぼ同じであった。

第Ⅲ部　企業特性と生産性

表11-4　製造業と非製造業の比較（FE 推計）

	(1)TFP 製造業	(2)TFP 非製造業	(3)LP 製造業	(4)LP 非製造業
ストックオプション導入	0.0327***	0.0348***	0.0376***	0.0438***
(sopt)	(0.0064)	(0.0051)	(0.0062)	(0.0050)
年ダミー	yes	yes	yes	yes
サンプル数	151,161	154,131	151,161	154,131
R^2(within)	0.0691	0.0348	0.1038	0.0969

(注) FE 推計、カッコ内は標準誤差。* は10%、** は 5 %、*** は 1 %の有意水準。表示していないが、コントロール変数として企業規模（lnemp）、労働生産性を説明する回帰式ではさらに資本装備率（lnkl）を使用。

表11-5　ストックオプション・上場と生産性（FE 推計）

	(1)TFP	(2)LP
ストックオプション導入	0.0293***	0.0335***
(sopt)	(0.0051)	(0.0050)
ストックオプション*上場	0.0085	0.0169**
(sopt*list)	(0.0082)	(0.0080)
上場企業	-0.0083	0.0166*
(list)	(0.0102)	(0.0101)
年ダミー	yes	yes
サンプル数	305,292	305,292
R^2(within)	0.0380	0.0824

(注) FE 推計、カッコ内は標準誤差。* は10%、** は 5 %、*** は 1 %の有意水準。表示していないが、コントロール変数として企業規模（lnemp）、労働生産性を説明する回帰式ではさらに資本装備率（lnkl）を使用。

かなながら大きい係数である。ストックオプション採用と生産性の間の正の関係は、製造業、サービス産業ともに存在すると言える。

　上述の通り、ストックオプション採用企業の中には非上場企業も多数存在する。上場・非上場によってストックオプションの生産性への効果に違いがあるかどうかを見るため、上場ダミー及びストックオプションと上場ダミーの交差項を説明変数に追加してFE 推計した。この結果によると、労働生産性を被説明変数とする回帰結果（**表11-5(2)**）では交差項（sopt*list）の係数は有意な正の値だが、TFP を説明する回帰（表11-5(1)）では交差項の係数の符号は正だが統計的に有意ではない。いずれの推計でもストックオプション（sopt）自体の係数は 1 %水準で有意である。この結果は、ストックオプションと生産性の関係が上場企業でやや強い可能性を示唆しているが、基本的には上場企業、非上場企業ともにストックオプションの生産性効果が存在する。

第11章　ストックオプションと生産性

表11-6　ストックオプション導入前後の年数と生産性

	(1)TFP	(2)LP
3年前	0.0127**	0.0140**
(sopt_3)	(0.0058)	(0.0057)
2年前	0.0152***	0.0169***
(sopt_2)	(0.0059)	(0.0057)
1年前	0.0255***	0.0295***
(sopt_1)	(0.0061)	(0.0059)
導入年	0.0231***	0.0285***
(sopt0)	(0.0053)	(0.0052)
1年後	0.0527***	0.0627***
(sopt1)	(0.0068)	(0.0066)
2年後	0.0716***	0.0838***
(sopt2)	(0.0081)	(0.0079)
3年後	0.0851***	0.0959***
(sopt3)	(0.0095)	(0.0093)
4年後	0.1000***	0.1116***
(sopt4)	(0.0113)	(0.0110)
5年後以降	0.1109***	0.1256***
(sopt5+)	(0.0093)	(0.0091)
年ダミー	yes	yes
サンプル数	377,760	377,760
R^2(within)	0.0447	0.0960

(注)　FE推計、カッコ内は標準誤差。+は10％、*は5％、***は1％の有意水準。説明変数のうちsopt0はストックオプション導入年、sopt1, sopt2, sopt3, sopt4, sopt5+ は、ストックオプション導入後の経過年数。また、sopt_1, sopt_2, sopt_3は、ストックオプション導入の1年前、2年前、3年前のダミー。表示していないが、コントロール変数として企業規模（lnemp）、労働生産性を説明する回帰式ではさらに資本装備率（lnkl）を使用。

　FE推計においては観測されない企業特性がコントロールされているが、ストックオプション導入の有無に関わらず、採用企業と非採用企業の生産性上昇率のトレンドに違いがあるかも知れない。この点をチェックするため、前出(3)式に基づきストックオプション導入年の前3年間と導入後数年間の生産性動向を比較した結果が**表11-6**である。結果を視覚的にわかりやすくするために作成したのが**図11-1**である。ストックオプション導入前は必ずしも高い生産性の伸びではないが、ストックオプション導入後に生産性が上昇し、採用後の経過年数とともに生産性は高まっていることがわかる。導入後5年以上経過した企業では生産性が約12％高くなっている。つまり、ストックオプション導入企業がもともと生産性上昇率の高い企業というわけではなく、ストックオプション導入を契機に生産

第Ⅲ部　企業特性と生産性

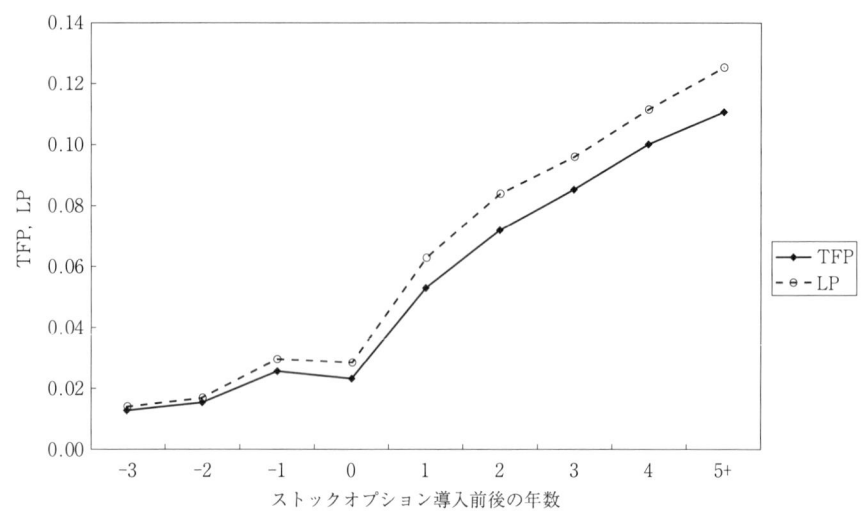

図11-1　ストックオプション導入前後の生産性

(注)「企業活動基本調査」(経済産業省)のパネルデータ(1997年～2009年)に基づく表11-6の固定効果推計結果に基づきストックオプション導入年(0年)前後の生産性の動向を図示。縦軸の生産性は対数表示。

性が高まっている。この分析結果は、将来の生産性上昇率の加速を予想してストックオプションを導入したという意味での内生性の可能性を排除するものではないが、ストックオプション導入から生産性という因果関係を強く示唆している[11]。

Kubo and Saito(2008)が示した通り、日本の大企業経営者のストックオプションを含めた総報酬の企業業績に対する感応度は非常に低い。しかし、インセンティブの効果は、①報酬の業績への感応度とともに、②報酬の変化に対する経営者や従業員のエフォートの感応度にも依存する。また、ストックオプションは企業業績の水準だけでなく業績のヴォラティリティに対する報酬の感応度を高めることを通じて、リスクテーキングを促進する効果を持つとされる(Guay, 1999; Coles et al., 2006等)。本章の分析は、これらの点を直接に検証するものではないが、エフォートの報酬感応度が意外に高い可能性やストックオプションがリスク回避的な経営者の行動を変える効果を持っている可能性を示唆している。

---

11) ストックオプションを含めてコーポレート・ガバナンスに関連する多くの変数には内生性が存在し、分析結果を因果関係として解釈できるかどうかが常に問題となる。しかし、適当な操作変数が容易に見当たらないのが普通である。コーポレート・ガバナンスに関する変数の内生性の問題については、Roberts and Whited(2013)参照。

表11-7 ストックオプションと研究開発・設備投資

	(1)R&D投資 OLS	(2)R&D投資 FE	(3)設備投資 OLS	(4)設備投資 FE
ストックオプション導入	0.0078***	0.0004***	0.0054***	0.0003
(sopt)	(0.0006)	(0.0002)	(0.0009)	(0.0007)
年ダミー	yes	yes	yes	yes
産業ダミー	yes	no	yes	no
サンプル数	359,809	359,809	306,614	306,614
R^2	0.1552	0.0007	0.0883	0.0038

(注) プーリングOLS及びFE推計、カッコ内は標準誤差（OLS推計は企業レベルでクラスターした標準誤差）。
* は10%、** は5%、*** は1%の有意水準。OLS推計は自由度修正済み R^2、FE推計は R^2（within）。表示していないが、企業規模（$lnemp$）をコントロール変数として使用。

4.2 ストックオプションと研究開発投資

　次に、ストックオプション採用が企業のリスクテーキングを高める効果を持っているかどうかを、研究開発投資に焦点を当てて分析する。被説明変数は研究開発集約度（研究開発支出対売上高）で、推計式は生産性を被説明変数とする前出(1)～(3)式に準拠する。推計結果によると、OLS推計ではストックオプション採用企業は研究開発集約度が約0.8%ポイント高いという関係が見られる。FE推計では+0.04%ポイントとかなり小さくなるが、統計的には高い有意水準の正値である（**表11-7**）[12]。OLSとFEの係数が大きく異なることは、ストックオプション採用企業は、もともと研究開発集約度が高いという企業特性があることによると考えられる。しかし、サンプル企業の研究開発集約度の平均値は0.55%であり、FE推計の+0.04%ポイントという値はストックオプション採用によって研究開発投資が8%程度高くなることを意味しており、量的に無視できない大きさである。ただし、回帰式全体の説明力はさほど高くないため、研究開発投資を規定する諸要因がこの推計式では十分に捉えられていない可能性があることを留保しておきたい。

　これに対して、一般の設備投資の場合にはOLS推計ではストックオプション採用企業ほど設備投資比率が高いという関係が見られるものの、FE推計では統計的に有意ではない（表11-7 (3)、(4)）。つまり、企業固定効果を考慮すると、ストックオプション採用によって企業の設備投資比率が高くなるという関係は確

---

12) サンプルを製造業と非製造業に分けてFE推計を行うと、ストックオプションの係数はいずれの産業でも正だが、意外なことに非製造業のみ統計的に有意（1%水準）で、係数の大きさも非製造業の方がいくぶん大きかった。

第Ⅲ部　企業特性と生産性

表11-8　ストックオプション・上場と研究開発

	(1)R&D投資	(2)設備投資
ストックオプション導入	0.0000	-0.0005
(*sopt*)	(0.0002)	(0.0009)
ストックオプション：上場	0.0013***	0.0010
(*sopt*list*)	(0.0003)	(0.0014)
上場企業	-0.0015***	0.0066***
(*list*)	(0.0004)	(0.0017)
年ダミー	yes	yes
サンプル数	359,809	306,614
R^2(within)	0.0008	0.0039

（注）FE推計。カッコ内は標準誤差。*は10％、**は5％、***は1％の有意水準。コントロール変数として企業規模（lnemp）を使用。

認されない。なお、上場企業と非上場企業の違いを見るため、ストックオプション採用と上場ダミーの交差項を含めた推計を行うと、研究開発投資に対して交差項の係数は有意な正値だが、この場合ストックオプション自体の係数は有意にゼロと異ならなくなる（**表11-8（1）**）。すなわち、ストックオプションが研究開発投資を促す効果は上場企業でのみ確認される。なお、設備投資を説明する回帰式ではストックオプション及び交差項の係数はいずれも非有意である（表11-8（2））。

最後に、生産性の分析と同様、ストックオプション採用企業はもともと研究開発集約度の上昇トレンドが高い可能性を考慮し、ストックオプション導入前後の研究開発集約度の動向を見たのが**表11-9**である。ストックオプション導入前からやや上昇のトレンドが見られ、また、年々の変動が大きく、生産性の場合ほど明瞭ではないが、ストックオプション導入の翌年や5年以上経過した長期で見ると研究開発集約度が高まっている。

以上の結果は、ストックオプションの採用が、設備投資に比べてハイリスク・ハイリターンの研究開発投資を促す効果を持った可能性を示唆している。

5　結論

本章では、製造業・サービス産業をカバーする「企業活動基本調査」のパネルデータを使用して、日本企業におけるストックオプションと生産性、研究開発投資の関係を分析した。企業による生産性の違いに影響を与える要因の一端を明らかにすることが分析の第一の目的であり、第二の目的は企業法制の改正について

第11章　ストックオプションと生産性

表11-9　ストックオプション採用後の経過年数と研究開発投資・設備投資

	(1)R&D投資	(2)設備投資
3年前	-0.0008***	0.0015
($sopt\_3$)	(0.0002)	(0.0010)
2年前	-0.0007***	0.0028***
($sopt\_2$)	(0.0002)	(0.0010)
1年前	-0.0003	0.0019*
($sopt\_1$)	(0.0002)	(0.0011)
導入年	0.0000	0.0024***
($sopt0$)	(0.0002)	(0.0009)
1年後	0.0015***	0.0005
($sopt1$)	(0.0002)	(0.0012)
2年後	0.0010***	0.0021
($sopt2$)	(0.0003)	(0.0014)
3年後	0.0003	-0.0026*
($sopt3$)	(0.0003)	(0.0016)
4年後	0.0013***	-0.0065***
($sopt4$)	(0.0004)	(0.0018)
5年後以降	0.0025***	-0.0019
($sopt5+$)	(0.0003)	(0.0015)
年ダミー	yes	yes
サンプル数	437,895	384,517
R^2(within)	0.0009	0.0036

(注) FE推計、カッコ内は標準誤差。* は10％、** は5％、*** は1％の有意水準。説明変数のうち$sopt0$はストックオプション導入年、$sopt1, sopt2, sopt3, sopt4, sopt5+$は、ストックオプション導入後の経過年数。また、$sopt\_1, sopt\_2, sopt\_3$は、ストックオプション導入の1年前、2年前、3年前のダミー。表示していないが、企業規模（$lnemp$）をコントロール変数として使用。

の政策評価である。ストックオプションは、1997年に商法改正によってその本格的な利用が可能となり、その後何度かにわたって制度の改善が行われてきた。そうした制度改正が日本企業にもたらした効果を実証的に明らかにする試みである。

分析結果によれば、ストックオプションの採用は、企業の生産性に対して有意な正の効果を持っており、TFP、労働生産性のいずれで見ても3％ないしそれ以上の向上と関係している。ストックオプションと生産性の関連は、製造業だけでなくサービス産業でも観察される。非上場企業の中にもストックオプションを採用している企業は少なからず存在し、非上場企業でもストックオプションと生産性の正の関連が観測される。また、ストックオプション導入後の年数経過とともに生産性は高まっていく傾向が見られる。同時に、ストックオプション採用企業は研究開発投資を増加させており、そうした関係は一般の設備投資では観察さ

れない。すなわち、ストックオプションの導入を契機に、懐妊期間が長くリスクの高い投資を加速していることが示唆される。一般に、研究開発投資は中長期的に高い生産性上昇率に結びつくので、研究開発投資の増加はストックオプションが生産性上昇をもたらす一つのチャネルになっている可能性がある。

　過去の研究によれば、ストックオプションを含む最適なインセンティブ報酬の水準は企業によって異なる。その場合、個々の企業が最適な契約を選択した結果としてストックオプションの採否が規定され、したがって企業パフォーマンスとは無関係になることが含意される。日本企業においてストックオプションが総じて生産性パフォーマンスに正の効果を持っているという本章の分析結果は、1997年以前には制度上原則として不可能であったストックオプションが解禁されたことに伴い、そうしたインセンティブの利用が望ましいタイプの企業が積極的に採用できるようになったことが理由として考えられる。例えば、日本企業の経営者が過度にリスク回避的であったとすれば、それら企業がリスクテーキングやインセンティブを強める報酬体系を採用することは望ましい効果を持つ。長期にわたる株価低迷もあって日本企業のストックオプション採用は近年伸び悩んできたが、本章の結果は、その意義を再評価する余地があることを示唆している。政策評価の観点からは、商法改正、ストックオプション税制導入といった過去十数年間のコーポレート・ガバナンスに関連する制度改革の取り組みが、経営者のリスクテーキングや生産性上昇インセンティブとして一定の機能を果たしてきたと評価できる。

　本章の分析にはいくつかの限界があり、それらについて留保しておきたい。第一に、ストックオプションを導入した企業は、それ以外にも様々な経営改革を同時に実施している可能性があり、観測されるストックオプションと生産性の関係は、他の経営改革の効果を含んでいるかも知れない。第二に、本章の分析結果はストックオプション導入が生産性を高めるという関係を強く示唆しているが、ストックオプション採用の内生性の可能性を完全には排除できない。第三に、本章で用いたストックオプションのデータは導入しているか否かのダミー変数であり、データの制約から付与されたストックオプションの量的な大きさは考慮されていない。序論で述べた通り、インセンティブ報酬制度は「経営の質」の重要な構成要素とされており、ストックオプションを含めてその生産性に対する効果に関する研究をさらに深化させていくことが重要である。

第Ⅳ部

サービス生産性分析の課題

第12章

パートタイム労働時間と生産性
―労働時間の多様性と生産性計測の精度―*

1 序論

　パートタイム労働者をはじめ労働時間の異質性が高い非正規労働者の増加は、生産性の正確な計測に対するチャレンジとなっている。本章は、個々の企業レベルでのパートタイム労働時間データを用いることで、生産性計測の精度にどのような違いが生じるかを、製造業とサービス産業を比較しつつ定量的に検証することを目的としている。

　労働生産性（LP）であれ全要素生産性（TFP）であれ、アウトプットやインプットの正確な計測が大前提となる。このうち労働投入量は単なる労働者数ではなく、企業毎の労働者数に労働時間を掛けたマンアワーを用いることが望ましいが、データの制約から企業レベルの労働時間データが利用されることは稀であり、労働時間を考慮しない従業者総数を労働投入量として用いたり、産業集計レベルでの労働時間データをその産業に属する企業全てに適用したりすることが多い。

　日本では、「企業活動基本調査」（経済産業省）のミクロデータを用いた企業レベルの生産性分析が多数行われているが、同調査には労働時間データが存在しないため、Nishimura et al.（2005）、Fukao and Kwon（2006）以降、同調査の常時従業者数（パートタイム労働者を含む）に「毎月勤労統計」（厚生労働省）の産業別労働時間（パートタイム労働者を含む常用労働者の労働時間）を掛けてマンアワーを計算するのが一般的である。サービス産業の生産性に焦点を当てた本書の分析では、パートタイム労働者比率が産業内でも企業によって異なることの影響に配慮し、フルタイムとパートタイムの労働時間を区別してマンアワーを計

---

* 本章は、森川（2010）に加筆修正を行ったものである。「企業活動基本調査」の個票データの目的外利用に関し、経済産業省の関係者に謝意を表したい。

算しているが、労働時間データ自体は「毎月勤労統計」の一般労働者とパートタイム労働者それぞれの産業別労働時間の数字を用いている。

　米欧における企業・事業所レベルの生産性分析でも、企業による労働時間の違いは十分に考慮されているとは言えない。米国製造業を対象とした分析では、センサス局のCensus of ManufacturersやそれをS基礎としたLRD（Longitudinal Research Database）が用いられることが多いが、生産労働者については工場毎のマンアワーが用いられていても、非生産労働者については従業者数に産業レベルの労働時間データ——多くはCPSを使用——を乗じてマンアワーを計算するのが一般的である（Bartelsman and Dhrymes, 1998; Foster et al., 2008; Syverson, 2004a 等）。英国でも、国家統計局（ONS: Office for National Statistics）のARD（Annual Business Inquiry Respondents Database）を用いたDisney et al. (2003)は、工場毎の労働者数に2ケタ業種別の労働時間を乗じてマンアワーとしており、Aghion et al. (2009)は、従業者数を労働投入のデータとしている。サービス産業を対象とした分析ではデータの制約がより厳しく、例えば米国小売業の生産性についての優れた分析であるFoster et al. (2006)は、パートタイム労働を区別することなく、事業所の従業者数に産業レベルの労働時間を乗じてマンアワーとしている。

　インプットの中では、稼働率、資本減耗率、無形資産の扱いといった計測上の困難が深刻な資本ストックやそもそも基礎データが乏しい中間投入財・サービスに比べると、労働投入量は計測技術上の問題が比較的少ないと考えられてきた。しかし、近年、パートタイム労働をはじめ非正規雇用が急増しており、生産性の計測において非正規労働をどう取り扱うかが大きな課題となっている。「毎月勤労統計」によれば、日本のパートタイム労働者比率（5人以上事業所）は、2012年には28.8％と10年前（2002年）の22.0％から7％ポイント近く増加している[1]。サービス経済化が進展する中、パートタイム労働者比率の高い小売業、飲食店、対個人サービス業をはじめとする非製造業の生産性計測においてより深刻な問題となっている。「毎月勤労統計」によれば、2012年の製造業のパートタイム労働者比率は12.7％だが、卸売業・小売業は41.9％、飲食サービス業75.4％、生活関

1）「毎月勤労統計」において、パートタイム労働者は、常用労働者のうち一日の所定労働時間が一般労働者より短い者、又は、一週の所定労働日数が一般労働者よりも短い者と定義されており、「企業活動基本調査」の定義もこれと同様である。

第12章 パートタイム労働時間と生産性

連サービス業は42.3％である。一口にパートタイム労働者と言っても、フルタイムにかなり近い労働時間の人もいれば、ずっと短い労働時間の人もいる。また、企業の経営戦略・労務管理政策によってもパートタイム労働者の働き方には大きな違いがある[2]。

主要国を見ても、OECD統計によれば、2008年のパートタイム労働者比率はOECD全体で約16％、英国やドイツでは20％を超えており、最もパートタイム労働者比率の高いオランダでは約36％となっている。こうした中、例えばDiewert（2008）は、長期的な労働時間の減少傾向及びパートタイム労働者比率上昇の下、単なる従業者数は労働投入量の指標として正確ではないと指摘している。

本章は、最近利用可能になってきた企業レベルでのパートタイム労働時間データを使用し、これを用いることで計測される生産性にどのような違いが生じるかを定量的に検証することを目的としている。具体的には、「企業活動基本調査」が2006年度から調査事項として追加した「パートタイム従業者（就業時間換算）」の情報を利用して労働生産性（LP）及びTFPを推計し、「毎月勤労統計」の産業集計レベルでのパートタイム労働者の労働時間を用いて推計した生産性の数字と比較する[3]。

「企業活動基本調査」は、経済産業研究所（RIETI）の生産性研究で最も多用されている統計であり、従来からパートタイム労働者数は常時従業者数の内数として調査されていたものの、その労働時間は調査事項に含まれていなかった。このため、労働投入量の計測に当たっては他の産業集計レベルのデータを当該産業に属する企業に適用する以外に方法がなかった。しかし、当然のことながら同じ産業内でも企業によってパートタイム労働者の就業形態には大きな違いがあるため、企業レベルでの生産性比較を行ったり、生産性の決定要因を分析したりする上で大きな制約の一つとなっていた。この点、この調査項目の拡充は、サービス産業を含む生産性分析の精度向上に寄与することが期待される。

言うまでもなく生産性の計測に係る問題点は、労働時間だけでなく、労働力や

2）Gaston and Kishi（2007）は、日本のパートタイム労働者でフルタイム類似の仕事をしている労働者がサービス産業、専門職で多いことを指摘している。
3）「毎月勤労統計」の産業分類は36業種であるが、このうち製造業が23業種であり、非製造業は標準産業分類1ケタという粗い分類である。

資本ストックの質、アウトプットの実質化・品質変化の計測、新製品・サービスの取扱い等多岐にわたる。また、推計方法によっては、規模の経済性、完全競争の仮定、関数形の選択等多くの論点がある。本章の分析はそのうちのごく一部を論じるものに過ぎない。生産性（特にTFP）の計測の問題全般については、例えばNadiri（1970）、Hulten（2001）、Diewert and Nakamura（2007）、Diewert（2008）、Syverson（2011）のサーベイを、特にサービス産業の生産性計測上の問題やデータ整備上の課題については本書第13章を参照されたい[4]。

　分析結果の要点は以下の通りである。第一に、パートタイム労働者の労働時間は全産業平均で見るとフルタイム労働者の84％程度だが、同じ産業内でも企業によってフルタイムと同程度の労働時間の企業から半分以下の労働時間の企業まで大きな異質性がある。第二に、企業レベルのパートタイム労働時間ではなく産業集計データを用いた場合、計測される生産性水準にはサンプル平均値で±４％前後、中央値で±１％～２％のバイアスが生じる。産業別には、パートタイム労働者比率が高い業種である飲食店、飲食料品小売業、旅館・ホテル、娯楽サービス業等でバイアスが大きい。第三に、ただし、企業別労働時間データを使った場合と産業集計データを用いた場合とで計測される生産性の相関は非常に高い。したがって、生産性に影響を及ぼす企業特性や政策要因の効果を分析する際、産業集計レベルの労働時間データを用いることによって誤った結論を導くおそれは比較的小さい。第四に、産業集計レベルの労働時間データを使用せざるを得ない場合でも、サービス産業の企業を対象に含む生産性分析においては、フルタイムとパートタイムを一括して「常時従業者」として扱うのではなく、両者を区別して総労働投入量（マンアワー）を計測することが望ましい。

　本章の構成は以下の通りである。第２節では、使用するデータ及び分析方法について解説する。第３節では分析結果を示すとともに解釈を加える。サンプル企業全体だけでなく、産業別の分析結果も提示し、パートタイム労働者の労働時間の取扱いによるバイアスがどの業種で深刻なのかを明らかにする。第４節では簡

---

[4] 企業・事業所レベルの生産性の研究についての包括的なサーベイであるSyverson（2011）は、生産性計測に係る問題点として、アウトプットの計測、インプット（労働、資本）の計測、インプットの集計、完全競争・収穫一定の仮定、インプットの調整費用、インプットの内生性等を指摘した上で、生産性の計測方法に対するセンシティビティは一般に小さいと述べている。

2 データ及び分析方法

　本章で使用するのは、「企業活動基本調査」（経済産業省）の2006年度（2007年調査）のクロスセクション・データである。同年のサンプル企業数は27,917社である。同調査の対象は、鉱業、製造業、卸・小売・飲食店、一部のサービス業に属する事業所を有する企業で、従業者50人以上かつ資本金又は出資金3,000万円以上の企業である。同調査は、従業者数、資本金、売上高、経常利益等の財務情報のほか、親会社・子会社、海外展開等様々な情報を含んでおり、企業レベルの生産性分析に活用されている。売上高等のフロー計数は年度、従業者数をはじめストック量は年度末の数字である。

　2006年度から調査項目としてパートタイム労働者のフルタイム換算人数が調査項目に加えられた[5]。具体的には、パートタイム労働者数について、実数とともに「貴社の正社員・正職員の労働時間で換算」して四捨五入した値を調査している。したがって、このフルタイム換算人数をパートタイム労働者総数で割れば、パートタイム労働者の労働時間平均値（対フルタイム比）を得ることができる。ただし、得られる数字は当該企業におけるフルタイム労働時間に対するパートタイム労働者の労働時間の比率である。したがって、フルタイム労働時間の企業による違いがどの程度あるのかはこのデータから確認できないが、パートタイムに比べればフルタイム労働時間の企業による異質性は小さいと考えられる。景気循環局面との関係で言うと、フルタイムの所定外労働時間（残業）は好況期に増加し、不況期には減少する。ただし、**図12-1**に見られる通り、集計レベルの時系列データを見ると、パートタイム労働時間の振幅がやや大きいものの、フルタイム（一般労働者）の労働時間の変動とパートタイム労働時間の変動は比較的似たパタンを示している。

　まず、パートタイム労働時間の平均値・中央値をはじめとする分布特性とその産業による違いを観察する。パートタイム労働時間がフルタイム労働者の何％程

5）2006年度から、請負労働者数も調査対象に加えられている。非正規雇用の実態把握への要請が高まっていることが背景にある。「商業統計」も2007年調査においてパートタイム労働者の8時間換算での数字を調査している。

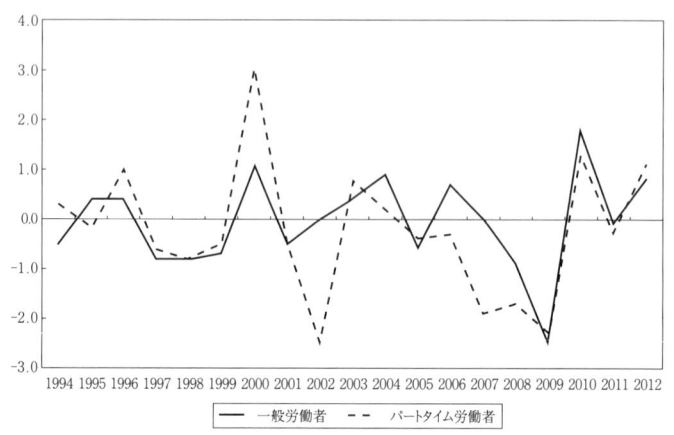

第IV部 サービス生産性分析の課題

図12-1 一般労働者とパートタイム労働者の労働時間の動き

(注)厚生労働省「毎月勤労統計」より作成。前年比％。

度なのか、それが産業によってどう異なるのかを確認することが目的である。産業大分類は、「製造業」、「電力・ガス等」、「卸売業」、「小売業」、「サービス業（狭義）」、「その他」に区分した。「サービス業」には、飲食店・宿泊業、専門サービス業、学術・研究開発機関、洗濯・理容・美容・浴場業、その他の生活関連サービス業、娯楽業、廃棄物処理業、自動車整備業、機械等修理業、物品賃貸業、広告業、その他の事業サービス業のほか、ソフトウエア業、情報処理・提供サービス業、インターネット付随サービス業が含まれている。

　次に、労働生産性（LP）及びTFPの計測に際して、①「企業活動基本調査」の企業別のパートタイム労働時間データを用いて計測した場合、②公表されている「毎月勤労統計」の産業集計データ（30人以上事業所の一般労働者、パートタイム労働者それぞれの労働時間）を用いた場合の結果を比較する。具体的には、①と②の乖離幅の中央値、平均値等を計算し、また、それらが産業によってどう異なるかを観察する。さらに、先行研究ではしばしばフルタイムとパートタイムを一括した常時従業者数×常時従業者の平均労働時間（産業別）が労働投入量として用いられていることから、③常時従業者の労働時間をフルタイムとパートタイムに区別することなく一括して扱って計測した生産性と上記①との比較も行う。労働投入量の計算方法を整理すれば以下の通りである。

① マンアワー 1 (H1) = (フルタイム労働者数+フルタイム換算パートタイム労働者数) ×フルタイム労働時間 (産業別)
② マンアワー 2 (H2) =フルタイム労働者数×フルタイム労働時間 (産業別) +パートタイム労働者数×パートタイム労働時間 (産業別)
③ マンアワー 3 (H3) =常時従業者総数×常時従業者労働時間 (産業別)

これら異なるマンアワー・データ (H1、H2、H3) に基づいて労働生産性 (LP1、LP2、LP3)、TFP (TFP1、TFP2、TFP3) を計測する (LP、TFP いずれも対数表示)。その上で、生産性1と生産性2 (あるいは生産性1と生産性3) の乖離を推計誤差とみなす。これを総括的に表す指標として、企業 (i) 毎に計算される計測誤差の絶対値 ($|LP1_i - LP2_i|$、$|TFP1_i - TFP2_i|$ 及び $|LP1_i - LP3_i|$、$|TFP1_i - TFP3_i|$) の平均値及び中央値を使用する。生産性は対数表示なので、これらをパーセント換算した上で結果を報告する[6]。

労働生産性 (LP) は上で定義したマンアワー (H) 当たり付加価値額である。付加価値額は、営業利益+賃借料+給与総額+減価償却費+租税公課である。TFP は資本ストック (有形固定資産額：K) とマンアワー (H) を生産要素とする付加価値ベースの生産性で、a) コスト・シェアを用いたノンパラメトリックな推計値 (TFPa)、b) 生産関数の推計によって得られる「残差」(TFPb)という二種類の方法で計測を行う[7]。生産関数はシンプルなコブ・ダグラス型であり、3ケタ産業ダミーを説明変数に加えて OLS 推計を行う。

3 分析結果

パートタイム労働者の労働時間 (対フルタイム、%) を産業大分類別に集計した結果が**表12-1**である。全サンプルの平均値を見ると、パートタイム労働者の労働時間はフルタイム労働者の84.4%、中央値は100%である。すなわち、多く

---

[6] LP 及び TFP は対数表示なので、乖離幅を d としたとき $\exp(d) - 1$ でパーセント換算する。
[7] 生産関数による TFP の推計は関数形による制約が強いこと等から、ミクロデータを用いた最近の TFP 分析では、コスト・シェアを用いたノンパラメトリックな計測が行われる例が多い (Nishimura et al., 2005; Fukao and Kwon, 2006等)。計測方法の詳細は、本書第2章参照。

第Ⅳ部 サービス生産性分析の課題

表12-1 パートタイム労働者の労働時間（フルタイム比、産業大分類、単位%）

産業	(1) 平均値	(2) 標準偏差	(3) 中央値	(4) p25	(5) p10	(6) p5
製造業	86.0	20.1	100	75.0	57.1	50.0
電力・ガス	87.3	19.4	100	75.0	57.2	50.0
卸売業	85.9	20.2	100	74.4	55.1	50.0
小売業	80.1	22.9	88.8	62.5	49.9	40.0
サービス業	81.4	24.7	100	63.6	47.1	33.3
その他	84.8	21.9	100	72.1	50.0	40.0
全産業	84.4	21.5	100	71.4	50.0	44.0

(注)「企業活動基本調査」（経済産業省）の2006年のミクロデータ及び「毎月勤労統計」（厚生労働省）の産業集計データに基づいて計算（以下、表12-2〜表12-6も同様）。p25, p10, p5はそれぞれパーセンタイル値。

の企業ではパートタイム労働者の多くはフルタイム労働者と同程度の労働時間ということになる[8]。ちなみに「毎月勤労統計」の就業形態別総実労働時間（2006年度、30人以上事業所、産業計）を見ると、一般労働者168.7時間に対してパートタイム労働者98.5時間であり、パートタイム労働者の労働時間の一般労働者比は58.4%である。したがって、「企業活動基本調査」のサンプル企業のパートタイム労働時間は「毎月勤労統計」のそれに比べると比較的長い。ただし、対象を製造業に限って比較すると「企業活動基本調査」サンプル平均で86%、毎勤は75%であり、両者の差は比較的小さい。全産業ベースでの違いが大きいのは、二つの統計の産業構成が異なることも一つの理由である。

業種別に見ると、小売業やサービス業で平均値がやや小さく、これらの産業では比較的短時間労働のパートが多いことを示している。標準偏差はどの産業も0.2前後であり、分布の10パーセンタイル値を見るとフルタイムの労働時間の50%前後、5パーセンタイル値では44%となっており（表12-1(5)、(6)）、パートタイム労働時間がフルタイムの半分以下という企業も一定数存在することがわかる。企業によってパートタイム労働者の労働時間にはかなりのばらつきがあり、産業別にはサービス業や小売業において、パートタイム労働時間の企業による異質性が顕著である。パートタイム労働者と一口に言っても、企業によってその就労の態様は様々なことが推察される。結果は表示していないが、より細かい3ケ

---

[8]「企業活動基本調査」においてパートタイム従業者は、フルタイムよりも就業時間又は就業日数が少ない労働者と定義されている。パートタイム労働者の対フルタイム労働者の労働時間が100%という回答は、「呼称パート」を対象に記載されている可能性がある。

第12章 パートタイム労働時間と生産性

表12-2 企業毎のパートタイム労働時間を考慮しない場合の生産性の推計誤差（％換算）

産業	計測誤差・平均値			計測誤差・中央値		
	(1)LP	(2)TFPa	(3)TFPb	(4)LP	(5)TFPa	(6)TFPb
製造業	2.5	2.6	2.9	0.6	1.8	1.5
電力・ガス	1.1	1.4	2.3	0.0	1.3	1.7
卸売業	3.6	3.1	3.8	0.9	1.9	2.2
小売業	10.3	7.3	9.5	4.3	2.8	5.0
サービス業	8.1	6.4	8.0	0.7	2.0	3.1
その他	3.0	2.8	3.5	0.4	1.8	1.8
全産業	4.6	3.8	4.7	0.8	1.8	2.0

(注) 数字は企業毎のLP1とLP2、TFP1とTFP2の乖離の絶対値を計算した上で平均値と中央値を示したもの。TFPaはインデックス・ナンバー方式による計測、TFPbは生産関数の残差として計測された値（以下同様）。

タ産業分類でパートタイム労働者の労働時間が相対的に短い業種としては、一般飲食店、教育（学習塾等）、建物サービス業（ビル管理、床清掃、ガラス拭き等）をはじめ、時間を限ったアルバイトに近い就労形態が多いと見られる業種が挙げられる。

次に、労働生産性（LP）及びTFPが企業毎のパートタイム労働時間を用いた場合とそうでない場合とでどの程度異なるか（推計誤差）について、企業毎の乖離の絶対値（$|LP1_i - LP2_i|$、$|TFP1_i - TFP2_i|$）を計測して産業別に平均値及び中央値をパーセント表示したのが**表12-2**である。全産業で見ると労働生産性、TFPともに平均で4％〜5％程度の乖離があるが、乖離幅の非常に大きいサンプルの影響が大きく反映されるため、中央値を見ると労働生産性で0.8％、TFPで約2％の乖離である。産業大分類別には小売業で乖離の大きさが際立っており、平均値で10.3％（LP）、7.3％〜9.5％（TFP）、中央値でも4.3％（LP）、2.8％〜5.0％（TFP）の乖離がある。小売業はパートタイム労働者比率が多く、かつ、企業によってパートタイムの労働時間の違いが大きいため、企業レベルの生産性を測る際に、当該企業のパートタイム労働時間を用いることが、推計の精度を高める上で重要なことを示している。小売業以外ではサービス業でやや乖離幅が大きくなっている。

計測される生産性の乖離幅（絶対値）の中央値を3ケタ分類産業別に計算し、大きい順に見たのが**表12-3**である。飲食店、旅館・ホテル、娯楽系のサービス業、飲食料品小売業等で乖離が大きい。この表は絶対値を示すものだが、いずれの方向にバイアスがあるかを細かく分析すると、労働生産性（LP）は、企業別

第IV部　サービス生産性分析の課題

表12-3　計測誤差の大きい業種（中央値、単位%）

(1) LP		(2) TFPa		(3) TFPb	
産業	乖離幅(中央値)	産業	乖離幅(中央値)	産業	乖離幅(中央値)
ボウリング場	42.1	ボウリング場	24.2	映画館	27.1
映画館	30.5	一般飲食店	15.7	個人教授所	25.5
一般飲食店	23.4	映画館	13.4	ボウリング場	22.0
個人教授所	18.5	その他の飲食店	11.1	一般飲食店	19.1
その他の飲食店	15.6	個人教授所	10.6	その他の飲食店	18.8
教育	14.5	写真業	10.3	教育	15.5
遊園地・テーマパーク	14.3	教育	9.8	テレマーケティング業	14.3
写真業	13.8	スポーツ施設提供業	9.5	他に分類されない生活関連サービス業	13.1
旅館・ホテル	13.6	飲食料品小売業	9.2	旅館・ホテル	12.1
その他の娯楽業	13.4	その他の娯楽業	8.1	写真業	12.0

のパートタイム労働時間データを用いることにより下方修正される企業が多い。逆に言えば、「毎月勤労統計」の産業集計レベルでの労働時間データを援用すると、労働投入量が過小評価、労働生産性が過大推計される傾向がある[9]。

　序論で述べた通り、過去の生産性分析ではフルタイムとパートタイムを区別せずに常時従業者数として一括して扱い、これに常時従業者全体の平均労働時間を乗じて労働投入量としている例が多い。**表12-4**は、常時従業者数の合計を労働者数データとし、労働時間は「毎月勤労統計」の一般労働者とパートタイム労働者を含む平均労働時間数を使用して生産性を計測し、これと企業別パートタイム労働時間を使用した数字との乖離（$|LP1_i - LP3_i|$、$|TFP1_i - TFP3_i|$）を産業別に見たものである。表12-2と比較しつつ結果を見ると、推計誤差は平均値で2倍前後に拡大する（ただし生産関数を用いたTFPbの場合にはあまり違いがない）。サンプル中央値で見ても推計誤差はかなり大きくなり、特に卸売業、小売業、サービス業では乖離の絶対値が10％ポイント前後ないしそれ以上となる。これに対して、パートタイム労働者数が少ない製造業では比較的影響が小さい。パートタイム労働者比率が上昇傾向にある中、フルタイムとパートタイムを分けて計算しないと、パートタイム労働者比率の増加が著しい企業において、労働投入の変化が過大評価、生産性が過小評価される可能性が高い。したがって、商業やサービ

9）TFPの場合には生産性の計測自体がいわば平均からの乖離として計算されるため、労働生産性と違ってバイアスの方向が明瞭には現れないが、企業別のパートタイム労働時間を使用することで上方修正される企業がいくぶん多い。

第12章 パートタイム労働時間と生産性

表12-4 パートタイムとフルタイムを区別しない場合の生産性の推計誤差（％換算）

産業	計測誤差・平均値			計測誤差・中央値		
	(1)LP	(2)TFPa	(3)TFPb	(4)LP	(5)TFPa	(6)TFPb
製造業	3.3	4.3	2.8	1.9	3.2	1.4
電力・ガス	1.4	3.3	1.6	0.8	2.8	1.1
卸売業	18.2	9.7	3.4	19.8	10.3	1.9
小売業	19.0	11.4	11.2	19.8	9.9	8.4
サービス業	13.0	7.8	7.7	13.2	5.0	2.2
その他	3.2	4.0	2.8	2.6	3.4	1.2
全産業	9.6	6.8	4.7	5.1	4.1	1.8

(注) 数字は企業毎のLP1とLP3、TFP1とTFP3の乖離の絶対値を計算した上で平均値と中央値を示したもの。

ス業の生産性を分析する際には、①まずはフルタイムとパートタイムを区別してそれぞれの労働時間を用いることが適当であり、さらに、②データが利用可能ならば、パートタイムの労働時間は産業集計値ではなく企業別のデータを用いることが望ましい。

　パートタイム労働時間補正前後の労働生産性、TFPの相関係数を計算したのが**表12-5**である。この相関係数が1に近い数字であるほど、マンアワーの計測方法の違いによる企業の生産性の序列やギャップの大きさへの影響が小さいことを意味する。逆に、相関係数が小さい場合には、企業の生産性分析を行う際にマンアワーの計算方法次第で分析結果が大きく左右されることになる。同表(1)〜(3)は、企業別のパートタイム労働時間を用いて計測した生産性と産業集計データを用いて計測された生産性の間の相関（LP1とLP2、TFP1とTFP2の相関）を、(4)〜(6)は企業別のパートタイム労働時間を用いて計算した数字と常時従業者数×労働時間を用いた数字との相関（LP1とLP3、TFP1とTFP3の相関）を示している。(1)〜(3)を見ると、労働生産性で0.98、TFPで0.98〜0.99と非常に高い相関であり、パートタイム労働時間の計測方法に関わらず、企業の生産性の序列や生産性ギャップへの影響は比較的軽微であることが確認される（業種別に見ると小売業はいくぶん相関が低いが、それでも0.93〜0.97である）。したがって、生産性に影響を及ぼす各種企業特性や政策の効果を分析するとき、産業集計レベルのパートタイム労働時間データを用いることによって結論が大きく左右されるおそれは小さいと考えられる。一方、表12-5 (4)〜(6)の結果を見ると、フルタイムとパートタイムを区分せず、常時従業者を一括して取り扱うと相関が低下することがわかる。

第Ⅳ部　サービス生産性分析の課題

表12-5　パートタイム労働時間補正前後の生産性の相関係数

	LP1 と LP2、TFP1 と TFP2			LP1 と LP3、TFP1 と TFP3		
	(1) LP	(2) TFPa	(3) TFPb	(4) LP	(5) TFPa	(6) TFPb
製造業	0.994	0.995	0.991	0.992	0.993	0.990
電力・ガス	1.000	0.999	0.998	0.999	0.998	0.999
卸売業	0.991	0.995	0.991	0.990	0.995	0.990
小売業	0.937	0.970	0.936	0.920	0.957	0.924
サービス業	0.972	0.984	0.965	0.967	0.982	0.961
その他	0.995	0.997	0.994	0.995	0.997	0.994
全産業	0.984	0.990	0.981	0.976	0.985	0.978

　ところで、第2章では、サービス業の生産性のばらつき（企業間格差）が、製造業に比べて大きいことを示した。しかし、パートタイム労働者比率の大きいサービス業では、インプットの計測誤差に起因する生産性のバイアスが見かけ上の生産性格差を大きくしているかも知れない。この点に関し、生産性水準の企業間格差の度合い（対数分散）を、パートタイム労働時間を企業別に計測した場合（LP1、TFP1）とそうでない場合（LP2、TFP2）とで比較したところ、企業別のパートタイム労働時間を用いると、むしろ生産性のばらつきは産業を問わずいくぶん拡大する（**表12-6**）。また、製造業に比べてサービス業で生産性格差の拡大幅が大きい。つまり、サービス業において企業間での生産性のばらつきが大きいという事実は、パートタイム労働時間の計測誤差に起因するものではない。

　なお、本章の分析は2006年の一時点のみであり、以上の分析は生産性「上昇率」の推計誤差を扱ったものではない。企業によるパートタイム労働時間の違いが経年的に安定しているならば、生産性上昇率のバイアスは「水準」に比べれば深刻ではない可能性がある。同様の理由により、企業固定効果をコントロールしたパネル分析は、クロスセクション分析に比べてバイアスが比較的小さいと考えられる。もちろん、時点間でパートタイム労働時間が変化する企業やパートタイム労働者比率が変化する企業では、生産性上昇率が過大評価又は過小評価される可能性が排除できないため、長期的な生産性上昇率を企業間で比較する場合、特に小売業やサービス業を対象に含む分析を行う際には注意を要する。

第12章 パートタイム労働時間と生産性

表12-6 生産性の企業によるばらつき（対数分散）

	(1)LP 補正前 (LP2)	(1)LP 補正後 (LP1)	(2)TFPa 補正前 (TFP2a)	(2)TFPa 補正後 (TFP1a)	(3)TFPb 補正前 (TFP2b)	(3)TFPb 補正後 (TFP1b)
製造業	0.308	0.314	0.240	0.244	0.205	0.210
電力・ガス	0.561	0.568	0.098	0.099	0.268	0.270
卸売業	0.278	0.292	0.332	0.343	0.253	0.266
小売業	0.195	0.216	0.227	0.238	0.170	0.186
サービス業	0.469	0.511	0.449	0.483	0.301	0.320
その他	0.550	0.560	0.399	0.403	0.369	0.378
全産業	0.339	0.356	0.309	0.319	0.233	0.243

(注)「補正前」は産業集計レベルの労働時間（H2）、「補正後」は企業レベルのパートタイム労働時間（H1）を用いた時の数字。

4 結論

　本章では、「企業活動基本調査」のクロスセクション・データ（2006年度）を使用し、パートタイム労働者の労働時間が企業別に把握可能となったことを踏まえ、過去の多くの研究で行われている産業集計レベルのパートタイム労働時間を使用することがもたらす生産性計測へのバイアスを定量的に評価した。サービス産業を中心に非正規労働者が増加トレンドにある中、生産性計測におけるインプットである労働投入量に非正規労働力のマンアワーを正確に反映させることの重要性が高まっていることが分析の動機である。

　分析結果によれば、第一に、パートタイム労働時間は全産業平均で見るとフルタイムの84％程度だが、製造業に比べて小売業やサービス業ではいくぶん短い。同一産業内でも企業によってパートタイム労働者の平均労働時間にはかなりのばらつきがあり、フルタイムと同程度の企業からその半分以下の労働時間の企業までかなりの異質性がある。第二に、企業レベルのパートタイム労働時間ではなく産業集計データを用いた場合、計測される生産性には平均値で±４％程度、中央値で±１〜２％のバイアスが発生する。特に、パートタイム労働者比率が高い飲食店、飲食料品小売業、旅館・ホテル、娯楽系のサービス業ではかなりのバイアスが生じる。ただし、第三に、企業別パートタイム労働時間データを使った場合と産業集計データを用いた場合との間での計測される生産性水準の相関は非常に高い。したがって、生産性に影響を及ぼす企業特性や政策の効果を分析するとき、産業集計レベルでのパートタイム労働時間データを用いることによって結果が大

きく左右されるおそれは小さいと考えられる。最後に、パートタイム労働者が増加している中にあって、商業やサービス業をカバーするデータで企業レベルの生産性を分析する際、フルタイムとパートタイムを合計した「常時従業者」とその労働時間を用いて労働投入量を計算するのは適当ではなく、それぞれの労働時間を用いてマンアワーを算出することが望ましい。

本章の分析は、フルタイム労働者の労働時間については「毎月勤労統計」の産業集計データを使用している。現実にはフルタイムの労働者であっても所定内・所定外労働時間の実態はパートタイムほどではないとしても企業によって違いがあるはずである。「企業活動基本調査」は、パートタイム労働者のフルタイム換算での人数の調査を開始したが、フルタイム自体の労働時間は調査対象ではない。したがって、フルタイム労働者の労働時間が企業間で異なることに起因する生産性計測の精度への潜在的影響は、本章の分析射程外であることを留保しておきたい。この点に対応するためには、「企業活動基本調査」においてフルタイムについても正確な労働時間を調査することを統計のユーザー側としては期待したいが、労働者特性に関する調査事項の充実には統計技術上の限界もあると思われる。政府統計全体の視点からは、企業（事業所）統計と労働者の統計をリンクさせた大規模データセットの整備が期待される。また、本章はクロスセクションでの生産性「水準」を扱ったものであり、生産性「上昇率」へのバイアスは分析していない。企業によるパートタイム労働時間の違いが経年的に安定しているならば、生産性上昇率に及ぼすバイアスは水準に比べれば深刻ではない可能性があるが、パネルデータを利用した生産性上昇率のバイアスの評価は今後の課題としたい。

日本の実質GDP成長率は1990年以降2011年までの平均で年率0.9％と低迷してきた。こうした中、『日本再興戦略』（2013年）をはじめ最近の経済成長戦略は実質経済成長率2％程度を目標としている。労働力人口が減少する中、今後のTFP上昇率は経済成長率を規定するカギである。適切な成長政策の立案と政策資源配分のためには、研究開発、IT投資、無形資産投資、グローバル展開等がどの程度企業の生産性と関係しているのかを定量的に把握する必要があり、その基礎となる生産性の正確な計測が不可欠である。

生産性の正確な計測のためのデータ整備上の課題は依然として多く、本章で扱ったのはそれらのうちの一部に過ぎない。序論で述べた通り、アウトプットの品質向上や新製品・サービスの扱い、資本ストックや中間投入のデータなど計測上

の制約は非常に多い。労働力に関しては、企業・事業所データにおいて労働者の質（学歴、勤続、年齢等）に関する情報が一般にアベイラブルではないことも大きな制約である。しかし、「企業活動基本調査」においてパートタイム労働者の労働時間が把握可能になったことは一つの前進である。そのための追加的費用は比較的小さく、企業統計における調査内容の充実は費用対効果の高い投資だと考えられる。

第１３章

サービス生産性計測の課題とデータ整備＊

1　サービス生産性計測をめぐる課題

　本章は、サービス産業の生産性を計測する際の技術的な問題について概観し、データ整備上の課題を考察する。既にいくつかの章で統計データの制約や問題点について断片的に言及してきたが、本章ではこれらを整理して述べる。まず本節では、生産性の計測における問題点のうち重要なものとして、①アウトプットの計測（価格・品質調整の問題）、②労働力の計測、③資本の計測、④生産性の景気同調性と稼働率の問題について論じる。第２節では、サービス産業の生産性を正確に計測するために必要な基礎統計の整備について論じ、第３節で結論を簡潔に述べる。

1.1　アウトプットの計測

　生産性を計測する際のアウトプットには、売上高・付加価値額といった金額、何個・何トン・何回といった物的な数量など様々な指標がある。売上高は統計で比較的容易に把握できるが、付加価値額は中間投入を控除する必要があり、統計によっては中間投入額が得られず付加価値額が計算できない場合もある。特にサービス産業は製造業と比較してこの制約に直面する場合が多い。また、付加価値には「粗付加価値」と「純付加価値」という二つの概念があるが、後者は機械設備の減価・陳腐化といった「資本減耗」を差し引く必要があり、ここでもデータの制約により推計誤差が入り込む余地がある。マクロ的に見ると、日本のGDPのうち固定資本減耗は20％前後にのぼっているから、製造業全体のGDPシェアに匹敵する無視できない大きさである。産業別に見ると、小売業や（狭義）サー

＊本章は、森川（2009）の一部を基礎に大幅な加筆を行ったものである。

ビス業では労働生産性の分子に粗付加価値額と純付加価値額を用いた数字の乖離は10％以下だが、電力・ガスといった装置型の産業では両者の間には50％前後の違いが生じる[1]。なお、中間投入のデータが利用可能な場合には、売上高をアウトプット指標として中間投入財・サービスをインプットとして考慮する「グロス・アプローチ」（KLEMS方式）と中間投入額を控除した付加価値額をアウトプット指標とする「付加価値アプローチ」がありうる。前者は計測結果が産業の垂直統合の程度に依存する、後者は技術効率の改善を中間財・サービス投入とは無関係と仮定することになるなど一長一短があり（Hulten, 2009）、生産性計測の実務では両者が併用されている。

人件費（賃金）は付加価値額の中で大きな部分を占めている。特に商業や（狭義）サービス業では人件費比率が高い。本来は人件費には福利厚生費、社会保障の企業負担、現物給付（社宅等）を含めることが望ましく、GDP統計の「雇用者報酬」はそのような定義に従って計算されている。しかし、産業や企業レベルの統計では、「給与総額」といった狭い範囲の数字しか利用できない場合が多い。分析結果を比較する際には、こうした定義の違いに注意を払う必要がある。また、派遣労働者や請負労働者の賃金は人件費ではなく中間投入サービスへの支払いとして扱われている場合が多く、分析の際にはインプットの測り方（対象とする労働者の範囲）との整合性に注意する必要がある。

金額ベースのアウトプット指標を用いて生産性の変化を測る場合には、実質化するための価格データ（デフレーター）が必要となる。価格統計のバイアスに関しては多くの論点があるが、サービスに関して言えば品質調整が特に大きな問題となる。あるサービス産業の生産性上昇率を計測しようとすれば、付加価値額を価格変化率で割り引いて実質化しなければならないが、価格上昇率の中にサービスの質の向上に伴う価格変化が混入していれば、価格上昇率は過大評価となり、生産性上昇率は過小評価される。

サービス産業の生産性計測におけるアウトプットの品質調整の問題は従来から指摘されている。例えば、以前は治療不可能だった病気が治癒する、一か月入院

---

[1] 生産性計測の際の産出額としてグロス、ネットのいずれを用いるのが妥当かについて講学上の議論があったが、現在ではグロスを用いることが多くなっている（Schreyer, 2001）。ただし、経済厚生の視点からはネットを用いた計算が行われることもある（Baker and Rosnick, 2007）。

する必要があった治療が一週間で退院できるようになるなど、医療サービスの技術進歩は著しいが、GDP統計（あるいは物価統計）はこうしたサービスの質の向上を必ずしも反映していない。米国消費者物価指数（CPI）のバイアスを計測したことで有名な「ボスキン委員会報告書」（1996年）は、医療サービスの価格指数は年率3.0％過大評価（質の向上を過小評価）だと試算し、その後の研究（Lebow and Rudd, 2003）も2.5％と推計している。逆に言えば、医療サービス部門の生産性上昇率が大幅に過小評価されていることになる。

　この点に関連して、JIPデータベース（経済産業研究所）108業種の長期的なTFP（1970～2007年）の動向を詳しく見ると、民間サービス産業（電力・ガス・水道業を除く第三次産業）31業種中、過半の17業種でTFP伸び率がマイナスとなっている[2]。例えば、医療サービス（民間）▲0.8％、保健衛生サービス（民間）▲1.0％、娯楽業▲2.1％（いずれも年率）等である。TFPは計算上「残差」なので短期的には様々な事情で変動するが、30年以上にわたって継続的に「技術退歩」が生じるということは考えにくい。生産性研究者は、数年以上にわたってTFPがマイナスの場合には、基礎データの制約等のため何らかの計測上の問題がある可能性が高いと指摘しており、この場合にはTFPをゼロとみなすべきという考え方もある（Corrado and Slifman, 1999; Gullickson and Harper, 1999）。TFPをゼロとみなすということは、技術退歩もないが技術進歩もないという控えめな「補正」である。JIPデータベースに基づいてこうした思考実験を行うと、サービス産業のTFP上昇率は大きく上方修正され、製造業との格差はほとんどなくなる（**表13-1**）。

　サービス産業の生産性「水準」の国際比較に際しても、国によるサービスの質の違いをどう取り扱うかが厄介な問題となる。マクロ集計レベルの購買力平価（PPP）で換算して産業別生産性の国際比較を行うのは適当ではなく、産業別のPPPが必要である[3]。しかし、複数国間のサービス価格を正確に比較する上では、両国で同じ質のサービスが販売されているのかどうかが問題となる。つまり、同じスペック（質）のサービスの価格が両国でいくらなのかを調査したデータが必要だが、日本と米国の小売サービス、外食サービス、医療サービス等を同じスペ

---

2) 製造業では32業種中、TFP上昇率が負値なのは10業種である。
3) Van Biesebroeck（2009）は、産業別生産性国際比較における換算レートの問題について要領良く整理している。

第Ⅳ部 サービス生産性分析の課題

表13-1　TFP上昇率の補正

	(1)原データ	(2)補正後
製造業	0.79%	0.88%
サービス産業	0.25%	0.87%
全産業	0.43%	0.76%

(注)「JIP2012データベース」(経済産業研究所)の政府サービス及び分類不能を除く97業種、1970～2007年の数字から計算。「補正後」は、37年間のTFP変化率が負値の業種をゼロとして集計した数字。「サービス産業」は電力・ガス・水道業を除く第三次産業。「全産業」は農林水産業、建設業等を含む。同データベースは2009年までカバーしているが、世界経済危機による異常値の影響を避けるため2007年までの数字を使用。

ックで比較するのは容易ではない。例えば、日本のサービス業は接客、クレーム処理などの点で質が高いと言われており、日米間でサービス業の生産性を比較する際、本来は質の違いを補正した上での日米両国の価格差を用いて換算を行う必要がある。仮に日本の飲食店と米国の飲食店のサービスの質が大きく違うとすれば、同じサービスとして単純に比較することはできない。

　サービス産業生産性協議会が行った「同一サービス分野における品質水準の違いに関する日米比較調査」(2009年)は、20種類のサービスを対象に、品質や価格について、日米のどちらがどの程度高いと感じているか、日米両国に滞在経験のある日本人・米国人を対象に定量的評価を求めて集計したものである。日本人と米国人とは効用関数(嗜好)が違う可能性があるため、両方に尋ねている点がこの調査の特長である。その結果によれば、全サービスの単純平均で日本のサービスの方が5％～8％程度(主観的な)質が高いという結果である。米国サービスの方が高い質であると日本人が回答したサービスは皆無に近く、米国人も多くのサービスで日本の方が高い質だと回答している。分野別には、地下鉄、タクシー、航空旅客、コンビニエンス・ストアで15％～20％程度、宅配便、郵便、理美容等で5％～10％程度日本のサービスの質が高い(**図13-1**)。

　国際比較だけでなく、国内の企業間・事業所間での生産性の違いを比較する際にも同様の問題がある。サービス産業固有の問題ではないが、最近は製品・サービスの「差別化」が進んでおり、A社のサービスとB社のサービスは同一ではない可能性がある。例えば、「全国物価統計調査」(総務省)は同じ銘柄の商品の小売価格を調査した統計だが、これによるとコンビニエンス・ストアでは、同一の商品がスーパーマーケットよりも10％以上高い価格で販売されている。これは利

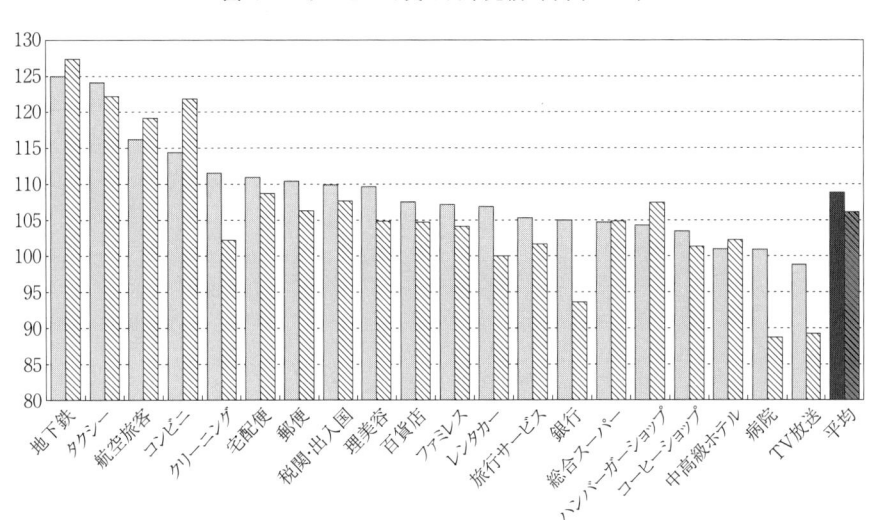

第13章　サービス生産性計測の課題とデータ整備

図13-1　サービスの質の日米比較（米国＝100）

（出典）サービス産業生産性協議会「同一サービス分野における品質水準の違いに関する日米比較調査」（2009年）より作成。

便性というサービスの質に対して消費者が高い価格を支払っていることを示しており、業態間でのサービスの質の違いを反映している。

　このように、売上高（生産額）、付加価値額といった金額ベースのアウトプットは、価格変動や国・地域による価格差を正しく補正しない限り時点間や地域間の比較ができない。これに対して、農産物やセメント、粗鋼、非鉄金属といった素材型の製造業では、何トンといった数量ベースの指標が利用可能であり、これは価格の影響を受けないため狭く定義された業種レベルの「物的生産性」を用いることで工場間や各国間での生産性の水準や伸び率を正確に比較することが可能である。対象は製造業だが、Foster et al.（2008）は、米国製造業のデータを用いて金額ベースの生産性（TFPR）と物的生産性（TFPQ）を計測・比較し、前者には技術的効率性と需要側の要因による価格への影響とが混在していると指摘している[4]。しかし、製品差別化が大きくバラエティが豊富な加工組立型の製造業や質の違いが大きい多くのサービス産業の場合には、物的にアウトプットを正しく測ることは容易ではない。本書第3章、第6章の分析は対個人サービス業を対象に物的なアウトプット指標（TFPQ）を計測した数少ない分析例だが、サー

ビスでこうした数量データが利用可能なケースは稀である。また、企業や事業所が多角化していて複数のアウトプットを供給している場合には、一種の加重平均をしなければ物的生産性は計算できない。サービス分野でも、例えば病院は脳梗塞、心筋梗塞、ガン、インフルエンザ等様々な病気の診断や治療を行っており、提供しているサービスは多様である。

1.2　労働投入の計測

　女性の労働参加率の上昇、高齢化の進展等を背景に先進諸国ではパートタイム労働者をはじめ短時間労働者が増加傾向にある。こうした中、労働投入量の指標として労働者数ではなくそれに労働時間を掛けた数字（マンアワー）を用いるのが適当だというのはコンセンサスと考えて良い（Schreyer, 2001; Diewert, 2008）。しかし、現実には細分化した産業毎の労働時間や企業毎の労働時間データを得ることができるとは限らない。労働時間と一口に言っても、労働者側から調査した数字（「労働力調査」）と企業ないし事業所側に聞いた数字（「毎月勤労統計」）との間にかなり乖離があることは良く知られており、この乖離がいわゆる「サービス残業」の指標として使われることもある。サービス産業では自営業が少なくないが、自営業主や家族労働者の労働時間の把握は雇用者に比べて難しいのが普通である。さらに、生産性を国際比較しようとする場合、国によって労働時間の統計の取り方が異なる場合がある。こうした違いを無視して産業間比較や国際比較を行えば、甚だ不正確な結果になる。この問題は、パートタイム労働者比率の高いサービス産業で特に大きな問題となる。「毎月勤労統計」によれば、日本のパートタイム労働者比率（5人以上事業所）は、2012年には28.8%と10年前（2002年）の22.0%から7%ポイント近く増加している。特に、サービス産業ではパートタイム比率が高い業種が多く、製造業のパートタイム労働者比率12.7%に対して、卸売業・小売業は41.9%、飲食サービス業75.4%、生活関連サービス業は42.3%となっている。この点については第12章で分析を行った通り、企業毎のパートタイム労働投入量データが利用可能になることで、計測されるTFPの精度は4%程度改善し、特にパートタイム労働者比率が高い小売業、飲食店、宿泊業

4）Kawakami et al.（2011）は、日本の「工業統計」データを用いてTFPQとTFPRを比較している。

等のサービス産業でこの効果が大きい。派遣労働者や請負労働者の数や労働時間も生産性の計測において厄介な問題である。企業によってこれを人件費として扱うかどうかも異なるし、政府統計でも非正規労働者に関する調査内容は徐々に拡げられつつあるものの未だ十分とは言えない。

　学歴・経験をはじめとする労働者の質は、産業・企業により、国により、相当に異なる可能性があることにも注意が必要である。JIP データベースや EUKLEMS データベースでは労働力の質の（構成）変化を補正した上で生産性上昇率を算出しているが、生産性の水準比較の際に労働力の質の違いを補正することはあまり行われない。労働者レベルのデータを用いた産業間賃金格差の分析では一般に教育、経験、年齢といった労働者の属性をコントロールした上での産業賃金プレミアムの計測が行われるが、こうした調整を行うと見かけ上の産業間賃金格差の相当部分は労働者の属性の違いで説明できる。さらに、個人レベルのパネルデータを用いた海外の研究によれば、賃金に対する観測不可能な労働者の個人特性の影響はかなり大きいとされている。賃金に対する個人固定効果を計測した先行研究として頻繁に引用される Abowd et al.（1999）は、フランス労働者の大規模なパネルデータを使用し、高賃金企業の生産性が高いこと、産業間賃金格差のうち約90％は個人固定効果で説明されることを示している。また、労働者の属性についての詳細な情報を含むデータを用いた最近の研究は、生産性の企業間格差のうちかなりの部分が労働者の質の違いに起因するものであることを示している（Fox and Smeets, 2011; Irarrazabal et al., 2013）。これらの研究は、生産性の比較に際して労働力の質の違いを考慮することの重要性を示唆している。

1.3　資本の計測

　TFP の計測には資本の良質なデータも不可欠である。JIP データベースや EUKLEMS データベースでは、特に IT 資本を中心に資本のデータが充実してきている。資本についても、労働と同様に資本の質を考慮に入れることが必要である。旧式の機械と新型の機械（ヴィンテージの新しい機械）は同じ価格でも性能に違いがあり、新型の機械を用いると生産性が高くなるが、これはインプットの違いによるものであってインプット当たりのアウトプットの効率性の違いとは必ずしも言えない[5]。例えばコンピューターの性能は年々著しく向上しているから、同じ一台のコンピューターでも最新のものは旧式のもの数台分の資本投入に値す

る。

　生産性の実証分析で意外に看過されがちなのが土地の取り扱いである。土地も重要な生産要素なので、本来は資本ストックに含めることが望ましいが、統計によって資本ストックに土地が含まれる場合と含まれない場合とがあるので注意が必要である。また、土地は地域によって大きく価格が異なるから、例えば有形固定資産額が土地を含んでいる場合、これを実質化するためには地域別の地価に関する詳しい情報が必要となる。しかし、機械設備と土地とを合計した金額のみが計上されている場合には、その実質化は現実にはかなり困難である。

　さらに、最近の生産性研究では、「無形資産」の重要性が強調されている。無形資産の中には、ソフトウエアを中心とした情報化資産、特許権をはじめとする知的財産権、広告宣伝投資を通じて蓄積された企業ブランドなどが含まれるが、人的資本のうち企業の教育訓練投資によって生み出されたものも含められる場合がある。例えばFukao et al.（2009）は、日本の無形資産（投資、ストック）を推計するとともに成長会計により経済成長への寄与度を計測し、日本の無形資産投資が米国に比べて低いこと、製造業に比べてサービス産業で低いことを示している。無形資産のうち一部は既存の企業統計で調査されている場合があるが、無形資産を包括的にはカバーしていないため、研究者が様々な方法を駆使して推計しているのが現状である。当然のことながら、無形資産を幅広くインプットに含めるほど計測されるTFPは低くなる。無形資産と生産性の関係については、宮川他（2010）が包括的なサーベイを行っているので参照されたい。

1.4　生産性の景気同調性と稼働率

　生産性上昇率を産業間比較又は国際比較する際には、計測される生産性の景気同調性（procyclical productivity）に注意する必要がある。マクロレベルでの生産性が景気同調的な動きを示し、景気回復局面で高めに、景気後退局面で低めになる傾向があることは良く知られている。その理由としては、企業・事業所レベルでの規模の経済性、労働時間では捉えきれない労働強度の変化などが挙げられている。労働時間データがアベイラブルでない場合には、所定外労働時間や短時

5）徳井他（2007）は、日本の製造業における資本に体化された技術進歩率を計測し、1990年代の資本のヴィンテージ上昇（老朽化）が製造業の成長率を0.4%〜0.8%低下させたと論じている。

間労働者比率の循環的な変化による影響も受けるため、より深刻なバイアスが生じうる。中長期的には生産性上昇が高い経済成長をもたらすという因果関係が重要だが、短期的には好景気が計測される生産性を高め、不況は生産性を低下させる。ちなみにOECDデータで簡単な計算を行うと、G7諸国の平均で見てGDPギャップが１％マイナスになると労働生産性上昇率は0.4％〜0.5％程度鈍化するという関係が見られる。

　サービス産業における生産性の景気同調性については、Inklaar（2007）が、米国及び欧州主要国を対象にした分析により、サービス産業において生産性の景気同調性が大きいことを示している。日本では、例えばMiyagawa et al.（2006）が、製造業に比べて非製造業の方が生産性と景気動向指数との連動性が高いと論じている。また、川本（2004）は、米国を対象としたBasu et al.（2006）に準拠した方法で1990年代後半までの日本を対象に稼働率、収穫逓増、不完全競争等の循環的な影響を補正した「真の技術進歩率」を計測し、民間部門全体で見たときに1990年代の技術進歩率の低下は非常に小さく（1980年代年率2.3％→90年代2.1％）、特に非製造業は全く低下していない（同2.1％→2.0％）という結果を示している。その後、Fueki and Kawamoto（2009）は、同様の分析を2005年までアップデートし、2000年以降、運輸・通信業、電力・ガス業等の「IT利用産業」において技術進歩率が上昇したと論じている[6]。サービス産業では製造業の稼働率指数に相当する精度の高いデータが存在しないことから、稼働率調整を行った上での資本投入量の変化を把握することが難しく、結果的に景気同調性バイアスを除去しにくいことに注意する必要がある。

　1990年代後半以降継続的に高い生産性上昇率を謳歌してきた米国経済だが、米国労働統計局（BLS: Bureau of Labor Statistics）が公表しているMFP（multi-factor productivity）（＝TFP）を見ると、民間企業部門全体で2000〜05年は平均年率1.8％にのぼっていたが、2006年は0.4％、2007年は0.3％と大幅に鈍化し、2008年には▲1.2％と大幅なマイナスとなった。1995〜2005年の米国における産業横断的な高い生産性上昇率には、循環的要因（バブル）の影響が相当程度含まれていた可能性が排除できない。一方、1990年代後半の日本は失業率の大幅上昇、

---

[6] これらの研究は産業集計データでの分析だが、Konishi and Nishiyama（2010）は、美容院のミクロデータを用いて需要側の影響を除去した上で生産性の計測を行い、生産性上昇の存在を確認している。

デフレの深刻化に見られるように不況局面にあった。その後2002年初を底に2007年まで外需・製造業主導で長い景気回復を続けたが、世界経済危機で成長率は大きなマイナスとなった。こうした循環的要因がEUKLEMSデータに見られる国際比較結果にどの程度影響しているのか定量的には確たることは言えないが、景気循環の影響が相当程度含まれている可能性に留意しつつ数字を解釈する必要がある。

適切なマクロ経済政策にとって潜在成長率のリアルタイムでの把握は重要な課題であり、そのためには経済の過半を占めるサービス産業の生産性上昇率を的確に捕捉することが必要である。サービス産業の稼働率の把握は、中長期の経済成長政策のみならず短期の経済運営にとっても極めて重要な課題と言える。

2　基礎データの問題

サービス産業の生産性向上のための具体策を考える上では、マクロデータや産業集計データだけでなく、企業や事業所レベルのミクロデータを活用した緻密な生産性分析が必要である。しかし、国内外を問わず過去の生産性分析は「工業統計」をはじめ統計が充実している製造業に著しく偏っており、サービス産業を対象とした実証研究は非常に少ないのが実情である。日本では内閣府に設置された統計委員会を中心にサービス統計の整備が急速に進められてきているが、統計調査には費用を要するし、記入者負担の問題もあるため、闇雲にデータを増やせば良いというわけにはいかない。必要なデータやその優先順位は、統計の利用目的に照らして考える必要がある。

サービス企業・事業所に関する代表的な日本の構造統計を概観したのが**表13-2**である。「特定サービス産業実態調査」（経済産業省）、「サービス業基本調査」（総務省）といった（狭義）サービス業固有の統計[7]、「企業活動基本調査」（経済産業省）、「法人企業統計」（財務省）、「経済センサス」（総務省）といった製造業とサービス企業・事業所をともにカバーする統計が色々あるが、生産性の計測・分析という点から見ると、必ずしも十分な情報が含まれているとは言えな

7）「サービス業基本調査」は2004年を最後に廃止され、「経済センサス（活動調査）」に吸収・継承された。

第13章　サービス生産性計測の課題とデータ整備

表13-2　主なサービス構造統計

経済センサス活動調査（総務省）
・悉皆調査であり、サービス事業所・企業を全てカバー。
・従来の「事業所・企業統計」とは異なり、売上高、費用、従業者数等の情報があるため、労働生産性をラフに計算することは可能。
・数年に一度の調査であり、年々の動きを把握することはできない。
サービス業基本調査（総務省）
・従業者数30人未満の事業所はサンプル調査。
・売上高、経費に関する情報あり。ただし、資本ストックの情報はない。
・調査は5年に一度。2004年を最後に廃止。
特定サービス産業実態調査（経済産業省）
・対象業種については悉皆調査だったが、対象業種は経済産業省所管のサービス業のみ（環衛業、医療・福祉、教育等は対象外）。ただし、2009年調査から標本調査に移行。
・資本ストック額の情報はない。
法人企業統計（財務省）
・資本金10億円未満はサンプル調査。個人企業は調査対象外。
・生産性の計測に必要な財務情報は一通り存在。
・研究開発、輸出、IT、労働者の構成・属性等生産性分析に必要な情報は乏しい。
企業活動基本調査（経済産業省）
・対象企業は従業者数50人以上。サービス業のカバレッジは徐々に拡大しているが、環衛業、医療・福祉、教育等は原則対象外。
・パネルデータ化が容易であるという利点。
・研究開発、輸出、IT等の情報は豊富。他方、労働者の属性情報は少ない。

（出典）筆者作成。

い。

　景気の実態把握を目的とした動態統計については、2008年から月次の「サービス産業動向調査」（総務省）が始まるなど、構造統計よりも先行して整備・改善が進められており、GDP統計、特に速報値（QE: Quarterly Estimates）の精度向上に貢献することが期待されている。他方、構造統計は、2009年にサービス企業・事業所を全てカバーする「経済センサス（基礎調査）」が実施されたが、この調査は母集団情報の整備が目的である。2012年には「経済センサス（活動調査）」が初めて実施された。従来の「事業所・企業統計」と比較すると、売上金額、費用総額及びその内訳、設備投資額等が調査されるようになり、サービス産業の実態を把握する上で大きく進歩した。しかし、この統計データのみで生産性（特にTFP）に関する分析を行うには限界がある。また、年次統計ではないので年々の変化を把握することはできない。

　こうした状況を踏まえつつ、以下では、サービス産業及びそこに属する企業・事業所の生産性の正確な計測という観点から、整備が期待される統計データにつ

いて整理する。

2.1 産業レベルの生産性

産業レベルの生産性分析は、JIP データベースの整備により、GDP 統計よりもずっと細かい産業分類での生産性把握が可能になってきた。また、EUKLEMS データベースは、同一の方法、同じ産業分類での TFP を含む生産性の国際比較を可能にした点で大きな進歩である。しかし、これらは少数の専門家が限られたリソースで構築しており、推計のもとになっている統計のカバレッジや精度は所与である。このため、公表された生産性の数字を子細に観察すると、業種によっては不自然な結果が見られる場合があるなど課題も残っている。EUKLEMS データベースを解説した O'Mahony and Timmer（2009）も、サービス産業についてはサービスの質の調整等の問題があるため、同データベースの精度が低いことに注意を喚起している。

正確な GDP 統計の作成、特に産業レベルの生産性の把握という目的でのデータ整備については既に整理された論文が存在するのでそれらを紹介しておきたい。Diewert（2008）は、国民経済計算（SNA）に基づく産業別の TFP 計測を念頭に、問題点を概説するとともに改善のための方策を提案している。具体的には、資本サービスの導入、産業別・財別の基礎的な価格データの整備、貿易財・サービスを産業別に追跡できるような産業連関表の拡張、土地の適切な取扱い、自営業者の労働投入の適切な処理等を挙げている。また、Triplett and Bosworth（2008）は、米国におけるサービス産業の生産性計測に関連する統計の改善について概観した上で、今後の課題を40以上の項目に整理している。具体的には、サービス価格指数の充実、サービス産業のインプット及び各産業におけるサービス購入額の把握、負の生産性上昇率が観測されるセクターへの統計資源の重点配分、労働時間に関するデータの充実、サービスのアウトプットの概念に関する研究、自営業者の所得把握等々多岐にわたっている。米国でもサービス産業の統計が十分ではないことが理解できる。労働統計局（BLS）と経済分析局（BEA: Bureau of Economic Analysis）の協力といった米国固有の事項もあり全てを日本に適用することはできないが、示唆に富むものである。

公共サービスの生産性計測のためのデータにも様々な課題がある。GDP 統計において政府サービスはインプット・ベースで生産量が測られることが多いが、

英国では政府支出の約7割がアウトプットに基づいて計測されており、例えば教育サービスは時間で基準化された生徒数を数量指標とした上で年率0.25％の質の向上を折り込んでいるという（Fraumeni et al., 2009）。公共サービスは経済に占めるウエイトが大きいサービス・セクターであり、その質の計測に必要な統計データの収集・活用も課題である。

　以上のほか、日本の統計部局だけで対応できる課題ではないが、（産業別）生産性の国際比較においては、購買力平価（PPP）の正確な数字が重要な役割を果たす。生産性の比較のためには、サービス価格の情報にとどまらず、中間投入を含めたインプット（モノ、サービス）価格の国際比較データも必要となる。経済全体だけでなくできるだけ細分化された業種別のPPPデータの作成・公表が望まれる。この課題は、OECD、世界銀行をはじめ国際機関に期待するところが大きい[8]。ただし、Deaton and Heston（2010）は、OECD及びEUにおけるPPPデータの収集・作成について概説する中で国際比較の困難性を理論的・実務的な観点から指摘し、PPPデータを使用する際には使用目的に照らして適切な注意が必要だと注意喚起している。

2.2　企業・事業所レベルの生産性分析

　企業又は事業所レベルでの生産性分析に関連する統計データ上の課題としては、①調査対象のカバレッジ拡大、②調査事項の拡充、③サービスの質の調整、④補完的なサーベイの活用、⑤サービスのアウトプットの定義の検討等を指摘できる。以下、順次解説する。

(1) 調査対象のカバレッジ拡大

　まずは調査対象企業・事業所の規模及び業種のカバレッジ拡大である。前述の通り、現在のところ企業レベルのパネルデータによる生産性分析は従業員50人未満の企業はカバーできない。また、「企業活動基本調査」は、卸売業・小売業のほかサービス業は主として経済産業省所管の業種に対象が限られており、環境衛生業、医療・福祉、教育といった産業を「専業」とする企業は対象外となってい

---

8) 経済産業研究所（RIETI）は、「日米相対比価体系と国際競争力評価」プロジェクトで、日米両国の産業別に商品別・生産要素別の相対価格体系の構築に着手している。ただし、価格の一次データの収集までは想定されていない。

る。サービス産業の中でこれらの業種が占めるシェアは大きく、これらを包括する企業統計が望まれる。事業所レベルの統計については、「特定サービス産業実態調査」は悉皆調査だったが、第3章で述べた通り2009年以降28業種が原則として毎年調査になる一方で一部の業種を除き悉皆調査から標本調査に移行した。リソースの制約から業種のカバレッジとサンプル数の間にトレードオフがあったものと思われる。

　生産性分析を行う上ではパネルデータが重要な役割を果たすため、小規模な企業・事業所についても何らかの形でパネルデータ化が可能な制度設計を考慮することが期待される。「法人企業統計」は業種及び企業規模のカバレッジは広いが、大企業を除きサンプル調査なのでパネル化が難しいという制約があるほか、財務情報が中心で貿易、研究開発、ITといった企業活動や資本関係をはじめとする企業特性情報は含まれていない。「サービス業基本調査」(2004年を最後に廃止)は「特定サービス産業実態調査」が対象としていない多くのサービス業をカバーしていたが、サンプル調査なのでクロスセクション分析は可能だが生産性の伸びは分析できない。これらの点に関し、最近実施された「経済センサス」は前進ではあるが、前述の通りこの統計データだけで生産性（特にTFP）の計測・分析を行うには限界があり、また、数年に一回の調査なので生産性上昇の分析が可能になるのはしばらく先になる。

(2)調査事項の拡充・統計間のリンク

　調査事項については、アウトプット及びインプットの一層詳細な把握が期待される。アウトプットについては、単に売上高や付加価値だけでなく、サービス数量、企業・事業所毎のサービス価格データが得られれば緻密な生産性分析が可能となる。インプットに関しては、資本ストック、非正規労働者を含む雇用形態別の労働者数及び労働時間、中間投入に関する情報をカバーすることが望ましい。資本ストックについては無形資産に関する情報の整備や土地の特掲が重要である。

　また、サービス産業では資本の稼働率に関する適当な統計がないことから、計測される生産性が景気同調的なバイアスを持つ可能性が高く、稼働率データの整備も期待される。曜日や時間帯によって需要が大きく変動するタイプのサービスでは、稼働率やサービス価格の処理次第で計測される生産性にはかなりの違いが

出るはずである[9]。

　さらに言えば、性別・年齢・学歴・勤続といった労働者特性に関する情報も企業又は事業所データとともに把握できるのが理想である。ただし、この点は「経済センサス」や個別のサービス統計自体の拡充には限界があり、「賃金構造基本調査」をはじめ労働者特性についての豊富な情報を含む統計と事業所・企業レベルの統計とのマッチングで対応すべきだろう。先進諸国では企業・事業所と労働者のデータをリンクさせたデータ（matched employer-employee data）を用いた分析が進展しているが、残念ながら日本は大きく遅れている。この点、近い将来にスタートする予定の事業所母集団データベース（「ビジネスレジスター」）の整備・充実への期待が高い。このデータベースは、「経済センサス等の各統計調査の結果と行政記録情報（労働保険情報、商業・法人登記情報等）を統合した上で経常的に更新し、全ての事業所・企業情報を捕捉し、最新の情報を保持する」ものとされている。また、事業所・企業の共通番号を用いて各種の情報を連結した新たな統計の作成にもつながるとされている。

(3) サービスの質の調整

　サービスの質の調整に関しては、消費者物価指数（CPI）、企業向けサービス価格指数（CSPI: Corporate Services Price Index）等の価格統計における品質調整が重要である。例えば、生産性の計測手法に関して包括的に解説したDiewert and Nakamura（2007）は、生産性の正確な計測において優れた価格統計がクリティカルだと指摘している。現在の物価指数は、モノについてはIT関連製品に対するヘドニック法の適用拡大など進歩しつつあるが、サービスの質の調整は未だ発展途上である。日本銀行調査統計局（2009）によれば、品質調整を断念せざるを得ない「比較困難」の割合は企業物価指数（CGPI: Corporate Goods Price Index）で42％、企業向けサービス価格指数（CSPI）で65％にのぼり、サービス価格においてその比率が高い[10]。また、卸売業・小売業における流通マージン、金融業における帰属利子のように、品質調整以前に価格の調査自体が難しい分野

9）経済産業省は、以前、第三次産業活動指数の一環として第三次産業の能力・稼働率指数の四半期ベースでの数字を試算値として公表していた。ただし、第三次産業活動指数に「応用ウォートン・スクール法」を適用したもので、能力や稼働率を直接に調査したものではない。第三次産業活動指数の2005年基準への改訂（2009年）に伴って公表は中止された。

もある[11]。また、実質生産性の計測に当たっては、インプット（特に資本）の価格データの精度も重要である。なお、特定のサービスに関しては、1.1節で言及した「同一サービス分野における品質水準の違いに関する日米比較調査」のように、サービスの質に対する消費者・ユーザーの評価を直接に計測するというアプローチも考えられる。

(4) 補完的なサーベイの活用

　現実には公的な統計だけで企業・事業所の生産性を決定する諸要因を分析する上で必要十分な情報をカバーすることは難しい。経営の質、労使関係、組織資本、グローバル展開、オフショアリングといった生産性に影響を及ぼす可能性がある企業固有の諸要因については、上述のビジネスレジスター等を活用した補完的なサーベイ調査を実施することも一案である。本書第9章及び第10章は公的統計とサーベイ・データをリンクさせたデータセットを用いた分析の例である。また、経済産業研究所（RIETI）の無形資産プロジェクトやワークライフバランス研究プロジェクトでは、「企業活動基本調査」の個票データとインタビューないしアンケート情報をマッチングした分析が行われている[12]。また、政策評価の観点からは、諸制度・政策に関する情報——例えば、企業毎の法律の適用状況、補助金・租税特別措置の利用状況等に係る行政データ——と企業・事業所の生産性データを結びつけることも有効だと考えられる。

(5) サービスのアウトプットの定義

　ただし、これらデータ以前の問題として、サービス産業のアウトプットや生産性をどう定義するかという大問題がある。サービスはモノと異なり物的な生産性

---

10) 2009年のCSPI基準改訂では、テレビ広告について新たに品質補正を行うこととし、ウエイトの高い事務所賃貸サービスについても2010年を目途に品質補正を導入する方向で検討することとされた（日本銀行調査統計局, 2009）。西岡他（2010）は、質の調整の問題を含めてサービス価格統計が抱える問題を包括的に整理している。

11) 日本銀行は、CSPI改定に向けて卸売サービス価格調査を実施する可能性を検討している（日本銀行調査統計局, 2013）。

12) 政府統計の中で、継続的な調査項目とは別に時々追加的な調査項目を加えるという方法もありうる。

を定義しにくいことがその背景にある[13]。サービスのアウトプット定義問題は、流通業、銀行業、保険業等について盛んに論じられてきた。定義・計測の問題全般について Sherwood（1994）、Triplett and Bosworth（2004）、流通サービスについて Oi（1992）、Manser（2005）、Nakajima（2007）、Inklaar and Timmer（2008）、金融サービスについて Berger and Humphrey（1992）、Fixler and Zieschang（1999）、Sherwood（1999）、Inklaar, et al.（2008b）等が挙げられるが、未だ明確な決着を見ていない。

このほか医療サービスでは「質調整生存率」（QALY: quality adjusted life year）に基づく「健康資本」（health capital）というストックの増加によって医療サービスの実質アウトプットを評価すべきという有力な考え方があり（Cutler and Richardson, 1997; Cutler and McClellan, 2001等）、このような考え方に立った各種の試算は、医療サービスの長期的な質の向上（＝生産性上昇）が非常に大きいことを明らかにしている。また、教育サービスについては、学生数という量的なアウトプットに加えて学業成績や稼得能力といったアウトカムへの効果――要すれば人的資本の質向上への効果――を加味してアウトプットを計測すべきだという考え方が有力である（Jorgenson and Fraumeni, 1992; Fraumeni et al., 2009等）。

3　結論

基礎統計は重要な公共財であり、その充実は政府が主体となって行うべきものである。しかし、統計はその効果が見えにくいため、行政改革の中で予算や人員の削減対象となりやすい。しかし、費用対効果に優れた政策形成のためには計量分析に基づくエビデンスの蓄積が不可欠であり、質の高い統計調査のために一定の資源配分を行うことが必要である。また、産業構造の変化や技術進歩に対応して統計調査の資源配分を修正していくことも必要であり、特にサービス産業のように成長産業であるにも関わらず既存統計が不十分な分野への資源配分を増やしていくことが望ましい。

---

[13] サービスでも数量的なアウトプットが比較的容易に定義できる分野もある。本書第3章、第6章は、そうした指標を用いて数量ベースの生産性（TFPQ）を計測した例である。

第Ⅳ部　サービス生産性分析の課題

　政府の『日本再興戦略』（2013年）は、実質2％程度の経済成長を目標としている。過去の実質GDP成長率を見ると1990年以降の20年間で平均0.9％、世界経済危機の影響を除いた1998〜2007年でも1.3％だから、2％という数字は相当に難しい印象がある。しかし、経済の7割を占めるサービス産業の品質向上を正確に計測できれば、0.5％〜1％程度の上方修正が生じるかもしれない。もちろん、これは計測される数字の問題であって経済の実体が変化するわけではない。現実の成長率を高めるためには、サービス産業をはじめ日本経済の生産性向上に資する政策の実行がカギである。有効な政策を企画しあるいは既存政策の評価を行うためには、企業や事業所のレベルでの実証分析が必要であり、サービス統計の一層の整備・活用を期待したい。統計データの整備にはコストを要するが、メリットはサービス産業の生産性研究の深化にとどまらず、成長戦略や産業横断的な政策の企画立案・制度設計にも及ぶ。「サービス産業動向調査」や「経済センサス」の開始等サービス統計の充実に向けた動きが見られるが、まだ緒に就いたばかりである。実効ある経済成長政策を実行することの重要性に鑑みると、統計の充実は費用対効果の高い投資だと考えられる。

　最近は、政府統計だけでなく民間の「ビッグデータ」への注目が高まっている。本書の分析は全て政府統計のミクロデータを使用したものだが、個々のサービス企業が保有する大規模データや政府の業務データもサービス産業の生産性を解明していく上で有用な潜在的資産である。個人情報や企業秘密の保護という要請を満たしつつ政府統計以外のミクロデータを活かしていくことも今後の課題である。

　最後に、統計に現れた数字は誤りのないものと思われがちだが、統計は決して完全ではない。統計データやそれを用いて計算された生産性の数字は、その精度に幅があることを念頭に注意深く解釈することも必要である。

おわりに

　筆者がサービス産業に関心を持ったのは通商産業省（現経済産業省）に入省した1980年代前半に遡る。日本の産業構造に占める製造業のウエイトが低下する中、業務の一環としてサービス産業の実態について調査・分析を行い、入省後初めて執筆したのが「サービス経済化の現状と将来展望」というペーパーであった。その後、課長補佐や課長として産業構造政策に携わる機会があり、日本経済全体の先行きや政策課題を考える上で、サービス産業の重要性は常に念頭にあった。また、数年前、「サービス産業生産性協議会」の発足から約一年間、サービス産業生産性運動の実務にも関わることとなり、同協議会の牛尾治朗会長（当時）やサービス企業の経営者の方々と接する中で、サービス産業に関する研究を進める上で有益なヒントを多数頂戴した。

　本書の各章は、経済情勢の変化や書籍としての性格から大幅な加筆修正を行っているが、もととなった論文はここ数年の間に経済産業研究所（RIETI）の研究成果としてまとめてきたものである。もととなった研究のうち一部は、科学研究費補助金（基盤(B)、23330101）の助成を受けている。論文執筆の過程で及川耕造前理事長、中島厚志理事長、藤田昌久所長はじめ研究所のフェロー、研究支援スタッフの方々から様々な助言や協力をいただいた。個々の論文に対しても、執筆の過程で多くの研究者や政策実務者の方々から有益なコメントや示唆をいただいた。五十音順にお名前のみ挙げさせていただくと、青木玲子、阿部修人、市村英彦、乾友彦、植杉威一郎、内野泰助、岡田羊祐、尾崎雅彦、小滝一彦、小野五郎、加藤篤行、亀田制作、川口大司、児玉直美、後藤康雄、小西葉子、小宮義則、権赫旭、佐藤樹一郎、三本松進、宍戸善一、新川達也、中馬宏之、丁野朗、鶴光太郎、長岡貞男、中島隆信、中西穂高、中原裕彦、西山慶彦、長谷川栄一、花崎正晴、深尾京司、福田慎一、堀雅博、松浦寿幸、松田明広、三浦章豪、宮川努、宮越龍義、宮島英昭、元石一雄、門間一夫、八代尚宏、柳瀬唯夫、山口一男、吉田雅彦、吉田泰彦の各氏である。また、ミクロデータの利用に際して経済産業省調査統計グループをはじめとする政府統計の実務者の方々から多くの協力を得た

ことを記して謝意を表したい。さらに、学術書の出版事情が厳しい中、本書の企画に御理解を示され、刊行まで御尽力下さった日本評論社の斎藤博部長、原稿を丁寧にチェックしていただいた同社の道中真紀氏にも感謝申し上げたい。

　筆者は、約30年間政策実務に携わってきたが、その間、何度か研究に時間を割く機会も得ることができた。埼玉大学大学院政策科学研究科及び政策研究大学院大学では産業政策の歴史や理論について講義を行いつつ、政策効果を検証するための実証分析を手掛け、ミクロデータを使用することで公表された集計データでは到底わからないことが解明できることを強く認識した。その後、政策当事者として『中小企業白書』の執筆、景気情勢の調査分析、日本の産業構造展望の作成等を担当した際にもミクロデータを活用した分析を行い、おそらく政策形成にとって有用な貢献をすることができた。経済産業研究所では、マネジメント業務の傍ら、企業や事業所のミクロデータを利用して本書各章のもととなるサービス産業の実証研究を行うことができた。

　本質的に政策実務者である筆者は、計量分析の方法論や研究論文の執筆について必ずしも体系的な教育を受けてきたわけではない。しかし、他の仕事と同様、OJTは効率の高い人的資本投資であり、研究について言えば優れた学者との共同研究はおそらく最も効果が高い。幸いなことに経済産業研究所の前身である通商産業研究所では一流の経済学者と御一緒に論文を執筆する機会を得ることができた。当時の所長だった小宮隆太郎先生とは為替レートの決定について共著論文を書く機会をいただき、論文の執筆に当たっては明確な仮説を持つべきこと、先行研究を踏まえた上でのオリジナリティの大切さ、関連して参照文献リストが学術論文において非常に大事な部分であることなど、研究を行う上での基本的な姿勢について薫陶を受けた。橘木俊詔先生とは数本の論文を共同執筆する機会を得たが、先生は労働経済学者であると同時に研究者の労務管理の達人であり、共同作業を行う中で実証研究の面白さを体感することができた。また、高度な分析技法よりも質の高いデータを用いることの重要性、英文の学術誌に発表することの意義などを御教示いただいた。お二人の先生への感謝の意を記しておきたい。

　サービス産業は製造業と違ってデータの制約が厳しいこともあって、これを専門とする経済学者は少ない。したがって、本書はこの分野に関する知見を深める上で一定の貢献をするものと自負しているが、執筆を通じて改めて本書ではカバーできていない論点や今後の課題があることも再認識した。いくつか例示すると、

第一に、本書で扱ったのは主として市場サービスであり、医療・介護・保育・教育といった公的サービスや民間サービスでも政府規制が強い分野は必ずしも明示的に扱っていない。サービス産業の生産性を向上させる上で経済的なウエイトの大きいこれらの分野をミクロデータで分析することは重要な課題である。第二に、グローバル化との関係では、近年、国際経済学の専門家の手によって輸出や対外直接投資と生産性の関係が活発に研究されており、サービス産業を対象に含む研究もいくつか現れている。しかし、本書はそうした国際的側面はカバーしていない。第三に、生産性はイノベーションと強い関係を持っており、製造業を対象にしたイノベーションの要因や効果についての先行研究は多いが、サービス産業を対象としたイノベーションに関する研究はまだ少なく、今後の課題の一つである。第四に、多くのサービス産業では生産性にとって労働者の質が大きな影響を持つ。本書の分析の大部分は企業・事業所レベルのミクロデータを用いてきたが、例えば企業・事業所と労働者のデータをリンクさせ、労働者の属性に関するより詳細な情報を用いて分析することが、特にサービス産業を対象とした生産性分析では重要な課題である。最後に、サービス産業に限らず日本は米国と異なり地方政府レベルでの制度・政策のバリエーションが多くないため、因果関係という意味での政策効果を検証するのが難しい環境にあるが、政策情報を収集しつつ分析方法を工夫して、具体的な政策の効果を定量的に評価することも課題である。今後も、エビデンスに基づく政策形成への貢献を意識しつつ、こうした課題に引き続き取り組んでいきたいと考えている。

初出一覧

　本書のうち以下の各章は、それぞれ公刊した学術論文をもとにしている。ただし、その後の経済情勢の変化や書籍としての性格を考慮して大幅な加筆修正を行っている。

第3章　「密度の経済性とサービス業の生産性：事業所データによる対個人サービス業の分析」
　Morikawa, Masayuki (2011), "Economies of Density and Productivity in Service Industries: An Analysis of Personal Service Industries Based on Establishment-Level Data," *Review of Economics and Statistics*, Vol. 93, No. 1, pp. 179-192.

第4章　「サービス産業のエネルギー効率性」
　Morikawa, Masayuki (2012), "Population Density and Efficiency in Energy Consumption: An Empirical Analysis of Service Establishments," *Energy Economics*, Vol. 34, No. 5, pp. 1617-1622.

第6章　「サービス業における需要変動と生産性」
　Morikawa, Masayuki (2012), "Demand Fluctuations and Productivity of Service Industries," *Economics Letters*, Vol. 117, No. 1, pp. 256-258.

第9章　「同族企業の生産性」
　Morikawa, Masayuki (2013), "Productivity and Survival of Family Firms in Japan," *Journal of Economics and Business,* Vol. 70, November-December, pp. 111-125.

第10章　「労働組合と生産性」
　Morikawa, Masayuki (2010), "Labor Unions and Productivity: An Empirical Analysis Using Japanese Firm-Level Data," *Labour Economics*, Vol. 17, No. 6, pp. 1030-1037.

参照文献

■日本語文献

阿部正浩（2005）『日本経済の構造変化と労働市場』、東洋経済新報社。

石原真三子（2003）「パートタイム雇用の拡大はフルタイムの雇用を減らしているのか」、『日本労働研究雑誌』、第518号、pp. 4-16。

岩崎雄斗（2013）「対内直接投資の産業間スピルオーバー効果」、日本銀行ワーキングペーパー、13-J-09。

植杉威一郎（2010）「非上場企業における退出は効率的か：所有構造・事業承継との関係」、日本銀行ワーキングペーパー、10-J-05。

大澤直人・神山一成・中村康治・野口智弘・前田栄治（2002）「わが国の雇用・賃金の構造的変化について」、『日本銀行調査月報』、2002年8月。

川本卓司（2004）「日本経済の技術進歩率計測の試み：「修正ソロー残差」は失われた10年について何を語るか？」、『金融研究』、第23巻、第4号、pp. 147-186。

環境省（2006）『環境白書（平成18年版）』。

金榮愨・権赫旭・深尾京司（2007）「企業・事業所の参入・退出と産業レベルの生産性」、RIETI Discussion Paper、07-J-022。

経済産業省（2006）『新経済成長戦略』、経済産業調査会。

経済産業省・国土交通省・自由時間デザイン協会（2002）「休暇制度のあり方と経済社会への影響に関する調査研究委員会報告書」。

玄田有史（2004）『ジョブ・クリエイション』、日本経済新聞社。

権赫旭・金榮愨（2008）「日本の商業における生産性ダイナミックス：企業活動基本調査個票データによる実証分析」、RIETI Discussion Paper、08-J-058。

坂本基（1995）「労働組合の労働生産性に与える影響について」、『フィナンシャル・レビュー』、第35号、pp. 1-20。

産業構造審議会（1971）『70年代の通商産業政策』。

産業構造審議会（1980）『80年代の通産政策ビジョン』、通商産業調査会。

鈴木誠（2001）「経営パフォーマンスとインセンティブに関する分析」、『フィナンシャル・レビュー』、第60号、pp. 169-186。

中小企業庁（2003）『中小企業白書（2003年版）』。

徳井丞次・乾友彦・金榮愨（2007）「体化された技術進歩と資本の平均ヴィンテージ」、RIETI Discussion Paper、07-J-035。

内閣府（2013）『平成25年度年次経済財政報告』。
中島隆信（2001）『日本経済の生産性分析：データによる実証的接近』、日本経済新聞社。
西岡慎一・亀卦川緋菜・肥後雅博（2010）「サービス価格をどのように測るべきか：企業向けサービス価格指数の実例を踏まえて」、日本銀行ワーキングペーパー、10-J-09。
日本銀行調査統計局（2009）「価格調査における調査価格変更と品質調整の現状：2008年における CGPI と CSPI の実績を踏まえて」。
日本銀行調査統計局（2013）「企業向けサービス価格指数・2010年基準改定の基本方針」。
野村浩二（2004）『資本の測定：日本経済の資本深化と生産性』、慶應義塾大学出版会。
花崎正晴・松下佳菜子（2010）「ストック・オプションと企業パフォーマンス：オプション価格評価額に基づく実証分析」、『経済経営研究』、Vol. 30、No. 4。
樋口美雄（2001）『雇用と失業の経済学』、日本経済新聞社。
深尾京司・宮川努編（2008）『生産性と日本の経済成長：JIP データベースによる産業・企業レベルの実証分析』、東京大学出版会。
深尾京司・権赫旭・滝澤美帆（2006）「M&A と被買収企業のパフォーマンス：対日 M&A と国内企業間 M&A の比較」、RIETI Discussion Paper、06-J-024。
本田大和・尾島麻由実・鈴木信一・岩崎雄斗（2013）「わが国対内直接投資の現状と課題」、日本銀行調査論文。
宮川努（2006）「生産性の経済学：我々の理解はどこまで進んだか」、日本銀行ワーキングペーパー、06-J-06。
宮川努・滝澤美帆・金榮愨（2010）「無形資産の経済学：生産性向上への役割を中心として」、日本銀行ワーキングペーパー、10-J-08。
森川正之（2007a）「サービス産業の生産性は低いのか？ 企業データによる生産性の分布・動態の分析」、RIETI Discussion Paper、07-J-048。
森川正之（2007b）「生産性が高いのはどのような企業か？ 企業特性と TFP」、RIETI Discussion Paper、07-J-049。
森川正之（2008）「サービス産業の生産性を高めるにはどうすれば良いのか？ これまでの研究成果からの示唆と今後の課題」、RIETI Discussion Paper、08-J-031。
森川正之（2009）「サービス産業の生産性分析：政策的視点からのサーベイ」、日本銀行ワーキングペーパー、09-J-12。
森川正之（2010）「パートタイム労働時間と生産性：労働時間の多様性と生産性計測の精緻化」、RIETI Discussion Paper、10-J-022。
森川正之（2012）「ストックオプションと生産性」、RIETI Discussion Paper、12-J-002。
森川正之（2013）「RIETI の生産性研究について：アップデート」、RIETI Policy Discussion Paper、13-P-010。
安田武彦（2006）「事業継承とその後のパフォーマンス」、橘木俊詔・安田武彦編『企業

の一生の経済学』、ナカニシヤ出版、第5章、pp. 165-188。
労働政策研究・研修機構（2008）『データブック国際労働比較2008』。

■英語文献

Abowd, John M., Francis Kramarz, and David N. Margolis (1999) "High Wage Workers and High Wage Firms," *Econometrica*, Vol. 67, No. 2, pp. 251-334.

Abraham, Katharine G. and Susan Houseman (1989) "Job Security and Work Force Adjustment: How Different Are U.S. and Japanese Practices?" *Journal of the Japanese and International Economies*, Vol. 3, No. 4, pp. 500-521.

Addison, John T. and Barry T. Hirsch (1989) "Union Effects on Productivity, Profits, and Growth: Has the Long Run Arrived?" *Journal of Labor Economics*, Vol. 7, No. 1, pp. 72-105.

Addison, John T. and Clive R. Belfield (2004) "Unions and Employment Growth: The One Constant?" *Industrial Relations*, Vol. 43, No. 2, pp. 305-323.

Aghion, Philippe, Richard Blundell, Rachel Griffith, Peter Howitt, and Susanne Prantl (2009) "The Effects of Entry on Incumbent Innovation and Productivity," *Review of Economics and Statistics*, Vol. 91, No. 1, pp. 20-32.

Albouy, David (2009) "The Unequal Geographic Burden of Federal Taxation," *Journal of Political Economy*, Vol. 117, No. 4, pp. 635-667.

Anderson, Ronald C. and David M. Reeb (2003) "Founding-Family Ownership and Firm Performance: Evidence from the S&P 500," *Journal of Finance*, Vol. 58, No. 3, pp. 1301-1327.

Anderson, Ronald C., Augustine Duru, and David M. Reeb (2009) "Founders, Heirs, and Corporate Opacity in the United States," *Journal of Financial Economics*, Vol. 92, No. 2, pp. 205-222.

Anderson, Ronal C., Augustine Duru, and David M. Reeb (2012) "Investment Policy in Family Controlled Firms," *Journal of Banking and Finance*, Vol. 36, No. 6, pp. 1744-1758.

Andres, Christian (2008) "Large Shareholders and Firm Performance: An Empirical Examination of Founding-Family Ownership," *Journal of Corporate Finance*, Vol. 14, No. 4, pp. 431-445.

Ariga, Kenn and Ryo Kambayashi (2009) "Employment and Wage Adjustments at Firms under Distress in Japan: An Analysis Based upon a Survey," RIETI Discussion Paper, 09-E-042.

Armstrong, Christopher S. and Rahul Vashishtha (2012) "Executive Stock Options, Differential Risk-Taking Incentives, and Firm Value," *Journal of Financial*

Economics, Vol. 104, No. 1, pp. 70-88.
Asano, Hirokatsu, Takahiro Ito, and Daiji Kawaguchi (2011) "Why Has the Fraction of Contingent Workers Increased? A Case Study of Japan," RIETI Discussion Paper, 11-E-021.
Autor, David H., and Susan N. Houseman (2010) "Do Temporary-Help Jobs Improve Labor Market Outcomes for Low-Skilled Workers? Evidence from 'Work First'," *American Economic Journal: Applied Economics*, Vol. 2, No. 3, pp. 96-128.
Bacolod, Marigee, Bernardo S. Blum, and William C. Strange (2009) "Skills in the City," *Journal of Urban Economics*, Vol. 65, No. 2, pp. 136-153.
Baily, Martin Neil, Charles Hulten, and David Campbell (1992) "Productivity Dynamics in Manufacturing Plants," *Brookings Papers: Microeconomics 1992*, pp. 187-249.
Baily, Martin Neil and Robert M. Solow (2001) "International Productivity Comparisons Built from the Firm Level," *Journal of Economic Perspectives*, Vol. 15, No. 3, pp. 151-172.
Baker, Dean and David Rosnick (2007) "Productivity and Sustainable Consumption in OECD Countries: 1980-2005," *International Productivity Monitor*, No. 15, pp. 41-54.
Baker, Laurence C., Ciaran S. Phibbs, Cassandra Guarino, Dylan Supina, and James L. Reynolds (2004) "Within-Year Variation in Hospital Utilization and its Implications for Hospital Costs," *Journal of Health Economics*, Vol. 23, No. 1, pp. 191-211.
Balasubramanian, Natarajan and Jagadeesh Sivadasan (2009) "Capital Resalability, Productivity Dispersion, and Market Structure," *Review of Economics and Statistics*, Vol. 91, No. 3, pp. 547-557.
Baldwin, John R. and Wulong Gu (2011) "Firm Dynamics and Productivity Growth: A Comparison of the Retail Trade and Manufacturing Sectors," *Industrial and Corporate Change*, Vol. 20, No. 2, pp. 367-395.
Balsvik, Ragnhild and Stefanie A. Haller (2011) "Foreign Firms and Host-Country Productivity: Does the Mode of Entry Matter?" *Oxford Economic Papers*, Vol. 63, No. 1, pp. 158-186.
Barba Navaretti, Giorgio, Daniele Checchi, and Alessandro Turrini (2003) "Adjusting Labour Demand: Multinationals versus National Firms: A Cross-European Analysis," *Journal of the European Economic Association*, Vol. 1, Nos. 2-3, pp. 708-719.
Barbieri, Gianna and Paolo Sestito (2008) "Temporary Workers in Italy: Who Are

They and Where They End up," *Labour*, Vol. 22, No. 1, pp. 127-166.

Bartelsman, Eric J. and Phoebus J. Dhrymes (1998) "Productivity Dynamics: U.S. Manufacturing Plants, 1972-1986," *Journal of Productivity Analysis*, Vol. 9, No. 1, pp. 5-34.

Bartelsman, Eric J. and Mark Doms (2000) "Understanding Productivity: Lessons from Longitudinal Microdata," *Journal of Economic Literature*, Vol. 38, No. 3, pp. 569-594.

Bartelsman, Eric, John Haltiwanger, and Stefano Scarpetta (2013) "Cross-Country Differences in Productivity: The Role of Allocation and Selection," *American Economic Review*, Vol. 103, No. 1, pp. 305-334.

Barth, Erling, Trygve Gulbrandsen, and Pal Schone (2005) "Family Ownership and Productivity: the Role of Owner-Management," *Journal of Corporate Finance*, Vol. 11, No. 1, pp. 107-127.

Basu, Susanto and John Fernald (2001) "Why Is Productivity Procyclical? Why Do We Care?" in Charles R. Hulten, Edwin R. Dean, and Michael J. Harper eds. *New Developments in Productivity Analysis*, Chicago: University of Chicago Press, Ch. 7, pp. 225-296.

Basu, Susanto, John G. Fernald, and Miles S. Kimball (2006) "Are Technology Improvements Contractionary?" *American Economic Review*, Vol. 96, No. 5, pp. 1418-1448.

Baumol, William J. (1967) "Macroeconomics of Unbalanced Growth: The Anatomy of Urban Crisis," *American Economic Review*, Vol. 57, No. 3, pp. 415-426.

Baumol, William J. and Edward N. Wolff (1984) "On Interindustry Differences in Absolute Productivity," *Journal of Political Economy*, Vol. 92, No. 6, pp. 1017-1034.

Baum-Snow, Nathaniel and Ronni Pavan (2012) "Understanding the City Size Wage Gap," *Review of Economic Studies*, Vol. 79, No. 1, pp. 88-127.

Benfratello, Luigi and Alessandro Sembenelli (2006) "Foreign Ownership and Productivity: Is the Direction of Causality So Obvious?" *International Journal of Industrial Organization*, Vol. 24, No. 4, pp. 733-751.

Bennedsen, Morten, Kasper M. Nielsen, Francisco Pérez-González, and Daniel Wolfenzon (2007) "Inside the Family Firm: The Role of Families in Succession Decisions and Performance," *Quarterly Journal of Economics*, Vol. 122, No. 2, pp. 647-691.

Benson, John (1994) "The Effects of Unions on Japanese Manufacturing Enterprises," *British Journal of Industrial Relation*, Vol. 32, No. 1, pp. 1-21.

Benson, John (2006) "Japanese Management, Enterprise Unions and Company

Performance," *Industrial Relations Journal*, Vol. 37, No. 3, pp. 242-258.
Bento, Antonio M., Maureen L. Cropper, Ahmed Mushfiq, and Katja Vinha (2005) "The Effects of Urban Spatial Structure on Travel Demand in the United States," *Review of Economics and Statistics*, Vol. 87, No. 3, pp. 466-478.
Berger, Allen N. and David B. Humphrey (1992) "Measurement and Efficiency Issues in Commercial Banking," in Zvi Griliches ed. *Output Measurement in the Service Sectors*, Chicago and London: The University of Chicago Press, pp. 245-279.
Bernard, Andrew B. and Charles I. Jones (1996) "Productivity across Industries and Countries: Time Series Theory and Evidence," *Review of Economics and Statistics*, Vol. 78, No. 1, pp. 135-146.
Bertrand, Marianne and Antoinette Schoar (2006) "The Role of Family in Family Firms," *Journal of Economic Perspectives*, Vol. 20, No. 2, pp. 73-96.
Bianco, Magda, Maria Elena Bontempi, Roberto Golinelli, and Giuseppe Parigi (2013) "Family Firms' Investments, Uncertainty and Opacity," *Small Business Economics*, Vol. 40, No. 4, pp. 1035-1058.
Black, Dan, Natalia Kolesnikova, and Lowell Taylor (2009) "Earnings Functions When Wages and Prices Vary by Location," *Journal of Labor Economics*, Vol. 27, No. 1, pp. 21-48.
Blackburn, Mckinley L. (2008) "Are Union Wage Differentials in the United States Falling?" *Industrial Relations*, Vol. 47, No. 3, pp. 390-418.
Blanchflower, David G. (2007) "A Cross-Country Study of Union Membership," *British Journal of Industrial Relations*, Vol. 45, No. 1, pp. 1-28.
Blanchflower, David G. and Alex Bryson (2010) "The Wage Impact of Trade Unions in the UK Public and Private Sectors," *Economica*, Vol. 77, January, pp. 92-109.
Bloom, Nicholas and John Van Reenen (2007) "Measuring and Explaining Management Practices across Firms and Countries," *Quarterly Journal of Economics*, Vol. 122, No. 4, pp. 1351-1408.
Bloom, Nicholas, Christos Genakos, Ralf Martin, and Raffaella Sadun (2010) "Modern Management: Good for the Environment or Just Hot Air?" *Economic Journal*, Vol. 120, May, pp. 551-572.
Bloom, Nicholas, and John Van Reenen (2010) "Why Do Management Practices Differ across Firms and Countries?" *Journal of Economic Perspectives*, Vol. 24, No. 1, pp. 203-224.
Blundell, Richard, Lorraine Dearden, Costas Meghir, and Barbara Sianesi (1999) "Human Capital Investment: the Returns from Education and Training to the Individual, the Firm and the Economy," *Fiscal Studies*, Vol. 20, No. 1, pp. 1-23.

Boeri, Tito and Pietro Garibaldi (2007) "Two Tier Reforms of Employment Protection: A Honeymoon Effect?" *Economic Journal*, Vol. 117, June, pp. F357-F385.
Booth, Alison L., Marco Francesconi, and Jeff Frank (2002) "Temporary Jobs: Stepping Stones or Dead Ends?" *Economic Journal*, Vol. 112, June, pp. F189-F213.
Bosworth, Barry P. and Jack E. Triplett (2007) "The Early 21st Century U.S. Productivity Expansion is Still in Services," *International Productivity Monitor*, No. 14, pp. 3-19.
Bresnahan, F. Timothy, Erik Brynjolfsson, and Lorin M. Herr (2002) "Information Technology, Workplace Organization, and the Demand for Skilled Labor: Firm-Level Evidence," *Quarterly Journal of Economics*, Vol. 117, No. 1, pp. 339-376.
Brickley, James A., Sanjai Bhagat, and Ronald C. Lease (1985) "The Impact of Long-Range Managerial Compensation Plans on Shareholder Wealth," *Journal of Accounting and Economics*, Vol. 7, Nos. 1-3, pp. 115-129.
Brown, Charles and James Medoff (1978) "Trade Unions in the Production Process," *Journal of Political Economy*, Vol. 86, No. 3, pp. 355-378.
Brownstone, David and Thomas F. Golob (2009) "The Impact of Residential Density on Vehicle Usage and Energy Consumption," *Journal of Urban Economics*, Vol. 65, No. 1, pp. 91-98.
Brunello, Giorgio (1992) "The Effect of Unions on Firm Performance in Japanese Manufacturing," *Industrial and Labor Relations Review*, Vol. 45, No. 3, pp. 471-487.
Brynjolfsson, Erik, Lorin M. Hitt, and Shinkyu Yang (2002) "Intangible Assets: Computers and Organizational Capital," *Brookings Papers on Economic Activity*, 2002, No. 1, pp. 137-181.
Brynjolfsson, Erik and Lorin M. Hitt (2003) "Computing Productivity: Firm-Level Evidence," *Review of Economics and Statistics*, Vol. 85, No. 4, pp. 793-808.
Brynjolfsson, Erik, Andrew McAfee, Michael Sorell, and Feng Zhu (2007) "Scale without Mass: Business Process Replication and Industry Dynamics," Harvard Business School Working Paper, No. 07-016.
Bryson, Alex, Rafael Gomez, and Paul Willman (2008) "Trading Places: Employers, Unions and the Manufacture of Voice," CEP Discussion Paper, No. 884.
Bulan, Laarni, Paroma Sanyal, and Zhipeng Yan (2010) "A Few Bad Apples: An Analysis of CEO Performance Pay and Firm Productivity," *Journal of Economics and Business*, Vol. 62, No. 4, pp. 273-306.
Burgess, Simon, Michael Knetter, and Claudio Michelacci (2000) "Employment and Output Adjustment in the OECD: A Disaggregate Analysis of the Role of Job Security Provisions," *Economica*, Vol. 67, August, pp. 419-435.

Caballero, Ricardo J., Takeo Hoshi, and Anil K. Kashyap (2008) "Zombie Lending and Depressed Restructuring in Japan," *American Economic Review*, Vol. 98, No. 5, pp. 1943-1977.

Cappellari, Lorenzo, Carlo Dell'Aringa, and Marco Leonardi (2012) "Temporary Employment, Job Flows and Productivity: A Tale of Two Reforms," *Economic Journal*, Vol. 122, August, F188-F215.

Caves, Richard E. (1998) "Industrial Organization and New Findings on the Turnover and Mobility of Firms," *Journal of Economic Literature*, Vol. 36, No. 4, pp. 1947-1982.

Centeno, Mario and Alvaro A. Novo (2012) "Excess Worker Turnover and Fixed-Term Contracts: Causal Evidence in a Two-Tier System," *Labour Economics*, Vol. 19, No. 3, pp. 320-328.

Chandra, Amitabh, Amy Finkelstein, Adam Sacarny, and Chad Syverson (2013) "Healthcare Exceptionalism? Productivity and Allocation in the U.S. Healthcare Sector," NBER Working Paper, No. 19200.

Chen, Yenn-Ru and Bong Soo Lee (2010) "A Dynamic Analysis of Executive Stock Options: Determinants and Consequences," *Journal of Corporate Finance*, Vol. 16, No. 1, pp. 88-103.

Chevalier, Paul-Antoine, Rémy Lecat, and Nicholas Oulton (2012) "Convergence of Firm-Level Productivity, Globalisation and Information Technology: Evidence from France," *Economics Letters*, Vol. 116, No. 2, pp. 244-246.

Cho, Myeong-Hyeon (1998) "Ownership Structure, Investment, and the Corporate Value: an Empirical Analysis," *Journal of Financial Economics*, Vol. 47, No. 1, pp. 103-121.

Christoffersen, Susan E. K. and Sergei Sarkissian (2009) "City Size and Fund Performance," *Journal of Financial Economics*, Vol. 92, No. 2, pp. 252-275.

Chung, Chul, Jeremy Clark, and Bonggeun Kim (2009) "Is the Growing Skill Premium a Purely Metropolitan Issue?" *Economics Letters*, Vol. 102, No. 2, pp. 73-75.

Ciccone, Antonio and Robert E. Hall (1996) "Productivity and the Density of Economic Activity," *American Economic Review*, Vol. 86, No. 1, pp. 54-70.

Claessens, Stijn, Simeon Djankov, Joseph P. H. Fan, and Larry H. P. Lang (2002) "Disentangling the Incentive and Entrenchment Effects of Large Shareholdings," *Journal of Finance*, Vol. 57, No. 6, pp. 2741-2771.

Coles, Jeffrey L., Naveen D. Daniel, and Lalitha Naveen (2006) "Managerial Incentives and Risk-Taking," *Journal of Financial Economics*, Vol. 79, No. 2, pp. 431-468.

Coles, Jeffrey L., Michael L. Lemmon, and J. Felix Meschke (2012) "Structural Models and Endogeneity in Corporate Finance: The Link between Managerial Ownership and Corporate Performance," *Journal of Financial Economics*, Vol. 103, No. 1, pp. 149-168.

Collard-Wexler, Allan (2013) "Demand Fluctuations in the Ready-Mix Concrete Industry," *Econometrica*, Vol. 81, No. 3, pp. 1003-1037.

Combes, Pierre-Philippe, Gilles Duranton, and Laurent Gobillon (2008) "Spatial Wage Disparities: Sorting Matters!" *Journal of Urban Economics*, Vol. 63, No. 2, pp. 723-742.

Combes, Pierre-Philippe, Thierry Mayer, and Jacques-François Thisse, (2008) *Economic Geography: The Integration of Regions and Nations*, Princeton and Oxford: Princeton University Press.

Combes, Pierre-Philippe, Gilles Duranton, Laurent Gobillon, and Sebastien Roux (2010) "Estimating Agglomeration Effects: History, Geology, and Worker Effects," in Edward L. Glaeser ed. *The Economics of Agglomeration*, Chicago: University of Chicago Press, Ch. 1, pp. 15-65.

Combes, Pierre-Philippe, Gilles Duranton, and Laurent Gobillon (2011) "The Identification of Agglomeration Economies," *Journal of Economic Geography*, Vol. 11, No. 2, pp. 253-266.

Combes, Pierre-Philippe, Gilles Duranton, Laurent Gobillon, Diego Puga, and Sebastien Roux (2012) "The Productivity Advantages of Large Cities: Distinguishing Agglomeration from Firm Selection," *Econometrica*, Vol. 80, No. 6, pp. 2543-2594.

Comin, Diego and Sunil Mulani (2006) "Diverging Trends in Aggregate and Firm Volatility," *Review of Economics and Statistics*, Vol. 88, No. 2, pp. 374-383.

Comin, Diego and Thomas Philippon (2006) "The Rise in Firm-Level Volatility: Causes and Consequences," Mark Gertler and Kenneth Rogoff eds. *NBER Macroeconomics Annual 2005*, Cambridge, MA: The MIT Press, pp. 167-201.

Conyon, Martin J., Sourafel Girma, Steve Thompson, and Peter W. Wright (2002) "The Productivity and Wage Effects of Foreign Acquisition in the United Kingdom," *Journal of Industrial Economics*, Vol. 50, No. 1, pp. 85-102.

Core, John E. and Wayne R. Guay (2001) "Stock Option Plans for Non-executive Employees," *Journal of Financial Economics*, Vol. 61, No. 2, pp. 253-287.

Core, John E., Wayne R. Guay, and David F. Larcker (2003) "Executive Equity Compensation and Incentives: A Survey," *FRBNY Economic Policy Review*, Vol. 9, No. 1, pp. 27-50.

Corrado, Carol and Lawrence Slifman (1999) "Decomposition of Productivity and Unit Costs," *American Economic Review*, Vol. 89, No. 2, pp. 328-332.

Criscuolo, Chiara and Ralf Martin (2009) "Multinationals and U.S. Productivity Leadership: Evidence from Great Britain," *Review of Economics and Statistics*, Vol. 91, No. 2, pp. 263-281.

Cucculelli, Marco and Giacinto Micucci (2008) "Family Succession and Firm Performance: Evidence from Italian Family Firms," *Journal of Corporate Finance*, Vol. 14, No. 1, pp. 17-31.

Cuñat, Alejandro and Marc J. Melitz (2012) "Volatility, Labor Market Flexibility, and the Patterns of Comparative Advantage," *Journal of the European Economic Association*, Vol. 10, No. 2, pp. 225-254.

Cutler, David M. and Elizabeth Richardson (1997) "Measuring the Health of the U.S. Population," in Martin Neil Baily, Peter C. Reiss, and Clifford Winston eds. *Brookings Papers on Economic Activity: Microeconomics 1997*, pp. 217-271.

Cutler, David M. and M. McClellan (2001) "Is Technological Change in Medicine Worth It?" *Health Affairs*, Vol. 20, No. 5, pp. 11-29.

Davis, Donald R. and David E. Weinstein (2005) "Market Size, Linkages, and Productivity: A Study of Japanese Regions," in Ravi Kanbur and Anthony J. Venables eds. *Spatial Inequality and Development*, Oxford University Press, Ch. 6.

Davis, Donald R. and David E. Weinstein (2008) "A Search for Multiple Equilibria in Urban Industrial Structure," *Journal of Regional Science*, Vol. 48, No. 1, pp. 29-65.

Davis, Steven J., John C. Haltiwanger, and Scott Schuh (1996) *Job Creation and Destruction*, Cambridge, MA: The MIT Press.

Davis, Steven J. and John Haltiwanger (1999) "Gross Job Flows," in Orley Ashenfelter and David Card eds. *Handbook of Labor Economics, Vol.3B*, Amsterdam: Elsevier B.V., Ch. 41, pp. 2711-2805.

Davis, Steven J., John C. Haltiwanger, Ron Jarmin, and Javier Miranda (2007) "Volatility and Dispersion in Business Growth Rates: Publicly Traded versus Privately Held Firms," Daron Acemoglu, Kenneth Rogoff, and Michael Woodford eds. *NBER Macroeconomics Annual 2006*, Cambridge, MA: The MIT Press, pp. 107-156.

Deaton, Angus and Alan Heston (2010) "Understanding PPPs and PPP-based National Accounts," *American Economic Journal: Macroeconomics*, Vol. 2, No. 4, pp. 1-35.

DeFusco, Richard A., Robert R. Johnson, and Thomas S. Zorn (1990) "The Effect of Executive Stock Option Plans on Stockholders and Bondholders," *Journal of Finance*, Vol. 45, No. 2, pp. 617-627.

de Graaf-Zijl, Marloes, Gerald J. van den Berg, and Arjan Heyma (2011) "Stepping

Stones for the Unemployed: The Effect of Temporary Jobs on the Duration until (Regular) Work," *Journal of Population Economics*, Vol. 24, No. 1, pp. 107-139.

Dekle, Robert (2002) "Industrial Concentration and Regional Growth: Evidence from the Prefectures," *Review of Economics and Statistics*, Vol. 84, No. 2, pp. 310-315.

Dekle, Robert and Jonathan Eaton (1999) "Agglomeration and Land Rents: Evidence from the Prefectures," *Journal of Urban Economics*, Vol. 46, No. 2, pp. 200-214.

Di Addario, Sabrina and Eleonora Patacchini (2008) "Wages and the City: Evidence from Italy," *Labour Economics*, Vol. 15, No. 5, pp. 1040-1061.

Diewert, W. Erwin (2008) "What Is to Be Done for Better Productivity Measurement," *International Productivity Monitor*, No. 16, pp. 40-52.

Diewert, W. Erwin and Alice O. Nakamura (2007) "The Measurement of Productivity for Nations," in James J. Heckman and Edward E. Leamer eds. *Handbook of Econometrics, Vol.6, Part 1*, Amsterdam: Elsevier B.V., Ch. 66, pp. 3845-4776.

di Giovanni, Julian and Andrei A. Levchenko (2009) "Trade Openness and Volatility," *Review of Economics and Statistics*, Vol. 91, No. 3, pp. 558-585.

di Giovanni, Julian and Andrei A. Levchenko (2012) "Country Size, International Trade, and Aggregate Fluctuations in Granular Economies," *Journal of Political Economy*, Vol. 120, No. 6, pp. 1083-1132.

Disney, Richard, Jonathan Haskel, and Ylva Heden (2003) "Restructuring and Productivity Growth in UK Manufacturing," *Economic Journal*, Vol. 113, July, pp. 666-694.

Doucouliagos, Christos and Patrice Laroche (2003) "What Do Unions Do to Productivity? A Meta-Analysis," *Industrial Relations*, Vol. 42, No. 4, pp. 650-691.

Doucouliagos, Christos and Patrice Laroche (2009) "Unions and Profits: A Meta-Regression Analysis," *Industrial Relations*, Vol. 48, No. 1, pp. 146-180.

Dunne, Timothy, Lucia Foster, John Haltiwanger, and Kenneth R. Troske (2004) "Wages and Productivity Dispersion in United States Manufacturing: The Role of Computer Investment," *Journal of Labor Economics*, Vol. 22, No. 2, pp. 397-429.

Duranton, Gilles and Hubert Jayet (2011) "Is the Division of Labour Limited by the Extent of the Market? Evidence from French Cities," *Journal of Urban Economics*, Vol. 69, No. 1, pp. 56-71.

Eberts, Randall W. and Daniel P. McMillen (1999) "Agglomeration Economies and Urban Public Infrastructure," in E. S. Mills and P. Cheshire eds. *Handbook of Regional Science and Urban Economics, Vol.3*, Amsterdam: Elsevier B.V., Ch. 38, pp. 1455-1495.

Ellison, Glenn and Edward L. Glaeser (1997) "Geographic Concentration in U.S.

Manufacturing Industries: A Dartboard Approach," *Journal of Political Economy*, Vol. 105, No. 5, pp. 889-927.

Esteban-Pretel, Julen, Ryo Nakajima, and Ryuichi Tanaka (2011) "Are Contingent Jobs Dead Ends or Stepping Stones to Regular Jobs? Evidence from a Structural Estimation," *Labour Economics*, Vol. 18, No. 4, pp. 513-526.

Ewing, Reid and Fang Rong (2008) "The Impact of Urban Form on U.S. Residential Energy Use," *Housing Policy Debate*, Vol. 19, No. 1, pp. 1-30.

Fabbri, Francesca, Jonathan E. Haskel, and Matthew J. Slaughter (2003) "Does Nationality of Ownership Matter for Labour Demands?" *Journal of the European Economic Association*, Vol. 1, Nos. 2-3, pp. 698-707.

Faggio, Giulia, Kjell Salvanes, and John Van Reenen (2010) "The Evolution of Inequality in Productivity and Wages: Panel Data Evidence," *Industrial and Corporate Change*, Vol. 19, No. 6, pp. 1919-1951.

Fixler, Dennis and Kimberly Zieschang (1999) "The Productivity of the Banking Sector: Integrating Financial and Production Approaches to Measuring Financial Service Output," *Canadian Journal of Economics*, Vol. 32, No. 2, pp. 547-569.

Fons-Rosen, Christian, Sebnem Kalemli-Ozcan, Bent E. Sørensen, Carolina Villegas-Sanchez, and Vadym Volosovych (2013) "Quantifying Productivity Gains from Foreign Investment," NBER Working Paper, No. 18920.

Foster, Lucia, John Hultiwanger, and C. J. Krizan (2001) "Aggregate Productivity Growth: Lessons from Microeconomic Evidence," in Charles R. Hulten, Edwin R. Dean, and Michael J. Harper eds. *New Developments in Productivity Analysis*, Chicago: University of Chicago Press, Ch. 8, pp. 303-363.

Foster, Lucia, John Haltiwanger, and C. J. Krizan (2006) "Market Selection, Reallocation, and Restructuring in the U.S. Retail Trade Sector in the 1990s," *Review of Economics and Statistics*, Vol. 88, No. 4, pp. 748-758.

Foster, Lucia, John Haltiwanger, and Chad Syverson (2008) "Reallocation, Firm Turnover, and Efficiency: Selection on Productivity or Profitability?" *American Economic Review*, Vol. 98, No. 1, pp. 394-425.

Fox, Jeremy T. and Valerie Smeets (2011) "Does Output Quality Drive Measured Differences in Firm Productivity?" *International Economic Review*, Vol. 52, No. 4, pp. 961-989.

Franks, Julian, Colin Mayer, Paolo Volpin, and Hannes F. Wagner (2012) "The Life Cycle of Family Ownership: International Evidence," *Review of Financial Studies*, Vol. 25, No. 6, pp. 1675-1712.

Fraumeni, Barbara M., Marshall B. Reinsdorf, Brooks B. Robinson, and Matthew P.

参照文献

Williams (2009) "Price and Real Output Measures for the Education Function of Government: Exploratory Estimates for Primary & Secondary Education," in W. Erwin Diewert, John Greenlees, and Charles R. Hulten eds. *Price Index Concepts and Measurement*, Chicago and London: University of Chicago Press, Ch. 9, pp. 373-403

Freeman, Richard B. (2007) "What Do Unions Do? The 2004 M-Brane Stringtwister Edition," in James T. Bennett and Bruce E. Kaufman eds. *What Do Unions Do? A Twenty-Year Perspective*, New Branswick, NJ: Transaction Publishers, pp. 607-636.

Freeman, Richard B. and James L. Medoff (1984) *What Do Unions Do?* New York: Basic Books.

Fu, Shihe and Stephen L. Ross (2010) "Wage Premia in Employment Clusters: Agglomeration or Worker Heterogeneity?" CES Working Paper, No. 10-04.

Fuchs, Victor R., Alan B. Krueger, and James M. Poterba (1998) "Economists' View about Parameters, Values, and Policies: Survey Results in Labor and Public Economics," *Journal of Economic Literature*, Vol. 36, No. 3, pp. 1387-1425.

Fueki, Takuji and Takuji Kawamoto (2009) "Does Information Technology Raise Japan's Productivity?" *Japan and the World Economy*, Vol. 21, No. 4, pp. 325-336.

Fujita, Masahisa (2007) "Towards the New Economic Geography in the Brain Power Society," *Regional Science and Urban Economics*, Vol. 37, No. 4, pp. 482-490.

Fujita, Masahisa and Takatoshi Tabuchi (1997) "Regional Growth in Postwar Japan," *Regional Science and Urban Economics*, Vol. 27, No. 6, pp. 643-670.

Fukao, Kyoji (2010) "Service Sector Productivity in Japan: The Key to Future Economic Growth," RIETI Policy Discussion Paper, 10-P-007.

Fukao, Kyoji and Yukako Murakami (2004) "Do Foreign Firms Bring Greater Total Factor Productivity to Japan?" RIETI Discussion Paper, 04-E-014.

Fukao, Kyoji, Keiko Ito, and Hyeog Ug Kwon (2005) "Do Out-In M&A Bring Higher TFP to Japan? An Empirical Analysis Based on Micro-Data on Japanese Manufacturing Firms," *Journal of the Japanese and International Economies*, Vol. 19, No. 2, pp. 272-301.

Fukao, Kyoji and Hyeog Ug Kwon (2006) "Why Did Japan's TFP Growth Slow Down in the Lost Decade? An Empirical Analysis Based on Firm-Level Data of Manufacturing Firms," *Japanese Economic Review*, Vol. 57, No. 2, pp. 195-228.

Fukao, Kyoji and Tsutomu Miyagawa (2007) "Productivity in Japan, the US, and the Major EU Economies: Is Japan Falling Behind?" RIETI Discussion Paper, 07-E-046.

Fukao, Kyoji, Tsutomu Miyagawa, Kentaro Mukai, Yukio Shinoda, and Konomi Tonogi (2009) "Intangible Investment in Japan: Measurement and Contribution to Economic Growth," *Review of Income and Wealth*, Vol. 55, No. 3, pp. 717-736.

Garicano, Luis and Paul Heaton (2010) "Information Technology, Organization, and Productivity in the Public Sector: Evidence from Police Departments," *Journal of Labor Economics*, Vol. 28, No. 1, pp. 167-201.

Gaston, Noel and Tomoko Kishi (2007) "Part-Time Workers Doing Full-Time Work in Japan," *Journal of the Japanese and International Economies*, Vol. 21, No. 4, pp. 435-454.

Genda, Yuji (1998) "Job Creation and Destruction in Japan, 1991-1995," *Journal of the Japanese and International Economies*, Vol. 12, pp. 1-23.

Geroski, P. A. (1995) "What Do We Know about Entry?" *International Journal of Industrial Organization*, Vol. 13, No. 4, pp. 421-440.

Glaeser, Edward L. and David C. Maré (2001) "Cities and Skills," *Journal of Labor Economics*, Vol. 19, No. 2, pp. 316-342.

Glaeser, Edward L., and Joshua D. Gottlieb (2009) "The Wealth of Cities: Agglomeration Economies and Spatial Equilibrium in the United States," *Journal of Economic Literature*, Vol. 47, No. 4, pp. 983-1028.

Glaeser, Edward L. and Matthew E. Kahn (2010) "The Greenness of Cities: Carbon Dioxide Emission and Urban Development," *Journal of Urban Economics*, Vol. 67, No. 3, pp. 404-418.

Goldemberg, Jose and Luiz Tadeo Siqueira Prado (2013) "The Decline of Sectoral Conponents of the World's Energy Intensity," *Energy Policy*, Vol. 54, March, pp. 62-65.

Gould, Eric D. (2007) "Cities, Workers, and Wages: A Structural Analysis of the Urban Wage Premium," *Review of Economic Studies*, Vol. 74, No. 2, pp. 477-506.

Graham, Daniel J. (2009) "Identifying Urbanization and Localization Externalities in Manufacturing and Service Industries," *Papers in Regional Science*, Vol. 88, No. 1, pp. 63-84.

Gramm, Cynthia and John Schnell (2001) "The Use of Flexible Staffing Arrangements in Core Production Jobs," *Industrial and Labor Relations Review*, Vol. 54, No. 2, pp. 245-258.

Griffin, Naomi N. and Kazuhiko Odaki (2009) "Reallocation and Productivity Growth in Japan: Revisiting the Lost Decade of the 1990s," *Journal of Productivity Analysis*, Vol. 31, No. 2, pp. 125-136.

Griffith, Rachel, Stephen Redding, and Helen Simpson (2002) "Productivity

Convergence and Foreign Ownership at the Establishment Level," IFS Working Paper, No. 02-22.

Griliches, Zvi and Haim Regev (1995) "Firm Productivity in Israeli Industry 1979-1988," *Journal of Econometrics*, Vol. 65, No. 1, pp. 175-203.

Grossmann, Volker and Holger Strulik (2010) "Should Continued Family Firms Face Lower Taxes than other Estates?" *Journal of Public Economics*, Vol. 94, Nos. 1-2, pp. 87-101.

Groth, Charlotta (2008) "Quantifying UK Capital Adjustment Costs," *Economica*, Vol. 75, May, pp. 310-325.

Guay, Wayne R. (1999) "The Sensitivity of CEO Wealth to Equity Risk: An Analysis of the Magnitude and Determinants," *Journal of Financial Economics*, Vol. 53, No. 1, pp. 43-71.

Gullickson, William and Michael J. Harper (1999) "Possible Measurement Bias in Aggregate Productivity Growth," *Monthly Labor Review*, Vol. 122, No. 2, pp. 47-67.

Hallock, Kevin F. and Craig A. Olson (2010) "New Data for Answering Old Questions Regarding Employee Stock Options," in Katharine G. Abraham, James R. Spletzer, and Michael J. Harper eds. *Labor in the New Economy*, Chicago and London: The University of Chicago Press, pp. 149-180.

Hamermesh, Daniel S. (1989) "Labor Demand and the Structure of Adjustment Costs," *American Economic Review*, Vol. 79, No. 4, pp. 674-689.

Hamermesh, Daniel S. (1993) *Labor Demand*, Princeton, NJ: Princeton University Press.

Hamermesh, Daniel S. (1995) "Labor Demand and the Source of Adjustment Costs," *Economic Journal*, Vol. 105, May, pp. 620-634.

Hamermesh, Daniel S. and Gerard A. Pfann (1996) "Adjustment Costs in Factor Demand," *Journal of Economic Literature*, Vol. 34, No. 3, pp. 1264-1292.

Hamermesh, Daniel S., Caitlin Knowles Myers, and Mark L. Pocock (2008) "Cues for Timing and Coordination: Latitude, Letterman, and Longitude," *Journal of Labor Economics*, Vol. 26, No. 2, pp. 223-246.

Hanushek, Eric A., and Ludger Woessmann (2008) "The Role of Cognitive Skills in Economic Development," *Journal of Economic Literature*, Vol. 46, No. 3, pp. 607-668.

Hara, Hiromi and Daiji Kawaguchi (2008) "The Union Wage Effect in Japan," *Industrial Relations*, Vol. 47, No. 4, pp. 569-590.

Harris, Richard and Catherine Robinson (2002) "The Effect of Foreign Acquisitions on Total Factor Productivity: Plant-Level Evidence from U.K. Manufacturing, 1987-1992," *Review of Economics and Statistics*, Vol. 84, No. 3, pp. 562-568.

Hashimoto, Masanori (1993) "Aspects of Labor Market Adjustment in Japan," *Journal of Labor Economics*, Vol. 11, No. 1, Pt. 1, pp. 136-161.

Haskel, Jonathan and Ralf Martin (2002) "The UK Manufacturing Productivity Spread," CeRiBA Discussion Paper.

Haskel, Jonathan E., Sonia C. Pereira, and Matthew J. Slaughter (2007) "Does Inward Foreign Direct Investment Boost the Productivity of Domestic Firms?" *Review of Economics and Statistics*, Vol. 89, No. 3, pp. 482-496.

Hayes, Rachel M., Michael Lemmon, and Mingming Qiu (2012) "Stock Options and Managerial Incentives for Risk Taking: Evidence from FAS 123R," *Journal of Financial Economics*, Vol. 105, No. 1, pp. 174-190.

Henderson, J. V. (2003) "Marshall's Scale Economies," *Journal of Urban Economics*, Vol. 53, No. 1, pp. 1-28.

Henderson, Vernon, Ari Kuncoro, and Matt Turner (1995) "Industrial Development in Cities," *Journal of Political Economy*, Vol. 103, No. 5, pp. 1067-1090.

Higuchi, Yoshio (2013) "The Dynamics of Poverty and the Promotion of Transition from Non-regular to Regular Employment in Japan: Economic Effects of Minimum Wage Revision and Job Training Support," *Japanese Economic Review*, Vol. 64, No. 2, pp. 147-200.

Himmelberg, Charles P. and Bruce C. Petersen (1994) "R & D and Internal Finance: A Panel Study of Small Firms in High-Tech Industries," *Review of Economics and Statistics*, Vol. 76, No. 1, pp. 38-51.

Himmelberg, Charles P., R. Glenn Hubbard, and Darius Palia (1999) "Understanding the Determinants of Managerial Ownership and the Link between Ownership and Performance," *Journal of Financial Economics*, Vol. 53, No. 3, pp. 353-384.

Hirsch, Barry, T. (2007) "What Do Unions Do for Economic Performance?" in James T. Bennett and Bruce E. Kaufman eds. *What Do Unions Do? A Twenty-Year Perspective*, New Branswick, NJ: Transaction Publishers, pp. 193-237.

Hirsch, Barry, T. (2008) "Sluggish Institutions in a Dynamic World: Can Unions and Industrial Competition Coexist?" *Journal of Economic Perspectives*, Vol. 22, No. 1, pp. 153-176.

Hirsch, Barry T. and Edward J. Schumacher (2004) "Match Bias in Wage Gap Estimates Due to Earnings Imputation," *Journal of Labor Economics*, Vol. 22, No. 3, pp. 689-722.

Hirsch, Boris and Steffen Mueller (2012) "The Productivity Effect of Temporary

Agency Work: Evidence from German Panel Data," *Economic Journal*, Vol. 122, August, pp. F216-F235.

Houseman, Susan N. (2001) "Why Employers Use Flexible Staffing Arrangements: Evidence from an Establishment Survey," *Industrial and Labor Relations Review*, Vol. 55, No. 1, pp. 149-170.

Hulten, Charles R. (2001) "Total Factor Productivity: A Short Biography," in Charles R. Hulten, Edwin R. Dean, and Michael J. Harper eds. *New Developments in Productivity Analysis*, Chicago and London: The University of Chicago Press, pp. 1-47.

Hulten, Charles R. (2009) "Growth Accounting," NBER Working Paper, No. 15341.

Ichniowski, Casey and Kathryn Shaw (2003) "Beyond Incentive Pay: Insiders' Estimates of the Value of Complementary Human Resource Management Practices," *Journal of Economic Perspectives*, Vol. 17, No. 1, pp. 155-180.

Inklaar, Robert (2007) "Cyclical Productivity in Europe and the United States: Evaluating the Evidence on Returns to Scale and Input Utilization," *Economica*, Vol. 74, November, pp. 822-841.

Inklaar, Robert and Marcel Timmer (2008) "Accounting for Growth in Retail Trade: an International Productivity Comparison," *Journal of Productivity Analysis*, Vol. 29, No. 1, pp. 23-31.

Inklaar, Robert, Marcel P. Timmer, and Bart van Ark (2008a) "Market Services Productivity across Europe and the US," *Economic Policy*, Vol. 23, January, pp. 139-194.

Inklaar, Robert, Marcel P. Timmer, and Bart van Ark (2008b) "Data for Productivity Measurement in Market Services: An International Comparison," *International Productivity Monitor*, No. 16, pp. 71-81.

Irarrazabal, Alfonso, Andreas Moxnes, and Karen Helene Ulltveit-Moe (2013) "Heterogeneous Firms or Heterogeneous Workers? Implications for Exporter Premiums and the Gains from Trade," *Review of Economics and Statistics*, Vol. 95, No. 3, pp. 839-849.

Ito, Keiko (2011) "Entry of Foreign Multinational Firms and Productivity Growth of Domestic Firms: The case of Japanese firms," RIETI Discussion Paper, 11-E-063.

Ito, Keiko and Sébastien Lechevalier (2009) "The Evolution of the Productivity Dispersion of Firms: A Reevaluation of its Determinants in the Case of Japan," *Review of World Economics*, Vol. 145, No. 3, pp. 405-429.

Jahn, Elke J. and Jan Bentzen (2012) "What Drives the Demand for Temporary Agency Workers?" *Labour*, Vol. 26, No. 3, pp. 341-355.

Jensen, Michael C. and Jerold B. Warner (1988) "The Distribution of Power among Corporate Managers, Shareholders, and Directors," *Journal of Financial Economics*, Vol. 20, January-March, pp. 3-24.

John, Kose, Lubomir Litov, and Bernard Yeung (2008) "Corporate Governance and Risk-Taking," *Journal of Finance*, Vol. 63, No. 4, pp. 1679-1728.

Jones, Derek C., Panu Kalmi, and Mikko Makinen (2010) "The Productivity Effects of Stock Option Schemes: Evidence from Finnish Panel Data," *Journal of Productivity Analysis*, Vol. 33, No. 1, pp. 67-80.

Jorgenson, Dale W. (2001) "Information Technology and the U.S. Economy," *American Economic Review*, Vol. 91, No. 1, pp. 1-32.

Jorgenson, Dale W. and Barbara M. Fraumeni (1992) "The Output of the Education Sector," in Zvi Griliches ed. *Output Measurement in the Service Sectors*, Chicago and London: University of Chicago Press, pp. 303-338.

Jorgenson, Dale W. and Kazuyuki Motohashi (2005) "Information Technology and the Japanese Economy," *Journal of the Japanese and International Economies*, Vol. 19, No. 4, pp. 460-481.

Jorgenson, Dale W. and Marcel P. Timmer (2011) "Structural Change in Advanced Nations: A New Set of Stylised Facts," *Scandinavian Journal of Economics*, Vol. 113, No. 1, pp. 1-29.

Kahn, Matthew E. (2012) "Urban Policy Effects on Carbon Mitigation," in Don Fullerton and Catherine Wolfram, eds. *The Design and Implementation of US Climate Policy*, Chicago and London: University of Chicago Press, pp. 259-267.

Kanemoto, Yshitsugu, Toru Ohkawara, and Tsutomu Suzuki (1996) "Agglomeration Economies and a Test for Optimal City Sizes in Japan," *Journal of the Japanese and International Economies*, Vol. 10, No. 4, pp. 379-398.

Karathodorou, Niovi, Daniel J. Graham, and Robert B. Noland (2010) "Estimating the Effect of Urban Density on Fuel Demand," *Energy Economics*, Vol. 32, No. 1, pp. 86-92.

Kato, Hideaki Kiyoshi, Michael Lemmon, Mi Luo, and James Schallheim (2005) "An Empirical Examination of the Costs and Benefits of Executive Stock Options: Evidence from Japan," *Journal of Financial Economics*, Vol. 78, No. 2, pp. 435-461.

Kawakami, Atsushi, Tsutomu Miyagawa, and Miho Takizawa (2011) "Revisiting Productivity Differences and Firm Turnover: Evidence from Product-Based TFP Measures in the Japanese Manufacturing Industries," RIETI Discussion Paper, 11-E-064.

Kawamoto, Takuji (2005) "What Do the Purified Solow Residuals Tell Us about

参照文献

Japan's Lost Decade?" *Monetary and Economic Studies*, Vol. 23, No. 1, pp. 113-148.

Keller, Wolfgang and Stephen R. Yeaple (2009) "Multinational Enterprises, International Trade, and Productivity Growth: Firm-Level Evidence from the United States," *Review of Economics and Statistics*, Vol. 91, No. 4, pp. 821-831.

Kneller, Richard, Danny McGowan, Tomohiko Inui, and Toshiyuki Matsuura (2012) "Globalization, Multinationals and Productivity in Japan's Lost Decade," *Journal of the Japanese and International Economies*, Vol. 26, No. 1, pp. 110-128.

Kolko, Jed (2010) "Urbanization, Agglomeration and Co-Agglomeration of Services Industries," in Edward L. Glaeser ed. *Agglomeration Economics*, Chicago: University of Chicago Press, Ch. 5, pp. 151-180.

Kondo, Ayako (2007) "Does the First Job Really Matter? State Dependency in Employment Status in Japan," *Journal of the Japanese and International Economies*, Vol. 21, No. 3, pp. 379-402.

Konishi, Yoko and Yoshihiko Nishiyama (2010) "Productivity of Service Providers: Microeconometric Measurement in the Case of Hair Salons," RIETI Discussion Paper, 10-E-051.

Krashinsky, Harry (2011) "Urban Agglomeration, Wages and Selection: Evidence from Samples of Siblings," *Labour Economics*, Vol. 18, No. 1, pp. 79-92.

Kremp, Elizabeth and Jacques Mairesse (1992) "Dispersion and Heterogeneity of Firm Performance in Nine French Service Industries, 1984-1987," in Zvi Griliches ed. *Output Measurement in the Service Sectors*, Chicago and London: The University of Chicago Press, pp. 461-489.

Krueger, Alan B. and Mikael Lindahl (2001) "Education for Growth: Why and for Whom?" *Journal of Economic Literature*, Vol. 39, No. 4, pp. 1101-1136.

Kubo, Katsuyuki and Takuji Saito (2008) "The Relationship between Financial Incentives for Company Presidents and Firm Performance in Japan," *Japanese Economic Review*, Vol. 59, No. 4, pp. 401-418.

Künn-Nelen, Annemarie, Andries de Grip, and Didier Fouarge (2013) "Is Part-Time Employment Beneficial for Firm Productivity?" *Industrial and Labor Relations Review*, Vol. 66, No. 5, pp. 1172-1191.

Larivière, Isabelle and Gaëtan Lafrance (1999) "Modelling the Electricity Consumption of Cities: Effect of Urban Density," *Energy Economics*, Vol. 21, No. 1, pp. 53-66.

Lebow, David E. and Jeremy B. Rudd (2003) "Measurement Error in the Consumer Price Index: Where Do We Stand?" *Journal of Economic Literature*, Vol. 41, No. 1, pp. 159-201.

Lewis, H. Gregg (1986) "Union Relative Wage Effects," in Orley C. Ashenfelter and Richard Layard eds. *Handbook of Labor Economics, Vol.2*, Amsterdam: Elsevier B.V., Ch. 20, pp. 1139-1181.

Lichtenberg, Frank R. and George M. Pushner (1994) "Ownership Structure and Corporate Performance in Japan," *Japan and the World Economy*, Vol. 6, No. 3, pp. 239-261.

Lins, Karl V., Paolo Volpin, and Hannes F. Wagner (2013) "Does Family Control Matter? International Evidence from the 2008-2009 Financial Crises," *Review of Financial Studies*, Vol. 26, No. 10, pp. 2583-2619.

Lipsey, Robert E. (2002) "Home and Host Country Effects of FDI," NBER Working Paper, No. 9293.

Loderer, Claudio and Kenneth Martin (1997) "Executive Stock Ownership and Performance Tracking Faint Traces," *Journal of Financial Economics*, Vol. 45, No. 2, pp. 223-255.

Machin, Stephen and Stephen Wood (2005) "Human Resource Management as a Substitute for Trade Unions in British Workplaces," *Industrial and Labor Relations Review*, Vol. 58, No. 2, pp. 201-218.

Manser, Marilyn E. (2005) "Productivity Measures for Retail Trade: Data and Issues," *Monthly Labor Review*, Vol. 128, No. 7, pp. 30-38.

Maré, David C. and Daniel J. Graham (2013) "Agglomeration Elasticities and Firm Heterogeneity," *Journal of Urban Economics*, Vol. 75, May, pp. 44-56.

Matsuura, Toshiyuki (2013) "Why Did Manufacturing Firms Increase the Number of Non-regular Workers in the 2000s? Does International Trade Matter?" RIETI Discussion Paper, 13-E-036.

Matsuura, Toshiyuki, Hitoshi Sato, and Ryuhei Wakasugi (2011) "Temporary Workers, Permanent Workers, and International Trade: Evidence from Japanese Firm-Level Data," RIETI Discussion Paper, 11-E-030.

Matsuura, Toshiyuki and Kazuyuki Motohashi (2005) "Market Dynamics and Productivity in Japanese Retail Industry in the late 1990's," RIETI Discussion Paper, 05-E-001.

McConnell, John J. and Henri Servaes (1990) "Additional Evidence on Equity Ownership and Corporate Value," *Journal of Financial Economics*, Vol. 27, No. 2, pp. 595-612.

Mehrotra, Vikas and Randall Morck (2013) "Entrepreneurship and the Family Firm," in George M. Constantinides, Milton Harris, and Rene M. Stulz eds. *Handbook of the Economics of Finance, Vol. 2, Part A*, Amsterdam: Elsevier B.V., Ch. 9, pp.

649-681.

Mehrotra, Vikas, Randall Morck, Jungwoon Shim, and Yupana Wiwattanakaantang (2013) "Adoptive Expectations: Rising Sons in Japanese Family Firms," *Journal of Financial Economics*, Vol. 108, No. 3, pp. 840-854.

Melitz, Marc J. and Sašo Polanec (2012) "Dynamic Olley-Pakes Productivity Decomposition with Entry and Exit," NBER Working Paper, No. 18182.

Melo, Patricia C., Daniel J. Graham, and Robert B. Noland (2009) "A Meta-Analysis of Estimates of Urban Agglomeration Economies," *Regional Science and Urban Economics*, Vol. 39, No. 3, pp. 332-342.

Mera, Koichi (1973) "Regional Production Functions and Social Overhead Capital: An Analysis of the Japanese Case," *Regional and Urban Economics*, Vol. 3, No. 2, pp. 157-186.

Miller, Danny, Isabelle Le Breton-Miller, Richard H. Lester, and Albert A. Cannella Jr. (2007) "Are Family Firms Really Superior Performers?" *Journal of Corporate Finance*, Vol. 13, No. 5, pp. 829-858.

Mion, Giordano and Paolo Naticchioni (2009) "The Spatial Sorting and Matching of Skills and Firms," *Canadian Journal of Economics*, Vol. 42, No. 1, pp. 28-55.

Miyagawa, Tsutomu, Yukie Sakuragawa, and Miho Takizawa (2006) "Productivity and Business Cycles in Japan: Evidence from Japanese Industry Data," *Japanese Economic Review*, Vol. 57, No. 2, pp. 161-186.

Miyagawa, Tsutomu, Keun Lee, Shigesaburo Kabe, Junhyup Lee, Hyoungjin Kim, YoungGak Kim, and Kazuma Edamura (2010) "Management Practices and Firm Performance in Japanese and Korean Firms: An Empirical Study Using Interview Surveys," RIETI Discussion Paper, 10-E-013.

Miyagawa, Tsutomu and Shoichi Hisa (2013) "Estimates of Intangible Investment by Industry and Productivity Growth in Japan," *Japanese Economic Review*, Vol. 64, No. 1, pp. 42-72.

Moomaw, Ronald L. (1981) "Productivity and City Size: A Critique of the Evidence," *Quarterly Journal of Economics*, Vol. 96, No. 4, pp. 675-688.

Morck, Randall, Andrei Shleifer, and Robert W. Vishny (1988) "Management Ownership and Market Valuation: an Empirical Analysis," *Journal of Financial Economics*, Vol. 20, January-March, pp. 293-315.

Morck, Randall, Daniel Wolfenzon, and Bernard Yeung (2005) "Corporate Governance, Economic Entrenchment and Growth," *Journal of Economic Literature*, Vol. 43, No. 3, pp. 655-720.

Moretti, Enrico (2004) "Human Capital Externalities in Cities," in J. V. Henderson and

J. F. Thisse eds. *Handbook of Regional Science and Urban Economics, Vol.4*, Amsterdam: Elsevier B.V., Ch. 51, pp. 2243-2291.

Moretti, Enrico (2011) "Local Labor Markets," in Orley Ashenfelter and David Card eds., *Handbook of Labor Economics, Vol.4b*, Amsterdam: Elsevier B. V., Ch. 14, pp. 1237-1313.

Moretti, Enrico (2012) *The New Geography of Jobs*, New York: Houghton Mifflin Harcourt.

Morikawa, Masayuki (2010a) "Volatility, Nonstandard Employment, and Productivity: An Empirical Analysis Using Firm-Level Data," RIETI Discussion Paper, 10-E-025.

Morikawa, Masayuki (2010b) "Labor Unions and Productivity: An Empirical Analysis Using Japanese Firm-Level Data," *Labour Economics*, Vol. 17, No. 6, pp. 1030-1037.

Morikawa, Masayuki (2011a) "Economies of Density and Productivity in Service Industries: An Analysis of Personal-Service Industries Based on Establishment-Level Data," *Review of Economics and Statistics*, Vol. 93, No. 1, pp. 179-192.

Morikawa, Masayuki (2011b) "Urban Density, Human Capital, and Productivity: An Empirical Analysis Using Wage Data," RIETI Discussion Paper, 11-E-060.

Morikawa, Masayuki (2012a) "Population Density and Efficiency in Energy Consumption: An Empirical Analysis of Service Establishments," *Energy Economics*, Vol. 34, No. 5, pp. 1617-1622.

Morikawa, Masayuki (2012b) "Demand Fluctuations and Productivity of Service Industries," *Economics Letters*, Vol. 117, No. 1, pp. 256-258.

Morikawa, Masayuki (2013) "Productivity and Survival of Family Firms in Japan," *Journal of Economics and Business*, Vol. 70, November-December, pp. 111-125.

Morishima, Motohiro (1991) "Information Sharing and Firm Performance in Japan," *Industrial Relations*, Vol. 30, No. 1, pp. 37-61.

Motohashi, Kazuyuki (2007a) "Firm-Level Analysis of Information Network Use and Productivity in Japan," *Journal of the Japanese and International Economies*, Vol. 21, No. 1, pp. 121-137.

Motohashi, Kazuyuki (2007b) "A Comparative Analysis of Japanese, U.S., and Korean Firms on IT and Management," RIETI Discussion Paper, 07-E-047.

Motohashi, Kazuyuki (2008) "Comparative Analysis of IT Management and Productivity between Japanese and U.S. Firms," RIETI Discussion Paper, 08-E-007.

Mulder, Peter and Henri L. F. de Groot (2012) "Structural Change and Convergence of Energy Intensity across OECD Countries, 1970-2005," *Energy Economics*, Vol. 34, No. 6, pp. 1910-1921.

Muramatsu, Kuramitsu (1984) "The Effect of Trade Unions on Productivity in Japanese Manufacturing Industries," in Aoki Masahiko ed. *The Economic Analysis of the Japanese Firm*, Amsterdam: North-Holland, pp. 103-123.

Nadiri, M. Ishaq (1970) "Some Approaches to the Theory and Measurement of Total Factor Productivity: A Survey," *Journal of Economic Literature*, Vol. 8, No. 4, pp. 1137-1177.

Nagaoka, Sadao (2005) "Determinants of the Introduction of Stock Options by Japanese Firms: Analysis from the Incentive and Selection Perspectives," *Journal of Business*, Vol. 78, No. 6, pp. 2289-2315.

Nakajima, Takanobu (2007) "Is Retail Service Productivity Really Low in Japan? Numerical Experiment Based on Shepard's Model," ESRI Discussion Paper, No. 193.

Nakamura, Ryohei (1985) "Agglomeration Economies in Urban Manufacturing Industries: A Case of Japanese Cities," *Journal of Urban Economics*, Vol. 17, No. 1, pp. 108-124.

Newman, Peter W. G. and Jeffrey R. Kenworthy (1989) "Gasoline Consumption and Cities," *Journal of the American Planning Association*, Vol. 55, No. 1, pp. 24-37.

Ngai, L. Rachel and Christopher A. Pissarides (2007) "Structural Change in a Multisector Model of Growth," *American Economic Review*, Vol. 97, No. 1, pp. 429-443.

Nguyen, Pascal (2011) "Corporate Governance and Risk-Taking: Evidence from Japanese Firms," *Pacific-Basin Finance Journal*, Vol. 19, No. 3, pp. 278-297.

Nishimura, Kiyohiko G., Takanobu Nakajima, and Kozo Kiyota (2005) "Does the Natural Selection Mechanism Still Work in Severe Recessions? Examination of the Japanese Economy in the 1990s," *Journal of Economic Behavior and Organization*, Vol. 58, No. 1, pp. 53-78.

Noda, Tomohiko (2013) "Determinants of the Timing of Downsizing among Large Japanese Firms: Long-term Employment Practices and Corporate Governance," *Japanese Economic Review*, Vol. 64, No. 3, pp. 363-398.

Nordhaus, William D. (2006) "Baumol's Diseases: A Macroeconomic Perspective," NBER Working Paper, No. 12218.

Ohtake, Fumio and Makoto Saito (1998) "Population Aging and Consumption Inequality in Japan," *Review of Income and Wealth*, Vol. 44, No. 3, pp. 361-381.

Oi, Walter Y. (1992) "Productivity in the Distributive Trades: The Shopper and the

Economics of Massed Reserves," in Zvi Griliches ed. *Output Measurement in the Service Sectors*, Chicago and London: The University of Chicago Press, pp. 161-191.

Okudaira, Hiroko, Fumio Ohtake, Koichi Kume, and Kotaro Tsuru (2013) "What Does a Temporary Help Service Job Offer? Empirical Suggestions from a Japanese Survey," *Journal of the Japanese and International Economies*, Vol. 28, June, pp. 37-68.

Oliner, Stephen D. and Daniel E. Sichel (2000) "The Resurgence of Growth in the Late 1990s: Is Information Technology the Story?" *Journal of Economic Perspectives*, Vol. 14, No. 4, pp. 3-22.

Olley, G. Steven and Ariel Pakes (1996) "The Dynamics of Productivity in the Telecommunications Equipment Industry," *Econometrica*, Vol. 64, No. 6, pp. 1263-1297.

O'Mahony, Mary and Marcel P. Timmer (2009) "Output, Input and Productivity Measures at the Industry Level: The EU KLEMS Database," *Economic Journal*, Vol. 119, June, pp. F374-F403.

Ono, Yukako and Daniel G. Sullivan (2013) "Manufacturing Plants' Use of Temporary Workers: An Analysis Using Census Micro Data," *Industrial Relations*, Vol. 52, No. 2, pp. 419-443.

Ortega, Bienvenido and Andres J. Marchante (2010) "Temporary Contracts and Labour Productivity in Spain: A Sectoral Analysis," *Journal of Productivity Analysis*, Vol. 34, No. 3, pp. 199-212.

Oulton, Nicholas (1998) "Competition and the Dispersion of Labour Productivity amongst UK Companies," *Oxford Economic Papers*, Vol. 50, No. 1, pp. 23-38.

Oyer, Paul and Scott Schaefer (2005) "Why Do Some Firms Give Stock Options to All Employees? An Empirical Examination of Alternative Theories," *Journal of Financial Economics*, Vol. 76, No. 1, pp. 99-133.

Palia, Darius and Frank Lichtenberg (1999) "Managerial Ownership and Firm Performance: A Re-examination Using Productivity Measurement," *Journal of Corporate Finance*, Vol. 5, No. 4, pp. 323-339.

Pérez-González, Francisco (2006) "Inherited Control and Firm Performance," *American Economic Review*, Vol. 96, No. 5, pp. 1559-1588.

Petrin, Amil, T. Kirk White, and Jerome P. Reiter (2011) "The Impact of Plant-Level Resource Reallocation and Technical Progress on U.S. Macroeconomic Growth," *Review of Economic Dynamics*, Vol. 14, No. 1, pp. 3-26.

Petrin, Amil and James Levinsohn (2012) "Measuring Aggregate Productivity

Growth Using Plant-Level Data," *RAND Journal of Economics*, Vol. 43, No. 4, pp. 705-725.

Pilat, Dirk (2004) "The ICT Productivity Paradox: Insights from Micro Data," *OECD Economic Studies*, No. 38, pp. 37-65.

Pilat, Dirk, Frank Lee, and Bart van Ark (2002) "Production and Use of ICT: A Sectoral Perpective on Productivity Growth in the OECD Area," *OECD Economic Studies*, No. 35, pp. 47-78.

Puga, Diego (2010) "The Magnitude and Causes of Agglomeration Economies," *Journal of Regional Science*, Vol. 50, No. 1, pp. 203-219.

Rajgopal, Shivaram and Terry Shevlin (2002) "Empirical Evidence on the Relation between Stock Option Compensation and Risk Taking," *Journal of Accounting and Economics*, Vol. 33, No. 2, pp. 145-171.

Roberts, Michael R. and Toni M. Whited (2013) "Endogeneity in Empirical Corporate Finance," in George M. Constantinides, Milton Harris, and Rene M. Stulz eds. *Handbook of the Economics of Finance, Volume 2, Part A*, Amsterdam: Elsevier B.V., Ch. 7, pp. 493-572.

Rosenthal, Stuart S. and William C. Strange (2001) "The Determinants of Agglomeration," *Journal of Urban Economics*, Vol. 50, No. 2, pp. 191-229.

Rosenthal, Stuart S. and William C. Strange (2003) "Geography, Industrial Organization, and Agglomeration," *Review of Economics and Statistics*, Vol. 85, No. 2, pp. 377-393.

Rosenthal, Stuart S. and William C. Strange (2004) "Evidence on the Nature and Sources of Agglomeration Economies," in J. V. Henderson and J. F. Thisse eds. *Handbook of Regional Science and Urban Economics, Vol.4*, Amsterdam: Elsevier B.V., Ch. 49, pp. 2119-2171.

Rosenthal, Stuart S. and William C. Strange (2008) "Agglomeration and Hours Worked," *Review of Economics and Statistics*, Vol. 90, No. 1, pp. 105-118.

Saito, Takuji (2008) "Family Firms and Firm Performance: Evidence from Japan," *Journal of the Japanese and International Economies*, Vol. 22, No. 4, pp. 620-646.

Sánchez, Aida Caldera and Dan Andrews (2011) "To Move or not to Move: What Drives Residential Mobility Rates in the OECD?" OECD Economics Department Working Paper, No. 846.

Sanchez, Rosario and Luis Toharia (2000) "Temporary Workers and Productivity: the Case of Spain," *Applied Economics*, Vol. 32, No. 5, pp. 583-591.

Schreyer, Paul (2001) *OECD Productivity Manual: Measurement of Industry-Level and Aggregate Productivity Growth*, Paris: OECD.（邦訳：ポール・シュライヤー

著、清水雅彦監訳『OECD生産性測定マニュアル』、慶應義塾大学出版会、2009年。)

Segal, Lewis M. and Daniel G. Sullivan (1997) "The Growth of Temporary Service Work," *Journal of Economic Perspectives*, Vol. 11, No. 2, pp. 117-136.

Sesil, James C. and Yu Peng Lin (2011) "The Impact of Employee Stock Option Adoption and Incidence on Productivity: Evidence from U.S. Panel Data," *Industrial Relations*, Vol. 50, No. 3, pp. 514-534.

Sherwood, Mark K. (1994) "Difficulties in the Measurement of Service Outputs," *Monthly Labor Review*, Vol. 117, No. 3, pp. 11-19.

Sherwood, Mark K. (1999) "Output of the Property and Casualty Insurance Industry," *Canadian Journal of Economics*, Vol. 32, No. 2, pp. 518-546.

Sorensen, Anders (2001) "Comparing Apples to Oranges: Productivity Convergence and Measurement across Industries and Countries: Comment," *American Economic Review*, Vol. 91, No. 4, pp. 1160-1167.

Sraer, David and David Thesmar (2007) "Performance and Behavior of Family Firms: Evidence from the French Stock Market," *Journal of the European Economic Association*, Vol. 5, No. 4, pp. 709-751.

Stiroh, Kevin J. (2002) "Information Technology and the U.S. Productivity Revival: What Do the Industry Data Say?" *American Economic Review*, Vol. 92, No. 5, pp. 1559-1576.

Strange, William C. (2009) "Viewpoint: Agglomeration Research in the Age of Disaggregation," *Canadian Journal of Economics*, Vol. 42, No. 1, pp. 1-27.

Su, Qing (2011) "The Effect of Population Density, Road Network Density, and Congestion on Household Gasoline Consumption in U.S. Urban Areas," *Energy Economics*, Vol. 33, No. 3, pp. 445-452.

Sutton, John (1997) "Gibrat's Legacy," *Journal of Economic Literature*, Vol. 35, No. 1, pp. 40-59.

Syverson, Chad (2004a) "Product Substitutability and Productivity Dispersion," *Review of Economics and Statistics*, Vol. 86, No. 2, pp. 534-550.

Syverson, Chad (2004b) "Market Structure and Productivity: A Concrete Example," *Journal of Political Economy*, Vol. 112, No. 6, pp. 1181-1222.

Syverson, Chad (2007) "Prices, Spatial Competition and Heterogeneous Producers: An Empirical Test," *Journal of Industrial Economics*, Vol. 55, No. 2, pp. 197-222.

Syverson, Chad (2011) "What Determines Productivity?" *Journal of Economic Literature*, Vol. 49, No. 2, pp. 326-365.

Tabuchi, Takatoshi (1986) "Urban Agglomeration, Capital Augmenting Technology, and Labor Market Equilibrium," *Journal of Urban Economics*, Vol. 20, No. 2, pp. 211-228.

Tachibanaki, Toshiaki (1987) "Labour Market Flexibility in Japan in Comparison with Europe and the U.S.," *European Economic Review*, Vol. 31, No. 3, pp. 647-684.

Tachibanaki, Toshiaki and Tomohiko Noda (2000) "The Effect of Union Voices on Productivity," in Toshiaki Tachibanaki and Tomohiko Noda *The Economic Effects of Trade Unions in Japan*, London: MacMillan Press Ltd., pp. 137-157.

Thesmar, David, and Mathias Thoenig (2011) "Contrasting Trends in Firm Volatility," *American Economic Journal: Macroeconomics*, Vol. 3, No. 4, pp. 143-180.

Topel, Robert (1999) "Labor Markets and Economic Growth," in Orley Ashenfelter and David Card eds. *Handbook of Labor Economics, Vol. 3C*, Amsterdam: Elsevier B. V., Ch. 44, pp. 2943-2984.

Triplett, Jack E. and Barry P. Bosworth (2003) "Productivity Measurement Issues in Services Industries: 'Baumol's Disease' Has Been Cured," *FRB NY Economic Policy Review*, September, pp. 23-33.

Triplett, Jack E. and Barry P. Bosworth (2004) *Productivity in the U.S. Services Sector*, Washington D. C., The Brookings Institution.

Triplett, Jack E. and Barry P. Bosworth (2008) "The State of Data for Services Productivity Measurement in the United States," *International Productivity Monitor*, No. 16, pp. 53-70.

Uchida, Konari (2006) "Determinants of Stock Option Use by Japanese Companies," *Review of Financial Economics*, Vol. 15, No. 3, pp. 251-269.

van Ark, Bart, Mary O'Mahony, and Marcel P. Timmer (2008) "The Productivity Gap between Europe and the United States: Trends and Causes," *Journal of Economic Perspectives*, Vol. 22, No. 1, pp. 25-44.

Van Biesebroeck, Johannes (2007) "Robustness of Productivity Estimates," *Journal of Industrial Economics*, Vol. 55, No. 3, pp. 529-569.

Van Biesebroeck, Johannes (2009) "Disaggregate Productivity Comparisons: Sectoral Convergence in OECD Countries," *Journal of Productivity Analysis*, Vol. 32, No. 2, pp. 63-79.

Vidal, Matt and Leann M. Tigges (2009) "Temporary Employment and Strategic Staffing in the Manufacturing Sector," *Industrial Relations*, Vol. 48, No. 1, pp. 55-72.

Villalonga, Belen and Raphael Amit (2006) "How Do Family Ownership, Control and Management Affect Firm Value?" *Journal of Financial Economics*, Vol. 80, No. 2,

pp. 385-417.
Villalonga, Belen and Raphael Amit (2010) "Family Control of Firms and Industries," *Financial Management*, Vol. 39, No. 3, pp. 863-904.
Walsworth, Scott (2010) "Unions and Employment Growth: The Canadian Experience," *Industrial Relations*, Vol. 49, No. 1, pp. 142-156.
Wheeler, Christopher H. (2001) "Search, Sorting, and Urban Agglomeration," *Journal of Labor Economics*, Vol. 19, No. 4, pp. 879-899.
Wheeler, Christopher H. (2006) "Cities and the Growth of Wages among Young Workers: Evidence from the NLSY," *Journal of Urban Economics*, Vol. 60, No. 2, pp. 162-184.
Wooden, Mark and Anne Hawke (2000) "Unions and Employment Growth: Panel Data Evidence," *Industrial Relations*, Vol. 39, No. 1, pp. 88-107.
Yankow, Jeffrey J. (2006) "Why Do Cities Pay More? An Empirical Examination of Some Competing Theories of the Urban Wage Premium," *Journal of Urban Economics*, Vol. 60, No. 1, pp. 139-161.

索　引

ア　行

一次エネルギー消費量　92, 99
インセンティブ報酬　219, 238
インデックス・ナンバー　32-33, 146, 165, 186, 209, 227
ヴィンテージ　263
ヴォラティリティ　124, 137-140, 145-146, 150-154
永久企業番号　28, 184
エージェンシー問題　179-182, 221
温室効果ガス　85, 90-91

カ　行

外部経済性　80-81
外部労働市場　120
学習効果　102, 119-121, 183
基幹統計調査　28, 61, 91, 109
企業合理化促進法　83
企業固定効果　165, 168-171, 176-177, 227
企業の異質性　13, 21, 23
企業別労働組合　202, 215, 217
気候変動枠組み条約　85
技術退歩　259
規制緩和　36, 83, 137-138

季節料金　132
規模弾性値　65, 69-70
規模の経済性　65, 69-70, 80-82, 127, 132
休暇の分散　16
共集積　60
クリーン・エネルギー　99-100
グロス・アプローチ　258
経営の質　164, 169, 179, 221
経営力　164, 169, 171, 179
景気同調性　129, 141, 257, 264
健康資本　273
購買力平価（PPP）　11, 259, 269
コストシェア　30-33
コーポレート・ガバナンス　164, 180, 185, 207
雇用調整速度　137, 139
コンパクト・シティ　82, 99

サ　行

サービス産業生産性運動　202
サービス産業生産性協議会（SPRING）　6, 21, 260
再配分効果　27-28, 48-51
産業間格差要因　23, 36, 42, 45
産業構造政策　3, 5, 36
産業組織政策　36

309

産業内格差要因　23, 36, 42, 45
時間の流動化　132
事業承継税制　181
持続性　37, 42-43
資本サービス価格　32
社会資本整備　121
重化学工業化　3, 76
集積の経済性　58-60, 66, 102-104
収斂効果　167
純参入効果　26, 48-51
商圏　66, 75-76
所得弾力性　4
ジョブ・フロー　139-140, 143-144, 147-148
新経済成長戦略　6
人口移動率　76-77, 82, 102
新卒一括採用　136
新陳代謝　26-28, 51-53, 163, 183
人的資源管理（HRM）　219
スピルオーバー　66, 75, 80-81, 104, 162
スマートコミュニティ　99
静学的効率性　48, 50, 52
生産関数　10, 37, 63, 79, 125-126, 247
生産性格差インフレーション　3
生産性三原則　202, 215
生産性のばらつき　23-26, 35-36, 73-74, 252
生産と消費の同時性　14, 57-58, 75, 87, 123, 135
セーフティネット　138, 154
選択と集中　15, 71
創造的破壊　26, 182
粗雇用創出　138-140, 144, 147-148

ソーティング　68, 104-106, 117

タ 行

代替可能性　24, 73
代表的企業　32-33, 165
多店舗展開　65, 71, 82
短時間正社員　144
地域間格差　60
地球温暖化防止行動計画　85
都市賃金プレミアム　104-107
土地生産性　88, 92
土地利用規制　90, 99, 121
トービンのq　182, 198
トレードオフ　83, 154, 198-199

ナ 行

内外価格差調査　11
内部効果　27, 48, 50-51
内部労働市場　120
日本型雇用慣行　202, 217
日本再興戦略　6, 254, 274
日本的経営　17

ハ 行

ハイリスク・ハイリターン　183, 228, 236
派遣切り　136, 149, 154
派生需要　141

索　引

範囲の経済性　61, 65, 71, 127, 132
ビジネスレジスター　271
ビッグデータ　274
標準労働者　109-110, 112-114, 119-121
品質調整　257-258, 271
フレックスタイム　134
プロダクト・ミックス　37
平均回帰　24, 167
ヘドニック法　271
貿易財産業　61
包絡分析法（DEA）　38
ボスキン委員会報告書　259
ボーモル病　4-5
ポリシーミックス　138, 155

マ　行

マークアップ　67-68
密度弾性　115
密度の経済性　57, 65, 72, 80, 115
無形資産　171, 264, 270
メインバンク　139, 185, 207, 225
メタ分析　60, 104, 204

ヤ　行

有期雇用契約　140
有給休暇　126, 132-134

ラ　行

リスクテーキング　221, 224, 228, 234-235
労使関係　203, 219
労働組合賃金プレミアム　203, 206, 209
労働者派遣法　136

ワ　行

ワークライフバランス　134, 272

欧　文

ARD（Annual Business Inquiry Respondents Database）　242
BEA（Bureau of Economic Analysis）　268
BLS（Bureau of Labor Statistics）　265, 268
CEO 報酬　229
Cox 比例ハザード・モデル　187, 193
CPS（Current Population Survey）　204, 242
EUKLEMS データベース　7-8, 11, 263, 268
GMM（generalized method of moments）　107
IT 利用産業　159-160, 265
JIP データベース　7-8, 259, 268

KLEMS方式　258
LRD（Longitudinal Research Database）　242
Oaxaca-Blinder 要因分解　96
ONS（Office for National Statistics）　242
OP 共分散項　47, 49-50
p90-p10格差　35, 39, 44, 74

QALY　273
ROA（return on assets）　182, 226
ROE（return on equity）　226
temps　141
TFPQ　26, 57, 63, 78, 123, 128, 131
TFPR　26, 57, 63, 78, 123, 128
VMTs（vehicle-miles of travel）　89

●著者紹介

森川正之（もりかわ・まさゆき）

1959年生まれ。1982年東京大学教養学部教養学科卒、通商産業省（現経済産業省）入省。同省経済産業政策局調査課長、同産業構造課長、大臣官房審議官等を経て、現在、経済産業研究所理事・副所長。この間、埼玉大学大学院政策科学研究科及び政策研究大学院大学助教授、経済産業研究所上席研究員。経済学博士（京都大学）。

著　書　『サービス立国論：成熟経済を活性化するフロンティア』、日本経済新聞出版社、2016年。

主要論文　"Labor Unions and Productivity: An Empirical Analysis Using Japanese Firm-Level Data," *Labour Economics*, 17(6), 2010; "Economies of Density and Productivity in Service Industries: An Analysis of Personal Service Industries Based on Establishment-Level Data," *Review of Economics and Statistics*, 93(1), 2011; "Demand Fluctuations and Productivity of Service Industries," *Economics Letters*, 117(1), 2012; "Are Large Headquarters Unproductive?" *Journal of Economic Behavior & Organization*, 119, 2015.

サービス産業の生産性分析
ミクロデータによる実証

2014年2月25日　第1版第1刷発行
2017年3月25日　第1版第5刷発行

著　者——森川正之
発行者——串崎　浩
発行所——株式会社日本評論社
　　　　〒170-8474　東京都豊島区南大塚3-12-4　電話　03-3987-8621（販売），8595（編集）
　　　　振替　00100-3-16
印　刷——精文堂印刷株式会社
製　本——牧製本印刷株式会社
装　幀——林　健造
検印省略 Ⓒ M. Morikawa, 2014
Printed in Japan
ISBN978-4-535-55770-3

JCOPY ＜（社）出版者著作権管理機構　委託出版物＞
本書の無断複写は著作権法上での例外を除き禁じられています。複写される場合は、そのつど事前に、（社）出版者著作権管理機構（電話 03-3513-6969，FAX 03-3513-6979，e-mail: info@jcopy.or.jp）の許諾を得てください。また、本書を代行業者等の第三者に依頼してスキャニング等の行為によりデジタル化することは、個人の家庭内の利用であっても、一切認められておりません。

RIETIとは
RIETI(独立行政法人経済産業研究所)は、2001年に設立された政策シンクタンクです。理論的・実証的な研究とともに政策現場とのシナジー効果を発揮して、エビデンスに基づく政策提言を行うことをミッションとしており、これまで10年間の活動を通じて内外から高い評価を得ています。RIETIは、ウェブサイトを通じて多くの情報を発信しています(http://www.rieti.go.jp/jp/)。

■シリーズ 経済政策分析のフロンティア 第1巻

少子高齢化の下での経済活力

藤田昌久・吉川 洋／編著

人口減少時代に入った日本、何を経済成長のエンジンにするのか──
他国に例を見ない急激な少子高齢化の中で、我が国の経済活力を維持していくためには、何が必要なのだろうか？

【執筆者】
吉川 洋／安藤浩一／宇南山卓／慶田昌之／宮川修子／元橋一之／岡崎哲二／中田大悟／森川正之
渡辺 努／市村英彦／小林慶一郎／武石恵美子　ISBN978-4-535-55652-2 A5判 本体4,600円+税

■シリーズ 経済政策分析のフロンティア 第2巻

生産性とイノベーションシステム

藤田昌久・長岡貞男／編著

低迷している日本の生産性上昇、成長力をどう強化していくのか──
企業が国際競争力を維持していくためには、持続的なイノベーションが不可欠である。イノベーションを促進する政策とは何か？

【執筆者】
長岡貞男／深尾京司／伊藤恵子／松浦寿幸／宮川 努／金榮愨／西澤昭夫／児玉俊洋／安田武彦
藤本隆宏／中馬宏之　　　　　　　　　　　ISBN978-4-535-55653-9 A5判 本体4,600円+税

■シリーズ 経済政策分析のフロンティア 第3巻

グローバル化と国際経済戦略

藤田昌久・若杉隆平／編著

アジア諸国における経済の急速な緊密化、世界経済の構造変化にどう立ち向かうのか──
国際的な通商ルール(WTO、FTA)の政策展開に対して、我が国としての総合的な国際戦略をどう確立していくのか？

【執筆者】
若杉隆平／戸堂康之／冨浦英一／八代尚光／伊藤萬里／浦田秀次郎／安藤光代／伊藤隆敏／小川英治
清水順子／ウィレム・ソーベック／澤田康幸／小寺 彰／山下一仁／川瀬剛志
　　　　　　　　　　　　　　　　　　　ISBN978-4-535-55654-6 A5判 本体4,600円+税

日本評論社 http://www.nippyo.co.jp/